房地产投资指南

〔美〕罗伯特·清崎 著 朱宏宇 译

四川人民出版社

readers-club

北京读书人文化艺术有限公司
www.readers.com.cn
出 品

致中国读者的一封信

亲爱的中国读者：

你们好！

今年是《富爸爸穷爸爸》在美国出版20周年，其在中国上市也已经整整17年了。我非常高兴地从我的中国伙伴——北京读书人文化艺术有限公司（他们在这些年里收到了很多读者来信）那里了解到，你们中的很多人因为读了这本书而认识到财商的重要性，从而努力提高自己的财商，最终同我一样获得了财务自由。

我很骄傲我的书能够让你们获益。20年后的今天，世界又处在变革的十字路口。全球经济形势日益复杂，不断涌现的"黑天鹅事件"加剧了世界发展的不确定性，人们对未来充满迷茫，悲观主义情绪正在蔓延。

而对于你们，富爸爸广大的中国读者来说，除了受世界经济的影响，还要面对国内经济转型的阵痛，这个过程艰苦而漫长。当然，为了成就这种时代的美好，你必须坚持正确的选择，拥有前进的智慧和勇气。这就需要你努力学习。

最后，我还是要说，任何人都能成功，只要你选择这么做！

罗伯特·清崎

富人教他们的孩子财商，
而穷人和中产阶级从不这样做。

——〔美〕罗伯特·清崎

出版人的话

转眼间，"富爸爸"问世已20余年，与中国读者相伴也已近20年。在中国经济和社会蓬勃发展的20年间，"富爸爸"系列丛书的出版影响了千千万万的中国读者，有超过1000万的读者认识了富爸爸、了解了财商。在"富爸爸"的忠实读者中，既有在餐厅打工的服务员，也有执教讲堂的大学教授；既有满怀创业梦想的年轻人，也有安享晚年的退休人士。"富爸爸"的读者群体之广、之大，是我们不曾预料到的。

作为一套在中国风靡大江南北、引领国人创业创富的财商智慧丛书，"富爸爸"系列伴随和见证了千万读者的创富经历和成长历程，他们通过学习财商，已然成为中国的"富爸爸"，这也是我们修订此书的动力。20年来，"富爸爸"系列也在不断地增加新的"家族成员"，新书的内容也越来越贴合当下经济的快速发展以及国内风起云涌的经济大潮，我们也在十几年的财商教育过程中摸索出了一套适合国内大众群体的"MBW"财商理论体系，即从创富动机、创富行为习惯、创富路径三方面培养学员的财商，增强大家和财富打交道的积极意识，提高抗风险的能力。

曾有一位来自深圳的学员告诉我，他当年就是因为读了《富爸爸穷爸爸》一书，并通过系统的财商训练，才在事业上取得了巨大的成功。难能可贵的是，成功后的他并没有独享财富，而是将自己致富的秘诀——"富爸爸"财商理念分享给了更多想要创业、想要致富、想要成功的人。

在"富爸爸"的忠实读者群中,类似的成功故事还有很多很多。在"富爸爸"的影响下,每一位创富的读者都非常乐意向更多的朋友传授自己从财商训练中获得的成功经验。

值此"富爸爸"20周年之际,作者的最新修订版再次契合了时代的发展、读者的需要。在经济金融全球化的发展与危机中,作者总结过去、现在和未来财富的变化与趋势,并重温了富爸爸那些简洁有力的财商智慧,在中华民族伟大复兴的新时代,"富爸爸"系列丛书将结合财商教育培训,为读者带来提高财商的具体办法,以及在中国具体环境下的MBW创富实践理论。丛书的出品方北京读书人文化艺术有限公司将从图书、现金流游戏、财商课程等多角度多方面,打造出一个立体的"富爸爸",不仅要从财商理念上引导中国读者,更要在实践中帮助中国读者真正实现财务自由。读者和创业者可以通过关注读书人俱乐部微信公众号,来了解更多有关"富爸爸"系列丛书和财商学习的信息。

正如富爸爸在书中所说,世界变了,金钱游戏的规则也变了。对于读者和创富者来说,也要应时而变,理解金钱的语言、学会金钱的规则。只有这样,你才能玩转金钱游戏,实现财务自由。

汤小明

读书人俱乐部

目 录

致　谢 /1

序　言——房地产投资指南创作动因 /2

第一部分　你的房地产项目

1　整买散卖，地尽其用 /7

2　一切为了增值 /17

3　房地产分析 /33

4　房地产尽职调查 /52

5　由内向外地创造价值 /63

6　为房地产投资者融资 /79

7　房产出租 /89

8　管理疏忽，危机骤生 /101

第二部分　房地产的生财妙招

9　无需首付款 /115

10　营销：寻找被没收的房产并从中获利 /134

11　规划许可 /148

12　马匹交易 /177

13　怎样实现零售的奇迹：两家购物中心的故事 /194

第三部分　房地产生意

14　房地产生意 /215

15　听房地产律师讲如何组建并管理团队 /239

16　如何取得"外来的"财富 /263

17　盈利，从无到有 /281

18　掌控自己的生意：熟悉地形 /298

19　保证房地产资产安全的 10 条准则 /316

20　玻璃弹珠和资本 /341

21　如何避免及解决地产纠纷 /358

第四部分　经验之谈

22　房地产是一个好老师 /377

23　从头开始 /395

24　在从父辈那里学到的房地产知识中，

　　最重要的是什么？ /402

25　克服对失败的恐惧 /409

致 谢

多年以来，我一直投身于教育事业，传授有关财务方面的知识。当其他的财务顾问不停地告诉人们应该选择什么投资产品的时候，我一直在告诫人们对自身投资，也就是投资于自己的知识，以使其开阔。我一直坚持对自己的投资，我也因此变得富有。我还建议人们多去接触那些以身实践着自己理论的可敬的老师们。而我这本书的问世，也有幸得到了我身边的这些良师们的不吝赐教。他们都有着丰富的经验和超群的知识，并从未停止过学习。他们用数年来积累下的知识和经验为本书奉献了精彩的内容。在此，我要感谢他们无私的贡献。因为有了他们，才能有这样一本房地产投资指南的出炉。

在这本书中，他们将叙述自己辉煌的成就，也会分享自己曾经悲惨的失败经历。当然，从错误和失败中汲取的经验和教训最深刻，也是最痛心的。在此，我要对他们的慷慨和大度再次表示感谢。他们还会通过这些实例为你指明投资中的机遇，并教你如何避开诱惑和陷阱，最终带你通过房地产投资走上一条光明的财富之路。

他们对我来说，亦师亦友。我们一起经历过房地产市场的起起伏伏，并在一个个的涨跌中掌控自如，持续保持盈利。我们在一起分享投资的心得体会，并一起投资合作。因为我很清楚，他们是我忠实的伙伴，从他们那儿我能得到最中肯的意见。我对此亦感恩在心！

在此，我还要感谢Heasley&Partners公司的简·埃尔斯和凯西·希思利，是他们帮助我将一个个零散的想法编撰成篇，最终完成了一份完整的手稿。特别感谢富爸爸公司的朗达·申科瑞克和Artichock设计公司的查尔斯·麦克斯达维克为本书制作漂亮的封面。最后，我要感谢我的妻子——金。二十多年前，当我还只是一个空有满脑子想法的穷小子的时候，她义无反顾地嫁给了我。对此，我将铭记一生。

罗伯特·清崎

序　言
——房地产投资指南创作动因

我之所以选择在此时写一本关于房地产投资的书，主要出于以下四个方面的考虑：

首先，房地产市场永远存在。在一个文明社会中，能遮风避雨的房子对人们来说是一样必需品，它跟食物、衣服、能源和水一样与我们的生活息息相关。而在那些房地产市场被政府严格控制的地方，人们的生活困苦，房地产市场也深陷泥沼。

其次，我们可以通过多种方式参与到房地产投资中去，并使之繁荣。对大多数人来讲，房地产投资指的就是他们正在居住的那一套房子。当然，这也是他们人生最大的一笔投资了。在 2000 年至 2007 年间的房地产繁荣期，也有很多人参与到了炒房的活动中，希望通过低买高卖获得收益。不用说了，后来的事实证明，许多投机者都栽了跟头，输的一无所有。

在一个真正的投资者眼中，"投机"意味着短期内通过价差取得收益的行为，这也被一些人称为"赌博"。但是，投机只是多种多样投资方式中的一种。在这本书里，你能看到更多、更复杂却低风险的房地产投资方式。这本书里饱含着众多成功房地产投资专家的知识和经验，他们将告诉你，除了投机之外，房地产投资仍大有文章可做。

再次，只要你们掌握了足够多的技巧，房地产投资是一项可控的投资方式。在 2009 年的金融危机中，数百万的人们失去了上万亿美元的财产，这一切全都源于他们将自己的资产控制权送到了他人的手上。就连素以价值投资著称的沃伦·巴菲特的伯克夏·哈撒韦基金也在这次危机中损失了将近 40% 的基金净值。数百万的人丢掉了工作，同样意味着他们对自己的工作也没有控制权。

在本书中，真正的房地产投资专家们都对自己的生意和投资拥有绝对的控制权。他们会分享自己的成与败、笑与泪。他们会教给你在取得投资和财务的控制权的过程中亲身经历过的一切和学到的所有。而且，在教你的同时，他们仍在学习并吸取着新的知识，以便进一步完善自己。

最后一方面，也是我写这本书的真正原因。我厌倦了听那些所谓的专家在媒体上给出各式各样的房地产投资建议，尤其是听那些自己都没有过实际投资经验的人瞎扯。还记得我的《富爸爸穷爸爸》一书出版之后，我与一位常在电视上露脸的财经作家共同参与了一档电视节目。当时是1999年，证券市场因为互联网概念而显得异常红火。这位曾经做过证券经纪人和理财师的财经专家在节目中为证券和共同基金大唱高调。在互联网泡沫破裂的2001年，他却摇身一变自立为房地产行业的专家，并迅速出版了一本关于房地产投资的新书。他的房地产投资建议已经不能用"糟糕"二字形容了，那简直是危险至极。

之后，房地产市场也崩盘了，这位专家又不见了踪影。我最近一次看见他的时候，他正在写一本投资于太阳能产业的书，并自称是"绿色企业家"。可如果他真要写一本书，谈谈自己真正的职业，书的内容应该是如何养牛及如何吹牛皮！

另外，还有许多对房地产市场一无所知的专家不停地贬低房地产市场投资价值，一味强调房地产的投资风险。我想说，之所以他们认为房地产市场投资风险高，完全是因为他们根本不懂得如何去进行投资。而他们所声称的最稳妥的投资方式——银行存款＋共同基金，在我看来才是当前风险最大的投资方式。为什么他们会推荐人们存款和投资于共同基金呢？答案明摆着：一大批所谓的专家都是由银行、基金公司和媒体捧出来的。帮助自己的幕后推手推销产品也是情理之中的呀！

我希望通过这本书，通过那些经历了房地产市场的起起伏伏仍坚持下来的人们的真实故事，告诉大家如何进行房地产投资。这些经历过风雨仍然忠于所言的人才称得上是真正的专家。他们即将登台，透过媒体的迷雾和那些伪专家的空谈妄论，为你讲述什么是真正的房地产投资。准备好了吗？房地产投资指南，即将为你呈现。

罗伯特·清崎

第一部分　你的房地产项目

※ 梅尔·舒尔茨
※ 柯蒂斯·奥克斯
※ 约翰·芬尼
※ 斯科特·D.麦克弗森
※ 金·道尔顿
※ 克莱格·科波拉
※ 肯恩·麦克尔罗伊

1

整买散卖，地尽其用

探明真实的需求及背后的财务逻辑，并提出问题

——梅尔·舒尔茨

  梅尔·舒尔茨作为发起人之一，于1983年创建了JDM地产公司，公司提供包括房地产开发、运营在内的全方位服务。其业务主要集中在亚利桑那州和科罗拉多州。公司不仅参与实施过高端民用及商用地产的开发，还参与过公园项目的开发。现如今，梅尔和他的合伙人们正在进行大菲尼克斯区的开发建设，为近30万人打造一个全新的社区。在2005年之前，梅尔还是菲尼克斯太阳队的合伙人。他还是获得2001年年度总冠军的亚利桑那响尾蛇棒球队的合伙人之一。梅尔还牵头设计并建造了位于菲尼克斯市中心的道奇体育场。他们公司的网址是www.jdmpartnersllc.com。

梅尔·舒尔茨是我的邻居，我们是在街坊的节日派对上认识的。我很快就喜欢上了这个人，因为他不但是一位房地产开发商，还拥有两家职业体育队。坐在公司老板的位置看菲尼克斯太阳队的比赛太令人振奋了。大牌球员、拉拉队长还有比赛本身变得更具吸引力和观赏性。而以往，我都只是坐在远离球场高高的座位上用双筒望远镜来观看比赛的。

结识梅尔这样的朋友有一个很大的好处，那就是你能够发现下一个增长区域会是哪里。作为一名地产开发商，他的计划和投资都放眼于未来3～10年的发展。除了从事单纯的地产开发之外，梅尔与他精锐的房地产团队还将以推动城市中心商业区的生活化为己任。

梅尔是一位非常棒的邻居、朋友和房地产预言家，每当我想要了解未来房地产市场趋势或是选择投资区域的时候，我总会给梅尔·舒尔茨打个电话。

——罗伯特·清崎

你是否有过这样的经历——当你在城里开车的时候，突然发现一大片空旷的土地，于是心里打量起这是否是附近最后的一片未开发土地。我曾经这样问过自己很多次，并且每次都觉得这个问题很有意思。实际上，也就是这个问题把我带进了房地产这个行当。而我不停地发掘新事物，就成了我投资的策略。

开着车到你所在的城市里转一转，你就能发现很多房地产投资的商机。比如说，你也许已经发现了城里的购物中心、办公楼还有其他商业地产都常常集中在主要街道附近，而住宅区却相对分散很多。其实，你只需要想想大多数城市发展的过程，这一切就不难理解了。

在20世纪70年代，开车到处走貌似就是寻找房地产投资机会的好方法。我本人根本不会什么复杂的计算工具，我赖以发掘房地产投资机会的工具只是一张地图和一辆车，还有那长得像砖头一样的第一代大哥大电话机。在互联网得以普遍运用之前，只要开着车四处走你就能获取所有的投资信息。当我发现那些有发展潜力但尚未开发的地块时，我就找出这些业主，并询问有关这片土地的情况，考虑要不要进行购买。这一切听起来都很简单，但为什么它原本的业主不自己开发或是高价出售呢？事实上，并不是所有的投资良机都能被精明的地产开发商注意到。而想要找到一片地的业主，只需要打一通电话给产权公司就好了。一旦我拿到了业主的电话号码，我就按照在保险公司受到的培训行事：拿起电话，寻求结果。当然了，两者的结果有些许不同。当我是保险推销员的时候，我打电话推销保险并让他们给我开支票；而作为房地产投资人，我打电话询价并给卖家付钱。

你肯定很难相信，我觉得买东西远比卖东西要困难。不过参照你生活当中的经验，你就能发现这句话当中的道理。问题就在于业主们都知道自己持有的资产是有价的，所以也值得持有。不过从另一方面讲，业主也不一定愿意冒风险花时间和金钱在房地产开发的项目可行性分析及其他相关调研上。

即便通过房地产可以享受到很多税务的优惠，但在获得房屋产权的过程中业主还是要承受一定的税务负担。我们总是在面临诸如此类的税务问题时不断地咨询税务专家，以保证税务负担不会过于沉重，或即便如此我们也能作好事先的心理准备。这的确是非常重要的一个步骤，我也建议你找到一位很棒的房地产税务咨询师为你的房地产生意出谋划策。税务及法律方面的咨询，无论是对购买初期保证交易的顺利进行还是对出售阶段考虑交易的潜在影响，对你来说都十分重要。关于它的重要性，怎么说都不过分。所以，还是跟你的税务专家和法律专家好好地聊一聊吧！

我时常在房地产项目开始之初就聘请注册会计师和律师，并与他们进行交流。我弟弟的实习单位就成了我的第一个咨询的对象。它是亚利桑那州历史最悠久的律师事务所，拥有房地产领域全面的专业经验。所以，我在每次投资之初就非常清楚自己的钱是要分成两部分花掉的：首先是地价，然后就是付给律师还有其他顾问的咨询费，从而提高自己成功的可能性。

团队的作用不言而喻。我曾经就很想成为校橄榄球队的四分卫。我知道作为一名四分卫球员要少一些英雄主义，多一些给队友的支持和对队友的信任。这么一来，我要做的就只是简单地专注于比赛，并将球传给那些最棒的队友们了。

小贴士 《房地产专业术语词典》第六版中对于"产权"的定义是：经政府批准规划建设密度、公用设施接入、占地许可、道路建设等项目后依法获得的开发土地的权利。

设计产品时考虑市场的需求

当你买下一家传统的酒店，不代表你就一直要保持它的风格一成不变。当你买下一栋公寓楼，不代表它除了做公寓楼外别无它用。市场在不断地变化，市场需求也日新月异，为了使自己立于不败之地，你可能会发现需要将自己的房产进行改造以跟上变化的步伐。以下就是几个例子：

将传统的酒店改造成按小时收费的新式酒店。

将以往用来出租的公寓楼改造成供出售的独立产权房，出售给租房人或是其他买家。

这些都是适应市场需求而作出的产品创新。人们利用那些已有的房屋和空间，配合市场的需求创造出新的利润增长点。

当谈到土地的时候，所谓的"变化"，可能也就只是简单地将一片大的地块分成两块或更多块，从而达到更加经济的规划和建造。这样做通常都需要得到市政部门的批准。这个过程则被称为"产权的再分区"。

真实的故事：在32号街上学到的一课

在20世纪70年代中期，我花了24万美元买下了一处占地5英亩的房子。没过多久，就有一个朋友问我是否愿意将这片地方卖给他。他想把这片地方改造成一个商用地产，并答应出我当初购价的3倍来向我购买，但付款时间是12个月之后。他说，之所以要等这么久是因为他还要去说服北面和南面的居民们，并让市政府批准他的重新规划请求。这是我第一次看到有人对土地进行重新规划。当时我才25岁左右，对我来说等上一年没什么大不了的，并且预期的盈利又是那么的丰厚。

一年的时间过去了，他的重新规划请求得到了批准，我们也顺利达成了交易。这对我来说，简直是大长了见识。突然间，我因此受到了极大的震撼。原来我还可以通过变更土地的用途来为其增值！从那之后，我就决定将这作为我自己一条新的投资之路。

真实的故事：山上的风景

有了32号街的经验之后，我又购买了亚利桑那州天堂谷2.9万平方英尺的麦丘恩花园。麦丘恩花园是石油大亨沃克·麦丘恩在20世纪60年代花了300多万美元修建起来的。它占地40英亩，位于可以俯瞰整座城市的驼峰山上。我的计划就是将它从私人住宅改造成度假胜地。当时，市政府极力反对我的这一请求。因而，我就决定顺着他们，跟着所谓的"山地规划"实施我的计划。这一次，我真正地成为了一名房地

> 产开发商，并获得了一手的区域划分和变更经验。根据规定，先不管你将土地划分成几片区域，分割出来的每一片土地都需要符合复杂的相关规定和要求。我先是找到了区域划分的专家为我的这片土地进行划分，在这个过程当中还找到了一名买家愿意以我当初购地的价款买下房屋及5英亩的土地。这样一来，剩下的35英亩对我来讲就算是赚下的了。现如今，这片土地上已经修建起了一大片的住宅区。我按照20～60万美元不等的售价将这些小块的土地进行了出售，海赚了一笔。我当时还专门留下了一块地方，想要给我的家人盖一座房子。但是，我不喜欢附近经常出现的沙漠蛇，所以最终也将它卖了出去。到最后，这片地的总销售额达到了1 000万美元。

早期的麦丘恩花园投资经验让我开始考虑如何经营土地生意。有一个关于林肯家农场的故事能够很好地诠释出创造性的金融运作带来的收益效果：最开始的时候，林肯从父亲托马斯的手中买下了家里的农场。之后，当林肯当选美国总统并成为家喻户晓的公众人物之后，他的朋友们就接管下了他在伊利诺伊州勒纳附近的农场。他们希望给美国大众一个拥有林肯家农场的机会，并以此融资。于是，他们想出了一个非常棒的主意：就将整片农场分割成很多小块，以卖给那些感兴趣的人们。当他们划出了用于出售的地块之后，竟然将它划成了600多万小块。他们通过出售到底赚了多少钱我不知道。但是即使每块都卖得很便宜，总收益也是相当可观的。

这是地块分割的终极形式了，它甚至远远超出了我们的想象。但是我认为这绝不是最后一个天才的想法。如果今天让我在房地产行业里重新来过，我会怎么做？我想我可以这样回答这个问题：在20世纪70年代末，我们经常会拿富有的投资人比尔·莱文开玩笑。我们会说，如果把他从飞机上扔到中国的中部，只要给他一个降落伞让他活下来，哪怕他身无分文也能在几年后成为中国的首富。有些人就是知道该如何创造财富，他们是真正的财富工程师。

小贴士 万事开头难，这句话从来不假。

万事开头难。在20世纪70年代初的时候，我通过保险经纪的工作攒下了5 000美元。当时，我楼里的一家房地产事务所正有几处老旧的房屋急于脱手。这些房子还铺着红地毯，墙被刷成了紫色，有些地方还铺着50年代的油布，地毯上的污渍颜色都要比地毯的本色漂亮。

要购买这些房产的条件也极其简单：付一部分头款，加上几百美元的佣金，其他的先作为贷款背着就行。我心里琢磨，为什么不买下来呢？但我同时也发现，想要把这样的房子租出去也不是很容易。因为我如果买下了这些房子，就没钱再粉刷和装修内饰了，而我自己也不会干这些活儿。但无论如何，还是有人愿意租这样的房子而自己动手打扫、装饰的。等我拿到了他们付的租金，我就能买更多的房子，再择机出售了。通过整个过程，我一共赚了大概1万美元。我其实并不太喜欢收租金的过程，所以当我在1973年卖掉了最后一座房子的时候，我就该去经营一些更为复杂的东西了。

我购买的第一座办公楼就在亚利桑那州菲尼克斯城24号大街东边的托马斯路上。我的逻辑很简单：进行过第一次交易之后，没发现其他好的投资机会，于是就近买下了隔壁的办公楼。如果没有其他好的投资机会出现，我可能会一直沿着这条菲尼克斯的主街不断地买下去。当时的我就认为，这里就是我的大本营了。

在我卖掉第一座房子赚到3万美元之后，就算是正式上道了。接下来的两座房子是打包一起卖掉的，总共赚了13万美元。当时一名加利福尼亚的辛迪加组织者正在菲尼克斯购置房产，我很顺利地就将房子转手给了他们。我的策略跟之前一样，还是买下房产然后整修改造。只不过这一次，我有钱请专业工程队来做这些事情了。有了之前的经验，我学会了为房屋的整修留下一部分现金流。我想要为这些有年头的房子换个新造型，所以我们换上了新窗户和新门，把外墙刷成了米黄色，添加了新的标志，还划出了专门的停车位。这样一来，它就像是获得了重生，变得焕然一新了。

房地产投资，从算术开始

从房地产最简单的算术开始，对我事业的成功起到了极大的帮助作用。一英亩地相当于43 560平方英尺，而一平方英里又等于640英亩。这样一来，与之伴随的土地使用和估价情况就变得多种多样了。按常理来说，商业地产是要比民用地产的使用率要高的。在规划阶段，开发商在购买土地之前都会先研究市场需求，并根据土地自身的情况选择合适的用途并尽可能地进行最合理的规划。以我自己的经验来说，规划阶段要做的就是分析市场信息，并努力使土地规划最大限度地契合市场的需求。就像之前所说的，先做做算术。

下面是一个非常简单的例子，说的就是如何大块地按"英亩"买进土地，然后小块地按照"平方英尺"卖出。通常来说，土地所有人都会大片地卖出尚未规划的非核心区土地，并按"英亩"为计价单位进行出售。而在市区内，商业地产及住宅楼的用地则是按照"平方英尺"为计价单位的。这的确很方便。因为你通过简易的计算就能知道自己花了多少钱买地，最终销售所得是多少，并能很快地算出利润有多大。这对买家和卖家都很方便。这跟我们都用"英寸"来描述脚的大小是一回事儿。你肯定不会说某人的脚是0.25英尺吧！我们会说他的脚是3英寸。这样一来，大家理解起来也方便很多。因为对于终端的买家来说，小的度量衡更容易帮他们了解产品的大小。这也就像人们都用"盎司"而不是"磅"来描述黄金的重量一样。就像人们说到"今天的晚些时候"，这就不是一个具体的标准，而只是一种模糊的说法了。

整买散卖，地尽其用

这个例子也许能帮你从另一个角度发现房地产行业的巨大价值。

如果你买10英亩的土地，每亩售价5万美元，那么总价就是50万美元（这块地的原规划是建造10所独院住宅）。

如果你得到了重新规划的批文，可以将它变更为单元楼的建设项目，假设设计容量为250户，每户就按1万美元来算，这片土地的价值就一下子变成了250万美元。

算下来，每平方英尺也才5.75美元（1英亩=43 560平方英尺，43 560×5.74×10≈250万美元）。

上面说过了，这片土地的初始规划是建造独院住宅的。所以，想要实现地价5倍的增值，就需要向相关部门申请土地用途的重新规划。

我做过的项目非常多，从公园到大型社区无所不含。我从中学到最多的就是如何规划土地，做好划分和安排，使项目呈现出预期的效果。居民区的建设就必须考虑到小商店、餐馆、药店等生活必需的配套设施。这也就意味着不做周全考虑而一味地追求项目的高容积率和高回报是不合理的。你肯定见过那些规划得不合理的建筑。规划科学的房屋看上去和用起来都很舒服。

我的好友，乔·比尔，就曾经挨家挨户地去询问当地居民的意见，并就规划问题虚心地听取邻居们的建议。如果你这样去做，认真倾听邻居们的意见并根据反馈修改自己的规划方案，那可真是太好了。在项目的不断进展中，你会发现你买来的土地一点都没有浪费，真正做到了物尽其用。

给你讲一个我自己的故事吧！几年之前我参与了一个邮局用地的销售项目。买家想要一份环境测评报告以确定周围不存在有毒有害物质。这很正常。但就在我和我的合伙人进行尽职调查的过程中，我们发现了一个环境方面的问题。我们找来了专业人员，带来了检测用挖掘机对这片区域进行测试。在测试过程中，我们发现了一个大问题：土壤内含有柴油。我们觉得这也太不可思议了。所以，我们又重新进行了测试，结果还是一模一样。这栋房子之前是做什么用的，怎么弄得土里都有柴油？带着满脑子的疑惑，我们决定先实地考察一下。多亏我们走了这一步。当我们走过测试人员的挖掘机时，我们发现它在漏油。经过比对，它与土壤内检测出来的柴油类型完全相符。我们换了一台新的挖掘机再次检测，结果就变得正常了。到工地去走一走还是很有用的。所谓"动手"二字不仅仅是要求你会读报告，还得要你去做实地的观察。

想要做到地尽其用的 3 个 "必须"

1. 必须对土地的规划进行全方位的考虑。
2. 必须与附近社区的居民进行沟通。
3. 必须学会聆听和让步。

小贴士 我很喜欢到自己将要购买的土地或房产去逛一逛。对我来说，知道与猜测的区别就在于是否亲眼见到。

来自实践的智慧

如果你想要介入房地产市场（不单是在市场单边向上的时候），那么接下来的几个问题就能帮你迅速上手：

我怎样才能知道房地产的基本规划用途及可能的变更方向？

每座城市都在土地用途方面制定有相应的法律法规。首先，要找到一名好的土地规划律师告诉你有关政策方面的要求。然后你需要一名拥有类似经验的建筑设计师帮你出谋划策。之后房地产经纪人能告诉你如何按照未来的开发商、买家或租户的需求来最终完成你的土地规划。

我的团队都需要哪些核心成员，他们的工作又都是什么？

除了律师、建筑设计师和经纪人之外，你还需要以下这些团队成员帮你实现目标：

可行性分析专家

大的经纪公司会收集行业信息，并对空置率、出租率、成交量等数据编纂出相应的报告。借助这些信息，经济学者就能分析出当前市场所需的产品类型。

会计师

会计师能够建立财务模型，并预测销售收入、成本及利润。据此你就能为自己的项目定价，并对资本、借款还有股东权益等进行权衡。

土木工程师、土壤专家和承包商

这些专家能帮你确定项目用地的修整费用。因为每一片土地都不是尽善尽美的。为了将其变成适合建造房屋的土地，保证所有公共设施的顺利接入，你需要事先确定其中的可能性和可能花费的费用支出。

走过这一整个流程之后，你也就了解了为什么那么多人都可以避开房地产的这一块业务。其实，操作的难度远比说说困难多了。尽管需要大量的知识和耐心，但做过了头几桩交易之后，你就肯定能驾轻就熟了。这就像是NBA的得分后卫或是橄榄球场上的四分卫一样。比赛的大多数时间，你的任务是弄清楚队友在哪儿，该把球传给谁。比起狂奔或是投球，传球才是你的第一要务。你可以边做边学。先从小做起，试着慢慢开始吧！

我怎么才能找到可以重新进行规划或变更用途的土地呢？

这一条是所有的基础。了解市场的需求和发现变更的潜在价值需要事先研究，并发挥自己的想象力。不断提出问题并把它们一一记录下来，你提的问题越多收效也就会越好。最重要的几个问题应该就算是：

怎样才能改善附近人们的生活质量，提升人们的生活便利度？

有多少人要每天开车经过这片地方？

我怎么样才能让生活在附近的人们生活成本更低，想要购物或者用餐更加方便？

能否让附近的人们享受到更为便捷和更为优质的医疗服务呢？

这些问题会激发你的想象力，并督促你将它们变为现实。多数人很少提问题，其实，如果你是一个善提问题的人，你就能发现很多商业机会。

微软的创始人比尔·盖茨就曾经对电脑处理信息的速度非常感兴趣。亿万富翁沃伦·巴菲特认为操作模式简单、运营情况良好的商业企业能为股东创造持续的财富，故而他也坚持向此类的公司投资。这些投资策略帮助他们成为了世界上最富有的人之一。巴菲特先生就很善于提出问题，并将其分解为一些非常直观简洁的小问题，并持续观察答案的变化。真正的天才是那些将问题简化的人。从现在开始，拿起笔记下来你对房地产的每一个疑问吧！

为什么这片地方没有开发商问津？

它的业主是谁？

这片土地最适合开发何种类型的房产？

如果改建成其他房产类型，是否能够实现更大的利润？

如果按照我的想法进行开发，谁将会是它的买家或是租客？

在做成第一笔房地产生意之后，你的看法和角度会变得更不一样。每当我经过或走进自己开发过的项目或楼盘，看到这曾经被很多人认为一文不值的土地如今繁荣异常，我都会由衷地感到快乐。

以我30年的规划、谈判、建设、销售经验来看，我发现，只要你不断向自己提出问题，没有什么事情是不可能的。认真地思考和分析你的答案，并一步步地将自己脑中的想法付诸实践，你就一定能成功。要记住，房子是一砖一瓦垒起来的，你的想法也应如此。最难的部分莫过于砌起第一块砖头。

2

一切为了增值

——柯蒂斯·奥克斯

柯蒂斯·奥克斯曾经是科德维尔公司顶尖的中间商,排名一直保持在全美范围内的头 3%,并将这一业绩保持了长达 20 年之久。1994 年,柯蒂斯和他的妻子成立了奥克斯集团,专攻旧金山海湾地区的房地产销售、投资和开发工作。他将自己乐于助人的天性灌注在自己的事业当中,同时帮助无数的人实现了自己购买房产或是投资房产的梦想。他还创立了奥克斯培训项目,传授人们如何通过房地产投资创造财富。

我曾经说柯蒂斯是一个"无所畏惧"的人。他听后大笑，还说我形容得非常贴切。他还说："我与篮球巨星'魔术师'约翰逊的理念相同，即进入市区、开发，并提升当地的经济水平。"柯蒂斯还说："大多数投资人只是想办法从人们的钱包里掏钱出来，却从不想办法让人们的钱包鼓起来，而我却不断地在通过投资让人们富起来。之后我就能坐享这一切的丰厚成果。"我想这也就是为什么柯蒂斯和他的太太戴安娜受人尊敬并被众人称为良师和益友最重要的原因了。

在如今经济下滑的大背景之下，有很多吸引人们眼球的地产项目被寄予了拉动经济发展的期望。人们希望投资人不单是通过项目赚到了钱，还能通过项目让当地低迷的经济重新获得增长。我参与过一次类似的项目，结果很一般。说实话，我只是一个希望快进快出、赚"快钱"的人。因此，我更为尊敬柯蒂斯的作为。他不仅通晓房地产的一切，还了解当地人们的心理和他们的所需，并立志成为社区的一分子。这也就是我从柯蒂斯和戴安娜身上学到的最重要的房地产知识。

——罗伯特·清崎

作为一名成功的房地产代理人、投资人和开发人，我曾与罗伯特·清崎同台演讲。说他是我的导师，一点都不为过。他的想法和意见曾经给了我极大的支持，对我最终的成功功不可没。我也曾与唐纳德·特朗普同台演讲，并与他共同制作了一部CD——《房地产成功的三大秘技》。当我在写这篇文章的时候，我和我的太太正在装修旧金山一处价值几百万美元的大房子。为了将所有的一切写得更加容易理解，好让人们更容易学习和操作，我左思右想，最终将房地产的生意归为一点：从问题中寻求盈利。对于我们夫妻俩来说，想要实现成功还要具备两样武器：知识和信念。

小贴士 你的意识应该是"从问题中寻求盈利"。

高质量的房屋加源源不断的租客，是不是听上去棒极了？没有高昂的维护费，房租也不难收，等等的一切，都是我们脑中对完美地产的幻想。但是，如果真的要建成这样完美的楼盘，造价一定非常高昂，且未来升值潜力会很小。

而回过头来看看问题房产，你却能发现巨大的升值潜力。比如说，如果某种类型的房屋市场售价是 20 万美元,那么有问题的房子也许只能卖到 14 万美元。而一旦房屋的问题解决了,它也可以一样以 20 万美元挂牌出售。租房市场也是一样的道理。当你对房屋进行整修之后,租价就能相应上涨,从而获取更高额的回报。

这也就是"强行增值"的概念了:当投资人以低于市价的价格买下了问题房产之后(经常是由于其内在问题,比如高空置率、烂尾楼、环境污染等),通过各式各样手段解决了问题之后,将其内在价值提升回市场价格水平。我也管它叫做"提高附加值"。当你拿到一处房产的时候,你可以通过各种方式来使其增值。这样一来,你能通过自己的优势在极短的时间内获得利润的增加了。这一方法被无数的房地产投资人运用在自己的业务中,创造出了巨大的财富。

小贴士 我在选择是否购买房产的时候从不专注于或单单期望通过市场上扬获取浮盈。对我来说,市场上扬是一笔额外的奖励。如果真的房价上涨,那我会很开心。不过如果它持续不变,那也没什么大不了的。因为我非常清楚如何利用现有的房产得到现金流,并冲抵折旧。同样的,当有人告诉我说有投资机会能得到买卖价差收益的时候,我会先谢谢他们,然后掉头离开。为什么?因为所谓的价差,都是人们"预测"出来说未来"有可能"发生的事情。但如果你通过自己的劳动提升房屋的附加值,它就可靠多了。

如果你决心成为解决问题的高手,而不是逃跑的懦夫,那么你在房地产投资当中的胜率就大大增加了。接下来的这一步就是寻找合适的房产,并解决问题了。

我的故事

我购买的第一处民宅在宾夕法尼亚州的费城。1979 年的时候,我花了 2.78 万美元买下了它。我通过士兵福利法案获得了全额的贷款,17.5% 的浮动利率。现在来看,这利率高得吓人,但我当时根本不关心。我只想拥有一所自己的房子。这也是我对杠杆的最初理解,也就是用少量的钱购买大件的物品(在这里我指的就是房子了)。我只要手上有了闲钱,我就会继续买房子。当时的我,根本不管利率有多高,一直在不停地买入。

我的第一段房地产生涯在1982年的时候发生了一次剧变。那一年，我从海军航空供给办公室辞去了公务员的工作。从一开始，我就专注于如何提升房屋的附加值。在费城，有很多被人遗弃的破败房源。所以，我可以花5千到3万美元不等的价格买下一处房子，进行整修，然后出租或是出售。

我舅舅当时经常从加利福尼亚的旧金山过来看我。每一次他来的时候，都会跟我说旧金山的房地产市场如何如何。到了1985年的时候，我终于被他说服，决定回到旧金山投资为房产提升附加值的生意。但我当时并不清楚，我在费城的成功经验并不能被复制到旧金山去。为什么？原因其实很简单，旧金山的房子太贵了，联排小洋楼的平均售价都在25万美元。高昂的房价刺激着我的神经，我甚至有些胆怯。即便我拥有足够多的投资资本，我也得在入场之前多了解一下加利福尼亚的房地产市场。

小贴士 我在成功的道路上经历了无数的挑战和麻烦。不过只要你有足够的耐心和正确的方法，房地产附加值方面的投资对你来说也是一条光明的大路。

与此同时，生活的成本和房地产教育机构的学费已经快耗尽我本来就不多的资金。更可怕的是，我对失败的恐惧让我变得畏首畏尾。但是，还没看到鱼儿我怎么能撒网呢？不过最终，我拿到了房地产经营的执照，并开始在旧金山开业，准备复制自己的费城模式。然而，这绝非说说那么简单。在旧金山我发现很难找到收购的对象。在这里，根本没有像费城那样被人遗弃的空房。我只好试着通过其他办法入手。我最后终于发现了一个缝隙市场。那片地方被叫做贝维尔猎人区，我相中的市场被称为"附属楼"。我先是买下这些独户的房子（当时的售价在5～7.5万美元之间），然后在车库后面盖起小楼，也就是附属楼，作为出租之用。这样算下来，当工程全部完工之后，房子就可以卖到17.5～19.9万美元之间。我自己有一支建筑队来做整套的工作。我们的业务还算不错。现在你也看到了，我也碰到了创业路上的陷阱，我也有自己的麻烦和挑战。但是只要你足够耐心，并运用正确的方法，你也能在这条路上获得成功。

寻找适合的投资对象

这一部分是你最关心的了，不是吗？当然是这样！对于房地产投资来说，寻找到合适的投资对象是保证成功的最核心内容。这一过程考验你的知识和创造力，也同时能够提升你的经验和专业性。这一步的工作会不断地重复，这一过程需要你发掘有潜力的房地产，并通过自己的知识进行判断。也就是说，它将你的直觉和理性思考联系在一起，共同协作达到目标。

首先，还是让我们来看看房地产的不同类型和等级吧！

房地产类型

我简单地将房产划分成3个类型，以方便之后的内容叙述：

民用房产：1～4个单元的居住用房屋，具体包括独户院落、联排小洋楼（2～4户）等。

商用房产：含5个以上单元的商用楼，比如说办公楼、购物中心等。

商住两用：一栋楼内同时含有民用及商用功能的部分。

如果你只是刚开始投资房地产，那我建议你购买2个或是4个单元的地产。这样一来，你就可以通过不高的初始投资，在运用杠杆的同时通过实践学习。之后，在积累了足够的经验和资本之后，再去进行相对较大规模的投资。

房产等级

房产一共可分4个等级：

甲级：甲级的房产房龄低于10年，屋况非常好，具备所需的配套设施，如游泳池或运动场。甲级的房产可以租出高价，租客质量相对较高，维护成本较低，相对容易管理。这一类房屋通常是为房产投资人所有，投资回报率相对较低。当经济形势低迷的时候，它们受到的冲击最大。

乙级：这类的房产房龄在10～20年间，房屋总体状况良好。乙级的房产是4个级别中最稳定的一类。它们通常都建在中产阶级集中的相对完善的社区当中。它们周围的配套设施相对方便，租金也不会高得离谱。所以成为了大多数投资人和租客的选择。

丙级：这类的房产房龄在20～30年间，生活舒适度相对较差。同时，由于年限的问题，现存的和潜在的维护费用都会较高。它们的租户质量也比较差，其中不乏那些靠政府救济为生的人们。但是我们可以通过改造来提升它的价值。

丁级：房龄超过30年，需要耗费大量的维修成本和维护成本。它们经常位于那些已经没落的区域。丁类房产通常需要花大价钱进行修整，比如说更换屋顶、电路和供暖通气系统等。

小贴士 对于投资新手来说，我建议你们把注意力主要放在寻找被低估了的丙级房产。

你在上述4个级别的房产中都能找到被低估了的对象。但是，请注意甲级的房产。因为它自身的增值潜力已经很小，那么对它的投资会降低你资金的使用效率，延缓你盈利的速度。对于投资新手来说，我建议你们把注意力主要放在寻找被低估了的丙级房产。

开始搜寻

下面就是我对寻找被低估房产的一些建议。

第一步：成为某个地区的专家

这也就是你生存的根本。打个比方，如果你想要了解一个自己从没去过的城市，这过程一定很费时间且代价高昂。所以，你可以通过读报、实地勘察、参加房屋售卖会等各种方式增加自己对当地的了解。

当然，我所说的"某个地区"范围的概念也不是那么局限的。比如说，你最初从旧金山开始，当你已经完全掌握了这一片市场之后，那你将要考虑的就是拓展一块新的市场了。

举个例子：

1. 选择旧金山作为自己的目标地区。
2. 研究、勘察这片区域。
3. 完全"掌握"这一区域。
4. 选择下一个投资目标，比如奥克兰。

第二步：找出最"不贵"的地段

再说一遍，你要做的就是找出问题房产然后解决问题。所以你就得发掘那些自身"问题"价值最高的房产。换句话说，解决了这些问题，你就能得到丰厚的利润。这也就是我们寻找"不贵"房屋的初衷所在。

第三步：寻找问题房产

当你对目标区域有了深入的认识，并发现了最"不贵"的地段之后，接下来要做的就是要定位问题房产了。

你该如何定义问题房产呢？它们往往都有着不怎么好听的形容词。你可以通过以下一些关键词来判断自己是否找对了对象：

- 房屋空置。
- 房屋被封。
- 杂草丛生。
- 垃圾遍地／溢出垃圾桶。
- 坏损的玻璃窗。
- 掉漆。
- 看上去很破败。

你还应该注意关于房产潜在的变化，比如：

- 业主准备退休或是搬去别的地区。
- 被银行收回。
- 处于遗嘱检验期。
- 违规建筑。
- 规划出现问题，并尚未经听证会通过。
- 购物中心的大商家撤店。

一定要记得，寻找地产投资机会的过程可能非常有趣，也可能非常令人沮丧。

寻找房地产投资对象的小窍门

- **保持积极的心态**。寻找的过程很花时间，需要你对环境进行实地的走访。你可能踏错点，或是被假象所骗。无论如何，一定要保持积极的心态，微笑着面对每一个机会。这样，你才能在投资机会出现的时候以积极的心态将它收入囊中。

- **立足当前，精力集中**。你要尽可能地忘记过去遭遇的失败和那些消极的心态，比如"市场尚未见底"等。同时，要克服自己对于失败的恐惧、对于成功的迟疑，以及其他所有阻碍你发现机遇的阻力。那些立足当前、勇于面对机遇的人才能真正把握住到来的每一个机会。

● **投入时间**。在作家的圈子里一直有这么一句话：如果你要写一本书，那就别把屁股从椅子上抬起来。对于房地产的投资机会来说，这句话同样适用。你需要走出门去，寻找机会。你得不停地阅读报纸，开车到处走走，并与房地产中介和出资方不断进行沟通。

● **别被市场现状拖累**。完美的投资市场基本上不存在。在投资之路上，你总会碰到各式各样的问题和陷阱。认识这一点，并接受它，别让媒体、你的朋友或是别的什么人影响了你寻找投资机会的决心。

我最后想说的又是重复了很多遍的一句话：别被上下波动的市场扰乱了自己的心态。利率总是不断地上调，但也总会有下调的那一天。房价一直在下跌，但它也总会触底回升。道理是一模一样的。

小贴士 在寻找房地产投资机会的时候，你应该保持这样的心态：在任何市场的任何一个时点，我都能找到合适的投资项目。

小贴士 你应该拥有"永不放弃"的信念。俗话说得好，天道酬勤。

你应该积极地寻找潜在的投资机会。同时，你也应该多跟人打交道，多了解投资工具和各式各样的资源。这样，你可以在机会来临的时候抓住它，实现成功。下面就是一些机会的来源，你可以进行一下尝试：

● www.loopnet.com.
● 其他投资人。
● 房地产中介和经纪人。
● 房地产资金出借人（银行等金融机构）。
● 律师。
● 注册会计师。
● 物业公司。

表 2-1　个人反馈

进行头脑风暴，想想看你还能从什么途径获得房地产投资机会的相关信息

地产审查条件及相关分析

一旦你发现了潜在的投资目标，就该仔细地研究一下这处地产的短期及长期投资机会。你必须应用以下的审查条件对自己的每一笔投资都进行严格的审查：

1. 投资原则。
   a. 杠杆；
   b. 现金流；
   c. 现金的现金回报率；
   d. 资本化率；
   e. 毛租金乘数（租售比价）。
2. SWOT分析法（优势、劣势、机会和威胁）。
3. 市场趋势。
4. 人口统计数据。

其实，就上面的这几点我就可以写出一整本书来。但在这儿，我还是精要地总结一下好了。

杠杆

杠杆，简单来说就是你用尽可能少的自有资金去进行尽可能大的投资。从另一个角度讲，你的资金有可能获得最大限度的投资回报。当你对一处房产进行分析的时候，首先要做的就是弄清楚自己的初始投资会是多少。

正向的现金流

这些年来我通过房地产造富的关键因素之一就是现金流。现金流是最重要的因素。因为实实在在地拿到钱才是我们最终的目的。正向的现金流能够为你的投资创造动力，使之持续下去。它对于融资来说，也是一个重要的考察指标。比如说，当你想要购买一栋超过5个单元的住宅楼时，银行会首先考察这栋楼的现金流（整体租金水平），然后决定给你多高的信贷额度。这时候，你个人的信用评级都会放在第二位去考虑。现金流对于房产的价值来说也是一个重要的决定因素。一栋产生现金流能力很差的房产估价会比其他同等级别，但现金流充裕的房产估价低很多。一定要时时将这一切记在心里！

两位数的现金的现金回报率

这代表的是你资金的回收速度。换句话说，你在投资初期的资金投入（主要是头款）需要多久才能回收回来。这一点也很重要，因为你需要让有限的资金活动起来，不停地投入新的项目中去。所以你资金回笼的速度越快，那你就能更快地进行投资的扩张。

> **小贴士** 现金的现金回报率的定义：在既定的时间内通过房产获得的现金流（一般为租金）与投资头款的比率。

下面就是几个例子，它们同样都是付了2万美元的头款，但是获得的现金流各不相同。

表2-2 现金回报率

投资头款（美元）	每年得到的现金流（美元）	回收首付款所需年限	现金的现金回报率（%）
20 000	20 000	1	100
20 000	10 000	2	50
20 000	6 000	3	33

不难发现，这张表清晰地表明了不同情景下头款回收的速度差异。在情景一当中，需要一年的时间。在情景二当中则需要两年的时间。而到了情

景三当中，回收期长达 3 年。与此对应，现金的现金回报率分别为 100%、50% 和 33%。

　　作为投资人来说，你应该将自己现金的现金回报率目标定在 10%～20% 之间。而高于 20% 的回报率，就是"优秀"的代名词了。

高于 7% 的资本化率

　　资本化率在衡量一处房产的优劣时，有没有贷款对它是不产生任何影响的。如果你全款买下了一处房产，那么你的钱究竟能生出多少钱来？回报率又是多高？高的资本化率往往意味着这笔投资的风险较大，房产的售价比较低。你经常能在相对贫困和收入水平较低的地区找到资本化率高的房产。而与之对应的，低的资本化率表明的是投资风险较低，房产售价较高。较低的资本化率经常存在于中产阶级及高收入群体聚居的地区。如果你知道了营业收入（也就是租金收入）及资本化率，你就可以通过以下的公式计算房产的合理售价：

$$营业收入 / 资本化率 = 房屋售价$$

　　小贴士　资本化率与房产是否进行了抵押贷款无关。它等于营业收入与房屋售价之比。

毛租金乘数低于或等于 9

　　毛租金乘数经常用于判断某个特定区域当中房产的盈利能力。比如说，在城市某个片区的 3 处不同房产，你通过计算它们各自的毛租金乘数就可以对它进行比较。在其他条件都很相似的情况下，你就挑毛租金乘数最低的买就好了。总的来说，毛租金乘数越低，现金流就越大。相反的，如果毛租金乘数升高，那么现金流就会相应减少。

　　小贴士　毛租金乘数等于房屋的购入价格除以它每年的租金收入。这个比率越低越好。

SWOT 分析法

　　SWOT 这 4 个字母分别代表了优势、劣势、机会和威胁。SWOT 分析法是一种最常用的商业分析方法，它同样应用于房地产的投资领域。因为你面对的每一个投资机会有着其自身独特的优势、劣势、机会和威胁。那些不断寻求成功的聪明的房地产投资人会将每一处房产都放入SWOT分析模型中进行分析。

不过你得注意，这是一个非常主观的分析方法。也就是说，在分析当中不存在所谓"完全正确"或者"完全错误"的结论。同时，还有很多因素都存在着内在的相互关联。比如说，某处房产的劣势（外表老旧，需要重新粉刷）在另一方面就成了它的优势（只需简单粉刷就能让它焕然一新），从而提高房屋的售价。

市场趋势

在搜寻房产投资机会的工作当中，你应该放一部分精力在密切观察市场趋势及人们的需求变化上。比如说，过去的时候很多人都从市中心搬去了郊区居住。然而在过去的几年间，人流逆转了。因为高涨的汽油价格及其他的一些原因使得人们反向流动，开始回归市中心。因为他们想要住在可以走着上班的地方，并且可以更方便地去商店、餐馆和其他地方。

从媒体上和其他的信息渠道了解新的市场趋势非常重要。作为投资者，应该先于大众了解到市场的走势及最新的进展。

那你要怎样才能捕捉到最新的市场动向呢？说起来有点空泛，但你还是可以按照如下的几点去做：

● 观察你周围发生的一切。当身边人的行为方式发生变化的时候，你要格外注意。比如说，10年以前，SUV非常盛行，当时恨不得每人都要去买一辆来开。这么多年过去之后，由于油价的不断攀升和人们对待环境的保护意识渐强，SUV的销量不断走低。反倒是新兴的混合动力汽车进入了市场，开始了它的扩张。

● 阅读、阅读、再阅读。尽可能多地进行阅读，如报纸、杂志、房地产期刊等，都不要放过。要学着通过不同渠道和不同角度了解事情。偶尔去读读那些你平常不大会关心的报纸，上网去看看那些你社区当中的人都在聊些什么，大家都在自己的博客当中写些什么，最近又有什么房地产网站进入了人们的视线等。你了解的东西越多，你就越能发现那些潜移默化的趋势。这也就是我们常说的，把一个一个的点连成一条线。你要努力地做一个连接者。

- 聆听、聆听、再聆听。走出去，听听人们都在说些什么。他们的行为有何不同，他们的想法有何差异，他们的兴趣、爱好和厌恶的东西又都是什么？你的朋友、家人、邻居和公司同事都是获取信息的重要渠道。试着向他们提问，并用心倾听。

人口统计数据

　　房产分析的最后一部分就应该是人口统计数据了。说得直接点，就是你准备投资的城市或区域当中的人口情况如何。一般来说，人口统计数据会包含特定地区的人口数量、收入水平、工业情况、主要招工企业和其他一些具体的细节。

　　人口统计信息可以从当地的公共图书馆的资料库中查阅到。互联网上也会有大量这方面的相关信息。你可以通过以下这些网址查阅到很多所需的信息：

- www.freedemographics.com.
- http：//realestate.yahoo.com/Neighborhoods.
- http：//realestate.yahoo.com/Homevalues.
- www.elook.org.
- www.economy.com (fee site).
- www.city-data.com.
- http：//quickfacts.census.gove/qfd/.

对投资有利的人口统计数据

当你查阅人口统计数据及其变动趋势的时候，注意观察以下这些特征，它们会对你的投资产生积极的作用：

- 女性人数高于男性（女性对住所更加注重）。
- 未婚人数高于已婚人数（未婚的人往往选择租房住）。
- 年轻人与老年人的人数高于中年人的数量（中年人常会选择购房）。
- 年收入低于4万美元（这部分人无法承担购房压力，故而会选择租房）。
- 当地最大的用工企业盈利情况是否良好、是否稳定。

同时，你还需要了解房产的以下几条关键信息：
- 到达公共交通的距离如何？
- 城市的下一步规划是什么？
- 距离公园有多远？
- 是否毗邻学校？
- 周围是否有购物中心及餐馆？

最后，才是问自己最简单问题的时候——你想不想在这里投资？

成功要诀：团队的力量

当初是我和我的妻子戴安娜开始在旧金山打拼。如今，我们已经拥有了20多处盈利良好的地产，并且创建起了一支可以克服任何困难的优秀团队。我们团队当中的中坚力量包括擅长解决租客问题的律师伊丽莎白·艾哈特和精于建筑工程的希亚·塔巴祖。戴安娜和我会买一些屋况较差的房子或是那些住着麻烦房客的房产进行投资。我们的策略就是购入—整修—增值—销售。伊丽莎白会负责与租客协商，希亚负责制订整修计划。我们做的大多数项目都应用了1031号条例，并不断地升级自己的房产规模。这些房产的经营现状都非常良好。不过更好的是，无论整体市场如何起伏，我们手中的大多数房产价值都翻了3倍之多。

这里有一点非常重要：我们与团队建立起的联系远比我们赚的钱要珍贵得多。没有哪一桩交易比我们之间的关系更加重要了。今天来说，伊丽莎白已经成为了旧金山数一数二的租客及业主问题的律师。我们还是非常要好的朋友。我们经常会互通电话，并聊起15年前创业初期那些经历过的往事。希亚现在也是半退休状态，她的精力只放在自己手头的几个项目当中。但我们还是很好的朋友。到今天为止，希亚仍然是我们唯一的项目工程咨询师。

> **小贴士** 我们与团队建立起的联系远比我们赚的钱要珍贵得多。没有哪一桩交易比我们之间的关系更加重要了。

我坚信一支团队成功的关键在于那句老话："各尽其职"。每个人都各尽其职，那么整体的效率就会提高。柯蒂斯的任务就是负责大方向的把握，戴安娜的工作就是确保所有任务的完成，伊丽莎白的任务就是解决租客的问题，希亚的任务则是工程设计和规划及获取市政的审批。

你永远要思考该如何建立一支强有力的团队，从而实现短期及长期的目标。

小贴士 我坚信一支团队成功的关键在于那句老话："各尽其职"。每个人都各尽其职，那么整体的效率就会提高。

问题还是机遇

如果你成为了解决问题的专家，那么你在房地产投资行业的机会就会大大增加。但这里就会有一个很关键的问题要问你：你对问题到底有多高的忍耐力？

不难发现，要获得机遇从不是一件容易的事情。问题、挑战和挫折时常发生。那些偷懒的人只能面临失败的结局。这些年来，我的很多朋友和熟人都来找我，希望和我一同合作，但大多都半途而废了。为什么？这就好比我们同时看到了一根绳索连接着大峡谷的两端，他们看到了危险，而我却看到了一座桥。

我们应该如何锻炼自己的信念，从而勇于直面并克服困难呢？答案很简单：不断尝试。真正的成功者的信念的力量都很强大。他们绝不会允许恐惧挡住自己前行的道路。那些成功的人士，比如唐纳德·特朗普，总是不断给自己打气。他们承认自己也会害怕，但无论如何他们都一直向前。一旦你屈服于自己内心的恐惧，那你就一点胜算也没有了。当我们心中拥有信念的时候，我们才能主动向机遇出击，并合理地控制风险。

当我还很年轻的时候，我辞去了政府公务员的工作。那时候的我，一年的薪水是6万美元。我投身到房地产行业，成了一名代理商和投资者。当时的我刚读完拿破仑·希尔的《思考致富》一书，兴奋异常，下定决心马上下海，准备大干一笔。但事实证明，一切都得慢慢来。实际上，在最初的那几个月，根本连一个机会都没有。没有，没有，还是没有。我的存款账户余额越来越少。你知道接下来发生了什么吗？我那颗热得发烫的脑袋竟然冷了下来。我不再积极，而是变得越来越担心。我从绝对的乐观变成了极端的消极。

最终，我走出了这段低谷，我的投资也开始慢慢产生了成效。只有那些在困难和挫折面前有勇气、有耐心，并且永不放弃的人才能最终得到胜利的果实。

成功从来不是一帆风顺的。在这个过程当中,你可能会面对时不时的停滞、往复,甚至有些时候不得已而重新开始。我曾经认为成功的道路应该是这样的:

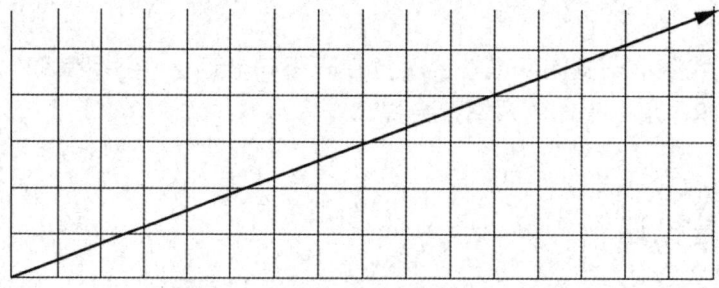

图 2-1　我曾经认为的成功之路

然而事实上成功之路是这样的:

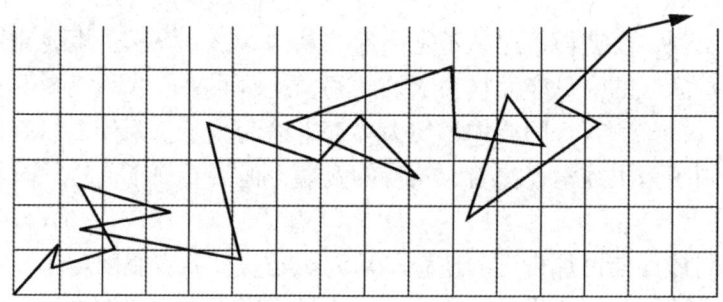

图 2-2　真正的成功之路

小贴士　只有那些在困难和挫折面前有勇气、有耐心,并且永不放弃的人才能最终得到胜利的果实。

如果你有了克服困难的耐心,那你取得成功的机会就会大大增加。请记住这一句箴言:利润蕴于麻烦之中。

你看到了,我始终坚信的房地产行业的定律也可以搬到我们的具体生活当中来。比如说,我就经常见到那些习惯于偷懒的人,但我还是希望鼓励你成为一个积极的乐于付出的人。同时别轻易对人下结论。其实这世上本来也没有什么绝对的错或是对,大多数只是大家的观点不同而已。无论你现在身处何境,地位如何,你都可以通过自己的努力不断前进,并帮助身边的人一同成长。

3

房地产分析

——约翰·芬尼

    约翰·芬尼现任工业地产公司主席。公司主营业务为民用及商用地产的开发、运营等，业务领域涉及住宅楼、办公楼、牧场、快餐店、便利店、加油站、农场、夜总会等多个方面，业务范围包含夏威夷、关岛和美国西部的大片区域。并且，他和他的合伙人罗伯特·W.普利还获得了汉堡王餐厅在夏威夷岛的专营权，在10年间开办了35家店面，并一次性将其售出，创了汉堡王历史上的先例。除此之外，约翰还是一名毕业于斯坦福法学院的律师，并曾经服役于美国海军陆战队。

我认识约翰有30多年了。我和他都曾经在海军陆战队服过役，并在夏威夷的同一支橄榄球队打过球。夏威夷的当地人都称呼他"汉堡王"，因为是他将这家连锁店开到了岛上。尽管他早已经把这家店转手出去了，人们还是习惯于称呼他"汉堡王"。这个名字对于他来说也是太合适不过了。他是通过连锁店扩张地产的无冕之王。

在我的第一本著作《富爸爸穷爸爸》当中，我写到过雷·克罗克。就是他打响了麦当劳的品牌，并将其打造成了一家巨无霸的企业。在那本书中，雷曾经问过得克萨斯州大学的一群学生："我公司的业务是什么？"马上就有学生回答："汉堡包生意！"雷摇了摇头，回答道："答错了。我做的是房地产生意。"时至今日，麦当劳把持着世界上最昂贵的那些地段。雷的经营策略就是通过麦当劳的连锁店来实现房地产的投资。

夏威夷的"汉堡王"约翰用了同样的办法：通过其他业务达到购买房地产的目的。今天，我也在用同样的办法投资。我的公寓楼业务、健身俱乐部生意，还有商用写字楼的生意都在为我的房地产投资服务。通过经营购买房产，这是一条放之四海而皆准的投资之路。

——罗伯特·清崎

我一直对房地产的并购、经营和销售非常感兴趣。在我职业生涯的绝大部分时间里，我都在给人们提供建议和咨询，比如是否应该买下某处房产，是否应该将手中的房产卖出，手中的房产是应该继续持有并进行整修还是直接卖出。这也就是说，同时兼备律师和投资者双重身份的我，已经面对过无数次类似于"去还是留"的抉择。并且，每次选择都各不相同。我曾经开发并销售过办公楼和大大小小的住宅公寓楼，收购并运营过牧场和农场，开发并运营过仓库。同时，我还为其他房地产相关的业务进行过无数次的融资、开发和再融资。

然而，我的主要投资策略在过去的40多年间从未改变，即通过加盟全国范围的连锁店（快餐、便利店等）进行房地产的融资和开发。融资和开发的过程非常有意思，经营和销售的过程也同样充满乐趣。我就在过去的40年间运作了近100间店面的从购买到销售的全过程，我的足迹也因此覆盖了整个美国西部、关岛、夏威夷，还有俄罗斯。

我的法律背景曾经很多次在分析过程当中给了我很大的帮助。不过，我大多数关于交易的判断经验都来自于在夏威夷、关岛、内华达、科罗拉多和俄罗斯的真实投资经历。我的投资对象包括汉堡王、小卡尔餐厅、伊尔·保罗·洛克餐厅、赛百味三明治、Circle K 便利店及 76 加油站。它们选址、融资、开发和运营的全过程我都参与其中，这一系列的经历使得我有机会与这些全国闻名的连锁企业进行直接而深入的交流。他们当中的大多数都运营得非常成功，但同时也有一些例外情况，我会在后面进行详述。在我经历的每一桩交易当中，交易之初的分析工作都为交易的成败奠定了基调。

在这一章当中，我会从最基本的原理讲起。我保证这些原理可以应用到你自己手头的房地产交易当中去。实际上，你我都知道，没有哪一桩生意是完美的。为了生意而头痛是经常的事儿，不过这辛苦的过程是每一个有志于成功的人都要经历的一道坎。所以，你要首先作好充分的面对困难的心理准备。我也会与你分享我自己遇到的一些大的失败。它们对于我来说都是非常重要的经验，每一次都像是给我上了难忘的一课。它们对你也会同样重要。因为这些代价惨重的失败大都源于交易初期分析工作的疏漏。

我想要给你灌输一个分析的基本理念，从而帮助你面对抉择的时候能够作出正确合理的判断。这些分析的基本理念和框架在经济低迷的时候尤其有用。不仅如此，你还会发现它们是经得起时间考验的。

我的经验

在每一次交易之初，你都需要进行或多或少的自我反省。这桩交易（工作、购买决定、职业道路等）是你真正所需和想要的吗？你能够全心全意地投入其中吗？你面对的这桩交易能带给你预期的金钱和精神方面的回报吗？在这项工作中投入的精力或因此发生的变动是否会对你更大的人生目标产生影响（比如抚养小孩、保持健康、体育运动、宗教活动、求学深造、朋友关系或是闲逸的生活等）？换句话说，无论你面对的这个机会有多么难得，你会因此获得多大的成功，只要它会让你和你的家人生活变得不幸福，那就不要理会它。这个机会不适合你。

> **小贴士** 你没必要急匆匆地动手，也不需要抓着好坏参半的机会不放开。慢慢等，总有适合你的机会到来。

我之前的合伙人（罗伯特·普利）就经常说，生意就像是街上跑着的有轨电车，这辆走了总还会有下一辆开过来。我慢慢地才发现这句话里面的道理。以前的我无论碰到什么项目，成本多高，我都会做最细致的分析，以求作出完美的决策。当时的我任由自己的好奇心驱使，花了大量的时间在一些无用的事情上面。这一点与我个人的性格很有关系（我曾经认为我自己无所不能，可以掌控所有的一切）。然而，我却时常弄得自己很被动，让自己和公司的业务处于十分尴尬的境地。我在俄罗斯和夜总会的投资经历就是典型的失败案例，它们给我的教训让我永生难忘。在之后的内容里我会给你详细介绍。

事实上，你根本不需要对所有的业务机会都盲目投入。你只需要等在路边，等着登上那辆属于你的电车就好。你的时间是最无价的财富，所以你要合理地安排自己的时间。首先，先看那些你认为最不切实际的地方。无论一桩交易有多么诱人，你都得先看它的不足和缺点。最近连锁餐饮业非常红火，但它不一定适合你。在底特律卖汉堡，在关岛卖墓地，亦或是汽车美容、广告制作或是教小孩子算术都不一定适合你或是能为你带来成功。那么，就对它们说"不"吧！收起自己的名片，等着新的机会来临。千万别为了摆脱现在的环境而轻易地跳入另一片沼泽地，深陷在劳累、负债及赔钱的困境当中。

我的经验

- 在项目之初进行自我反省。
- 问问自己是否会因为某桩交易而阻碍了人生目标的实现？
- 生意就像是街上的电车，一辆走了还会有下一辆开过来。
- 如果机会不合适，就别急着动手。

在你进行每一笔交易之前，都花点时间审视自己的项目。千万别因为不合适的生意而弄得自己很不开心。那样的话，即便你的生意非常成功，你的失去也将大于所得。

其他人会喜欢它吗？

你已经花了时间自我反省了，所以现在就该看一看摆在你面前的机会了。也就是那个外观、气味还有质感都很适合你的机会。

我曾经就有幸在工作之初与一位在夏威夷做生意的中国商人一同共事，他有一句口头禅，并在谈判当中经常说起。他会在对交易的评价过程中停下来问道："可是，其他人会喜欢它吗？"

他的意思是，如果交易看起来不错，具备可行性，价钱也合理，而且地理位置又很好，你的顾客（租客、买家等）还是一个非常重要的因素。他长久以来坚持的一点就是，有些事情初看上去很不错，非常适合你，但是它不一定适合大街上的路人。即便你和你的妻子、合伙人、朋友还有同事所有人都认为你决定是正确的，你还是得跳出这个圈子，从高到低各个角度审视一下自己的交易。换句话说，你要尽量客观地进行分析。

小贴士 对于你来说非常适合的东西不一定同样适用于街上的路人。

我过去的一些投资经历就证明了完全客观的判断有多重要。1977年的时候，我和我的合伙人——罗伯特·普利——开办了夏威夷的第一家汉堡王餐厅。店址就选在繁华的市中心，麦当劳的街对面。在当时的夏威夷岛上，麦当劳是唯一的品牌快餐汉堡包。在尝试了汉堡王的产品并去汉堡王的餐厅里实地考察之后，我们决定在岛上开一家汉堡王的店。说出来你都不相信，在我们的店面还在施工当中的时候，就有顾客敲我们的门要买我们店里的汉堡。我们意识到自己已经胜券在握了，因为普通的消费者也喜欢我们的汉堡。我们成为了开业当天、第一星期及第一个月的全部汉堡王连锁店的销售冠军。实际上，我们的汽车专用方便通道时常在繁华的波利坦尼亚路上排着1英里长的队。我们不得不聘请警察来协助指挥交通。这种情况一直持续了7个月之久。

我们的客户非常喜欢汉堡王。我们店里有夏威夷岛上独树一帜的产品。麦当劳的汉堡完全无法满足人们对于汉堡的要求。多亏了我的合伙人，我们在主要的竞争对手麦当劳的正对面获得了一片店址。并且，我们店员的效率很高，食物的质量又很好。我们在真实的信息基础上客观地进行了分析。实际上，我们还过于低估了人们对我们产品的喜爱程度。

从另一方面说，我也在几年之后引进伊尔·保罗·洛克连锁餐厅的时候碰到过截然相反的遭遇。我和我的得力助手曾经在加利福尼亚州的南部地区于这一家餐厅就过餐。伊尔·保罗·洛克餐厅的主打产品就是碳烤和油炸的鸡肉，主食是玉米饼、豆子和米饭。当地的人们都非常喜欢这家店的风味，因为它带有浓烈的西班牙气息。当地的人们都喜欢墨西哥玉米卷、墨西哥玉米粉蒸肉及墨西哥铁板烧,他们非常认同伊尔·保罗·洛克餐厅的风格,从而使得这家餐厅在当地火爆异常。

在了解到这家店的受欢迎程度(起码在南加利福尼亚地区)之后,我们拿着钱,请来了专家,就打算在夏威夷的黄金地段也开一家店。所以我们先是取得了地区的代理权,然后带着汉堡王巨大成功的喜悦和成就感开始憧憬这家店的成功。我们几乎在同一时间同时开起了两家店,可是结果却是我们的店门可罗雀。想想看我们当时有多凄惨,我们的损失又有多大吧!

伊尔·保罗·洛克的成功完全归功于那些了解墨西哥食物及服务方式的消费者。那些在加利福尼亚人看起来再平常不过的墨西哥式服务却在夏威夷完全没法受到食客们的认可。举个例子,你可以用手将烤好的鸡肉撕成条,和豆子、米饭还有辣茄酱一起卷进玉米粉圆饼中去,做成一道美味的"费鸡特"菜。在夏威夷,客人们不会把这些所有的配料混在一起吃。他们只是挑着鸡肉、米饭和豆子吃,完全把热腾腾的玉米粉圆饼放在一边。我们看到这种状况后都无语了。

瓦胡岛上其实已经有一个经营了很多年的烤鸡品牌。他们采用加盟的方式运作,烤鸡的味道也已经获得了当地人的认可。他们采用专用的烧烤车(路边摊的升级版)烤制鸡肉。正因为烧烤车的流动性很强,他们可以选取岛上的热点区域实行流动作业。每到周末的时候,他们就会找到合适的区域搭起烧烤设备,烤出香味扑鼻的鸡肉招揽客人。并且,烤鸡的售价还很便宜。这样一来,如果我们的墨西哥概念无法打动和影响消费者,我们就不得不遭遇这样一个之前从未考虑过的劲敌。

人们会喜欢它吗?

- 你的产品的定价合理吗?
- 你的产品有什么特殊之处?它又比同类的其他产品好在哪里?
- 你的产品是否用起来方便?
- 摘掉有色眼镜,客观地审视一下相关市场的状况。

如果没有了墨西哥式的吃法,我们的伊尔·保罗·洛克烤鸡就只是简单的味道好而已。顾客不但感觉不到它的特殊风情,还会因为它相对高昂的定价而离我们远去。这家店虽然还没到亏损那一步,但微薄的利润着实让我们骑虎难下。最终，我们将它卖给了肯德基。这结果也不算太差：我们交了些学费，学到了重要的一课。

做好分析的基础工作

你可以想象，在进行交易分析的时候，财务分析是最重要的一环。在这个与数字密切相关的环节上，你的基础数据直接影响最终结果。如果你对销售额的预测或是成本的预测与实际情况差距太大，那么你分析得出的盈利、现金流等关键数据就会完全失真，并可能影响到企业的健康发展。

到目前为止，之前所说的一切都是在为我们的主题——房地产作铺垫。现在也该切入正题了。你应该清楚，在作决策的时候，数字并不是唯一的考量对象，但它却是最关键的参考标准。具体到我们的连锁店生意，我会在开店之前通过可靠的渠道拿到其他连锁店的运营数据，并选取那些与我目标区域相似的店面进行重点研究。我们国内的大多数州的法律都规定了快餐业、便利店、加油站及其他连锁店都要向加盟商披露自身的运营情况和数据指标。这些数据对于交易的分析会起到非常重要的作用。

当然了，用这些数据进行分析和预测，说到底也就是带有技术含量的猜测。你必须结合实际情况来运用你得到的数据，从而作出最准确的判断和决策。比如说，你的定价就要考虑到当地的实际情况作出上浮或者下调的决定。另外，你还可以通过其他相似市场的销售数据推测自己连锁店的交易量和顾客数量。

客流量是判断快餐店选址的第一要素。我就会在自己相中的地段附近蹲守好几个小时，看到底有多少辆车从这里经过。我还会在普通时段和交通高峰时段数有多少人经过。弄清楚把店开在附近到底会有多少潜在顾客是选址的第一步。所以千万别忽略这一步，踏踏实实地记录下真实的人流量有多少。

当然了，离你最近的竞争对手的销售额是你分析的重要对象。如果你附近一家竞争对手都没有，要么是你走大运，要么就是你选错了地方。无论你通过什么方式和渠道，一定要取得竞争对手的销售数据。你可以通过公开的税务机关的记录进行查询，或是询问他们之前的雇员或者管理人员。你说不定还会请他们来你的店里工作，所以肯定是有机会进行交流的。

预测销售额只是一部分。成本的预测对你来说同样重要。成本也能进行准确的预估，但它也需要做大量的基础工作。在美国做生意的一大好处就是货物和服务的收费都相对标准和透明（只要你按时付款），所以你的大部分成本都是相对稳定的。即便是那些变动较大的成本（比如油费）也能通过历史记录作出一个相对合理的判断。对于快餐店、加油站和便利店来说，你可以根据自己成本的变动来适当地调整自己产品的定价。当然了，无论何时何地，你都会面临激烈的竞争。然而，如果你拥有了消费者喜爱的产品并且定价合理，开店的位置也不错，可观的盈利也是意料之中的。

一旦对自己的销售额和成本都有了相对合理的判断，你也就可以进一步去测算自己的现金流和盈利水平了。数据的真实性一直是我进行盈利预测过程中最关注的一部分。因为我明白，只有基础数据真实，我们的测算才会准确、有效。如果我没有实地记录每天的车流量和人流量，亦或是没有得到附近竞争对手的销售情况，那么我的分析报告肯定是有问题的。如果我没有认真地测算自己的费用支出，那么我自己也弄不清楚究竟每月多高的费用才算是合理。有些时候我的确会走大运，事情发展的比想象好很多。但是，生意不能只靠运气撑着，那些不切实际的销售目标和混乱的费用标准会把你的业务弄得一团糟。

小贴士 只有做好了充足的准备工作，才能避免业务分析的形式主义，从而有效地为决策提供依据。

几年之前，我和我的合伙人罗伯特·普利开办了夏威夷岛上的第一家汉堡王。虽然我们选址在当地有名的帝王度假村购物中心的正对面，但相对于昂贵的租金来说，我们觉得人流量还是太小了。然而，就在一个半街区之外的怀基基海滩附近却满是游客，因为著名的皇后大街和国王大街的交界处是一个非常重要的观光景点。我自己就曾经去蹲守在那儿，结果发现每小时的人流量有几千人之多，那儿离我们的店只有几步路的距离。

问题就出在旁边的一家售票亭上。它刚好挡住了游人的视线，所以人们无法直接看到"汉堡王"的招牌。所以如果是我来选店址，店铺的销售额目标一定要适当调低。因为这充沛的人流量完全不能为我们所用。也正是由于这个售票亭的阻挡，游人们不会从熙熙攘攘的观光点来我们店里就餐。就在我和我的合伙人准备放弃这个店址的时候，一个解决办法跳了出来：如果这个售票亭可以挪走，不就没有阻碍了吗？这样的话，这片位置仍然是绝佳的选择。所以，我们就在交易的最后阶段向业主提出了一个要求：将售票亭移开交易就可以继续。幸运的是，业主同意了。结果不难想象，这家店成为了我俩投资最成功的一家快餐店。人们本来就对我们的店赞誉有加，现在标志变得更明显，来的人更是络绎不绝了。这家2 700平方英尺的店铺第一年的销售额就超过了270万美元，这可是足以登上快餐连锁行业名人堂的超高数据。

我还曾经与我的另一位合伙人伯纳德·贝斯（他也是本书的作者之一）共同参与过一片墓地的开发。那片地本来是我买来开发高档公寓的，怎么会最后改为墓地呢？原因有两个：当地常有龙卷风，并且那片地本身就是一片乱葬岗。当时就有很多人拿这个开我的玩笑："约翰，我听说为了你的项目死了不少人啊？"把笑话放在一边不说，开发墓地从账面计算的层面来说盈利会非常可观。举个例子来说，将6英亩的土地开发成6 000小块进行出售，总共可以获得1 500~2 000万美元的销售额！既然地已经买到手了，接下来就是去相关部门进行审批，再花些费用进行开发就好了。这都是我擅长的事情。所以我制作了一份详细的销售及现金流估算报告。我和贝斯，还有其他几个同事看过都觉得这是一桩稳赚不赔的买卖。经过计算得出的回报率也是相当之高。这份分析报告看上去非常漂亮，但它却从头错到尾。

错就错在我没有把人们购买墓地的速度考虑进去。实际上，最初的构想是将开发好的墓地全部卖给一家做丧葬生意的大公司。在操作的过程中，也联系到了这样一家公司愿意购买并进行墓地日后的维护和运营。签好协议之后，我们就信誓旦旦地开始动工。没人注意到，我们的团队中没有人懂得如何进行墓地的运营。诱人的盈利预测让我们忘乎所以，完全忘记了风险。不幸的是，就在墓地项目完工后的不久，项目的买方破产了。我是一个快餐行业的专家，却不得不接下墓地运营的重任。

这个"墓地总运营官"的头衔让我很不舒服。一是我对它知之甚少，二是我根本就对它没有任何好感。但我还是要硬着头皮向前冲，因为在报表当中，项目的利润仍然很高，但是它完全取决于那些记为"存货"的墓地究竟什么时候才能卖出去。你根本想不到卖墓地会是一件这么困难的事情。当时的我觉得自己这一辈子都要搭在这件事儿上了！

在经历了很多年的自学之后，我终于成为了墓地运营的行家。但这一笔投资，却是以亏损而告终。当初的我们现在已经变得更加成熟。最开始，我计算收益和回报都是以项目完工时间为准的。但是最后才明白，真实情况是要按月来计算的。因为它的销售是一个很漫长的过程，往往要持续数年。而我之前的分析报告，就是缺少了这个"时间"的概念。这一点对于那些人口基数小的城市来说尤为关键。

还有一点就是人们都希望和自己的亲人葬在一起。如果家里的长辈葬在了一片墓地，那么无论这片墓地现在已经变得多么荒凉，之后的人们也会选择它作为自己的安葬之地。人们也会选择新的墓地，但是这个过程通常很缓慢。随着人们的不断去世，墓地的需求总会存在，只不过对于新建墓地的认可偏慢而已。所以当初那份墓地开发的报告过于主观和片面，并没有真实反映此类业务的真实情况。的确，我们项目买方的突然破产也是一个不可忽视的原因，但对于销售结果的过分乐观也注定了这是一次失败的投资。

做好分析的基础工作

- 通过最佳的信息渠道获取信息（如通过加盟商披露的报告获得数据）。
- 实地调查人流量。
- 测算费用支出的时候多做研究，细致准备。
- 在进行交易之前多考虑有可能发生的情况。
- 如果你的项目完工后要进行销售，那你最好找到可靠的买家。

店址决定一切

既然已经谈到了房地产生意当中的一些实际问题，你也听到了我的那些亲身的经历，接下来就来说一说地段的问题吧！尽管我的业务中心一直是快餐、便利店等连锁行业，但"地段"的的确确是整个房地产行业的核心问题。

相信你也听过这样一句话，房地产的三大要素就是：地段、地段，还是地段。这句话对我擅长的连锁快餐行业是正确、正确、还是正确的，而且它还是整个房地产行业的真理。所以在这一章当中，我会把它作为核心问题来谈。

在开办快餐店、便利店还有加油站的这些年，经历了无数的成功和失败之后，我发现选址真是一项技术活儿。还记得之前我提到的那个例子吗？我自己跑去数人流量，查阅竞争对手的销售额。同时，我还非常在意人们是否能直接地看到店面的标志。说来说去，我都是在强调该如何在现有产品的基础上考虑人口特征，从而进行有效的选址。人们喜欢它吗？就是这个简单的问题，你可以将它套用到各种类型的房地产选址当中去。这可是无数的前辈通过实践获得的真理。

总的来说，发现心仪的地块也不是那么困难的事情。不过，与之伴随的规划要求、相关费用、大小和出入通道等一系列问题会时常让你举棋不定。那些待售的地段经常不是太差就是太贵。在大城市里这一点尤其突出。如果你发现了一个完美的地块，千万别太激动地掏钱出来。因为它背后很可能存在这样或那样的问题。你的竞争对手们可不比你傻，也不会比你懒。作决定之前一定要谨慎行事。如果把自己的店建在了一个没人去的地方，那你可就哭都来不及了。

你根本想不到我曾经多少次被那些貌似完美的地块诱惑，险些作出不理智的决定。这些地块大都拥有绝佳的位置，不过都还有这样或那样的一些问题。比如说，它位于城中最繁华的商业区，但是店面在二楼或是半地下室。要不就是被大榕树、售票亭或是什么别的建筑物刚好挡住，人们很难看到店的招牌。可得事先告诉你，如果选址出现了问题，无论你费多大工夫、花多少钱，生意都很难好起来。我是以自己多年的快餐店、便利店和加油站的实践经验总结出的这一理论。然而我相信，只要你的生意是面向大众消费者的，选址的问题始终会是需要考虑的第一要素。

小贴士 如果选址出现了问题，无论你费多大工夫、花多少钱，生意都很难好起来。

店址除了要显著之外，消费者到店的便利程度也是需要考虑的一大问题。我就曾经碰到过一些位置很棒的店址，但由于交通拥堵、交通管制或是短缺的停车位使得它在消费者心目中留下了"不方便"的印象。那些怕麻烦的消费者当然就会选择其他的店进行消费了。所以，如果你发现自己的店面对顾客来说不够便利，那他们一定不会喜欢来你这里消费。

在之前也提到过了，我和我的合伙人罗伯特·普利就曾经完成了一项近乎不可能的任务：通过移除一所售票亭，为我们的汉堡店取得了一片绝佳的店面。当这个障碍被移除掉的那一刹那，那片店面一下子就变成了"A"级店铺。不仅如此，我们还通过创新性的思维和行动取得了另外很多次的成功。

每当选择店址的时候，麦当劳无疑都是我们头号的竞争对手。面对实力如此雄厚的竞争对手,"创新"无疑是唯一的出路。每当有房地产经纪人说麦当劳正在和我们竞争眼下的某处店址,我都忍不住要笑出来。因为我心里很明白,无论竞争对手是谁,只要是麦当劳看中的地方,它都会当仁不让地拿下。麦当劳绝对称得上是当地的霸主,在拿地方面具有无可比拟的优势。我想,这种傲视群雄的感觉应该很棒吧!

所以,如果想要获得成功,我们就必须以奇制胜。我们的分析不仅要准确,还要富有创新性。基于这样一种创新的理念,我们在珍珠港开办了美国第一家海军服务社内的快餐店(几年后我们将它转手给了一名日本商人,但这都是后话了),在檀香山国际机场开起了第一家连锁快餐店,还独创性地在公园内(檀香山的阿拉莫阿娜公园)做起了连锁快餐生意。我们甚至把夏威夷大学旁边的基督教青年会的一部分进行了改建,开起了一家汉堡王餐厅。这也成为了美国境内的"第一次"。

我们的公司只有不断地在选址过程中进行创新,才能存活并逐渐成长起来。有五六家运营最成功的餐厅销售额甚至创造了快餐连锁店的销售记录。回头看看这些最成功的店铺,几乎每一家的选址都优于竞争对手,最起码是旗鼓相当,要么就是定位特殊从而避免了很多正面的竞争。这也就是说,我们的分析起到了作用,选址成为了造就成功的关键因素。

然而,如果只说成功不说失败,那我也就称不上是一个诚实的人了。其实,选址失误造成全局的失败,我也不是没有经历过。这也就是说,我把店铺都装修好了,但顾客却没有如期而至。我要讲的第一个例子就是在怀基基海滩旁的豪华公寓楼底商店铺的一家汉堡王餐厅。这家店装修讲究,算是汉堡王的高端店。这次的分析工作之所以失败,主要是因为我的合伙人,也就是这豪华公寓楼的开发商在跟我谈项目的过程中对这个项目的商业发展情况有所隐瞒。我没有注意到,尽管这栋公寓楼位于怀基基海滩最繁华的区域,但是人们对建筑本身就没有什么好感。再者,这栋楼上的住户也对汉堡包这种快餐类食品并没有太大兴趣,这与他们的身份和地位有些相违背。同时,开在我们旁边的高档餐厅还曾经试图将我们赶出去,因为他们觉得汉堡包店根本和这栋楼高档的感觉不相吻合。但就我们来讲,最大的疏忽在于店面开在了半地下的位置。因为如此,尽管周围的人流量非常充沛,但我们的招牌却一点都不显眼。最后还有一个问题:周围来往的车辆非常多,但我们的店旁边一个停车位都没有。

我通过这件事学到了重要的一课:如果你做的是便利店或快餐生意,那你必须得让人觉得方便。当我的店开在半地下或地下的时候,没有几次是最终成功的。所以在做店址分析的时候，千万别指望你的顾客会有耐心来找你的店——他们根本一点儿都不在意。

> **小贴士** 在做店址分析的时候，千万别指望你的顾客会有耐心来找你的店——他们根本一点儿都不在意。

我所有关于夜总会的经验，无论是开发还是运营，都是非常惨痛的。在这种情况之下，当说起要在夏威夷的比格岛上开一家夜总会的时候，我的好朋友小罗伯特·马德里表达了强烈的反对意见。他曾经在那里做过夜总会的生意，所以很清楚当地的状况。不幸的是，我根本没把他的反对意见听进去。其实我的理由也很简单：我在那儿有一处空着的大仓库，之前的租户还花了大价钱将它装修成了一家夜总会。后来，他就不做了，我也就顺理成章地收回了这片地方。其实我早应该想到，他不继续做下去肯定是有原因的。但那时的我觉得现成的场地，不做白不做。所以我又花了不少钱，把它做成了一家豪华的夜总会，并高调开业。后来我才发现，无论人们多喜欢这家店，如果地方不好找的话他们还是不会来的。

> **小贴士** 我还了解到，有些事情是你永远也无法改变的。

到此为止，你也已经看到了在选址的过程中，我所犯下的两个重大错误。我在选址的过程中，没有采纳逆耳但却诚恳的建议。其实我早该意识到，无论你花多少钱，都无法在一片糟糕的地盘上获得成功。这片地本来也不适合开夜总会，因为它位于一个大型仓库的背后，周围几乎连路都没有。所以，有些想来的人根本找不到地方。我以前常跟人开玩笑说，等你开车开到周围都没人了，那就快到了。后来，夜总会成了墓场之外我最讨厌的生意种类。

说到这儿你也应该很清楚了。如果你的选址出现了大的失误，那么无论你如何补救都无济于事。那家夜总会最终被我们拆得干干净净，重新改回了仓库。通过这么一折腾，我也明白了，有些事情是你永远无法改变的。

> **选址决定一切**
>
> - 地段是最关键的。
> - 计算人流量，观察出入道路和招牌是否显著，同时考察竞争情况。
> - 如果店址非常完美，那很有可能存在着什么你没发现的问题。
> - 换个角度思考，以奇制胜。
> - 如果你做的是便利店类型的生意，"方便"二字一定要最先考虑。
> - 听取专业人士的意见。
> - 千万不要逆天而为。

外地项目的麻烦

在每一桩交易当中，你都得问自己一个问题："我能有效地对这个项目进行管控吗？"如果项目所在地到你住所之间的交通需要超过一天的时间，那你就真得认真地回答一下这个问题。做项目可不是在电脑旁边收收邮件敲敲键盘就能搞定得了的。如果你是项目的主要合伙人，那就要最起码每周去一趟项目现场。如若不然，你的合伙人或是项目负责人就得能力优秀且非常尽职尽责。

这也就要提到另外一个关键点了。在交易分析的过程中，有一点需要格外关注，那就是项目管理是否合格到位。按我的经验来说，在项目的开发过程中，你的亲力亲为会为项目管理带来意想不到的积极效果。同样，合伙人的优劣也会直接影响到项目的成败。不过说回来，如果你的投资是有风险的，那你肯定也会时刻对它保持关注。所以，如果想要项目成功，你就必须得在它上面付出足够多的时间和精力。

小贴士　在交易分析的过程中，有一点需要格外关注，那就是项目管理是否合格到位。按我的经验来说，在项目的开发过程中，你的亲力亲为会为项目管理带来意想不到的积极效果。

如果项目所在地离我的住所过于遥远，那我对它的关注就很有可能不足或是产生疏漏,从而无法保证高质量的管理。而且我还发现,几乎所有的项目在开发的过程中都会出现一些大问题。如果每次发生问题,你都需要坐飞机或开车几个小时到达项目现场,那你一定会对此非常反感。

我就做过远程的项目。那次,我是作为创始人之一组建了一家公司,准备将赛百味三明治餐厅推广到苏联去(当时苏联还未解体)。正当我们开起了第一座餐厅之时,苏联就解体了。我们所在的地界变成了俄罗斯,无数的变化随之袭来。其实,你根本没必要跑到地球的另一边去自找麻烦,因为家里的麻烦就够你找的了。

我之所以选择在苏联投资赛百味餐厅,完全是一时头脑发热。当时的我认为,进军苏联市场是一次前途无量的尝试。因为那里地域辽阔,市场潜力巨大。但是,店刚开起来,我们的市场不得不从"苏联"重新定义为了"俄罗斯"。同时,我明知道自己没办法每天都看着餐厅的运营,但我还是一点都没觉得这是个问题。然而,我们几个合伙人最终决定在圣彼得堡的涅瓦大街上开起俄罗斯的第一家赛百味餐厅。因为选址在一栋拥有200年历史的老楼当中,我们的确是花了不少心思来规划这家餐厅的店面。

这家餐厅一开店就取得了开门红。其中一个非常重要的原因就是我将自己最棒的合伙人之一,史蒂文·布朗和他的太太罗勃塔从夏威夷请来负责餐厅的运营工作。当然了,史蒂文当时也非常看好这片市场,并准备在这里大展一番拳脚。所以也不能说是我把他给骗过来的。出人意料的是,在我们开店之初,这家圣彼得堡的餐厅效益非常之好。在史蒂文的精心管理和我们3个合伙人的共同努力之下,这家店连续3个月的销售额名列前茅。

在大家的努力初见成效之后,史蒂文夫妇终于有机会喘口气放个小假。于是,他们暂时离开了俄罗斯。根据俄罗斯的公司法,那位俄罗斯籍的合伙人在这段时间内暂时担当总经理的职务。这位合伙人之所以会成为创始人之一,主要是因为他在当地人脉极广,并且手上控制着几处非常棒的地产。而他在史蒂文离开的那一天,开始了酝酿已久的计划。他在餐厅开办的前3个月内几乎什么都没做。同时,他还不停地抱怨,说餐厅的盈利都用来偿付开办费了,合伙人一点儿分红都没拿到。我们当时根本没有意识到,他背后的力量其实就是俄罗斯的政党。这些人牢牢地控制着他,所以他也身不由己。

在这样的背景下,实际上他就一直在等着夺取餐厅的控制权。这一天总算是来了!当史蒂文·布朗离开餐厅的第二天,那位俄罗斯合伙人的保安人员(餐厅的保安,前克格勃成员)就立马控制了整家餐厅。毫不夸张地说,史蒂文走的那天他们肯定是用枪送着他出门的。就这样,我们丢掉了自己的餐厅，更别说在整个俄罗斯的扩张计划了。我们这位俄罗斯的"合伙人"也很快就把这家店经营倒闭了。简直是得不偿失！

尽管多年以后我们通过多方努力又拿回了这家餐厅的所有权，但当初的所有投资都没法追回了。现如今，我们只有拿着老招牌在俄罗斯各地开办赛百味餐厅，以求取得利润的回报。直到今天，我都后悔当初作出这么不明智的一个决定，敢在这么远、这么不了解的地方做生意。我还想再说一遍：根本没必要到地球的那一边给自己找麻烦。眼前的生意就够你做的了。

外地项目的麻烦

- 外地项目最大的问题在于你对其的控制力很差。
- 你在项目落成后会经常到现场去吗？
- 生意不管是不行的。
- 外国的项目风险很高。
- 没必要跑大老远给自己找麻烦。

给项目带一个降落伞

到此为止，我们已经谈到了交易分析当中的大部分议题，现在来谈谈该如何从不好的项目当中脱身吧！有些时候，你会发现项目陷入了某种困境，就好比是乘坐的飞机突然在空中熄火了。这个时候，你就需要背着降落伞跳出去才能保住自己的性命。这也就是说，要在项目支出拟定一个退出机制。如果与对手方（业主或是卖方）无法就此达成一致，那你最好还是别在合同上签字。

在刚开始做餐厅生意的时候，我和我的合伙人常会在长期租赁合同上以个人名义担保。因为，我们相中的大部分地段都很抢手，业主都要求以个人的名义对合同进行担保。每一次签担保协议，都像是给自己的下半辈子上了一道枷锁。最终，我们决定不再接受这类的要求了。毕竟，谁能保证自己的后半生都会盯着一片地不放啊？如果你还准备将部分地块转租出去，那就更得小心了。

在重新整理协议，抹去自己担保人身份的同时，我们发现很多业主非常强硬。他们不愿意再和我们续签租赁合同了。所以，如果业主要求以你个人为合同进行担保，那你就得仔细考虑是否愿意为此承担连带责任了。这一点在进行决策的过程中非常重要。

小贴士　如果业主要求以你个人为合同进行担保，那你就得仔细考虑是否愿意为此承担连带责任了。因为这有可能成为你后半生的负担。

在有过几次负面的经历之后，我不仅终止了自己所有的个人担保协议，还为给那些盈利能力较差的地块都添加了一个"降落伞"式的退出条款。通常来说，业主们对于这类长期租赁合同中的退出条款都会非常抵触，或是直接拒绝。与此同时，我的理由也很强硬：在租赁的初期，我会投入大量的成本进行装修。所以，除非迫不得已，我是不会轻易放弃的。有时，我也会做一些妥协。比如说，如果碰到了非常中意的店址，我可能会同意做三五年的短期个人担保，或是答应业主一次性偿付全款。但不管怎样，我都时刻作好了面对不利局势转身走开的准备。所以，我绝不会签署那些苛刻的长期合同，让自己被它束缚。

给项目带一个降落伞

- 长期个人担保协议就意味着一生的负担。
- 尽量给长期租赁合同加一个"降落伞"条款。
- 一旦合同条款过于苛刻，随时作好放弃交易的准备。

机不可失，时不再来

对于旗下的每一个房地产项目，你都得面临是否将其出售的选择。以我的经验来说，这个决定并不难做，因为利弊通常都显而易见。如果价格合适，那就卖掉好了。分析的作用只在于判断到底是出售还是持有对你更有利罢了。我作过很多精明的出售决策，也经历过很多让我抱憾至今的错误决策。

总的来说，在出售这类生意的时候都会有一些总体的判断标准。当然了，具体情况各有不同，所以相应的判断标准也存在着差异。对于连锁餐饮业来说，最重要的判断标准就是年现金流周转率。如果年周转率为6，说明运营得不错，店铺通常可以卖出一个好价钱。而如果周转率仅为4.5，那就非常一般了。我口中的现金流，更准确地说应该是息税折旧及摊销前利润（EBITDA）。对于现金流的定义或多或少存在着一些差异，但这个指标是我自己一直在用的标准。

小贴士 总的来说，在出售这类生意的时候都会有一些总体的判断标准。当然了，具体情况各有不同，所以相应的判断标准也存在着差别。

当然了，所有交易的原因各不相同，价钱也差别很大。在同行当中就流传着这么一个便利店的故事——这家店主非常聪明，他准备通过现金流之外的因素帮他达到销售的目的。所以，每当有感兴趣的买家来实地看店的时候，这个店主都会把屋子四处倒满垃圾，还把洗手间弄得乱七八糟，给人一种脏乱差的印象。当买家来参观的时候，店主就会带着他四处看看，并告诉买家："只要改善运营，这家店的销售额和利润就会有很大的增长空间。"还有一个较常见的提升现金流的方法，就是店主把自己的工资、费用和补贴等加回到现金流当中来，以提升账面的现金流。总之，店主会想尽一切办法让自己的现金流和报表显得更加好看。不过，聪明的买家和卖家会根据行业标准来计算现金流，从而得出更客观、更具比较价值的数据来确定最终的售价。

我和罗伯特·普利将夏威夷岛上的汉堡王餐厅卖了个高价（店面一年的销售额），这可非常罕见。不过，我们的店开在美丽的夏威夷，管理和地段都没得说，顾客对我们的店也是趋之若鹜。我们大体上分析了一下，就决定将它卖掉。因为我也出售过很多业绩良好的餐厅，不过像这样卖出一年销售额高价的情况我还从来没见过。

要说到尚未开发的空地出售，主要就看你有多贪心了。多高的盈利你才觉得满足？对于空地来说，并没有太多的经验可讲。你需要判断出售、持有或是自行开发究竟哪条路可以为你带来最大的利润。当然了，那些决定出售的业主大都是因为自身不具备继续开发的能力。在这种情况下，你的决定似乎也不是一件很困难的事。

我就有过失败的出售经历，其中最难忘的莫过于过早地卖出了夏威夷的民宅。就在我卖出之后一两年里，房屋的价格上涨了1倍之多。当时，美国的大部分地方房价都出现了迅速的上涨。我和其他很多的卖家都错误地估计了局势，错过了这一波上涨的行情。

> ## 机不可失，时不再来
>
> ● 运用业内的经验为交易寻求合适的定价。
> ● 现金流比资产规模更能体现价值。
> ● 如果你没有"水晶球"，那就别指望对市场走向进行精确的判断。
> ● 如果你耗不起时间，也没有资金继续开发，那就赶紧考虑将它卖掉。
> ● 千万别错过出售的时机，也就是我们所说的"机不可失，时不再来"。

当然，错过了市场的高点，没能及时出手也是让人痛苦的事儿。不仅如此，我们还经历过在市场下跌的过程中由持有策略带来的严重损失。

与此同时，除了价格之外，还有其他的一些因素也在影响着房地产的买卖策略。比如说，我们的精力有限，所以有时你会把那些难以打理周全的房产卖掉。有时，市政府会提出一些新的规划，而这些新的规划措施对你的业务会产生积极或消极的影响。还有些时候，为了避免公司的骨干跳槽，你还需要通过员工持股的方式留住他们。总之，在作出每一个决定之前，你都需要像制订建造或收购计划一样，根据当时的情况进行分析。

4

房地产尽职调查

——斯科特·D. 麦克弗森

斯科特·D. 麦克弗森是 Capital Advisory 集团的创始人及总裁。Capital Advisory 集团于 2001 年成立,专为房地产项目进行融资。公司已经向全美的房地产项目发放了总计 35 亿美元的债权及股权投资。公司的投资标的多种多样,从空地到大型公寓楼都是他们的投资对象。公司已经完成了多个投资额逾 1 亿美元的项目。更多信息请登录公司网址 www.capitaladvisorygroup.us。

我认识斯科特是在1999年的菲尼克斯高尔夫球公开赛上。我之前就听说他是亚利桑那州最出名的抵押银行家，但却一直不知道他也听过我的名字。他朝我微笑，然后站起身走过来，说："你对股票和公募基金的那些评价真是太对了，它们真是些糟糕的投资产品。"

那段时间，我正面对那些公募基金公司支持着的理财规划师和财经杂志轮番的攻击。你可能还记得1999年的时候，股票市场异常红火，人们都觉得自己能在新的互联网经济当中变成百万富翁。所以，有了斯科特这样的人支持我，指出股票和公募基金的高风险性，对我来说是莫大的安慰。由于他的出现，那场比赛让我更加难忘。

现在，斯科特是我碰到房地产融资问题之时首先想到的3位抵押银行家之一。他在几年前就警告过我，次级债正将房地产市场的泡沫越吹越大。也正是多亏了斯科特，我和我的妻子金才在房地产的投资过程中审慎为先，从而避免了像别人一样沦为名副其实的房地产赌徒。

我一直致力于财务方面的教育工作，因为只有当你聪明起来之后，你才能最大程度地控制风险。这也就是这一章要谈的内容。斯科特让我变得更加聪明，他教给我的那些知识也帮助我在面对每一桩交易的时候都能将风险控制在最低范围内。相信他的智慧也会通过这一章的内容传递给你。

——罗伯特·清崎

每当谈到房地产尽职调查的话题，无非都是如何通过团队的力量发现问题、证实问题的内容。的确，无论你面对的是独户的小院还是大型的商用写字楼，尽职调查的过程都是如此，调查的项目也大同小异。话说回来，只有经历这么一个过程，买家才能确定自己对标的房产的真实情况有了全面的理解。如果你是卖家，你肯定也想在尽职调查的过程中尽职尽责地工作。

小贴士 本杰明·富兰克林曾经说过："幸运出自勤奋。"

当作为房地产的投资商确定了收购目标时，你肯定已经了解到它的一些外在表象了。比如说房产的外观、卖家或是经纪人提供给你的相关财务数据。以此为据，你推断出它符合既定的投资标准和投资计划，从而决定进行购买。但当卖家同意接受你的要约之时，你的工作（或者说是你团队的工作）却才刚刚开始。

进行房地产的收购行动时，我坚信一支强有力的团队是成功的保证。本书的其他作者也都在各自的章节当中表达了同样的观点。事实情况是，大多数成功的人和公司都是依靠了团队的力量才最终获得了成功。在房地产行业当中，没有人可以独自承担所有的工作。如果你是在用别人的钱进行投资，那就更得寻找专业的人员来辅佐你。

在这一章当中，我会带你过一遍尽职调查的流程，同时告诉你每一个团队成员的作用各是什么。我还会通过自己的一些例子及我自己的"八条建议"，让你了解到收购的过程中高质量、公正的建议有多么重要。

对我来说，为尽职调查组建起一支团队就像是做拼图游戏一样。每个组员都有自己的专长，而只有通过你的领导才能把他们连在一起，拼成一幅完整的图画。这样一来，你也才能看清楚自己要收购对象的真实情况究竟是怎样的！

我把整个尽职调查的过程分为了五大部分，即现场勘察、法律问题、产权问题、第三方报告、财务报告及税务报告。让我们从第一部分开始吧！

尽职调查五大类别

- 现场勘察。
- 法律问题。
- 产权问题。
- 第三方报告。
- 财务报告及税务报告。

现场勘察

通过现场勘察，你和你的团队可以深入地了解房产本身是否符合既定的投资计划，是否符合你的投资标准。我在这里展开一些说：如果你准备购入一栋公寓楼，然后通过简单的翻新在未来的几年当中增加租金收入，那么最先做的一步是什么？

在向公寓楼的业主发出收购要约之前，得先找房屋管理公司帮你准备装修的报价。在这里，我用的可是"先"字。这项工作可不能等到你发出要约之后再做。如果算下来很不合算的话，根本就没必要往下进行了。

> **小贴士** 如果你想成为职业的房地产投资人，那就先组建起自己的团队吧！

那些称职的房地产管理公司可以为你审阅房屋的整修计划，确定它们的真实性和可行性，并给予你可信的回馈。同时，他们还能帮你在现有基础上进行费用、收入甚至是现金流的预测。他们也可以帮你判断业务计划的可行性。要记住，你得依靠房地产管理公司帮你保证商业计划的可操作性。所以，一定要和他们保持步调一致。

房地产管理公司自己也会有一套尽职调查的流程。专业的工作人员会检查房屋的每一个房间，就需要的数据和情况进行记录。这样一来，才能最终获得一份详细的屋况报告。

除了实地的勘察，房地产管理公司还会审核租金报表、运营情况报表及租客情况表等文件，以求获得房产真实的收入及支出情况。通常来讲，他们会最终为你提供一份调查结果摘要。

> **小贴士** 房地产管理公司是你团队中重要的一员。找到最佳的公司，并与之紧密合作。

在这些年的职业生涯当中，我曾无数次见证了这份报告是如何帮助买家作出正确决定的。下面我就从两个不同的角度给你讲一讲吧！我曾经看中了一个有20户的楼房，于是决定买下来再分户出售。就在尽职调查几近结束快要签合同的时候，房地产管理公司带来了几个工程承包商对项目进行勘察。

为了将这栋楼房改造成公寓楼，我决定花2万美元进行整修，工程内容还包括给所有的房屋添加独立的淋浴设施。市场调研表明，同类的公寓楼每户都有独立的淋浴设施，所以为了保证它面世后的竞争力，这部分改造的费用是省不得的。

勘察过后，房地产管理公司的老板给我打来电话，说房子大体上没有问题，只是管道和楼梯井的布局有些特殊。如果想要改造出独立的洗浴设施，那就得每户增加5 000美元的预算。这样一算下来，总共的费用就需要增加10万美元。我的天呐！

很明显，这部分费用是超出我的预算的。所以我找到房屋的业主重新商讨协议的具体条款。经过协商，他同意作出让步，将售价降低10万美元，而我则同意删除所有工程完毕之后的或有事项相关条款。可以说，专家们为我省下了这10万美元。房地产管理公司不但能发现潜在的额外成本，还能通过审阅租金报表和租客情况表为你的业务发现增长点。

还是说说我的故事吧！那是我在为亚利桑那州斯科茨代尔市的一栋大型公寓楼项目融资。这栋楼之前经营不善。所以我的客户决定将它买下，进行装修，然后以较高的租金对外出租。他认为那片地段的租金水平被低估了。所以，只要做一些简单的表面翻新，再适当做一些内部装修，租金立马能够升上去。

房地产管理公司在审阅过租金报表之后得出的结论好得令人咋舌。他们发现，有25%的租客在签订了第一份租赁合同之后房租就再也没有上涨过。有两名租客甚至是在15年前公寓楼开张的第一天就搬了进来，而他们的房租压根都没有涨过一分钱。这也就意味着单把现有的租金水平调至市场价，这栋楼的营业收入就能获得显著的上涨，更不用说装修过后了。房地产管理公司通过实际行动证明了自己的价值。

法律问题

聘用一名房地产方面的律师是必不可少的。律师的费用很高昂，但当你面对复杂的产权、合同、借款文件和其他的众多问题时，他的作用也就凸现出来了。当然，如果你是房地产投资的老手，并且当下只是要简单地买卖一栋没什么问题的房子，那你有可能自己就搞定了。不过你要记住，律师费可是省不得的。

照我的经验说，如果你团队中的律师很强，那你就应该把他放在最合适的位置做他最擅长的事儿。我就经常看到律师越俎代庖承担了受代理人的职责，从而带来了很多问题。要记得你才是团队的领袖，所有的人都应该向你汇报。这样一来，你的律师及其他的团队成员才能最大程度地发挥各自的价值。律师为交易增添价值的例子数不胜数，我就说一个最典型的吧！

那时，我正在向俄勒冈州波特兰的一处独立产权公寓的开发商进行债务及股权投资。那位开发商聘请了一位德高望重的当地律师来审阅产权相关的一些文件。他发现在那些文件当中，有这样一份文件：业主某某某在文件中申明，在房屋被改造成独立产权公寓之前，必须征得他本人的同意。这样一来，如果得不到他本人的同意，就无法将这栋楼分开出售，也无法给房屋的买家独立的产权证明。

如果这个问题不解决，开发商就无法了结这个项目。这样一来，唯一的解决办法就是找到之前的那位业主，让他撤销这份文件。你猜怎么着？他同意撤销，但同时也开了一个价。折腾了这么一圈，开发商才发现这笔总价高达4 800万美元的交易，却被这样一个人拿捏住了自己的要害。

幸运的是，项目的卖方和之前的那位业主最终决定私了，我们最后也有惊无险地没多花一分钱就了结了这笔交易。这真得感谢我客户的律师仔细地研读了所有的文件，并及时发现了内在的问题。这也就是法律方面的尽职调查的意义所在：提前发现问题，并就发现的问题提出解决办法，或是作出继续或终止协议的决定。想想看，如果那位开发商没有发现问题就签下了合同，到改造的时候才发现自己为一纸合约所限该有多么痛苦？到那时候，再想说服前业主撤销限制改造的协议可就没那么简单了。到了那个地步，开发商可就完全要对对方言听计从了。

小贴士　我强烈建议你在做大型或复杂的交易时（比如涉及贷款、合资等问题），请一名律师为自己代理法律事务。

我最初是一名商用地产的抵押经纪人，在全国范围内为商用地产提供抵押贷款。我可以告诉你，贷款协议和合资协议是非常复杂的。你真的需要通晓这一切的人辅佐你，将它们解释给你听。

产权问题

跟寻找律师的标准相似，在寻找房地产产权公司的过程中，了解和信赖也是非常重要的。在我经手的每一个项目当中，我都会尽量将产权公司的选择权控制在自己手中。我还发现，同大型的产权公司合作往往能获得更优质的服务和更高的保障。

小贴士　选用一家出资人和律师都熟悉并了解的产权公司可以为你省下很多的时间和精力。

我还会让产权公司查询附近区域的同类房产价格、被收回抵押房产情况及附近房产持有人情况等相关信息，从而更加全面地了解附近区域的房地产现状。这些信息会对你的市场拓展计划和盈利预测起到非常重要的作用。

除了律师之外，还有别的团队成员可以在尽职调查的过程中帮你转危为安。先来告诉你一个产权公司帮我实现快速盈利的故事吧！事情发生在1987年，地点在亚利桑那州的天堂谷。那次的经历像是探宝一样。当时的我正在慢跑，忽然间我看到了一栋房子上标着"出售"的字样。这栋房子很小，但它所占的土地面积大约有2.5英亩。旁边还有另外的几个房子，总共占了大概5英亩的地方。这样的房子可并不常见。所以我心里盘算着说不定这其中有什么投资价值呢！

当我拨通了广告上的电话时，经纪人说业主的母亲刚刚去世，所以他们希望将这栋房子尽快卖掉。当时的开价是22.5万美元，并且许诺，如果交易可以尽快进行，价钱还可以商量。所以我当天就付了18.5万美元的头款。按照双方的协议，我得在30天的时间内付出剩余的款项来保证交易的完成。

我拉来了产权公司帮助调查附近地区的房价水平，以确定我的交易是否合算。我们发现在过去的12个月当中，周围的10栋房子有5栋都更换了主人。紧接着，我发现这事情更有意思了。尽管在登记机关的档案中每一栋房产的所有人各不相同，但它们的税单地址却都一模一样。

没错了！肯定是有人在暗地里收购这片土地。我按照税单上的地址找过去，发现那是一家房地产开发公司。不仅如此，我还在之前的报纸上看到这家公司已经和利兹卡尔顿酒店签署了酒店开发项目合作协议，细节会在近期公布！

多亏了产权公司带来的信息，我现在总算弄明白了为什么这片地方的换手率那么高：房产开发公司相中了这片土地，准备在这里进行酒店的开发。所以在我正式买下这栋房子不久之后就与那家开发公司开了个会，把房子以37.5万美元卖了出去。我这一转手就赚了15万美元。除此之外，我还通过协商获得了那栋房子一年的使用权。记得富兰克林说过的那句话吗？"幸运出自勤奋。"

第三方报告

这是尽职调查过程中另一个重要环节。这里所指的第三方报告是环境评价报告、房屋质量报告、评估报告和市场调研报告。有的时候，根本不需要它们来帮助你制定决策。不过在大多数情况下有报告在手总是好的，而且你的出资人也会提出需要这类报告的要求。老规矩，一项一项来吧！

环境评价报告

我强烈建议你找一家专业公司来做一次环境评价测试。报告应涵盖包括土壤成分、有毒物质等在内的多项内容。通常来说，一次环境评价测试大概需要2 000~3 000美元就可以完成，其实并不算贵。一旦发现了土壤或周围含有有毒的物质，你就会觉得这些钱花得太值了。

小贴士　如果你为了省钱而没做一期的环境评价测试，一旦出现问题的话，损失可能是你无法想象和承受的。所以，无论如何也不能省这笔钱。

如果你的融资是通过传统渠道获得的，那出资人一定会要求你出具一期的环境评价报告。不仅如此，很多金融机构还都有一份"可信的环境测评公司"列表。所以在你聘请环境测评公司之前，还是提前跟出资人通通气。如果还没有确定融资的对象，那你最好选择一家大型的环境测评公司，并且问问他们之前都和哪些金融机构合作过。

屋况报告

顾名思义，屋况报告就是对房屋的现况及存在的问题出具的报告。它的内容包括房屋结构、屋顶、沥青、污水管道和其他的一些内部系统。同时，它还会列明这些部分的剩余可用年限。这些内容对于预算的编制非常有价值。

小贴士　屋况报告为你提供了对房屋状况的另一个看法。无论你和房产管理公司之前对房子作出了怎样的判断，它都能站在客观的立场上为你的结论提出佐证或是质疑。它还有可能提出一些被你们忽略的点。所以它是非常重要的。

说到费用的问题，屋况报告可不是你打小算盘省钱的地方。这家公司不但要经验丰富，可以帮你发现问题，还得要具备良好的口碑，让你的出资人放心。之前也提到了，如果你还没有确定融资对象，还可以通过这些专业的公司为你引荐呢。

　　由第三方出具的屋况报告还有一个好处，那就是它的客观性。与房地产管理公司不同，由于没有直接的利益冲突，第三方出具的报告会更加公正。如果你拿着房地产管理公司的报告要求卖方就报告上的某些问题进行补偿，对方会认为中间有猫腻。但如果你是拿着第三方出具的报告，其真实性和可靠性就更高了，谈判也会更容易些。

评估

　　你可能觉得自己聪明绝顶，做项目根本不用评估。不过，我还是建议你最好别动这个心思。如果你的项目需要融资，那么，无论如何评估是少不了的。并且，看看评估价和你自己的判断相不相符有什么不好的呢？得出的结论有可能与你的判断相符，也有可能不符。不管怎么说，知道总比不知道要好吧！

　　以借款人的身份聘用评估师是不太好的。大多数银行都有类似的规章制度，其中有一条就说不能允许借款人雇佣评估单位。大多数银行和金融机构更愿意将这一决定权控制在自己的手上。在这种情况下，我能做的也只是通过抵押经纪人聘用信得过的评估单位，或是直接跟出资人商量，推荐我相信的人选。说到底，我就是想在选择评估人这个环节取得一定的话语权。

　　在评估中最常见的问题就是评估师经验不足，对目标房产根本不了解。这种情况在与银行的合作中尤其普遍。银行每次选取评估单位的时候，都会找3家公司一起投标。这样一来，对方首先都会按时间和价钱选择评估师，专业性不得不靠后考虑。但是，评估带来的问题足以让整个交易陷入停滞当中。

　　为了避免这种情况，我的建议是：找一两位对你的投资类别非常了解、非常专业的评估师，再把他们推荐给银行。我还认为你应该和抵押经纪人及评估师多花一些时间互相交换一下对于房产的不同观点。如果评估师并没有看到你所关注的价值或是它未来的潜力，那就大事不妙了。最后，你还得积极主动地向他提供所有已经了解到的信息，帮他作出正确的判断。

　　小贴士　一定要记得，评估是对房产价值的判断。你自己得首先有个判断，不过同时也需要有更客观、更公正的专家支持你的判断。

市场调研报告

通常来说，评估报告当中都会有一部分内容是关于市场观点的。不过，如果正开发的某个项目是比较特殊或者比较复杂的，比如公寓改造、酒店建设、高尔夫球场建设等，你就得需要一份单独的市场调研报告，好让自己和其他的项目参与者都获得一些更加深入的了解。

市面上有很多这类的公司，能根据不同的项目需求开展市场调研。完全可以考虑让他们进行所需的市场调研工作。这样的话，你就可以拿着调研报告来佐证你的观点，为自己辩护。

小贴士　你可以用调研报告来佐证自己的观点，为自己辩护。

不过要注意，这一类的市场调研报告往往都很昂贵，1～3万美元的价钱是很常见的。不过有些时候，这钱花得还是很值得的。我就曾经在一次评估过程中用市场调研报告将原先很低的评估价谈高了很多。再强调一遍，如果有一份可信的第三方报告支持你的论点，那你谈判的筹码就会大大增加。

财务报告和税务报告

这是最后一部分了，同时，这也是缴税的时候你最该看的东西。有一名优秀的会计是非常重要的。在作出交易的决定之前，你得听一听会计对于交易的建议。这些建议往往都来自于他们对于那些复杂的税法条款的理解和项目的实际情况。在决定交易之前，会计师们会与律师一起研究出最适合项目本身的公司结构。是选择有限责任公司，还是股份公司？资产持有的方式又该如何规划？看过了之前的那些章节，你应该明白，这些都会对企业缴纳的税额产生影响。在交易结束之后，会计们会将股东持股及权益分配办法等文件（K–1文件）进行归档，以备审查。

小贴士　如果你还没有聘请会计师，那就要赶紧的了！

当抵押经纪人的最大好处就在于我有机会接触到一些大型的房地产项目，并可以通过帮助那些极富创造力的企业家运作他们的房地产项目。从他们成功和失败的经历当中，我学到了许多在学校和做投资人时都无法获得的知识和经验。

房地产行业是可以运用杠杆创造财富的一个神奇行业。但是，它也需要你具备专业的眼光，拥有大局观且不乏对细节的关注。

所有的房地产生意都伴随着风险。专业投资者和业余投资人之间的区别就在于专业的投资者会组建一支强有力的团队，在控制风险的同时最大程度地创造价值。尽职调查就需要依靠团队的集体力量，这可不是听天由命就能成功的。

5

由内向外地创造价值

——金·道尔顿

　　金·道尔顿是一位广受赞誉的室内设计师,她拥有超过20年的从业经验。她具备化腐朽为神奇的设计天赋。从她1990年建立道尔顿设计工作室开始,金已经担纲设计了很多大型的房地产项目,包括菲尼克斯儿童医院、德尔韦伯医院、大峡谷基督教堂,还有菲尼克斯切斯菲尔德球场的整修工作。

我经常把金·道尔顿比作变色龙。她是我们夫妇俩请来的室内设计师，也是我们设计团队的一员。我们的设计团队是由建筑设计师、总承包商、景观设计师和室内设计师共同组成的。我之所以将她比作变色龙，完全是因为她每次来到施工现场的时候穿着都不一样，有些时候打扮得连我都快要认不出她了。不仅如此，她还会根据项目要求的变更及时地改变自己的设计方案。她的这种灵活性，对于室内设计师来说是至关重要的。

直到今天，那些走进我的家里或是办公室的人还是会大呼小叫的。因为金的作品都非常特别，而且非常细致。金给予我们项目的贡献是无价的。她不仅帮助项目实现了更好的销售业绩，还让我们无论在家里还是在办公室当中都能体会到温暖。她让我们对屋子产生了更深的感情。

作为一名房地产投资人，我觉得没有什么比室内装修失败而导致的项目贬值更让人沮丧了。这样的例子我见过不少。糟糕的室内装修不但不能帮助提升销售额，还会让一些本来有兴趣的潜在客户失望而走。你也许无法想象，有时候简单的设计就能让原本价值10万美元的项目卖出100万的高价来。这也就是金·道尔顿的设计对我们项目成功的特殊意义之所在了。

——罗伯特·清崎

你可以说我不够公正，但是我认为室内设计是房地产投资当中非常重要的一个环节。无论是为自用的住宅装修，还是为卖出房屋而进行的装修，亦或是公寓楼或是商用地产的装修，恰当的室内设计可以为你的房屋增添价值，同时缩短销售的周期。细致的室内装修会合理地安排空间，并将颜色、光线和格局进行综合考虑，还能为房屋创造出附加的功能和用途。

千万别把室内设计和室内修饰混为一谈了。室内修饰是一些年前兴起的概念，它的目的是帮助业主出售房屋。那些修饰的专家很擅长将房屋的视觉效果进行提升，让房子看起来更大更亮堂。但你会觉得经他们手完成的作品都不是为了居住和使用，而仅仅是为了给买家看的。而室内设计师要做的除了这些之外，还要考虑美学、温度、声音、香味、平衡和和谐之类的内容。其实这些都会为你的房屋提升附加值，从而让你的房子可以变得非常抢手。作为一名房地产投资商，你需要好好考虑一下这类问题。因为它们能帮你的房子卖出最好的价钱。

组建你的团队

你可能会觉得根本没必要为房地产项目组建一支团队。并且,它的成本会很高昂。但就事实情况来讲,投资于你的团队甚至比投资房产本身还要重要。我希望你可以认真地选择团队成员,因为他们会帮你取得最大程度的项目收益。我本人就在团队成员的选择上非常仔细。我创业之初就是与一位非常棒的建筑设计师搭伙,我们合作了长达20年之久。我心里明白,只有通过团队的共同努力,接手的每一个项目才能得到圆满完成。你的团队应该由建筑设计师、室内设计师、总承包商、景观设计师、工程师和分包商共同构成。建筑设计师和总承包商通常会有长期合作的工程师和分包商可以推荐,不过你自己有一些备选总是没错的。

如何选择团队成员

1. **面谈**。问他们一些设计方面的棘手问题,听他们如何回答。同时还要问他们一些个人的情况,以便判断他们的工作方式会是怎样的。

2. **与推荐人沟通**。问一问他们合作过的项目结果如何,同时了解一下他们的工作习惯和理念。一定要问这个问题:"你为什么喜欢用他?"

3. **实地考察**。到已经完工的现场去看一看是否最终的结果与预期相符。

4. **意愿**。他是否愿意跟上整体的步伐,为实现共同的目标——推出抢手且盈利可观的产品——而努力?如果他无法融入整个团队,那还是最好换人。

组建团队的工作进行得越早越好。越早地建起团队,队员们就能越早地开始为你创造价值。同样的,你越早开始做准备工作,团队也就能越早地建成。

真实的故事:可靠的团队价值非凡

我的一位客户名下有好几处房产。不久之前,我们应他的要求,对他在圣达菲的一栋别墅进行了精心的改造。由于我的团队都是在亚利桑那州的斯科茨代尔的,所以就决定雇用一家当地的承包商进行前期作业,为项目节省一些开支。结果,这让我们吃了大亏。

> 尽管我们于施工期间几次飞去项目现场监督施工,但还是不可避免地碰到了麻烦。承包商无法有效地控制整个团队,并且互相的交流从一开始就很困难。当我们正式地接过项目之后,就决定用自己亚利桑那州的团队开展工作。交流问题立马就得到了解决,解决问题的速度也提高了。不仅如此,因为那些供应商跟我们都是老交情了,所以即便我们不在工地上,出现的问题也都能得到迅速的解决。

团队的力量可以大到你无法想象。几年前的一天,罗伯特·清崎来到我的办公室,说要和我一起讨论一个新项目。当时,我的工作人员们都非常兴奋地围过来听。在这个过程中,罗伯特谦虚地说,当自己对各行各业的知识都还知之甚少的时候,就发现了自己作为协调者的特殊潜质。他希望将各领域的专家都整合在一起,以团队的形式发挥力量。并且,这对任何类型的项目来说都是非常重要的。他习惯于称呼自己的团队为"顾问团"。这本书的很多作者都是他顾问团的成员。

那让我们一起看一看团队都需要哪些成员吧!

一号团队成员:建筑设计师

好的建筑设计师不仅可以画出完美的施工图纸,并且可以在设计过程中加入最新的建筑、工程、照明理念,并使房屋与环境实现很好的融合。拿现在来说,如果没有将绿色可持续发展纳入到设计当中,我是不会考虑让它通过的。你可以根据项目的大小来寻找合适的建筑设计师,让他来负责指挥规划、设计、文件归档及工程的管理工作。

建筑设计师在所有的项目当中都是团队的领袖。他不仅要向其他的组员提出有价值的建议,还得保证项目的预算和时间安排都在按照计划进行。此外,建筑设计师还得了解最新的建筑条例和市政要求。一旦出现了与建筑条例和市政规划相抵触的情况,工期就会被无限延长,会造成非常严重的影响。建筑设计师还会在申请建筑许可的时候发挥巨大的作用。

选择建筑设计师,一定得要求先具备领导才能,并且还能够让手下的团队成员在他的领导下发挥各自的才华。重申一下,"协作"是这里的关键词。无论建筑设计师对项目有多么重要,他都得依靠其他组员各自的特长为项目献力。当然了,气场是很重要的。要相信你自己的直觉,问自己是不是可以将自己的项目托付给这个人。记住,组建团队的目的就是借助专家的专业知识和经验来帮助你实现某个既定的目标。

该说说钱的问题了。建筑设计师的费用是根据项目具体情况而定的。大多数的建筑设计师比较偏好为既定的工作内容收取固定的费用，或者是有封顶额的按时计费。

二号团队成员：室内设计师

好的室内设计师不但会领会你的想法，并且会将之进行强化。他称得上是你团队中的二号人物。室内设计师与建筑设计师专注的方向很不同。建筑设计师关注房屋的空间结构，而室内设计师则可以在既定的空间内进行合理的安排和规划，让房屋更加实用。

由于建筑设计师负责统领设计、工程的大方向，室内设计师只需负责实现项目既定的视觉效果就可以了。几年之前，有一位老主顾找我去设计俄勒冈海滩上的一栋房子。幸运的是，我到的够早，所以参与到了项目规划的过程当中。我们到了俄勒冈，对现场进行了实地勘察，并花了好几个小时讨论房屋的改造方案。这样一来，我和建筑设计师的想法就基本达成了一致。在施工的过程中，我们的想法也得以顺利实施。墙面、灯光还有家具都按照预先的构想进行设计。我在这个过程中都没费什么大力气就成功地做完了这个项目。

选择建筑设计师的标准也可以用在选择室内设计师上。通常情况下，建筑设计师都可以针对你的项目推荐一到两个适合的室内设计师。我和清崎夫妇就是这么开始合作的。几年之前，他俩买了一栋很棒但有些老旧的房子，准备重新装修一下自己住。他们请了一位建筑设计师，由他推荐了一个总承包商。同时，还有朋友推荐了一个室内设计师。就这样，团队成形了。虽然清崎夫妇是很好沟通的人，但是在项目过程中还是出现了问题：室内设计师与团队理念不合。为了解决这个问题，他们只好换一个新的室内设计师。但是，这个问题依然存在。这不是说室内设计师能力不行，而完全是团队的目标是否一致的问题。到最后，承包商拉着我见了清崎夫妇和整个项目团队，我们达成了共识。剩下的你也都能想到了：虽然困难重重，但我们目标一致，共同努力，最终成功地完成了项目。

三号团队成员：景观设计师

景观设计师是负责房屋外部环境的设计工作的。他也对房屋给人的第一印象贡献最大。如果你有过买房子的经验，那你就知道第一印象有多重要了。选择景观设计师的时候要看他是否了解社区的整体规划，外部环境的装修规划该如何安排，以及如何通过简单的维护就可以获得很好的效果。你需要的是在保证房屋总体质量的前提下可以将房屋很好地与环境融合的专业人士。举个例子来说吧！

我最近刚做完一栋20年房龄的老办公楼的整修工程。业主想要把这栋楼卖出去，所以准备把它弄得漂亮一些，想这样会比较容易出手。因为项目的预算并不高，所以我们知道只能依靠颜色和景观设计来达到目的了。我们首先对楼的表面进行了粉刷，然后请来景观设计师，希望通过他的设计为这栋楼突出自身的优势。他首先建议我们把通道两边生长茂密的植物换成更容易打理的品种。这样看起来更加清爽一些，并且对那些不喜欢花长时间维护植物的买家来说更容易接受。他还对楼房的主走廊做了一些完善工作，以方便人们的出行。

四号团队成员：总承包商

你肯定经常会听到团队成员给你介绍他们共事过的总承包商。如果没有，那就找当地的中介，让他们给你推荐一位合格的承包商。在选择总承包商的时候，我肯定会选择那些谈得来的对象。这听起来有点奇怪。但你得心里明白，这个人是你在项目进展的过程中最常见到的人。当然了，其他的条件他也得都满足，但你必须跟他保持良好的关系。毕竟，他是负责帮你花钱的人。无论罗伯特和金什么时候想要开始一个新项目，我都会非常看好。因为我心里明白，我们的总承包商能帮我们以最小的代价完成任何项目。

许多投资人都选择在项目出现问题的时候亲自解决问题。这一招有些时候管用，但在多数情况下，结果并不理想。尤其是在他们还没有太多经验的时候。我一直向客户建议，在作决策之前要考虑执行的复杂程度和难度。试想一下，你愿意把时间都花在工地上吗？你花在项目上的时间比起付给承包商的费用来说，哪个更值钱？你对当地的建筑法律和政策都了解吗？你在日程安排、预算制定和基础管理方面有什么优势吗？

聘请经验丰富的总承包商来管理项目和供应商绝对是一个明智之举。话说回来，如果你的项目内容只是刷刷漆换换地毯这么简单，倒是大可不必请专业的承包商，自己动手就应该可以应付了。室内设计师会告诉你完成项目内容需要哪些原材料，同时有哪些供应商可供选择。记住，操作不当的话，小项目也能惹出大麻烦。我就亲身经历过几次这样的大麻烦。

与团队中的专家合作得越多，你们之间的信任也就越深。这样一来，无论项目大小你都可以向他们征求意见。随着你们之间合作关系的日渐融洽和熟练，项目的结果也就会越来越好。我就发现随着时间的推移，我接手的项目开展得更快、更轻松了，效果也一次比一次好。罗伯特深知这一点，这也是这本书带给我们的领悟之一。"罗伯特顾问团"的故事和经验会通过这本书——传递给你。

作为一名房地产的投资人，你肯定希望得到利润的最大化。好的设计给你的房产带来的价值与好的房产管理公司一样，都非常重要。那你怎么才能知道花掉的设计费到底有没有产生效果，有没有为房产增值呢？下面就是几个可以参考的方面：

住宅的销售

买房—装修—出售的业务模式离不开修饰工作，所有人都想买到好房子。这个"房产修饰"的概念最初是由巴伯·施瓦茨于1972年提出的，它已经于这几年成为了市场上流行的操作模式。它的核心就是通过规划设计让房间看起来更大、更宽敞。

小贴士 对于住宅来说，根据业主的偏好和习惯进行空间的划分和利用才是室内设计的本意所在。单纯的修饰却恰恰相反。修饰的目的在于向买家展示一个空旷的房屋，由他们自己想象住在里面的感觉。

就像我之前提到过的，室内修饰和室内设计往往会被人混为一谈。实际上它们根本就是两个极端。我们先要说一说修饰，因为这对于房产的销售来说非常重要。如果你决定要卖掉自己的房子，那就首先要把房子里你的印记都一一去除。一旦你下了决定，就要赶紧收拾，把那些照片、纪念品及有你个人特征的东西都撤掉。要不然的话，那些来看房的人会觉得这还是"你家"，而不是"他家"。所以，赶紧把这些事情处理好，首先解决视觉上的问题。

作为一名民用和商用房产的室内设计师，当面临卖房的问题时，我最不愿意考虑的事情就是聘请修饰专家。我的经纪人非常委婉地表达了让我见一见修饰专家的想法，她说："见一面也没什么坏处。"于是，我很不情愿地答应了。我得事先告诉你,他的建议可能会非常刺耳。因为很有可能他会让你将自己心爱的古董都搬走或是扔掉。好在我早有准备,经纪人告诉我听着并照做就好。我花了7年的时间把这一栋屋子填满,规划成了我想要的样子,但是这却不是购房人想要看到的。光线和空间才是他们最认可的元素。所以,干净整洁的房间才符合大多数人的标准。

在卖房子的过程中,修饰的工作会为房屋销售起到重要的推动作用。所以无论你喜不喜欢它,我都得告诉你成功修饰的5条原则:

1.干净。所有的东西都要一尘不染。无论是地毯、地板、墙面、柜子还是浴室都要像样板间一样完美。

2.整齐。让柜子、桌子和架子都摆放整齐。从买家的角度想想,别一味地随着自己的喜好来。

3.颜色。可能你的红墙配着紫色的沙发会很好看,但买家肯定会想该如何搭配自己的家具。所以,太过鲜艳的颜色肯定是过不了关的。

4.特点。告诉买家一些容易记住的特点,他们会看很多套房,所以难免弄乱。所以,给自己的房子加上一些独有的特点会让他们的印象更深刻。

5.折中。修饰专家有可能提出了一大堆需要修改的点,但你的精力和时间不允许你全部一一完成。没关系,做个折中,按重要程度来做就好。

你知道吗?大多数买家在看到房子的15秒钟之内就已经决定是否买下它。这是房地产领域的共识,我也对此深信不疑。说这个是什么意思呢?第一印象至关重要。所以花一些时间和精力做做表面工作对房产的销售来说是非常值得的。

15秒钟成交秘籍

第一印象对房屋的销售来说至关重要,尤其是在头15秒钟。下面就是5个最应该注重的部分:

1.前院(包括花园、树木和走道)。把它们打扫干净,然后配上五颜六色的花。

2.前门和入口。把蜘蛛网扫掉,然后给你的门涂一些颜色。你得确保买家踏进房子的时候感觉不错。

3.外墙和内墙。把墙新刷一遍能让你的房屋显得焕然一新。

4.地板(包括地毯、瓷砖等)。确保上面没有明显的污渍,地毯也都完好无损。

5. 绿色植物。把那些枯萎的植物扔掉，留下那些好的绿植为家里带来一些生机。在靠近窗户的位置放一些植物会让屋里和屋外的界限变得不那么明显，从而显得空间更大，与自然融为一体。

这样整理过后，你会觉得房子看起来棒极了。如果这是你自己的房子，你会想之前的那些年都是怎么对付过来的。我建议你们每个人都请一名修饰专家帮忙清理一下自己的屋子。这项工作需要坦率和下狠心。专家们会帮你重新归置自己的家具以扩大空间感，同时弱化那些相对次要的特点。如果你还想更进一步，就可以要求他们利用现有的材料帮你的屋子打扮得更漂亮一些。

如果你手上待售的房子当下没人在住，别听有些人讲的"空房更好卖"之类的言论。如果真的如此，那地产商也不会造出样板间来供人们参考。在你的预算范围内尽可能地将它装饰得漂亮一些。就算你租不到家具，也得在房子里动一些小心思。比如说挂几幅画，种几盆植物，在浴室里放几条毛巾，放一些轻音乐等。这样，得到的收效会大大超出你的想象。

房屋实体的部分固然重要，但那些无形的因素也必须加以考虑。你是否有过这样的经历——当你走进一间屋子的时候，突然觉得很不舒服，但却始终找不到原因。这就是我们所说的能量流。这种不舒服的感觉就源自屋里那些负面的能量，古老的"风水"学说研究这方面的问题已经有3 000多年历史了。

真实的故事：经验就是一切

近期，我的一位房地产经纪人——乔安娜·卡拉维给我讲了一个房地产修饰的成功案例。当时唯一的问题就是餐厅。餐厅的墙面刷成了红色，以搭配业主的亚麻用品。我听了觉得很惊奇，因为我本人就经常把餐厅刷成红颜色的。最后，乔安娜请来了她最欣赏的修饰专家解决问题。专家马上就把墙给重新刷了，换掉了那些亚麻的用品，在餐椅上还放了一些靠垫。结果你猜怎么着？不出一个星期，房子就卖出去了。

无论你信不信，你自身的能量会对房屋的能量产生积极或消极的影响。积极的态度可以为你的房子带来好的感觉。所以，与其天天想着多久才能把房卖出去，不如想想那些购房人会有多爱你的"新"房子。

我知道，想实现这些目标都还是需要下一番工夫的。不过，有可靠的统计表明，进行过修饰的房子通常容易售出，且售价较高。那何乐而不为呢？

你还能通过很多渠道了解房屋修饰的相关信息，比如homestagingresource.com，还有stagedhomes.com。房屋修饰的创始人巴伯·施瓦茨所著的《房屋出售前的修饰：使房屋多卖钱的制胜之道》，算是这一领域的圣经了。Homestaging.com网站近期做了一次调查，结果显示修饰工作可以为投资带来169%的超额回报。这样算下来，你就不会觉得花掉的时间和精力浪费了。

让你的住宅楼拔得头筹

就跟卖房子看买家一样，投资住宅楼完全要看住户的情况。问一问你自己："住户是谁？他们对房子的期望又是怎样的？"然后再考虑你该如何满足他们的要求，甚至做得更好。好好思量你是该新建一栋楼房，还是在现有楼房的基础上进行改造。务必让自己的每一分钱都能让住户们看得到、感觉得到。当然了，你也许会想付出去的那些费用到底合不合算，能不能通过房租收回来。但我建议你向长远看，因为那些修整产生的效果会持续相当长的时间。如果一栋房子毫无特点，那它一定很难租出去，你可以问问自己——"为什么大家要租我的楼，而不是街边的另外一栋？"以下的这些要素都是你在公寓楼项目中需要考虑的：

1. **外部环境**。修剪好树木、灌木，将房屋的外墙重新粉刷。为窗户装上遮阳棚或是百叶窗，对人行道进行整修。重新铺上草皮，然后种上很多漂亮的花。

2. **方便程度**。你得保证自己买下的房子有足够的停车位供住户和客人使用。如果事先没有很好地考虑这个问题，之后再想弥补可就困难了。楼房本身还要符合《美国残疾人法案》的要求。不然的话，你就可能要花大价钱进行整修了。

3. **地段**。说到房地产，地段永远是最重要的。

4. **安全和防护系统**。墙体、防盗门、警报、摄像头这类装置都会让住户有安全感。有这些设备的房子投资高不了太多，但通常可以收取更高的房租。

5. **耐用材料**。在装修的过程中，要在预算的范围内用最好的耐用材料。这就需要到附近的竞争对手那里观察一下。如果他们有瓷砖的柜台，那你最好也依样做一个。

6. 中性的装饰。这一点对公寓楼项目尤其重要。比如说，在选择墙漆的过程中要选择一个相对中性的颜色，以亮色为主。

7. 大众审美。你的项目当中是否有游泳池？是否有俱乐部会所？是否有花园？如果有，就把它营造成一片整洁大方并且富有特色的区域。相信它会成为你公寓楼的一大独特卖点。

8. 视野。好的视野是非常好的一个卖点。就算你的项目不能盖得像城堡那么气派，那也不能让住户一推开窗户就只看见垃圾堆或是凌乱不堪的停车场。如果你是自己做开发，那一定要将视野加进规划当中，设计一些池塘或是花园，为自己的项目增色。

租赁用公寓楼的装修与自用住宅一样，让我带你再回顾一遍吧！能装成样板间肯定是最好的了。这类房屋通常面积比较小。然而，装上家具，为它产生一定的功能分区以后，它倒会感觉更大些。因为经过分区，你会发现它具备所有日常生活所需的功能。你会觉得它非常温馨，还有可能觉得它大小刚好。

老年公寓是这类房产的另一个品种。如今面临婴儿潮一代老去的现状，传统疗养院的概念已经发生了迅速且剧烈的变化。全国范围内建造了很多老年公寓，并且仍然供不应求。其中的一部分已经不再是政府行为，而完全是市场的产物。上了年纪的人们需要拥有比前人更好的设计，并愿意为之埋单。

我当下就正在与一位老年公寓的开发商进行合作。21世纪的疗养院的概念定会与过去大不相同！这些老年公寓将为老年人提供健康的生活方式，同时让老年人不再为诸如维修、保洁这类事情而操心。此类的社区赋予了老人们舒适的感觉、充足的自主权和高质量的生活。很显然，我们开发项目的目标就是满足老人们的特定需求。研究表明，通过精心的设计和规划，这一点完全是可以做到的。我们的其中一个项目就建在山上。按理说，山地倾斜的地形是不适合老年人的。不过，我们的建筑设计师和景观设计师通过精心的选址和规划，使得老人们在享受独特美景和宜人气候的同时根本不用上下爬楼梯，而且沿途的通道上还都有防雨防晒的顶棚遮蔽。这样一来，我们就避免了原本的局限，实现了创新。

经得起时间考验的商用地产

当你踏入商用地产的领域时，你会发现那些我们耳熟能详的原理仍然在被人们广泛地应用着。但你首先需要注意的是，你得把租户放在第一位考虑，努力地为他们创造出最好的第一印象。毕竟，谁都希望自己的办公地点体面、功能性强且有较高的舒适度。想做到这些并不是那么容易的事。因为商用地产通常面积较大，结构复杂，整体设计风格也偏中性和保守。所以设计的关键就是创造出让人感觉亲切的点来，让办公室一族可以从繁忙的工作中暂时解脱出来得到片刻的休憩。花费都不会很高。一棵树、一个喷泉或是一张舒服的长椅都能帮你达到这个目标。在大厅里安排一小块精心设计的休息区也能达到相同的效果。这样一来，还能为来访的客人或是租户们闲暇时候的小聚提供合适的场所。

　　如果你的项目是自己负责建造的，那你最好从项目之初就聘请好建筑设计师和室内设计师。建筑设计师的主要责任是结构设计，而室内设计师的任务则是设计内部的空间。如果不是专业的设计人员，这活儿你是没法自己做的。我见过很多DIY的商用地产最终的结果：要么项目结果不尽如人意，要不就得花大价钱重新装修一遍。

　　使用寿命和预算是与设计专家开始讨论的最佳切入点。他们会根据你的不同市场定位进行不同风格的设计工作。比如说，医院的设计就和病房的设计有很大的差别。这也就是"功能决定形式"这句话的意义所在了。

　　商用地产的设计不但要讲求功能性，还要将其周围的自然环境列入考虑范围。这也是无数商用地产的设计历久弥新的要诀。这也就是为什么国内甚至是世界范围里，同类环境中的建筑设计风格比较近似的原因。合理的设计是融于自然而不是对抗自然的。沿着这一思想，室内设计师和建筑设计师才能做出最棒的设计来。

　　不幸的是，人们总是在设计过程中有意无意地违背着这一准则。我第一个想到的就是菲尼克斯城。那是一个地处沙漠地带的城市，全年的日照都很强烈。我曾经在那儿见过一栋黑色的木结构房屋，完全按照20世纪70年代的流行风格进行设计。这种房子在我的印象当中只应该存在于科罗拉多州的落基山上。有意思的是，当我在菲尼克斯看到它的时候，它显得异常老旧，并且与周围的环境很不搭。但如果它是建在了科罗拉多州那绿色的松柏树当中，那简直是太完美了。这也就是我说的，设计师们在设计过程中没有考虑周围的环境，所以这样的设计肯定不会长寿。

　　所以每当我听到有项目要兴建的消息时，我都会问自己："它会不会在5年内就过时了？"其实我自己都有答案："如果设计与环境相符，那一定不会过时。"解决过时问题最好的办法就是从周围环境当中取材、取色。一般说来，周围的环境不会发生大的变化，所以你的设计因此可以保持较旺盛的生命力。

当然，我的理论也不是那么绝对。因为有些建筑是需要具备很强的震撼力的，从而吸引租户和游客。这类的建筑在设计之初就会成为人们讨论的焦点，因为会有人支持，亦有人反对。一旦建成，它们就往往会成为标志性的建筑。艺术博物馆还有高端的珠宝店常会成为这类地产的代表。

小贴士 避免设计短期内过时最好的办法就是从周围的环境当中取材和取色。周围的环境不会在短期内发生大的变化，这也就意味着你的房屋设计不会很快被淘汰。

巧妙的装修和设计可以帮助你提升成功的几率。比如说，流行色就在不停地更迭。只要你的房子不是几百年前的古宅，流行的颜色对它来说就一定非常重要。古宅这只是一句玩笑话，但色彩的重要性不言而喻。我们就曾经见过很多办公楼里的墙壁、隔间、地板和地毯还都全是十几年前早已过时的颜色。说实话，它看起来一点都不像是一家欣欣向荣的公司，反倒是像一家快倒闭的公司。你可以说不可以以貌取人，但事实情况就是这样的。这一点你无法否认。

要想知道现如今什么颜色最流行，我建议你到最时兴的商业区去走一走。到了那些地方，你就立马知道什么颜色和材质是当下的宠儿了。比如菲尼克斯城的凯勒广场和图森的拉恩坎塔达，堪萨斯城的电光区，还有拉斯维加斯的帕拉佐赌场酒店，都是你可以选择的对象。

当然了，你得根据对未来盈利和现金流的预测制订整修计划。不过有些设计师对成本毫无概念，只是专注于设计从而导致了建造成本的高企。所以你千万要找一位对投资的基本常识有了解的设计师进行设计工作，并且对他们的设计，尤其是成本进行严格把关。那些看似很小的部分，比如油漆、标志等都可以产生不小的一笔费用支出。

商用楼也和其他的房产一样，都需要平衡和和谐感。一栋商用楼里往往有很多不同的公司和员工，如果你为它创造出了一个平衡、和谐、亮堂和方便的环境，租户们就能得到超乎寻常的工作体验。

> **商业地产8大要素**
>
> 1. 便利性。足够的停车位和方便的出入口及对美国残疾人法案的遵守都是必不可少的。
> 2. 容纳和运载能力。电梯、大厅和相应的标志都是应该考虑的因素。
> 3. 通道的设计。把办公楼设计得跟迷宫一样可就太失败了。这样的话会让访客迷失方向感，造成不愉快。当危险来临的时候，这还会非常危险。
> 4. 特点。这栋楼与其他的商用楼相比有什么独特的优势？
> 5. 亲近感。人在陌生的地方找路的时候只能凭借自己的方向感和直觉，还有标志性的物体。在走廊里悬挂大幅的挂画或是摆放盆栽可以缓解他们的紧张情绪，增加亲近感。
> 6. 气味。为了让楼内的空气变得更加清新，有人甚至在通风系统里加入了芳香剂。实际上，气味可以直接影响人的心情。外界的气味还与人脑中的中枢神经有着密切的联系。
> 7. 声音。无论是保持安静还是播放一些轻音乐，声音总能给我们带来一些意想不到的效果。
> 8. 地段、地段、地段。无论在计划还是实施阶段，地段都是最关键的要素。

绿色可持续的设计

近些年，绿色设计和可持续性设计的概念铺天盖地地向我们袭来。可持续性设计旨在高效地运用资源来建造更高质量的建筑，绿色设计指的是在设计、建造、修整、运营或是重新利用的过程中将生态学运用于其中。你可能会觉得绿色设计会比传统的设计成本高昂。我要告诉你的是，在项目的初期阶段，成本是要高一些。但它在财务和环境方面的长期回报会远远超过传统的设计。合理的设计可以极大地降低建成后的运营成本，并达到减少浪费和保护环境的目的。

所有对绿色设计感兴趣的人（现在应该是人人都感兴趣），都应该首先去了解一下绿色建筑委员会、绿色建筑评估体系及能源与环境设计认证。这个评估体系是全美通用的设计、施工及运营绿色建筑的行业标准。这一认证为开发商和业主提供了直观的标准。它的标准已经为众多的民用及商用地产项目采纳并运用。

亚利桑那州的斯科茨代尔市曾经是全美第一个推广绿色楼宇设计计划的城市。那些自愿加入到该项目的业主、开发商和施工方都需要填写一张详细的核查表。所有信息必须根据自己的实际情况填写。每项都会有一定的分数，而只有达到或超过了既定的标准，你才能在该项上获取相应的分数。最终，总分超过了一定的标准就可以取得相应的认证。核查表中的内容五花八门，从废物利用到是否选用本地原材料都成了表中的内容。之所以鼓励大家采用本地原材料，主要是因为这样可以减少碳排放，节省能源消耗。

绿色建筑核查表

在你设计绿色建筑方案时，可以用这张核查表进行比对。

1．选址。尽量选用已开发的土地进行项目建设。
2．水循环。试着增添一些雨水再利用系统。
3．能源和大气。尽量多使用自然光，同时开发太阳能的运用。
4．建筑材料。尽可能地节约材料，进行废料的回收利用。
5．室内空气质量。家具和涂料上挥发的有毒气体会影响室内空气的质量。
6．调查研究。多做功课，确保自己已经尽可能地将可持续性理念融入自己的项目。

一旦你取得了绿色建筑的认证，就可以得到它给你带来的好处了。下面就是其中的一部分：

1．社区乃至整个社会的振奋。
2．更大的市场需求。
3．耗水量的节省，从而降低成本。
4．降低空气和水污染。
5．降低能耗和电力的使用，部分摆脱对电网的依赖。
6．减少垃圾排放。

7．为住户提供更健康的生活和工作环境。
8．更好的室内空气质量。

　　这一切都为人们的生活和工作创造了更好的环境，值得我们骄傲。它可以为我们带来更高的工作效率。

　　当然了，大家都知道，项目的审批过程越快越好。审批的过程经常一拖就是几个月。俗话说得好，时间就是金钱，没人希望项目停滞那么久的时间。不过，政府机构也提出了一些刺激措施。比如说，参加斯科茨代尔绿色建筑计划的项目就可以享受审批的"快速直通车"服务。这也就意味着绿色建筑的审批速度可以比传统项目快一倍。

　　但若要享受这一快速的服务，你的项目需要达到预定的标准。因此，对你项目的审查将会更加严格和细致。然而，只要通过了审查，市政单位就会相应颁发给你"绿色建筑物"的标牌。这样一来，公众都会了解到你为环保做贡献的意愿，从而为你的开发项目带来正面、积极的公众形象。

　　亚利桑那州政府就曾经通过税收减免的优惠政策鼓励企业购买太阳能设备，从而达到"绿色生态"的目的。同理，有些电力公司也为太阳能发电企业提供了优厚的条件。我个人非常希望看到在今后能够出台对使用环保材料的行为给予税收优惠的相关政策。

后记

　　设计会为你的项目带来极大的价值。从民用地产到商用地产，所有的地产项目都会因为好的室内设计而增添价值。设计还可以帮你避免一些无法弥补的错误。所有的重点都在于空间设计和光线，以及如何与环境相融合。聘请专家为你打理这些问题，你就能造出很棒的房屋，并为自己带来源源不断的收益。

6

为房地产投资者融资

——斯科特·D. 麦克弗森

斯科特·D. 麦克弗森是 Capital Advisory 集团的创始人及总裁。Capital Advisory 集团于 2001 年成立,专为房地产项目进行融资。公司已经向全美的房地产项目发放了总计 35 亿美元的债权及股权投资。公司的投资标的多种多样,从空地到大型公寓楼都是他们的投资对象。公司已经完成了多个投资额逾 1 亿美元的项目。更多信息请登录公司网址 www.capitaladvisorygroup.us。

斯科特·麦克弗森是我需要进行房地产融资时最先想到的咨询对象。他不但是一位房地产抵押经纪人，还亲身参与投资。他用实际行动实践着自己的每一条理论。

每当我开办融资相关的课程时，我都可以邀请斯科特来讲几堂课。他无私地奉献出了自己的时间。对于这本书来说也是一样，他愿意将运用资金进行投资的方法和技巧传授给他人。他从业多年，经验丰富。在经济低迷的时候，你更能发现他的巨大价值。

我第一次遇见斯科特是在1999年的菲尼克斯高尔夫球巡回赛上。他名气很大，所以我认识他。但我不觉得他会认识我。所以当我发现他认同我对于股票和公募基金的怀疑态度时，我心里由衷地感到高兴。在当时，很少有人认同我的观点，我也备受公众的攻击。现在，人们都缓过神来了，开始重新审视他们的股票及401（k）计划，对我批判的声音也逐渐淡去了。

从那一天起，我与斯科特就成为了好朋友。他也成为了我和金可靠的顾问，他用他独特的视角和判断力帮助我和金躲过了很多投资的陷阱，我对斯科特的感谢无法用语言形容。也许只有你亲身体会之后，才能有和我一样的幸运的感觉。

——罗伯特·清崎

我从很久以前就意识到，无论你做什么事情，经验是无法替代的一笔财富。我并不是职业的作家，但我却在房地产行业摸爬滚打了很多年。

所有关于房地产融资的理论和基本原则都是共通的。房地产融资本身并不是什么神秘的事情，你只需要问自己几个非常简单的问题，并按部就班地走过几个流程就好。我希望通过这一章的内容带你了解房地产融资的基本流程，让你可以结合自己的实际情况和具体要求找到适合自己的投融资方式。

父亲的协助

在亚利桑那州立大学读房地产和金融专业的时候，我曾经以为自己已经得到了真谛，要迫不及待地到真实的商业社会里一展身手。我当时住在学校附近的一栋高档公寓楼里，开着高级车，学习成绩也很优异。由于当时我还担任着学校房地产协会的主席，所以在我的眼中，没有谁比我更懂房地产了。

当我的父亲（道格拉斯·麦克弗森）找我认真地谈过一次之后，事情全都变了。他本人是一位非常成功的房地产投资商，并且自己拥有一家很棒的房地产经纪公司。还记得当时他对我说："你觉得自己对房地产已经非常了解了。不过你的所学都是从书本上来的，是完全脱离实际的。如果你真的想要进入这一行，那就得从现在开始，做你的第一笔投资了。"

我之前一直打算毕业后就进入父亲的公司工作，但没想到自己投资却成为了我职业生涯的第一步。与父亲那短短20分钟的谈话对我的职业发展提供了非常大的帮助。

我尝试着去找一些独户的小院，买下来，装修一下然后出租。我拿着报纸，但却突然意识到自己根本不知道该从何处着眼。当我寻觅了几周之后，我发现这超出了我的能力，我根本不知道自己该做什么。

在我即将取得房地产和金融学位的时候，我仍然无法独立地进行投资。这对我来说真的很难接受！

于是我向我的父亲求助。因此，他花了几个星期的时间陪着我，带我开车考察，从报纸上获取信息。我们最终发现了一个不错的目标。那是一名律师刊登的广告，他正代理一位丧偶的女士进行房屋出售，房价是1.5万美元。但当我看到房子的时候，一下子就兴趣全无了。因为它位于菲尼克斯的老居民区，并且需要花大量的成本进行清洁和整修。

我和父亲一起共进了午餐。他告诉我说，这是一个很棒的投资机会。这栋房子的售价低于它的重置成本，并且会非常容易租出去。我身上的问题是主观意识太浓，完全是以个人的偏好和习惯选择房屋，而没有客观看待房产的投资机会。

另外，这笔交易还有一个好处：考虑到屋况的问题，卖方愿意接受分期付款。当时的我对这一点还没有太清楚的认识，但我马上就发现了它的优势：我只付了1 000美元作为头款，就获得了房屋的所有权。后面的1.4万美元我可以分批付给房东！

我父亲手把手地带我做了房产的收购和租赁财务预算表。而在此之前，我根本不知道这桩交易到底合不合算。同时，父亲给我资助了500美元，也就是头款的50%，并要求享有由这栋房屋产生利润的50%。

刚开始，我还很不情愿。但如果没有他的资助，这个项目就会财务吃紧。所以我答应了下来，然后花了一年的时间重修这栋房子，将它租出去，并且最终在第18个月的时候以2.5万美元的价格把它卖了出去。在那段时间当中，我学会了基本的房屋装修、房产管理、合伙人相关问题、租客相关问题及如何为投资制定退出策略。

我通过两次实践学到的知识，比我在学校里学到的所有知识加起来还要多。

小贴士 我在接下来的两年当中又进行了12桩购买的交易，在这当中我发现一个共通点：融资的重要性非同小可。

我就像上瘾了似的，在接下来的两年当中又进行了12桩购买的交易，在这当中我发现一个共通点：融资的重要性非同小可。有了第一次的成功经验，我如法炮制，在交易当中要求分期付款。这对我来说有两点好处：首先，与银行贷款相比这样的首付款更低，条件更加灵活。其次，它避免了评估的麻烦。所以，我借助卖家急于出手的心态获得了很大的优势。

我还很快地意识到，在我的商业计划当中，获取融资所必需的知识是最重要的部分。我甚至想出了一些获得80%~100%融资比例的好点子。

了解并获得融资的三部曲

制定一份商业计划书

在我公司运营的过程中，新颖的交易及开发商和出资人的意见对我来说都是很有意思的事情。我能在谈话的前15分钟内就判断出谈话的对方是不是真正的房地产投资人或合格的投资对象。我公司内部有这样一条规定：如果我们为某个投资对象作的决定太多，那么就需要重新评估他的能力。

由于项目具体的内容、问题及困难各不相同，商业计划书也有复杂和简单之分。而且项目的具体情况会直接对融资方式产生影响。

我建议你在融资的过程中问一问自己下面的这几个问题：

    为什么我要购买这处房产？

住所。你买来是自用的吗？如果是这样，那你自己买不买得起这栋房子？需不需要贷款？需不需要将房子部分租出去以缓解还贷压力？

投资。是哪种类型的投资？准备进行短期的投机还是长期持有？会将它租出去吗？大家对于投资的想法千差万别，所以这个问题的答案也就五花八门了。你需要正确地认识自己对于这一问题的想法，因为它会与你的商业计划及融资方式密切相关。

真实的故事：同样的房产，不同的融资方式

让我来举个例子，看看两个不同的买家在面对相同的房产时采用不同商业计划获得的结果有什么不同吧！

我儿子出生的时候，我在一栋公寓楼里买了个两居室。我从一位开发商客户那里取得了融资。买这房子的唯一目的就是用它的收入所得攒下儿子上大学的费用。按照20年来计算，这栋房子足以通过房租收入偿清房款和业主协会的费用。

紧接着，我就把这房子租了出去，并且每月拿收到的房租来偿付按揭贷款。我根本没想着房子是否会升值。我只想在我儿子要读大学的时候，所有的贷款都已经偿付完毕了。

我有个朋友在那栋楼里也买了一套房子，并准备做笔短期投资，6个月后出手。他借了很多钱，承担了比我高很多的利息。但是，在6个月后他成功地将房子卖了出去并取得了盈利。通过财务杠杆，他取得了不菲的收益。

这两种融资方式对于投资者来说都是可选的。不过，它们之间的差别很大，并且融资的对象也很不一样。

我愿意承担多高的风险？

你得问自己愿意承担多高的风险。想一想最坏的情况再作决定。如果你实力足够强大，那么利用财务的杠杆作用可以最大程度地发挥资金利用率，这也是你最好的选择。但如果并非如此，那你得看清楚状况，谨慎为先，并且可以考虑引进合伙人以分散风险。

小贴士 我发现，成功的房地产投资人最厉害的特质在于他们很清楚自己的风险承受能力有多高。

我这里就有一个绝佳的例子。当时，我的一位客户想要在菲尼克斯的都会区建造一片40万平方英尺的工业区。在此之前，他曾在西南的其他几个州做过类似的项目开发。但在菲尼克斯，这是第一次。

他希望通过我找到一名合伙人，并且可以获得一笔工程贷款。我们花了些时间探讨了如何为这个项目进行融资。他最终决定寻找实力强劲的机构进

行合作，降低风险，同时减少贷款的比例。

我引荐了当地的养老基金为他的项目进行长期股权投资。对于这个结果，我的客户也非常高兴。他本来完全可以独自承接这个项目，但最终还是决定降低风险，引入合伙人。这也许就是他在业内40多年的经验价值所在吧！

制定几种不同的退出策略

为你的投资人、融资人还有你自己想想，该怎么把钱收回来。这可是非常关键的！

每当我面对房地产投资机会的时候，我总是上来就问可以如何退出。就算是全世界最棒的房地产买家和开发商，但却对退出策略模棱两可的话，借款人也根本不会对你的交易产生任何兴趣。

> **小贴士** 每当我面对房地产投资机会的时候，我总是上来就问可以如何退出。

退出策略

制定退出策略并不是什么困难的事情。不同的投资项目，退出策略的选择各有不同：

不退出。如果你买房产是自用的，那就根本不牵扯到什么退出的问题。不过，你要自己想清楚，并且让你的借款人也了解这一状况。

租金收入。如果你的计划是对某公寓楼进行装修，然后提高租金，那么你就得做出一份预算报告，并且告诉你的投资人和借款人他们怎么才能把钱收回来。

销售。如果你准备购买后售出房产，那你得明确交易的时间、方式及如何保证盈利。如果你对此毫无打算，而只是准备听天由命，那你最好还是先拜拜神吧！

打造一支可靠的团队

无论觉得自己有多么聪明，你都得组建一支团队来保证项目的成功。就像我之前所说的，在我人生的第一笔房地产投资当中，父亲成为了我的第一位团队成员。

试着坐下来为项目的执行团队做一张候选人列表，下面就是你需要的团队成员：

房地产经纪人；

评估师；

房地产经理；

抵押贷款经纪人；

会计师；

房地产律师；

承包商；

屋况报告专家；

环境评价顾问。

让我说说该如何发挥这些团队成员的作用吧！比如说，我准备对一栋亚利桑那州斯科茨代尔的公寓楼进行改造。这栋楼已经有30年的房龄了，它位于一个相对较旧的片区。所以在将其出售之前需要对它进行大修。所以我就：

● 与房地产经纪人进行沟通，获取市场价格分析报告及租金报告，并且让他们提供给我一份房屋出售的时间表。什么时候都别忘了退出策略！

● 聘用一位可靠的评估师来对房屋进行价值评估。

● 聘请房地产经理审阅现行的租金收入报告，并且负责创立和运营屋主协会。

● 聘用一家抵押贷款公司。我自己是做这一行的，所以如果换做是你，那你得找到一位有经验的融资专家，从而为项目提供融资方面的建议。别忘了退出策略！

● 让会计师做好税收规划，将税务负担降至最低。

● 聘用经验丰富的律师为项目搭建最合理的公司架构，并处理好相关的合同和公文。

● 由于每个单元需要高达35 000美元的整修费用，所以我得确保承包商没有遗漏任何要点。我拿着承包商的施工内容、房屋的屋况报告及经纪人订立的改造目标进行比对，从而保证施工是按计划进行的。别忘了退出策略！

● 还得保证楼房本身质量合格，以便承包商可以放心地进行施工。同时，还要保证项目不存在任何的环境问题。

当我消化了这所有的信息，并且将团队组建完毕之后，自信就会油然而生。其实，做了这么多工作为的就是在面对借款人和投资人之前完全弄清楚项目的所有情况。

组建团队还有一个作用，就是告诉你的投资人和借款人你很清楚自己的能力，并知道该如何借助别的专家的力量来协助你完成这个项目。这样一来，你也能最大程度地减少项目的不确定性，并将利润最大化。

如何选择团队成员

该如何选择团队成员？我的答案非常简单：一旦你通过推荐或其他渠道获得了候选人，那就当面谈谈，问一问如下的几个基本问题：
- 你曾经做过这一类的工作吗？
- 这类的工作你做过几次？
- 是否介意我向你的客户了解一些你的情况？

如果他们对其中的任何一个问题产生迟疑或是拒绝回答，那你最好还是不要选择他了。

把钱拿来！

你现在已经找好了投资目标，写好了商业计划书，也组建起了自己的团队。但是，钱从哪儿来呢？

大多数人被问到这个问题的时候，都会下意识地说："当然是找银行啦！"毫无疑问，国家和地方的银行是取得融资的很好的渠道。不过它们并非你的唯一选择。你考虑过下面一些融资渠道么？

银行之外的融资渠道

商业信贷公司。
保险公司。
房地产融资公司。
抵押基金。
信托公司/工业银行。

投资银行。
对冲基金。
养老基金。
信用合作社。
私募基金。
股权投资基金。
夹层融资基金。
海外投资基金。
朋友/亲戚。
天使投资。
个人投资者。

这些资金方并不是百试百灵的。向他们融资的成功与否取决于你项目的大小、风险、房地产种类等诸多要素。不过你应该意识到，对于你的买卖来说，融资的渠道是多种多样的。

我与一位精于融资的合伙人合作进行过很多数百万美元的融资活动。他依靠的不是自己强有力的自有资金，而是周密的商业计划书及一支优秀的团队。

记住，借款人也是想要把钱借出去或是进行投资的。只有运作起来，钱才能生钱。不然的话，它就只是那记在账面的几个数字了。

借款人还希望和自己信得过的人合作，以保证资金的安全。别忘了退出策略！

我怎么才能认识这些资金方？

如果你已经是房地产投资行业的老手了，那么你对这些资金方应该并不陌生。但如果你对他们没有完全的了解，那很有可能在你需要他们的时候就找不到人了。

如果你想要靠自己来进行融资，那就一定得找成功的房地产经纪人为你引荐。你可以通过互联网或是房地产的刊物进行查找，或是直接到当地的银行看他们是不是能够帮到你。

我建议你聘用一名抵押经纪人。这话从我嘴里说出来，有点王婆卖瓜的意思。不过这是有原因的。

首先，当你聘用抵押经纪人的时候，你得确定这个人能给你带来价值。如果你想要买一栋独院的房子，那你就应该找一名民众住宅的抵押经纪人来帮你处理纷杂的手续。如果他在银行工作，那他就只能为你提供银行经营范围内的服务种类。如果那些服务种类不能满足你的要求，那你可以继续找下一名候选人。

生意归生意。所以你有必要找房地产经纪公司直接问一些基本的问题，跟之前的那几个问题非常相似：

- 你从业的时间有多长？
- 这一类的融资你参与过几次？
- 我能看看你之前做过的融资方案吗？
- 我想与你之前的客户或合作伙伴谈一谈。

一位可靠、称职的抵押经纪人不应该在回答这些问题的时候表现出任何犹豫。

房地产的融资真的是需要靠自己的判断力和专家的专长来共同发挥作用的。继我的第一位团队成员——我的父亲——之后，我又在业务的发展过程中发展了很多其他的成员。

先雇一名好的抵押经纪人

我建议你在寻找投资目标之前就雇一名抵押经纪人是出于以下几点考虑的：

- 他可以就你的交易种类结合资本市场而考虑，为你提出建议。
- 他可以为你房产的盈利预估模型提出建议，使其更加真实可靠。
- 他可以为你推荐其他的团队成员，比如承包商、律师之类的人选。
- 他可以为你制作精良的融资方案，将项目进行最好的包装。
- 最后一点，他可以为你提供多种多样的融资选择。而单靠你自己，有很多渠道是不可能得到的。

我鼓励你努力发掘房地产行业内的投资机会。无论现今的房地产行业景气与否，总能有发现盈利点的机会。

7

房产出租

——克莱格·科波拉

克莱格·科波拉,美国最早的商业地产经纪人之一。曾在过去的13年中6次被工业和办公建筑产业协会授予亚利桑那州年度经纪人称号。他在过去的23年中达成了2 500多份租赁及销售合同,总价逾25亿美元。作为亚利桑那州 Lee&Associates 公司的创始人之一,克莱格还拥有来自注册商业房地产投资师协会(CCIM)、工业及办公楼宇地产人员协会(SIOR)及房地产顾问协会(CRE)的会员资格。而在世界范围内,只有35个人同时拥有这3项资格。他也是富爸爸顾问及富爸爸丛书的作者之一。他的新书《制胜商用地产:寻找、评估和购买商用地产指引》即将于9周内出版面世。

克莱格是我认识的最有条理的人。他不单是一位广受好评的房地产经纪人，还自己作为投资人进行房地产投资。我和金还与他合作过几个房地产项目。与其说他做事富有条理，更不如说他是目标明确。他在同样长的时间里，创造了比我们更多的价值。他将这一切归功于对目标的设立及合理地安排不同目标的轻重缓急。克莱格总是细致地制定目标，并对其全力以赴地将其实现。这一点在我认识的人当中非常罕见。

他把自己的日程规划到每一分钟，还不停地寻求着改进。他也从未放弃学习的好习惯，一直坚持至今。现在，家庭已经成了他生命的重心，孩子的生活是他最投入的事情。我从克莱格身上除了学到房地产投资的知识之外，还学到了应该如何合理地安排生活并把握生活的重心。

克莱格有很多响亮的称号，但他并不为此所累，你只要与他聊一聊房地产的投资、租赁和经纪业务，你就能发现他的广博和深邃。他以往的成就已经足以说明一切。他告诉我们，商用地产的投资和民用地产的投资有很大的区别。所以，每当我和金看中了一片商业地产的时候，我们都会打电话给克莱格。克莱格通过简单的几个问题就能帮我们判断出这个机会是否有投资价值。他就是这么棒。

他总是在每一次交易的过程中都向他人积极地传授着自己的经验。与本书的其他作者一样，克莱格也以身实践着自己的所学所授。他是一个真正的房地产导师。

——罗伯特·清崎

如果你盖房子，买家会来找你。而如果你手上有房子，那租客会来找你。这两句话可都不算对。你自己可能觉得自己的房子棒极了，人人都会喜欢它。但事情可没那么简单。在业内，除了极少数的房子，比如专为金领一族设计的顶尖高档公寓楼或是作为私人定制工作室出租的工作间之外，可供选择的出租房数不胜数。这是一个绝对的买方市场。

所以，你该如何将自己的房子长期地租出去呢？这需要吸引来好的租客，做好物业管理让租客觉得舒适和特别。并且，你还要对租赁公司和物业管理公司做好区分。它们之间的区别可大了。

我就见过很多第一次投资商用地产的业主准备自己负责房产的出租工作。让我感觉奇怪的是，他们大多都知道自己是做不来物业管理的。在这种情况下，还要这么坚持自己进行房产出租，这让我很不理解。我只能得出一个结论：他们根本不了解自己都需要做哪些工作。我很清楚，如果对租赁没有明确的认识和安排（大多数业主都是如此），那么想要实现成功的租赁几乎是不可能的。业主们可能会说，给中介公司付的那部分佣金全是白费，自己也能完成这整套的工作。

在我的书里，紧接着交易分析和尽职调查的部分，就是房地产租赁。为什么它会放在这么重要的位置？因为它与你的现金流直接相关，而现金流则是判断你地产价值的重要标准。

租赁的类别

说到房产租赁，你可能已经听过一些不同的种类。而选用不同种类的租赁合同形式，你和房地产管理经理为房产的维护进行的投入也会各有不同。

对于租赁合同种类的选择，主要取决于目标市场上哪种方式更为常见。比如说，芝加哥的办公楼租赁就常是由租户承担经营性费用，而在西海岸，则一般由业主承担所有相关费用。即使是在同一栋楼当中，也有可能根据租户的情况签订不同类型的租赁合同。

下面就是几种不同类型的租赁合同了。你得了解它们，因为它们将与你的房地产投资密不可分。

● 业主承担所有费用。这就相当于100%的服务。作为业主的你需要负担所有的水电费、维护费和保养费。租客只需要每月填一张支票就全都解决了。

● 租户承担部分费用。这是一个比较泛泛的种类。但总的来说，此类的房地产合同代表租客需要负担水电费、维护费或是保养费其中的某一项，比如说租户负责水电费或者租户负责保安费等。

● 租户承担经营性费用。在这种类型的租赁合同中，业主负责房产结构、屋顶、停车位等基本问题的相关费用支出。而租户则要负责与运营相关的所有费用，比如水电费、税费、水电修理费、清洁费用等。像 Walgreens 和 Jack in the Box 这类的公司就非常偏爱这一类的合同。业内将这类合同缩写为"NNN"。你要是留心的话，会经常在租赁合同上看到这类的字样。

● 租户承担所有费用。在这种类型的合同下，租户需要承担所有的费用。这对你来说是最省事的合同方式。但同时你也会发现，这类合同

> 通常都是单一租客租下一栋楼的时候才会签订这类的合同。而且，这类的合同签订的期限都很长。它经常以"出售回租"的形式出现。也就是说租户把自己的房产卖给投资者，然后从投资者手中长期地租下来，获得使用权。

做租赁就是做市场

现实的情况是，大多数情况下由于缺乏相应的知识和技能，投资者无法完全单靠自己的能力将房产租出去。做租赁其实就是做市场。如果你本人不是这方面的专家，那就只能一次次地尝试。我本人是投资人，同时也做了20多年的房地产租赁的咨询顾问。以我丰富的经验，我知道对于每一处特定的房产该如何制定最有效的租赁策略。我也深知确立市场推广计划永远是租赁的第一步。你可能觉得租房子就是打出租赁广告，然后祈祷租客上门就好了。其实，门道还多着呢。实际上，我会与客户共同起草一份完整的市场推广计划，提高房产的知名度并着重强调它的特点和优势。

我们通常采用双管齐下的办法。首先，我们直接对潜在的租户（公司或个人）进行宣传和推广。同时，我们在房地产业内也会进行推广，让行内的人都了解我们的楼盘及它的特性和优点。好的租赁顾问知道该如何在行业内为客户的产品进行宣传。他们更明白如何通过宣传把一处楼盘变得更加诱人。这样一来，你的楼盘就能脱颖而出，避开许多激烈的竞争。

租赁的重点在于让楼盘与租户的业务相合。我的意思是，老板在选择公司地址的时候都会考虑楼盘的环境和特点，从而判断其是否满足公司的经营要求及它与公司形象是否相符。比如说，广告创意公司就不会选址在那种纯简约风格的小办公室。相反，那些有着独特设计的走廊、墙漆还有多变的灯光都会牢牢抓住他们的眼球。这类的房产其实并不多见。所以在遇到这类客户的时候，租赁公司都会寻找有改造潜质的楼盘，然后进行改建。这就需要租赁顾问独具慧眼，他才有能力与客户进行有效的沟通。如果你看不到内在蕴含的机会，那么机会就会与你擦肩而过。

> **小贴士** 租赁的重点在于让楼盘与租户的业务相合。

最逗的是，大多数业主都对自己的房产信心满满，并且还觉得人人都会喜欢它。业主会想当然地认为这么完美的楼盘一定很好租。不过事实未必如此。楼盘再好，它也只适合一部分人，而非所有人。这道理再正常不过了。所以，如果你不是租赁方面的专家，那就聘用专家来为你处理这部分的工作。这样，你才能实现最佳的宣传效果。

做租赁就是做销售

做租赁不单是做市场，它还是一种销售行为。很多业主听到我说这句话都很惊讶。我都不知道为什么。我与业主合作销售过房产，所以我非常明白谈判和签合同的过程有多么费时，以及需要有多么丰富的专业知识和经验才能解决遇到的所有问题。只有常年的经验积累才能帮你避免走弯路和避开陷阱。

我自己也是花了很多年的时间才可以对不同租客的特点进行准确的把握。虽然我很想将其中的诀窍告诉你，但我发现用语言是无法表达清楚的。我给你讲一个故事吧！我的一位业主曾经在自己楼盘的一二层租出去之后解聘了经纪人，准备自己完成剩余的招租工作。其实，他也已经找好了目标客户。由于楼盘的顶层全部是落地窗，因而视野非常开阔，租金也就相对较高一些。不过，有一个大租户相中了这片地方，把整层都预订了下来。

这个时候，业主就有点耐不住性子了。贪婪的本性冲昏了他的头脑，他决定辞掉经纪人，自己来做出租的工作。从表面上看，出租的工作并没有什么难度可言。既然如此，还为什么要给租赁顾问白付一笔服务费呢？果然，没过多久他就迎来了第一位新租户。但问题是，这个租户想要在顶层找一小片地方。我到现在也搞不懂，为什么业主就糊里糊涂地签下了租赁协议。这决定就够愚蠢的了，不过更狠的还在后面：这个租户是做变性手术的。当然了，我们没有权利对他的职业和选择进行任何评价，但还是让我告诉你接下来发生了些什么事情吧！

在不到一年的时间里，楼下的那些租户陆续地撤出了这里。只有顶层新进驻了一家男士理发店。可以这么说，整个楼盘一直在走下坡路。在这一年当中，这处拥有高质量租户的顶尖地产沦落到二流的水平，只有一些杂乱的店面还在里面勉强度日。多丢人呀！实际上，职业的租赁顾问非常清楚不合适的租客会对项目整体造成多大的影响。在这个故事当中，业主却为自己的幼稚付出了惨重的代价。所以要知道，你付给租赁顾问的钱可不是白花的。

以我的经验来说，最棒的租赁顾问能够摸清客户的想法，从而将你的楼盘与客户的愿望和想法连接起来，有针对性地进行推销。不过，这可不是说他们在弄虚作假或是欺骗客户。所有这一切都源于他们对客户的充分了解和对客户业务的准确把握。他们往往对楼盘有着独特的洞察力，并能快速发现楼盘的卖点。然后，将客户的需求与楼盘的特点融合成一幅绝妙的"愿景"，出租也就不是什么难事了。

小贴士　最棒的租赁顾问能够凭借其独特的洞察力发现楼盘的特点，并将其与客户的需求融合成一幅绝妙的"愿景"，让销售变得容易起来。

不过，楼盘的特点可并不仅限于它的外观。我们会在接下来的部分当中谈到其他的特点。它们甚至可能比外观更加重要。没有哪个楼盘是完美的。所以，租赁顾问的工作就是发现楼盘的优点，将它传达给客户，然后将交易撮合成功。

租赁是个细活儿

租赁从来就不是件容易的事儿。相反，它通常都很复杂。在现如今，这一点变得尤其明显。每当我们为楼盘制定市场推广方案的时候，首先要做的就是对楼盘进行实地调查，并且给它一个有效的市场定位。这就需要我们对所有的竞争对手进行细致的调查（其中包括已建成的项目和近期即将建成的项目）。通过了解市场信息，我们才能发掘出市场的空白点，从而更有针对性地包装我们的楼盘，让它变成抢手货。

做好这一步，我们的工作才算刚刚开始。看过了所有竞争对手的资料，分析过每一笔交易之后，我们才能找到自己需要的线索，为成功铺路。附近区域的出租率变化也是我们要留心的指标之一。在完全了解目标市场之前，我们一刻也不能松懈。在这些细节当中，我们可以判断出一栋房产真实的价值，从而制定出合适的租赁价格和租赁条款。这些细节包括营业费用、装修费用、停车条款、保证金等。这部分工作量是非常大的。

我经常看到一些自己承担租赁工作的业主为楼盘进行定价，结果定出一个不切实际的高价来。其中的第一个原因就是他们对自己的楼盘感觉过于良好，而这种优越感毫无出处。另外一个原因就是他们的准备工作非常不充分。他们往往拿自己的楼盘与更高档的楼盘价格进行比较，租金标准能不高吗？最后一个原因就是业主经常用自己的建造成本订立租金标准。可你要知道，租金收多少可跟楼盘的成本一点儿关系都没有。

小贴士　租赁的重要知识：租金是由市场确定的，并非你个人可以左右的。

接下来，只要你的销售人员合格，你就可以等着收钱了。拿着从各个渠道得来的潜在租户的清单，我们把项目介绍一一散发出去，然后通过电话向客户们进行介绍和推销。除了附近的客户之外，我们还把眼光放宽到别的州，甚至向国外的客户拓展。我们希望通过多种努力将他们引进我们的楼盘。同时，我们还在其他同类的楼盘当中不停地进行介绍和推广。

就像我之前提到过的，我们业内的同行们会定期进行交流，对当下的房地产市场进行讨论。通过这样的形式，我们可以共享信息，发掘那些符合我们楼盘特点的租户。我们还到潜在租户的公司直接给他们的员工做演示。我们还通过电子邮件、直邮、研讨会之类的方式让租户们实时了解到我们地产的最新状况。

当然，我们还会通过互联网发布信息，以便吸引那些通过网上信息为公司选址的公司。我们的网站已经上线有10年之久，所以发布的信息非常全面、详细。我们还在中介公司的网站上公布自己网址的链接。通过这些多种多样的努力，你会很快地找到合适的租客并将楼盘租出去。

当我们知道了该如何推广，也接触到目标客户之后，就该根据楼盘的实际情况制定企划方案了。在方案当中，应该包含租金、租赁条款、费用上限（也就是楼内每平方英尺面积收取的最高费用总和）、租户装修费用上限、其他条款及佣金等。

楼宇的名称是最显著的一个要素了，不过推销冠名权的工作却非常容易。你只需要在路边立一个广告，然后坐在电话机旁等着接电话就行了。我跟你讲的所有的一切都源自于长年累积下来的经验。新手们经常会在项目实施的过程中掉进这样或那样的陷阱。在我们这么多年的从业过程中，几乎所有的陷阱我们都遇到过。这也就是租赁顾问为什么对你来说那么重要了：他们已经替你踩过了地雷阵。

租赁过程中需要考虑的要素

在本章前面的部分当中,我提到过楼盘的特点与租户的业务相关度很高。接下来会有其他的一些要素登场亮相。我坚信在客户考虑是否要租下你的楼盘的过程中,考虑的要素会非常之多。但我还是准备与你分享一下我自己首先考虑的前20项要素:

1. **租金**。当然了,所有的客户都会首先关心租金的高低和相应的日常费用。客户对自己的业务是最了解的,因此他明白自己的预算能承受多高的费用。我做咨询也从来都是跟着客户的预算来,从没想过要让他们作出超出预算范围的决定。每月按时付租金,是各方都期盼的结果。所以,租金毫无悬念地排在了第一位。

2. **合同长短**。租赁合同的长短和复杂程度是另一个重要的因素。有些时候,我的客户想要签一份短的合同,因为那样看起来清晰明了。但另一些时候,出于别的考虑,他们又想在合同中加入这样或那样的条款来保护自己的利益。其实,合同无非就是列明各方权利和义务的形式,其具体条款和长短主要取决于双方协商的结果。

3. **免租金期**。很多业主都会提供一段期间的免租金期,以吸引租户入住。在这里需要双方协商的是免租期间的长短,免除的费用除房租外,是否还包括卫生费、停车费等。

4. **租户的装修**。很多业主在签订合同的时候都会答应给租户一定的装修费补贴。这部分补贴可多可少。好的租赁顾问会了解现行的市场价,并为你确定一个合理的金额。而新手在处理这类问题的时候,往往将补贴标准定得过低而惹恼租户,或是将标准定得过高而损害业主的利益。

5. **规划**。这主要指的是楼盘的内部规划,包括空间的大小和形状。有些时候,租户想要的并不是中规中矩的方形区域,而是一些稀奇古怪的形状。我得再说一遍,这完全是由客户的业务决定的。所以,当我了解到客户的目标之后,我就知道到底哪片区域最适合他了。

6. **楼盘质量**。楼盘的外观和装修就像是人的衣服一样,办公地点对于你业务的重要性完全等同于家对于你的重要性。如果楼盘装修得很棒,周围的环境也漂亮的话,人们会认为你的公司值得信赖。但如果办公楼破败不堪,人们肯定会觉得你的公司是一家皮包公司,或是那种毫无进取心、得过且过的公司。人靠衣装马靠鞍，楼盘的外观对公司的业务来说也是如此。

  7. **停车位的数量**。作为一名投资人和租赁顾问，我从来不考虑那种停车位短缺的楼盘。很容易理解，如果你的客户来拜访的时候每次都要花上十几分钟找停车位，心情肯定好不了。停车位不够真的是一件很麻烦的事情，因为你通常无法对其进行改善。

  8. **停车场的距离**。跟停车位不够一样，租户也不喜欢那种停车场离得很远的楼盘。安全是首先会考虑的问题，没人愿意在阴暗的停车场里提心吊胆地走上半天。并且，走那么大老远也很惹人心烦。如果你拿着公文包、健身包、咖啡杯和手机，走着会很不痛快。更不用说碰到下雨、下雪的情况了。停车位最好离得近且安全。

  9. **便利性**。客户通常会选择那些相对方便的楼盘。也就是说，楼盘的内部道路乃至卫生间都要足够方便。相信你也见过那种设计很差的楼盘：电梯藏在很隐蔽的地方，门牌号很混乱，卫生间更是找也找不到。这样的话，会给租户带来很大的麻烦和困扰。

  10. **入口**。这是很重要的一点，它意味着进入和走出一栋楼是否方便。有些楼的出入口设计得很好，然而其他的则不尽然。我刚为一家公司更换了新的办公场所。之前，那位老板向我抱怨说，想要把车开进停车场，每次都得在一个车很多的路口左拐，这让他觉得很不安全。所以，当我们在进行新一轮的选址时，他开玩笑说，如果他因为这样的问题发生了车祸，那我要为此负责。最终，我们找到了一个入口很方便的楼盘，他也就喜笑颜开了。

  11. **标志**。有些公司的业务是需要醒目的标志的，因而对于零售行业或是那些需要利用楼内标志为公司业务进行推广的企业，标志是个很好的谈判筹码。

  12. **辅助设施**。有些楼盘内附带有购物中心、银行、餐厅、干洗店等设施。对于一些租户来说，这些便利设施非常重要。我就认识一个人在飞机场的跑道旁租了一个大仓库，用来替某些公司保管私人飞机。这仓库对他的业务来说，就是必不可少的。

  13. **没有便利设施的楼盘**。有些楼盘看起来就像是个孤岛一样：没有地方吃午饭，没地方买东西，周围基本上什么都没有。有些时候，这只是开发过程中的一个阶段（商店和餐厅还没开起来），不过有些时候，它就是以此为特点的。

  14. **物业管理**。好的物业管理给你带来的服务就像是一顿法式大餐，它制作精美、味道可口，并且完全符合你的品位。最值得称赞的是，你不用为任何一个细节操心，只需要享受就好了。而如果物业管理很差，那你就要吃尽苦头了。还是拿用餐来说，就好比端上来的菜盐不够、餐具洗得不干净、食物烤焦了之类的问题会不断出现。总之，这用餐的过程就是让人很不舒服。你的所有注意力都放在了细节上——那些被服务人员遗漏的细节。

15. **业主**。业主和物业管理公司一样重要。有些业主非常棒，而其他的一些则并不怎么样。我就有个朋友通过我们公司租下了一处办公楼，业主是个非常成功的企业家，他经常倾听租户们的想法和意见，并及时作出调整。他本人非常和善，对租户们也都非常好。而街边的另一栋楼的业主则完全相反，他从来不关心租户的想法，非常没有责任心。

16. **美国残疾人法案**。这条法案对于很多公司来说都是需要加入考虑范围的。对于楼盘来说，保证那些使用轮椅的残障人士的安全和便利是非常重要的。

17. **地段、地段、地段**。同一个楼盘当中，也有风景好和风景不好的区域，有些部分一下电梯就看得到而另一些则需要拐好几个弯才能勉强在某个小角落找得到。即便对于同一栋来说，楼内的位置也是非常重要的。

18. **楼盘本身的位置**。这是最关键的一条。其实，我的第19条和第20条都是想用来强调楼盘位置的重要性。既然如此，我就不再赘述了。

聘用租赁顾问的标准

通过本章前半部分的叙述，你已经了解了租赁顾问对于房地产租赁业务的重要性。如果是这样的话，那我也有责任告诉你，并不是所有的租赁顾问都是值得信赖的。你有可能碰到不进行调查对各类租客都来者不拒的顾问，还有不了解市场的顾问、沟通能力很差的顾问和不懂得推销技巧的顾问。如果你想要聘用一位租赁顾问，那我建议你千万要认真地挑一名合格的顾问。除了基本的知识、经验、热情、专业性和职业操守之外，下面还有几点要注意的：

关系与交易

尽管房地产是一个说起来很庞大的产业，不过从根本上讲它也是一个地方产业。每个城市或是乡镇都会有自己小范围的、独特的房地产社区。所以好的租赁顾问的一大特质就应该是努力地与各方保持良好的合作关系，而不是单纯以促成交易为目标。我就用了过去20多年的时间在处理业务的过程中与业内的同行们建立了良好的合作关系，这份关系现今每天都在为我和我的客户创造着价值。

现实状况是，很多的租户信息是由其他的租赁顾问得来的，他们掌握着潜在租户的信息。而如果我们想要得到这些信息的话，必须经他们牵线搭桥。这么一来，如果我的名声不好，经常做那种损人利己的买卖，他们会愿意与我合作吗？当然不可能了！

我常常会花大量的时间和精力为我的客户提供各式各样的信息，即便有些时候连正式的代理协议都没签，我还是孜孜不倦地向他们提供着帮助。因为我知道，这是在给自己攒人气。后来的事实证明我的努力都是值得的。我就记得这么一个故事：当时有一家大型的医疗保险公司准备进驻我们市。为它代理的是纽约市鼎鼎大名的一家中介公司。中介公司的负责人直接打电话到我的办公室，说她想看看有什么合适的楼盘。当我问她是否还需要找一名当地的代理公司时，她直接就谢绝了。所以，我当即就答应第二天给她一份所有合适的楼盘清单。

我们第二天就见了面，一起开了会。我想尽了一切办法来帮她找到合适的楼盘。所以，在她回纽约之后，她告诉她的老板自己遇见了一位可靠的代理人，并希望与我合作。虽然老板很反对，但她坚持要用我。长话短说，最后她成功了。结果，我和这家公司一起合作了有50笔交易。如果不是当初花了那些时间和精力进行准备和沟通，我不可能得到这么丰厚的回报。

与你的步调是否一致

整个租赁的过程中，你和你的租赁顾问都要像合伙人那样合作，保持步调的高度一致。好的租赁顾问能够了解你的目标，并可以通过努力为楼盘选到适合的租客。此外，好的租赁顾问不会忽视那些规模尚小的客户或是业务。他们会陪伴这些客户，帮助他们成长、壮大。当时，我有一个客户，公司总共只有3个人，业务的规模也不过1 200平方英尺。那时候，我手头还有很多大的项目。但对我来说，他们同等重要。结果，我们双方合作得很顺利。几年过后，他们由我代理的业务规模就达到了13.7万平方英尺之多，44家分公司遍布世界各地。你能相信这一切吗？

对具体地段的详细了解

租赁顾问不但要把握城市的总体市场状况，还得对你的楼盘所在地的小片区域有着详细的了解。这又说回到之前的话题：房地产是一个地方性很强的产业。最棒的租赁顾问不一定对市里的每一块地都熟悉，但在自己的那片区域里却能做到无所不知。找到他，你的生意就轻松多了。其实也并不难，你只要开车在周围走走，看谁的名字在租赁广告上出现的最多就行了。

要顾问不要中间人

有些中介根本算不上是租赁顾问，他们只是扮演着中间人的角色，在买卖双方传递传递信息而已。这种服务对你来说毫无意义。租赁顾问应该在提供服务的过程中替你进行协商和谈判，为你获取更多的利益。只要受过一些简单的训练，人人都可以做传递信息的工作。这可绝不是你花钱想买到的服务。你需要的是一位真正的租赁顾问，由他帮你筛选出那些有价值的机会，从而快速高效地达成交易。

信誉

最后一点，租赁顾问的信誉是毫无疑问需要考虑的因素。那么你该如何了解他们的信誉呢？找周围的人一问便知。你可以询问与他合作过的业主和租户，听听他们的看法。这个过程多花些时间和精力也无所谓。因为它是你发展长期合作伙伴关系的重要一步。

我花了很多年的时间在不断地提高着自己这几个方面的素质。同时，我还从这几个方面入手培养着新入行的年轻人。实话实说，我的要求是有些苛刻，那些不能达到我要求的年轻人要么选择退出这一行当，要么就跳去了我的竞争对手那里。我尊重他们的选择。

选择租赁顾问是你要作的重要决定之一。这个决定能直接左右你的房产的盈利水平。它也能决定你的房产最终会成为一笔资产还是负债。好的租赁顾问能够提高你楼盘的声誉，给你带来更多的租户，让你的盈利持续获得增长。

> **写在最后的话：科波拉的租赁五则**
>
> 我不需要接下每一笔业务。
> 我会第一时间与客户沟通需要面对的挑战。
> 我不许把佣金看得比交易本身还重要。
> 我看重长期合作关系甚于服务费。
> 我通过系统的流程帮助客户作出决定。

8

管理疏忽，危机骤生

——肯恩·麦克尔罗伊

　　肯恩·麦克尔罗伊是 MC 公司（www.mccompanies.com）的合伙人之一。他拥有 20 多年的从业经验，为 2 万多间的公寓房产进行过物业管理、开发、工程管理、投资分析、收购和拆迁的工作。他还为华盛顿电台创业杂志的房地产专栏做特约主持人，每周都会与房地产、金融和法律领域的专家进行访谈。他还经常于很多重要的会议上发表演讲。他的著作包括《房地产投资指南》《房地产投资进阶》和《物业管理指南》等。

我这辈子最开心的事情之一就是和自己的挚交成为了生意上的合作伙伴。肯恩·麦克尔罗伊就是这仅有的几个人之一。不仅如此，他还帮助我赚到了几百万美元。

我从我的富爸爸那里学到了很多有用的知识，其中之一就是"患难见真情"。这句话对我来说意义非凡。因为在面对糟糕的交易时，它给了我坚持下去的勇气。这么说吧！有些时候我会接手一些不太确定的项目。我知道，即使项目本身没有成功或是彻底失败了，我也能在这过程中碰到值得信赖的人。

我就是在一次糟糕的交易中认识的肯恩。实际上，那桩交易糟糕至极。那个项目的发起人乔治，甚至最后被关进了监狱。美国证监会强制取缔了他的公司。不幸的是，他已经成家，并已经是3个孩子的父亲了。

肯恩和我很早就发觉乔治的投资计划有问题，所以及时地退出了。对这一起带有欺诈性质的投资机会，我俩差一点就把钱投进去了。不过，好在我听从了富爸爸的教诲，通过这次的事情认识了肯恩。

今天，肯恩是富爸爸顾问之一，主要负责房地产领域。如果你对房地产感兴趣，那就一定要读读他的《房地产投资指南》《房地产投资进阶》和《物业管理指南》等著作。除此之外，他还有一系列其他的作品。比如在《如何增加房地产投资的营收》一书当中就包含了尽职调查的内容清单。如果你是投资新手，那一定要在投资之前好好看看这张清单。你会受益匪浅。

我最佩服肯恩的地方在于他从不吝啬自己的知识。我们曾经一同到过世界上的很多地区，去考察我们最喜欢的项目：房地产投资。

他和他的太太劳拉是我们夫妇俩最好的朋友，我们在一起讲课、分享知识、互帮互助。这样，在这个日新月异的社会当中，我们才变得越来越富有和安定。

——罗伯特·清崎

在本书的所有章节当中，物业管理可能是最容易被混淆的一个概念。其实道理并不难懂，如果想要做一名成功的房地产投资人，你没必要非得成为一名成功的物业管理经理。

这句话说起来还挺拗口的。不过你只要稍微思量一下，就会觉得它再正确不过了。你可能具备寻找、分析投资机会的能力。你可能有深厚的社会关系和可靠的投资人与你共同合作每一个项目。你也有可能拥有一支高效的专业团队，律师、抵押经纪人和承包商随时为你待命。不过，这些都是让你成为一名"交易型"投资人的必备条件。这也是众多的房地产投资书籍都会强调的几个核心。然而，如果你希望通过持有房产获得盈利，之前的这些就都派不上用场了。

我之所以那么欣赏罗伯特·清崎和他的富爸爸团队，主要是因为他们深知房地产投资不单单是找到房产、购买房产这么简简单单的两个步骤。他们很清楚，你得有效地对这些房产进行管理，从而发掘它们的全部价值。正是因为如此，在他让我为本章提供内容时，我很爽快地就答应了下来。按照我说的做，你会成为一名很棒的业主。不然的话，错误的管理可能会导致你的投资发生亏损。为什么呢？因为，如果你想要成为一名成功的房地产投资人，那你必须首先知道：房地产的价值是首先由它的业绩，也就是现金流体现的，而它本身的资产规模只是一个次要的判断标准。想要你的房产发挥出最大的潜力来，就需要你对它进行科学的管理。

> **小贴士** 你必须首先知道：房地产的价值是首先由它的业绩，也就是现金流体现的，而它本身的资产规模只是一个次要的判断标准。

在这一章当中，我会告诉你为什么物业管理对你的投资那么重要。作为一名房地产投资人，如何有效地进行物业管理是必修的一门重要知识。我在这里要花一点时间慢慢地告诉你该如何有效地进行物业管理。总的来说，包括如下几个方面的内容：

第一，为什么说专业的物业管理是成功的前提？
第二，成功的物业管理都有哪些必备条件？
第三，如何为你的房产挑选到优秀的物业管理经理？

我敢保证，对于物业管理重要性的深刻理解会让你变得更加成功。事实上，我自己甚至认为这是通向成功的一堂必修课。

一个门外汉的看法

和你们一样，我的职业生涯并不是由房地产投资人的身份开始的。我身边的朋友，比如罗伯特和他的富爸爸团队帮我开阔了眼界，带我认识了房地产投资内在的巨大造富潜力。在开始自己投资房地产之前，我的职业是帮助别人进行物业管理。在那个阶段，我在美国的西南部建立起了几家全国闻名的物业管理公司。

在管理2万多间公寓楼的过程当中,我亲眼目睹了糟糕的物业管理对投资者的房产价值会造成多大的负面影响。

我还记得约翰打电话到我公司的那天。当时,他与科罗拉多州的一些投资人合伙在亚利桑那州的菲尼克斯城买了一栋公寓楼。我从电话里听出了他声音当中的一丝惊慌。

"怎么了,约翰?"我在电话这边问道。

"我想,我们的房子出了点问题。"他在那边回答说。"你方不方便来帮我们解决一下这边物业的问题呀?"

最后我才发现,他那边的问题根本不是什么小问题:那栋公寓楼混乱得就像菜市场一样,根本没有人管。一系列的错误集结起来,最终导致了这混乱的结局。而我作为一名物业管理的经理人,对这种情况早已见怪不怪了。

约翰和他的投资人团队犯的第一个错误在于:这么大的一笔投资,事先的研究,也就是我们常说的尽职调查做得非常不到位。这些科罗拉多来的投资人对当地的房地产市场根本就是一无所知。

他们的第二个错误在于:贪图便宜。为了省钱,他们让自己公司的一名雇员(那些原来一直在丹佛工作且毫无物业管理经验的员工)来负责这栋公寓楼的物业管理工作。他们每个月都要飞一趟菲尼克斯,视察管理工作的进展和状况。我想不通,这么大的一笔投资让这样一个毫无经验的人来管理,投资人怎么能放心呢?

紧接着,约翰告诉我说他自己都辞去了项目负责人的职务。我就更意识到问题的严重性了。不到万不得已,项目的负责人是不会甩手不干的。实际上,当时的状况差到他们连按揭贷款都已经付不起了。

我很不情愿地答应了约翰的请求,同意帮助他。不过刚挂下电话,我就不停地摇头。我知道他所说的那栋公寓楼。虽然它的位置很好,周围的辅助设施也都很齐备,不过这栋楼的租户更换得很频繁,并且犯罪率极高。那栋楼里的贩毒活动很猖獗,有些当地的毒贩甚至就住在楼里。在我们接管这栋楼的第一个星期,就有一名毒贩在自己的住所被枪杀。他的女朋友还目睹了这一切。当时,这名毒贩双手被反绑在身后,子弹从双眉间穿过。这么明显的处决式手法,完完全全就是一起涉黑案件。他的女朋友现在已经被警察局保护了起来。听我这么一讲,你还觉得这是小问题吗?

你可能会问了:"这到底是个什么地方?怎么听起来这么恐怖?"我告诉你,这栋楼位于当地的高档社区,附近有一家大企业、一所学校和一家高级的购物广场。怎么样？无法想象吧？

当我的团队开始对这一栋内含 250 个房屋的公寓楼进行调查时，我们对它的屋况感到震惊。我们知道它的名声不好，而且作好了心理准备。不过，我们从没想到它的维护情况已经差到了极点，地表坑坑洼洼，地板也都腐烂了。还有 1/5 的房屋内饰完全毁损了，根本没法继续出租。附近同类型的楼盘出租率都高达 95% 左右，但这栋楼却连 70% 的收入都拿不到。因为不但有很多房子一直处于空置的状态，还有很多租客长期拖欠着房租。

除此之外，考虑到个人的安全问题和公寓楼本身的屋况，很多现有的租户还在不断地搬出这栋楼去。所以，业主面临着双重的压力：首先，他们没有资金对楼房进行整修，从而吸引新的租户；其次，那些从前的租户考虑到健康和安全问题，还在不断地向外搬。到头来，房产的盈利能好吗？

我们很快就意识到自己重任在肩。幸运的是，我们公司对于改善房屋的屋况很有一套。所以，最终的结果还算不错。不过，还是耗费了很多的时间和金钱。最后，他们"省钱"的决定让自己得不偿失。并且，约翰和那些合伙人之间的关系也因此而破裂。随着矛盾的不断加剧，双方言语当中的火药味越来越浓，最终大家一拍而散。约翰的名誉也因此受到了严重的损害。

我觉得约翰和他的合作伙伴并不太值得同情。虽然他们因此损失惨重，但我觉得，如果他们当时聘请一位合格的物业管理经理在尽职调查和购买阶段为他们出谋划策，并在之后对楼盘进行认真管理的话，这所有的损失是完全可以避免的。

知识：成功的关键

你可能会说上面的例子是一个极端情况，投资者当时犯的错误太低级了。不过我可以告诉你，那些精明的投资者们每天都因为物业管理知识的匮乏和对物业管理工作量的低估付出着惨重的代价。现如今，我公司的主要业务就是找到类似约翰碰到的那种投资项目，从失败的投资人手中折价买下楼盘，整修治理完毕之后再提价售出，以获得其中的差价利润。

不过，也有一些好消息。如果你愿意花时间来学习物业管理的重要性，以及如何实现好的物业管理，那你依然能够找到通往投资成功之路的那把钥匙。

这样一来，又出现一个问题了："到底怎样才称得上是好的物业管理呢？"

三重威胁

以我的经验来说,成功的物业管理经理知道该如何从3个方面来改善房产的状况。这3个方面被我称为物业管理的"三重威胁":收入、费用和制度。

小贴士 成功的物业管理经理知道该如何从3个方面来改善房产的状况。这3个方面被我称为物业管理的"三重威胁":收入、费用和制度。

收入

我在本章的前面说过,房产的价值首先是依据它的现金流大小而非其资产规模大小来确定的。对于房地产投资的头号理解误区就是没有将它当做实际的业务来对待和经营。这样一来,你所关心的就只是它看起来是不是好看,地址在什么地方,或是造价有多高。虽然这些因素也很重要,但只要与房产的现金流一比,它们就只好往后排了。与别的生意一样,房地产的价值主要取决于由它带来的净利润有多少,也就是收入减去费用之后的差额。

$$收入 - 费用 = 营运净收入(NOI)$$

如果想要让你的营运净收入实现最大化,首先要做的就是对收入实现控制和提升了。在房地产投资的过程中,总收入是由一系列因素共同决定的,它们是:

- 租金;
- 出租率;
- 其他营收渠道。

租金

房产管理不善最明显的表现之一就是其租金水平持续低于市场价。我在进行房产收购的过程中就经常碰到这样的情况。作为一名投资人,你得意识到这往往代表着很好的投资机会。

为了帮你正确地认识什么是合理的房租水平,你得先了解投资类的房地产是如何估价的。

小贴士 房地产的价值是按照它的现金流大小而不是按照其资产规模大小来确定的。

最常用的估值方法就是通过资本化率来计算。在每一个市场当中，资本化率都各不相同。你不用自己去计算资本化率，你的经纪人肯定能把这类的数据倒背如流。对于我们来说，要做的就是如何利用资本化率来计算房产的价值。公式也很简单：

营运净收入 ÷ 资本化率 = 房产价值

如何计算房产价值？

举个简单的例子，比如我们准备购买一栋大型公寓楼，内含 200 个独立房间。它每年的净营业收入是 50 万美元。假设市场的资本化率是 7%，这也就是说这栋公寓楼的市场价约是 7 142 857 美元。

500 000 ÷ 7% ≈ 7 142 857（美元）

接下来再看一看，为什么保证房产的房租水平对于房产的价值来说那么重要吧！

营运净收入对房产价值的影响

我们假设每间屋子的月租金是 800 美元。通过调查，我们发现市场上同类的公寓每月的租金都在 900 美元左右。这也就是说，在目前的物业管理之下，每个月都少收了 2 万美元的租金（200×100）。一年算下来就少收了 24 万！这也就是说，这栋楼本来每年的营运净收入本不应该是 50 万美元，而应是 74 万美元！再让我们看看这会对房产价值产生多大的影响吧！

740 000 ÷ 7% ≈ 10 571 428（美元）

是不是很惊人？只要每个月将租金提高 100 美元，楼盘的价值就直接提升了 300 多万。而且，房子还是那栋房子，租客也还是那些租客。只需要对物业管理进行一些调整和改进，就能轻松地实现房产的增值。我从来都没有对房地产市场的上扬产生过依赖。因为，我靠自己的努力也能让房产实现增值，而且这更有把握。

> 这就是物业管理的重要性之所在,也是我为什么让你密切关注自己的房租和市场租金水平的原因了。

出租率

另一个提高房产价值的办法就是提高出租率。记住,营运净收入决定着房产的价值。所以每一笔收入对你来说都至关重要。保证出租率最基本的办法就是保留下那些优质的租户。这部分租户会爱惜你的房屋,并且不会频繁地搬家。这就需要你对每一位租户都进行严格的筛选。

租户的信用和犯罪记录调查是专业的物业管理公司必做的工作,但是很多的物业管理经理却没有这个意识。无需解释你也明白这样做的意义,但急于将房屋租出去的心理让很多物业管理经理放弃了这个最基本的步骤。

那些不良租户不但不会爱惜你的房屋,还会让那些优质的客户心生厌恶,从而离你而去。这样一来,你的租户质量会不断下降,而空置率会不断上升。他们会不停地给你找麻烦,而如果你把他们赶出去,空着的房子就更多了。那时候,你就真的是进退两难了。大量的房屋空置不但会增加你维护的成本,还会花掉你更多的钱和精力去登广告以吸引新的租户。

物业管理经理面对这类的问题时会有很多的应对办法。所以,你一定要在自己的投资团队中加入一名物业管理经理,相信你能得到立竿见影的效果。

其他营收渠道

除了租金之外,房产可以为你带来很多其他的收入,如为各户安装独立的电表收取电费、设置洗衣房、收取宠物管理费等。像这样增加收入的渠道非常之多,但问题是很多人并不了解这一点,每月只是单纯地靠吃着房租过活。

> **真实的故事:288台洗衣机,190万美元的收入**
>
> 我和我的合伙人罗斯最近在俄克拉荷马州买了一栋内有288间房屋的公寓楼。我们的策略之一就是在每间屋子里都加装一台洗衣机。楼里本来就已经预装好了电路和下水系统,所以,我们把洗衣机买来安装好就行了。在去采购之前,我们考察了当地的市场,看到底有洗衣机的房子能多收多少租金。结果我们发现,有洗衣机的房子比没有洗衣机的房子每月的租金能高出40~50美元。

> 于是，我们决定买下288台洗衣机。按照40美元的溢价和两年的期限来算，这笔投资能带来的价值就是：
> 288×40=11 520（美元/月）
> 11 520×12=138 240（美元/年）
> 138 240÷7%≈1 974 857（美元）
> 这类的营收机会，在你看来可能真的是奇思妙想，但在专业的物业管理公司眼中，这不过就是平平常常的工作而已。

费用

说到物业管理，费用支出应该是你最难以掌控的部分了。我们往往只能听之任之。最典型的费用应该就算广告和市场营销费用、修理及维护费、工资、电费、房产税和保险费了。

房产税、保险费和电费往往是最大的费用开支项，在很大程度上来讲，这部分费用是你无法控制的。

然而，你还是可以做一些努力的。比如说，通过专业的物业管理公司签订保险合同，你通常能得到一些费率的优惠或是额外的险种赠送。说不定还能就保险的限制和免责条款与保险公司进行商讨。好的物业管理经理还会让税务顾问来帮你尽量降低你的应缴房产税。

还记得我们说过的信用和犯罪记录调查吗？现在让我们看看它的费用大小吧！信用记录的证明往往是由租户来提供的。所以，这笔费用（不超过50美元）也不用你来付。如果你买过房子，那你一定知道信用记录是由本人提供和埋单的。

小贴士 如果偷懒省去了信用和犯罪记录调查这一步骤，你面临的风险可就太高了。最后，你会因此害了自己的。

如果偷懒省去了信用和犯罪记录调查这一步骤，你面临的风险可就太高了。最后，你会因此害了自己的。让我们试想一下：当上一个租户搬出去之后，你花了500美元打扫房间，重新刷漆，做基本的维护，然后把地毯清理干净。然后，"坏租客"住进来了。从现在开始，你就有了一个从不付房租的房客。因为他赖着不走，你也没法把房子再转租出去。直到有一天，你实在忍不下去了，决定动用法律手段把他驱逐出去。各州的规定都不尽相同，但往少了说，你也得花500美元才能借助司法机关把他赶走。好不容易把他赶走了，房租和其他费用不说，房子也被他弄得一团糟。这会儿，你又得再花500美元重复一遍最初的清理工作。

千万别让自己陷入这类的困境当中去，我想让你通过这个例子认识到租客背景调查的重要性。到此为止，你已经花了1 000美元做房屋的清理工作，500美元用来走法律程序。加上他欠下的房租、滞纳金等，就算是800美元。总共浪费了你2 300美元。其中，有1 500美元是你实实在在的现金支出。加上你浪费的时间和被拖欠的费用，可真是不划算呀！

这还仅仅是一间房子出现的问题。想想看，如果物业管理不善，200间房子都出现这样的问题的话，那将造成多大的麻烦，房产的价值又会受到多大的影响吧！

制度

在我们讨论关于系统的过程中，我想先让你回想一下之前说过的约翰和他的合伙人之间的故事。当他们面对着物业管理出现的收入和成本问题时，他们也同样面临着严峻的制度问题。他们的房产根本就没有什么制度可言。我的意思是，由于物业管理混乱，他们无法对租户进行有效的控制。房屋本身也因为缺乏修缮而面临严重的质量问题。这些因素夹杂在一起，最终导致了约翰和合作人们的严重损失。

如果他们有一个完整的物业管理制度，并且按照制度严格地执行对租客的管理和控制，他们就会对租客的背景进行详细的调查，核实入住人的收入情况、租房记录。他们也就会培训员工进行日常的楼宇维护，并向物业管理公司提交日报表。同样的，房产的月度营运计划也就能够得以顺利实施。租客搬离的房屋也能在3天内整修完毕，重新对外出租。这些制度和流程都能为你避免一定程度的潜在损失。

你够幸运吗？

之前所说的物业管理对房产价值的各类影响都是些表象而已。不用说，影响物业管理的因素上百上千，任何一个细微的疏忽都能给你带来巨大的损失。不用说，物业管理是一份全天候的工作，并且需要大量的时间和专业知识作为基础。

所以你得问问自己："我够幸运吗？"你是否有足够的时间和专业知识对自己辛辛苦苦得来的房产进行管理？如果答案是肯定的，那我希望本章的内容能为你提个醒，帮你丰富自己对于物业管理的知识，并同时让你对自己现行物业管理的有效性作出客观的评价。及时的总结加上一些额外的知识能帮你获得更大的利润。

如果你对自己的物业管理信心不足，或是自己的时间不足以有效地对物业进行管理，那你就得尽快找一位物业管理经理来帮你了。相信这会成为你最明智的决策之一。

聘请物业管理经理可不是翻翻黄页，打几个电话就可以搞定的工作。选择物业管理经理的决定会对你的房地产投资产生重大的影响。针对房地产的物业管理，我列出了一张任务清单。这张清单并不复杂，它只是帮你建立一个正确的思维模式而已。如果你想了解更为细致的内容，请参考我的新书《物业管理指南》。

肯恩的 5 条经验之谈

1. 运用团队的力量。
2. 信任，但也要甄别。
3. 找到适合自己的。
4. 一分价钱一分货。
5. 财务制度完善。

1. 运用团队的力量。正如罗伯特·清崎说的，"做生意和做投资都是集体运动"。如果你的团队当中还没有物业管理经理，那你就得问你团队的成员，让他们给你推荐一个人选。他们也许会为你推荐一家非常优秀的物业管理公司。不过你一定要自己进行鉴别，就像人们常说的："信任，但也要甄别。"

2. 信任，但也要甄别。如果你够聪明，那你一定知道在购买房产之前进行尽职调查的工作。你需要核查每一个财务数据、每一张租赁合同，并且实地勘察每一间屋子。同样的，在选择物业管理经理的时候也要这样进行细致的调查。从物业管理公司那儿拿一份他们的客户清单，问问他们的客户对他们评价如何。物业管理公司提供的服务是否理想？他们是否犯过低级的错误？问物业管理公司是怎样帮助业主实现房产增值的？当然了，你还得跟将负责你的项目的物业管理经理当面谈一谈。你得保证他们是心态积极、经验丰富的，而且还要符合你的项目的特点。因为一旦确定了合作关系，你们就会长时间紧密地工作在一起。

3. **找到适合自己的**。市面上有成百上千家物业管理公司，每一家的专长都各不相同。有些公司善于管理商用地产，有些善于管理公寓楼。关键点在于，即便你聘用的房地产公司本身很棒，它也不一定能满足你的具体要求。让善于管理大型公寓楼的公司来管理你的联排小洋楼肯定感觉很别扭。他们可能对大型的项目非常擅长，但如果你的项目太小，他们就有可能不太重视。反过来讲，小型的地方物业管理公司反倒有可能为你提供个性化的服务，并为你的项目提供良好的物业管理。

4. **一分价钱一分货**。谁都希望花小钱办大事，所以有些人就想在物业管理公司的收费上打算盘。我劝你千万别这样做。管理费用会根据市场行情和房产的种类及大小略有差异。但如果你看到了那种低得离谱的报价，最好别相信。这个世界上任何一种投资，只要牵扯到"管理"都是要收钱的。房地产管理的好处在于，你能实实在在地看到钱花在哪里了。公募基金和股票这类的投资，费用是隐含着的，所以你感觉不到。就像人们常说的："眼不见心不烦。"但是，房地产的物业管理是你切实看得见效果的。我敢保证，如果你的物业公司很好，那你付给他的费用一定值得。相信上面的几个小例子就已经让你了解了好的物业管理能为你带来多大的利润。

5. **财务制度完善**。你得保证物业管理公司有一个称职的财务部门。如果想要很好地帮你管理房产，物业管理公司的财务制度必须是完善的。物业管理公司不但要会做事儿，还得会管钱。除此之外，你还要为自己房产的相关资金设立一个单独的账户。

小结

想要做成功的房地产投资，良好的物业管理必不可少。它往往扮演着决定投资成败的关键角色。要么你自己亲手管理，要么就交给别人来打理。总之，别为了单纯的"省钱"而让自己蒙受巨额的损失。

既然你已经读过我这一章的内容，相信你就不会犯下这类的错误了。其实解决办法很简单，不是吗？所以，只要大胆进行尝试，相信结局一定不会让你失望的。

第二部分　房地产的生财妙招

※ 卡尔顿·谢茨
※ 迪安·加西奥西
※ W.斯考特·休梅尔
※ 韦恩·帕默
※ 马蒂·德·里多

9

无需首付款
用别人的钱进行投资

——卡尔顿·谢茨

卡尔顿·谢茨是畅销书《无需首付款》的作者。他还出版过许多其他的房地产教学课程。这些课程在美国境内就卖出了超过300万份。1984年的时候,卡尔顿与职业教育学院开始合作,向全国推广他创新性的房地产投资方法。他的电视节目《无需首付款》已经成为了同类节目中最长寿的一个,迄今已经连续播出了25年。在这些课程获得了30年的成功之后,卡尔顿开始在互联网上免费地为人们提供他的房地产课程。他的愿望就是帮助更多的人像他一样,实现自己的房地产梦想。今天,他和他的合作伙伴投资民用及商用地产,到如今买卖的房地产价值总和已经超过了5 000万美元。

卡尔顿是房地产领域内的传奇人物，受到他思想熏陶和感染的人数不胜数。几年前，当我刚开始房地产投资之时，我就看过他关于房地产的电视专访节目。我还买过他的教学光盘，觉得受益良多。

卡尔顿和我的富爸爸非常相像。他们的理念完全一致。他们都崇尚现金流，能看到大多数人忽视的价值。他们对恶劣的投资环境毫无畏惧。他们知道，无论一个人赚钱多少，他都需要一间房子来遮风避雨。

今天，卡尔顿和我一同与职业教育学院（PEI）进行着合作。职业教育学院开办了卡尔顿的房地产课程，也同时为我开办了全套的富爸爸课程。无论你选择哪一个课程，职业教育学院都会为你的财务提供巨大的帮助。

——罗伯特·清崎

在我向人们传授房地产投资知识的这些年中，最常听见的问题就是："但是，我并没有初始资金。"这个常见的误区将很多人挡在了房地产投资的门外，长时间无法实现致富的梦想。

小贴士 有志者，事竟成！（哪怕你没有钱。）

我曾经也和这些人一样，但我遇见的一些事情最终改变了我的人生。从学校毕业之后，我在一家私人企业工作了8年，之后跳去另一家公司工作了18个月。

我曾经努力地在公司里不断地往上爬，但当我回头看自己走过的路时，我觉得自己个人的职位远远超出了我的能力范围。很快，我被第二家公司炒了鱿鱼。当时的我正准备自己创业，但突然间却意识到了一件有意思的事情。在我供职于这两家公司的时候，我一共搬过4次家。每一次搬家，我都能从房屋买卖当中赚到 5 000 ~ 8 000 美元。这不就是一个钱的世界吗？所以我就想，为什么不直接进入房地产领域呢？但是，当时我只有少量的存款，而且根本没有任何信用记录。

当时这个"没有信用记录"的念头完全是我自己脑中保守的想法。因为父母经常对我说："除了买房之外，千万不要借钱。尽量多用现金。"由于我之前通过买卖房屋赚来的钱都用在买更大更贵的住房上了，所以我得找份工作来维持家用，并且支付每月的按揭贷款。

所以，我决定做一名房地产投资人。我回学校参加研讨会，读书听课，还找其他的投资人和经纪人咨询各方面的问题。好消息是，我很快就发现自己根本不需要太多的资金或是极高的信用来开始自己的投资。你需要做的是将别人的钱和自己的投资技巧相结合，在房地产领域创造利润。

其实仔细想想，这个概念其实已经被普遍运用到了各行各业当中——只是术语有所不同而已。当大型的企业易主的时候，人们常说这是"杠杆收购"。实际上，这就代表买家利用杠杆而不是他们的自有资金完成了这笔交易。换句话说，他们用的是别人的钱。但是，这条路对你行得通吗？答案是肯定的。大型企业杠杆收购和用别人的钱购买一栋房子之间的最大差别只是交易金额的差异而已。

小贴士　基本的理念就是：用别人的钱。

你可能会问："我应该去哪儿，从谁那儿取得资金呢？"这都是非常合理的问题。我会跟你分享一些问题的答案。这完全取决于你所处的环境和条件下，哪种创新性的方式可以最好地发挥作用。比如说，有些方式需要用到卖家，有些要用到合伙人，还有一些需要吸纳其他的投资者。

我接下来要与你分享的技巧是没有时间和地域限制的。无论当地的利率是低还是高，无论是2003—2005年的房地产繁荣期还是像2008—2009年的房地产低迷期，它们都完全适用。但它们绝不是一成不变的。每个投资人都有着自己既定的目标、特有的所处环境及相应的技能。他们买你的房产也会各有各的特殊性。这就是创新性投资方式的迷人之处。你可以根据具体不同的处境选择最合适的方式和技巧。当你对每一种方式都有了深入的了解之后，你就能知道它们适合哪种情况，或是不适合哪种情况。当你对各类的情况都有了足够的掌控能力时，一旦有机遇来敲门，你就能牢牢地将它抓住。

你的卖家能帮你进行融资！

在购买房产时，最明显的融资对象就是房屋的业主了。毕竟，在交易过程中谁会得利呢？他会直接回答你诸如"你是否同意为我融资？"或者"你是否同意接受期票？"这类的问题。

小贴士 永远要记得，卖家是最希望通过努力达成交易的。

如果卖家非常积极，当你接受他的报价时他一定会很激动。作为回报，他会尽量与你共同合作，达成交易。

这里的关键词是"积极"。积极的卖家往往是那些急需将房产卖出去的业主，他们不希望也没有耐性按照传统的销售套路完成房产出售——先打广告，再等买家来看房，讨价还价，在几个月之后终于将房子出售出去。这些"积极"的卖家往往有着自己特殊的原因，比如离婚、被银行没收、换工作或是家中有人去世等。这些卖家往往不是穷困潦倒，只是暂时需要紧急地处理完这一件事情而已。

当你运用创新型的融资手段时，你得为买卖双方创造一个共赢的局面。

让卖方为你进行融资的方式

我在这儿为你提供了几个让卖方为你融资的办法。你可以：

- 询问卖方是否愿意持有第二抵押权。比如说，向银行、金融机构或是合伙人贷房价70%的款，再以第二抵押权向卖方取得剩余30%的融资。
- 询问卖方是否可以给你一定的修理费用额度。比如说，由他支付5 000美元，用来支付房屋的修理费和更换新地毯的费用。要把这个条款写在合同上，或是在签合同前把钱直接拿到手。
- 询问卖家是否愿意租用这处房产，或是签订一份土地协议。（我会针对这一条在后面进行更详细的介绍。）
- 询问卖家是否愿意由你提供服务，从而给房价打个折。最关键的就是：千万别害羞。

你可能会觉得让业主为他自己的房子进行融资有点奇怪，但这对你来说是最容易、最及时的一个渠道了。当提出了双赢的解决方案后，相信你的底气就更足了。这些建议都只是个开始，你只是在碰到问题的时候缺乏一点点的创造性而已。

通过这些工具，你还能在自己成为卖家之时将知识传递给你的买家。

房产本身能帮你进行融资

每座房产都有其自身独特的价值。这些价值不仅体现在房屋和土地上，同时还体现在其他一些方面。植被、矿产能带来额外的现金流，旁边的一片空地或是房里的家具都有可能为你带来或多或少的现金流。

小贴士 在线估价的服务，甚至包括其他另一些专业的市场分析报告，在计算房地产价格的时候都没有将房地产的林权和矿产权计算进去。在进行购买之前，先要就相关问题与当地的房地产经纪人核实这类的问题。一定要在进行购买之前了解当地的相关规定。不要怕问问题，并且做好尽职调查的工作。

房地产的价值通常是依照附近地区相似房产的售价来确定的。你可以自己或是通过房地产经纪人来实施调查工作。对于平常的估价，你可以上这样几个网站进行查询：www.zillow.com、www.realestate.yahoo.com/homevalues，这里还有我最喜欢的 www.netronline.com 网站。你还可以随时登陆www.CarletonSheetsRealBook.com获得最新的链接和资源。

> **真实的故事：卡尔顿的成功故事一**
>
> 几年前，我用很少的首付款买过一栋共有48个房间的公寓楼。紧接着，我就把它们四五间为一组，以双倍的价钱出售给了一些个人投资者。所以，在对房屋结构没有进行任何更改的情况下，我通过简单的做法就创造了高额的利润。

投资人总是对房地产很感兴趣的

看起来，人们通常对股票投资非常认同。然而，股票投资风险很高，并且选股是一件很麻烦的事情。比如说，如果你买下一栋房屋用来出租，那你能对它未来的租金收入和费用做一个合理的估计。但如果你购买了股票，隔夜它就有可能跌去一半的股价，你所期望的分红也就毫无意义了。相比来说，房地产是更加稳妥的投资方式。此外，当你不断地进行收购，累积了经验之后，房地产投资就会变得越来越简单。实际上，当你的朋友和熟人们看到你成功的投资结果后，他们会经常问你自己是否能够参与你的下一桩交易。那些没有时间而只有资金的投资人则会主动向你提供贷款，亦或是直接入股并在转售交易成功之后分得部分的利润。

那么，你到底该去哪儿找投资人呢？报纸上都会有"放债人"的广告，或者可以去互联网上查一查。还有可能有朋友对自己的股票投资不很满意，所以愿意借钱给你，帮你购买房产。通过每月的按揭贷款，他们可以获得更客观的投资收益。如果有投资人只为你提供买房所需的部分资金的话，你得在作投资计划之前细致了解借款人的具体要求。

> **真实的故事：学生的成功故事一**
>
> 卢皮选中了城中一栋老旧的公寓楼，在其中进行着购买、装修和转售的工作。随着一次次的成功，她获得了很好的口碑。没有多久，就有投资人找到她，想为她投资。因为他们发现，这比他们通过401（k）退休计划得到的收益率要高多了。这些投资人并没有房地产投资的相关知识，但他们愿意将手中的钱拿出来进行投资。

合伙人会更为投入

合伙人听起来就像是投资人的其中一类而已。但实际上，他们之间有着截然不同的差别。合伙人会和你一起参与购买房产，而不是简单地为你提供资金。

小贴士 合伙是开始投资最佳的选择。合伙人可以帮你带来更多投资选择和借贷能力，同时还能分担你的工作负担。合伙的种类有很多，但我建议你对每一种合伙方式都有所了解，然后再根据你自己的具体要求套用最合适的种类。如果你对此没有把握，那就找个专家来帮你判断。

那你该去哪里找合伙人呢？对于刚入门的投资人来说，那些对房地产投资持积极态度的家庭成员是个很好的选择。随着时间的推移，你的投资人队伍可能就会包含家庭成员、朋友和公司同事等非常多的人。每个合伙人都会为你的投资项目提供资金（或是服务），并同时取得相应的收益权。

> **真实的故事：卡尔顿的成功故事二**
>
> 　　当我刚开始做房地产中介的时候，我的第一单业务就是移动公寓楼。这楼看上去非常好，所以刚开始我还一直奇怪为什么它卖不出去。不久，我就参加了一个研讨会，会议的主题就是合伙投资的益处：实现凭个人力量无法完成的投资。研讨会的主讲人对创建合伙制企业有着非常深厚的知识和经验。我从他那里学到了很多有用的技巧。研讨会后，我就决定买下那栋楼。我先从卖家那里获得了80%的融资额，然后找了两位合伙人付了房款的20%作为头款。我在其中贡献了自己的专业知识，并收获了自己的第一次投资成功。这也为我之后40年职业生涯开了个好头。

　　不过也要注意，合伙有些时候会成为一把双刃剑。合伙人可能对自己的责任、职责和合伙目标有着不同的理解，而这很可能会将辛苦组建起的合伙关系毁于一旦。所以，要保证所有的合伙协议都白纸黑字地写下来。登录www.CarletonSheetsRealBook.com 就可以了解更多有关合伙的信息和我的相关课程。此外，还要在需要的时候向专业的法律顾问进行咨询。

借经纪人的佣金。我是说真的！

　　有些时候，当房产经纪人将房屋挂牌出售的时候会要求有10%的首付款。但实际情况是，卖家只想收这10%的房款偿付中介费和相关的交易费用。

　　通常情况下，经纪人的佣金都在5%～7%。而在房地产交易当中，经常会有两名经纪人参与其中——一位挂牌经纪人代表卖方的利益，负责将房产信息放到多重服务上市列表（MLS）当中去；另一名经纪人进行具体的交易。如果是一名中介同时代理了这两项工作，他就可以得到全部的佣金（然后再根据各州的法律与他工作的房产公司分配佣金）；但如果一名经纪人负责挂牌而另一位负责销售，那他俩就要分摊这全部的佣金。

小贴士　什么是多重服务上市列表（MLS）？多重服务上市列表是一个区域房地产信息平台（各地有所不同），房地产经纪人可以在上面免费发布和查询实时的房地产交易机会。

作为房地产投资者来说，最好就是向发布信息的经纪人"借"佣金，因为他掌管着全部的佣金。

小贴士　如果你的房地产经纪人刚好也是一位投资人，那事情就更简单了。他们了解创新性的融资方式，并知道这样融资的意义和结果。他们比常人更愿意接受以目标房产为抵押的一纸承兑汇票。

与经纪人协调工作、建立互信是非常重要的。经纪人们可能不愿意接受自己的佣金被延期，但你可以通过承兑汇票给他们支付一定的溢价。比如说，本来3 000美元的佣金，你可以开给他们一张3 500块钱的汇票。这部分溢价就算是支付给经纪人的"合作费"吧！

你自有的服务、技能和资源

这是一条被很多人忽视了的技能，它也是零资本进行房地产投资的绝佳道路。很多房产对于传统的投资人来说根本不具备吸引力，因为它们需要维护和修理。抛光、刷漆、更换屋内设施，所有的这些"需求"都得花钱。然而，你和你的合伙人则可以通过自己的技能提供服务，接下部分工作，将这种服务转化为自己的资本。你可以进行协商，要求在房屋售出的时候收取一定的整修费用，用这部分费用抵减最终签订的协议当中你需要支付的现金（或是增加在签署协议之时你收入的现金）。

小贴士　通过谈判，维修工作的费用应该足以支付你全部的头款。

你是否拥有可以抵押的有价资产？比如游艇、珠宝、401计划或是保险单之类的。通过抵押这些资产获得融资也不失为一个好办法，它可以帮你进行融资，对房产进行杠杆收购。不过在这里你要小心，未来你是要每个月都还月供的，而且之中还会加入利息的费用。所以，你得请一位会计师来帮你根据实际情况计算一下。要保证你自己付得起每月的账单。如果可行，你就可以通过这些有价财产的抵押向投资人进行贷款融资。

> **真实的故事：学生的成功故事二**
>
> 有些投资人直接就用实物代替了自己的首付款。斯科特是我的一名学生，他曾经一次性打包卖掉了 16 处房产。当时，买家就用自有的一间公寓作为首付款及从银行贷来的 160 万美元完成了这笔交易。所以，在这笔交易当中，斯科特不仅收到了一间公寓房，还取得了现金的回报。

期限最长的融资方式：优先购买租赁合约

人们经常问我，在买卖房地产的过程中，我最喜欢的融资方式是什么。实际上，在我的课程里有几十种不同的方式。在过去的几十年中，我不断地运用它们，取得了很大的成功。其中有一项运作得非常成功，为买卖双方所青睐，尤其是从 2006 年中至今的房地产市场低迷期。它就是优先购买租赁合约。

小贴士 优先购买租赁合约适用于任何市场！

简单来说，优先购买租赁合约就是买卖双方签订协议，由买方享有房产的租赁权及在未来的某个时点前以特定的价格或特定公式计算出的价格购买标的房产的权利。如果你是买方，那你得在未来的某段时间内租用卖方的房产，并根据合同按月向卖方付款。而如果你选择最终购买这处房产，卖方则有义务按照合同条款将房产出售给你。

第一眼看上去，这合同好像只对买方有利，因为他有权选择是否最终购买这栋房产。但反过来说，如果他选择履行合同、进行购买的话，卖方必须按照合同进行出售。如果对合同的细则进行合理的规划，那它对买卖双方都是有利的。

当买方同卖方签订了优先购买租赁合约后，买方其实也就是在赌未来的那个协议到期日的房价会比签约日要高。如果真如所愿，那么他通过这样一个远期协议就可以取得一部分远期的利益。然而，如果事实并非如此，房价有所下跌，买方也可能放弃购买或是与卖方重新商量房价。

对于卖方来说，他可以选择给买方的这个优先购买权该收取多少的回报，以及每月多高的租金才算合理。如果买方最终退出了协议，那卖方也能拿着之前收到的租金重新再走一遍出售的流程——直接销售或是进行优先购买租赁。

表 9-1 买卖双方的好处

对买方的好处（选择方）	对卖方的好处（被选择方）
降低风险、提高财务杠杆	协议价往往是现行的市场最高价
买方对房产的购买具有主动权	收到的月付租金可以获得税务的递延，直到购买发生或购买权放弃才一次性偿付
初始成本极低	如果买方付款不及时，可以收回他的优先购买权
如果到期日房产价格不合适，可以放弃购买权，或者还可以与卖方重新商议购买的价格和相应条款	在协议期间可以持续获得现金流入
	租客（也就是买方）很可能对房产拥有未来的所有权。因此，他会对房屋进行更加细致的维护
	按照协议价计算出的租金也应该算是在当时市场上的最高一档了
	如果买方最终放弃收购，还能重新获得房产的所有权

小贴士 随着时间的推移，房地产市场总会发生波动。优先购买租赁合同可以让买卖双方都从市场的波动中取得利益，"缩小差异"，也就是说将风险最小化。

对买卖双方来说，优先购买租赁合约都有不同的后续处理办法。以下就是几种常见的后续处理办法：

● 签订优先购买租赁合约后，将房产再次以优先购买租赁的形式进行再出租（也就是转租）。

● 签订优先购买租赁合约后，将自己的权益打包卖给第三方。

● 签订优先购买租赁合约后，进行简单的修缮然后出售给消费者或是进行出租。

对于民用和商用的地产来说，优先购买租赁合约都是可以应用的。

真实的故事：学生的成功故事三

我要说的优先购买租赁协议发生在几年之前了。虽然那并不是一起金额多高的交易，但它的原理和交易的效果都可以应用在所有的市场当中。买方（也就是我的学生）拥有一栋差不多值100 000美元的房子。当时在附近有几栋类似的房子向外出租，租金范围一般都在500～700美元之间。

为了买一栋更好的房子，他到附近城里的一个高档社区里进行了调查。他发现，那里的房子售价都在200 000美元之上，但几乎没有什么租房的人。他看到有栋房子正挂着220 000美元的价格待售，房价看起来也是挺合理的。当时，卖方因为要出国，所以急于将房子卖出去。但广告打了都好几个月了还是无人问津。买方提出通过优先购买协议进行交易，卖方接受了。最终，他们达成了一个四年期220 000美元的合约。每月的租金是900美元（这房租对于这栋房子来言是相对较低的，但对比起附近区域的房租算是高的）。房租中的50%，也就是450美元是用来冲抵房屋价款的。卖方承担协议期内所有的税费和保险，买方承担协议期内所有的维护费用（据说当时屋况非常好）。买方又付了3 600美元不得要求退还的定金，用来保证最终的履约。算下来，这才不足全部房款的2%！

当买方最后计算有效利率的时候，他都惊讶地合不上嘴巴了。他每月交给卖方的900美元当中，其实只有450美元是真正占用房屋的"费用"。同时，房屋每月要缴纳的税费和保险总共算下来也要340美元（这部分钱就算是他买下了这栋房子还是要自己交）。那就是说，每月的实际费用只有110美元。这样算下来，他承担的利率仅有0.6%（每月110美元，一年就是1 320美元。用1 320除以220 000就等于0.6%），还不足1%！

3年之后，买家就已经决定要在第四年年底的时候行使自己的权利，把房子买下来了（因为在过去的3年间，房价每年都在以近7%的速度上涨）。但他还是决定去跟卖方谈谈，看能不能为协议做一个延期。

他们最终协商决定为协议延期一年。为此，买方再向卖方支付10 000美元的保证金（也就是说如果最终买方没有履行购买义务，这部分保证金就全部损失了）。这步棋走的好吗？我当然这么觉得了。即便买方是以10%的年利率从银行贷款得来的这10 000美元，一年的利息也不过就是1 000美元。这对于房屋的总价来说，有效利率连1%都不到。

这5年过后，买方通过自用房屋贷款（专为自用房屋设立的贷款）的179 400美元（220 000-3 600-10 000-450×12月×5年）成功地完成了交易。当时，那栋房子房价已经涨了不少，评估价值为290 000美元。因此按照市价计算，贷款仅占了总房价的62%。（顺便说一句，买方最终在一年之后以320 000美元卖掉了这栋房子，搬去了更好的一个社区！）

买方用了3 600美元的首付款，最终获得了90 000美元的利润——房屋增值的70 000美元加上住在房子中几年来省下的税费和保险费。在这样的合同项下，这5年当中买方和卖方都没有缴纳因房屋买卖而带来的交易税。因为这一过程中，实质的交易行为是到最后一刻才发生的。

买家在第三年底的时候向卖方要求协议延期的行为堪称创造性思维的典范。其实，即便卖方没有答应这一请求，这笔交易已经算是非常成功了。然而，创造性的思维加上勇于提问的勇气，买家最终得到了更可观的投资收益。

这个故事极好地说明了优先购买租赁合同对买卖双方的益处和影响有多大。如果你还想了解更多关于优先购买租赁合同方面的内容和其他创新性的投资技巧，请登录www.CarletonSheetsRealBook.com查看我的免费在线课程。

根据这个例子，让我们看看买方和卖方通过这个5年期的合约都各得到了哪些好处。

表 9-2　买卖双方的收获

买方的收获	卖方的收获
在 5 年内的任意时间购买该房屋的权利	买方接受了自己的报价，没有砍价
每月付给卖方的 900 美元当中，有一半是抵扣购买价款的，租用房屋的成本只有 450 美元	由买方承担了房产相关的所有维护费用
头款只付了 3 600 美元。之后因为延期又多支付了 10 000 美元而已。几乎没怎么占用现金流	每月的租金收入除了可以偿付相关的房产税、保险和按揭贷款之外，还有盈余
通过这种方式提前享受到了高档的住宅环境。不然的话，他得再过很多年才能买得起这栋房子	在合同签订之初就收取了不予返还的押金
按照每年 7% 的增值计算，买方获得了 110 600 美元的远期收益（最终购买时市场价 290 000 美元减去偿付的 179 400 美元）	如果在第五年届满之时买方没有履行合同进行收购，那么之前收取的 54 000 美元的租金及 13 600 美元的保证金都会为卖方所有。如果买方最终履行了购买协议，交易就得以顺利进行
由于这 110 600 美元的收益，最终为购买申请贷款的过程变得更加容易。因为最终的贷款与房价之比仅为 62%	由于每月收到的 900 美元当中有一半是用来冲抵房屋价款的，所以买方最终购买房产的几率会有所提高
	由于实质的交易行为在第五年末才发生，卖方可以享受税务的递延。即便最终交易失败，收取的 13 600 美元的保证金的相应税款也会在确定交易撤销之日进行征收
	卖方完全可以相信买方对于房屋的爱惜程度，因为买方会不久之后就买下它，所以自然不会对房屋的维护掉以轻心

付诸行动

这些都是非常有用的技巧，但是还有一步是你必须要迈出的：尝试谈判和制订方案。再棒的投资技巧如果离开了细致的规划也无法为你创造价值。其实，这并不困难。你可能会通过这个过程，发现自己从未发觉的谈判天赋。

对我来说，这一切都是从信任开始的。对于刚入行的人来说，你要记住，人们在做生意的时候，对于生人都是非常小心、抱着怀疑的态度的。但从实际情况来说，无论你是买方还是卖方，我们自己谈判的对手方大多都是第一次碰面的。所以双方问题的关键都成了："我该相信谁？"

小贴士 在谈话中记住并称呼对方的名字。

我曾经读过一本书，书中提到人们一生当中实现的成就与他们被他人接受和信任的程度直接相关。这一点在谈判过程中也完全适用。当你与对方进行交流的时候，要尽快地与对方达成步调的一致。这会为你俩的谈判奠定一个相互信任的基础。如果你能让卖方觉得可以信任和放松，他们会告诉你更为重要的信息，比如他们真实的需求。

那么该如何让卖方确认你对交易是积极、诚恳的呢？你又该如何创建相互信任的基础呢？其实最简单也是基本的办法就是在你知道了对方的名字之后马上记住它！把它写下来，并且拼写正确。然后，当你再与对方谈话的时候，称呼他的名字。"我告诉你"和"我告诉你，乔"之间的区别可是很大的。这样做能帮你快速、简单地搭建起你俩之间的联系。

小贴士 不要过于挑剔。通过严厉的批评和指责迫使卖方降低售价的可能非常之小。

还有一个要点，就是要善于聆听。当你与卖方进行讨论的时候，要专注地聆听对方说的话。试着把自己放在对方的角度去思考、去感受对方的每一句话。通过这样的方式，你或许可以对你俩的谈判产生一些新的看法，并向卖方提出一些更易于他接受的方案。所有人都喜欢被重视的感觉。

合理运用非必需的条款

与对方实现协调并不是谈判策略的一部分，它只是你整体行动的其中一步而已。折中和妥协才是谈判的核心所在。如果你以一个开放的心态面对谈判，那卖家也就更容易敞开自己的心扉。这种心态会更容易让你们实现双赢的结果。

在谈判的过程中，双方都要有所付出才能得到收获。因此，谈判专家就会有目地利用非必需的条款作为谈判的工具为自己服务。说得直白一些，也就是你可以通过向卖方提出一些并非必需，甚至是你完全不指望实现的要求（比如让他将所有的家具都赠送给你）让卖方为你作出一些让步，从而使得卖方在一些对你非常重要的关键点上向你作出妥协。

这些非必需的条款将会成为你非常有力的谈判工具。比如说，如果你想让卖方支付合同的交易相关费用，你就可以先向卖方提出一些其他的条款，然后通过"放弃"这些条款来得到你真正希望得到的结果。

同时给出多个方案

按照"传统"的方式，人们都是在谈判之时给对方提出一个方案，然后等着对方讨价还价，之后来回重复几次这样的过程，最终再达成一致。而如果同时提出了多个方案，你就能很快发现卖方的关注点在哪里，以及该如何修改自己的方案，以满足对方的需要。

你可以考虑写一封意向书，在其中同时给出你的多个方案。意向书其实就是一封包含了买方对特定房产给出的收购方案的信函。它并不是正式的合同，但它却表明了买方对房产积极的收购意愿。并且，比起准备正式的合同要约来说，它能节省不少的时间。如果卖方对意向书给出了积极的回复，那你们就可以开始进一步的深入谈判。如果你想要通过创新性的方式来购买房产，那通过意向书向卖方解释清楚交易的方式及这种方式可以为他带来的利益不失为一个好办法。

多个供选择的解决方案

现金付款，但要求卖方打一个很低的折扣。
要求卖方为交易进行融资。
优先购买租赁合约。
保证所有的金额都清晰地列明其中。

在你的意向书中，你可以列出2到3种你能够接受的不同收购方式。要让卖方知道他不能自行对这些方案进行修改或者重新组合。如果你向对方发出了正式的收购要约，那你得另附一页纸详述创新性方案的细节情况。

想要查看意向书的各种形式和范例，请登录 www.CarletonSheetsReal Book.com。

小贴士　如果你是通过房地产中介进行交易的，保证在卖方看到要约的时候你亲自在场。这样你才能及时地解答卖方的所有疑问，向他表明自己的职业精神，并为一致的步调打下基础。

其实，无论你是买方还是卖方，这些谈判的技巧都派得上用场。作为房地产投资人，我们总是认为我们自己是购买的一方，但事实情况并非如此。很多情况下，对你来说实现盈利还需要了解何时是卖出手上的房产的最佳时机。知道如何通过创新的方法运用别人的资金进行投资，会让你更轻松地为手头的房产找到买家。当你在面对这些买家的时候，也就能更轻松地运用上面说过的那些技巧来实现自己的目标了。

一些有用的建议——什么该做，什么不该做

我的学生们经常会问我："我应该做这笔交易吗？"其实我认为，他们想问的是："我该如何开始？"想要一一回答每个问题当然是很困难的，但是我通过这些年的经验也总结出了一些大的准则，它们曾经帮助我实现了成功，也应该能帮助你开个好头。

房地产市场的周期性

我在房地产投资领域摸爬滚打了很多年了，我能告诉你的一件事情是：房地产市场在不停地发生着变化和发展。今天看起来正确的事情明天就不一定了。你也知道，还会有买方市场和卖方市场的变化。（比一比2005年和2009年你就知道了！）这也就是为什么成功不仅需要了解基本的规则，还需要对市场的周期及不断变化的市场环境进行考虑。

我在这一章里提出的资源和技巧对买卖双方均可适用。你自己要依据自身的情况及当时所处的市场环境具体判断哪些技巧对你来说是最合适的。

美国最近有很多人因无力归还房贷而被银行没收了自己的房产，这对很

多业主来说是很悲惨的事情。这是由几个方面的原因共同造成的。简单来说，是因为人们遇到了财务困难，无法继续支付每月的按揭贷款。对投资者来说，这意味着市场上卖方表现得积极主动了。在这种情况下，对待被没收的房产有个常用的技巧叫做"低卖"。所谓"低卖"，是在放贷方和业主都同意的情况下，以比房产背负的贷款更低的金额买下房产的做法。

表 9-3 卡尔顿的"该做"和"不该做"

该做	保持开明的心态	新的思想在一开始的时候总会被认为是异类。想想看当年莱特兄弟告诉人们他们能飞起来的时候人们脸上的表情是怎样的！但是新的思想却为人们带来了新的生活方式。说到房地产，那些能够保持心胸开阔并乐于接受新思想的人是最容易获得成功的
该做	写下自己的目标	有些时候，写下来的话会产生极大的力量。当你的目标落在纸上的时候，你往往能更关注自己的计划，不为外力所打扰。写下你自己的目标能帮你变得做事更有系统性，帮你维持自己的目标。有梦想、有激情总是一件好事嘛！实际上，我本人对此非常鼓励。但这绝不是说你就得好高骛远，还是得做一个脚踏实地的梦想家。给自己设定一些可以完成的目标，然后享受不断的成功带来的成就感吧
该做	尽 100% 的努力	只有目标还是远远不够的。你必须尽全力去实现这些目标。每天或每周都要为你的房地产项目空出一定量的时间，坚持执行自己的计划，不要分心。不积跬步无以至千里。用不了多久你就会发现每天的一小步能为你带来多大的进步
不该做	听怀疑论者的话	正如你所知道的，在我们的身边总有积极的人和消极的人。有些人希望我们成功，而另外的一些人则会对我们的成功产生忌妒。消极的人总会寻找各式各样的原因来阻止你作出改善生活的决定。不要听他们的话，也不要让他们影响到你。他们不配做你的朋友，而只会降低你成功的几率
不该做	患得患失	世界上那些非凡的伟人们都经历过无数的失败。他们懂得什么叫做尝试和错误。而你要做的是接受失败，并从中获取教训。然而，你要先设想出"最坏的状况"，并保证你自己能接受这一结果。如果你无法承受这个结果，那你就应该放弃这次的机会，等待机遇的再次降临
不该做	对某个房产产生感情	我发现住宅经常超出了普通"房产"的概念：住在房子中的人会对它产生感情。然而，作为一名投资者，你得想清楚，这是你的一笔生意。只要是本着诚实、道德的原则进行交易，参与房地产买卖的人都有权从中盈利

低卖往往是由几个不同的原因所导致的，但最常见的原因就是房屋的市场价已经跌至贷款金额之下。这有可能是由于房产被抵押，或是自从购入房产开始，当地的房价发生了大幅的下跌。

尽管在2008—2009年间"房产没收"成为了市场上的流行语，你也不能忽视出于税务和其他考虑选择出售房屋的卖方的热情。这也就是我喜爱房地产市场的众多原因之一——你总能发现符合自己投资目标和风险大小的缝隙市场。

小贴士 想要了解如何投资于被没收的房产，请登录www.CarletonSheet-sRealBook.com查看我完整的没收房产投资教学课程。全部内容都是免费的。

另外，还有一个了解未来发展趋势的方式就是运用互联网。现今的社会当中，人们都在用指尖获取着不计其数的信息。他们可以通过点击一个"发送"的按钮就获取到自己想要的答案。从投资者的角度来讲，你通过互联网几乎可以查询到自己所需的全部资源。通过互联网，你可以：

● 在当地的投资俱乐部中发掘拓展人脉的机会。比如看看www.reiclub.com 或者 www.creonline.com。

● 通过网上的广告为自己的房产做广告，或是建立你自己的网站。看一看 www.fsbo.com 或是 www.forsalebyowner.com，你能在上面找到很多业主发布的房产信息。如果你想要自己建立一个专门的网站，也花不了多少钱。试试 www.yahoo.com 或是 www.networksolutions.com。然而，如果你想要找那种为房地产投资人专门搭建好网站平台的地方，那就看看 www.investorpro.com。

● 通过网上各类的服务提供商来寻找适合自己投资要求的房产。试试 www.realtytrac.com、www.realtor.com 和 www.fsbo.com。

● 如果想要在网上搜索公开的历史交易价格、业主信息，我建议你去 www.netronline.com 进行查询。说不定你能看到你的邻居、朋友还有家人都是花多少钱买到的房子。

● 寻找融资对象。试试 www.lendingtree.com 或者在你最常用的搜索引擎中查询"贷款融资"这几个关键字。

登录我的 www.CarletonSheetsRealBook.com 网站，你能看到上面我提到过的所有网站链接。其实你有数不尽的选择，我也不可能把所有的网站都在这儿给你全部列出来。但我希望强调的是，再没有什么时候比现在查询信息更方便了。你只需要坐在家里，就能舒服地查到自己想要的所有信息。

在任何市场环境下你都能赚到钱

无论市场状况如何，有个情况是始终不变的：人们都需要一个栖身的地方。无论是租还是买，那些年轻的家庭都会想要为生孩子寻求更好更大的房子，而那些退休的人们则想要换成小一些的房子。房地产的市场永远不会停止流动。所以，只要你了解了在不同市场环境下如何运用不同的技巧，你就能在各种的市场条件下获得投资的成功。

小贴士　你可以根据市场情况的不同制定自己的投资策略。当市场向上的时候，试着倒卖房产。当市场流动性变差的时候，就可以采用持有策略——这都由你决定。

房地产市场和银行业在这几年当中都发生了很大的变化。这些变化对于敏锐的投资者来说都是好消息。通过我创新性的那些投资方法会为你的成功带来更大的保障。银行的放贷标准比之前要严格了许多，这对买卖双方都产生了潜在的影响。当交易的双方都需要通过创新的方式达成交易之时，他们会尝试之前从未采用过的方法。最终，那些符合市场需求的创新会让房地产市场保持其原有的活力。而那些拥有远见，并采用了创新的方法的人会得到丰厚的回报。

10

营销：寻找被没收的房产并从中获利

——迪安·加西奥西

迪安·加西奥西是一位企业家、成功的投资人、作家、演讲家和教师。他的《换个角度看房地产》节目和《成为房地产百万富翁》这本书打动了数以百万计的人们，并缓解了他们对于生活的怀疑和忧虑的态度。迪安是一位不断进取的成功的房地产投资人，名下的房产价值达几百万美元之多。他的著作《十分满足》和《成为房地产百万富翁：通向财务之路的秘诀》是当今《纽约时报》评出的两本最畅销图书。

我第一次看见迪安是在电视上,他正在做一个《汽车大观》的电视导购节目。我当时就为他的沟通技巧所深深感染。他思维清晰、直达要点,并且你甚至可以透过屏幕感受到他的真诚。

　　几年之后,我看了他的一个新节目,这次是关于房地产的。虽然我对汽车并不了解,但对房地产还是有些认识的。我能告诉你,迪安也对房地产有着自己的认识。他对房地产的智慧也通过电视机传递给了正在观看节目的观众。

　　我有个朋友——乔·波利士——有天打电话问我愿不愿意见见迪安。当他们俩出现在我办公室里的时候,我觉得他们就像两兄弟。我认识乔已经很多年了,我叫他"天生的创业家"。迪安也是一样。听他俩聊自己的业务,我发现这两个年轻人都是天生的创业家。而我,则需要靠后天的学习才能像他们一样。在那几个小时当中,我听这两个年轻人在很多我原本以为非常了解的方面教给了我很多新的知识。乔和迪安都是天生的好老师。

　　迪安有着做商人和进行房地产投资的天赋。那些能将自己的职业和兴趣、技能联系在一起的人,往往能成就财富,达到财务自由。这也就是我邀请他为本书写作的原因所在了。

——罗伯特·清崎

　　我从没碰见过投资房地产还富不起来的人。这跟你是谁、你从哪儿来一点关系都没有。我父母也不是有钱人,我没上过大学,也没人教。在刚进入房地产这一行的时候,我甚至不懂该如何通过读这样的一本书来吸取别人的智慧、指导自己的投资。从别人的经验当中获得经验、吸取教训是迄今为止最快的成功之道。我现在总算是认识到了这一点。此外,我还写了几本被《纽约时报》评为畅销书的作品。对我来说,这个过程的确花了一些时间。但你比起我来就幸运多了!希望你可以从现在就行动起来,开始准备学习。

　　尽管我没有钱、没有学位,也没有人指导,但我却对生活充满了美好的憧憬,并乐于接受一切可能的机会。当我还小的时候,我的单身妈妈同时要做两份工作,每周赚90美元。我对此并不满足。我还小的时候住过一段时间的拖车,钱总是成为家里的大问题。我对此也非常厌恶。这些痛苦都成为了我奋斗的动力。那你奋斗的动力又是什么呢?找到它,别让外界的原因给你打了退堂鼓。

小贴士 那你奋斗的动力又是什么呢？找到它，别让外界的原因给你打了退堂鼓。

当罗伯特请我为本书写一章内容的时候，我立马欣然接受了。我希望与你分享我的能力、策略和智慧，并以此帮助你学习如何收购被没收的房产，降低你失败的风险，并提高你成功的几率。

在这一章当中，我会与你分享我对于被没收房产的独门秘技，帮你省时、省力、省钱。实际上，那些买过《做房地产百万富翁》这本书的我的学生们最喜欢这个技巧了。

为了保证让你大吃一惊，我要在这里与你分享一下自己的营销策略了。但首先我想跟你说说我第一笔房地产投资的故事，那是20世纪90年代末发生的事儿。我从那之后就不断地进行房地产投资，并从中盈利。当我在写这一章内容的时候，我已经完成了30多笔投资了。所以我并不是一个纸上谈兵的人。投资是我生活的一部分。让我们开始吧！

我的第一笔投资

在我快20岁的时候，我身无分文，不停地在寻找可以赚钱的方法。当时城里有一处本还不错的公寓楼，有个糟糕的租客住进来之后把房子毁得不成样子。业主决定将那栋房子卖掉，但那楼看起来实在太糟糕了，根本没有银行愿意为这间房子的买家贷款。我就试着跟业主交谈，问一些问题，然后提出了这房子需要修缮的几个部分。我告诉他们："我需要45天来清理这栋房子，但条件是你要将房子卖给我。我付给你的首付款会很少，但在这45天的过程中，我会向银行申请贷款。我总共需要60天的期限来等待贷款的批复。因此。在这60天当中，你不能将房子卖给其他人。"卖家最终同意了我的要求。

现在回头看，我接下来做的举动都是提心吊胆的，我也不建议你们学我。当我和卖家签订好协议之后，我立马跑到施工现场开始干活，根本没去考虑到哪儿去贷款。我当时想，如果银行在我整修完毕之前看到了这个地方的鬼样子，我就再也贷不到款了。

所以，我就开始一股脑地把精力都放在了清理这间房子上。首先，我叫清洁工把前院的垃圾都清理了出去。因为那些废品都可以卖钱，所以他没收我一分钱。然后，我叫了几个朋友、花钱请了几个便宜的工人就开始干活了，我们一起修好了破烂的窗户、前门和走廊。因为合同上写明了我有权把那些糟糕的租客赶出去，所以我就把几个对清理工作最不合作的租客请了出去。

我们在房屋的前方种了花、除了草，还修剪了篱笆。我们把房子和过道都重新刷了漆，还把那几个刚赶走的租客住过的房子好好地打扫了一遍。这房子本来就不错，只是缺少维护和打扫而已。

还没到 45 天，这房子就已经完全变了个样子，看起来棒极了。最后，我获得了合同房价 100% 的贷款。因为在我打扫完毕之后，这房子的评估价值比我签订的购买价要高了很多。我持有了这栋房子很多年。它每个月都为我带来不菲的现金收入。最后，我在房价的高点把它卖了出去，赚了不少钱。

现在回头看看，这次投资为我之后的投资生涯奠定了良好的基础。

这是多棒的学习经验啊！它给我带来的成就又有多大呀！到今天为止，我都记得自己买下那栋房子之后，我站在花园当中感受到的那股成就感有多么强烈。

我有非常强烈的意愿去实现自己的目标，任何困难都无法阻挡我。对我来说没有不可能，所有的一切都是时间问题而已。

我不知道自己是更聪明了还是更小心了，但我再也不会像第一次那样去投资了。我之所以第一笔交易得到了成功，主要是我坚定的信念发挥了作用。当时的我一心只想成功，所以也更加专注。如果我再年长一些，多做一些分析，我就可能会放弃这个机会。这是非常重要的一点。我见过的成功人士在刚起步的时候都碰到过各式各样的挫折。对于失败的恐惧总会藏在你的心底，伺机吞噬掉你成功的可能。如果你刻意避开它，那你就无法继续前行。你得承认它，然后继续向前，尽自己的全力向成功迈进。如果你失败了，那就从中吸取教训，别让一时的失败阻碍了你成功的脚步。过去的就让它过去，就当吃一堑长一智，然后从头再来——向下一个目标看齐。

小贴士 我见过的成功人士在刚起步的时候都碰到过各式各样的挫折。对于失败的恐惧总会藏在你的心底，伺机吞噬掉你成功的可能。如果你刻意避开它，那你就无法继续前行。你得承认它，然后继续向前，尽自己的全力向成功迈进。

在我过去20年的房地产投资过程中，有大量的时间都用在学习直邮的知识上了。合理的营销可以为你的投资带来更大的成功。有很多经典的营销方法都可以帮你在众多的投资者当中脱颖而出，帮你在激烈的竞争中取得优势。这其中还包含了一些小技巧，比如如何给业主写意向书，让他们愿意拆开你的信并且仔细地阅读。

与其他投资人一样，我就从直邮方面借鉴了很多技巧和策略运用在投资过程中。它们让寻找交易机会的过程变得更加轻松，也让交易过程变得更加简单。

随着我学习和使用直邮的深入，我意识到自己可以用新方法来寻找不同种类的投资。我扔掉了自己原有的"投资者"的思维定式，试着运用市场营销的套路进行投资。换句话说，如果想要向人们推销一种产品，我首先会问自己："我应该怎么做？"

好了，我要做的第一件事情就是避免与别人竞争同一个投资标的。我不想在竞争对手已经贴出广告的地方再贴上我自己的广告。我想实现这一切的自动化。

你可能已经看过或听过那种录制好的信息。电影院会经常录下一些常用的语句，在播报节目和节目时间的时候就可以重复地进行播放。市场营销的专家们用这种免费的信息来教育受众，并且创造需求。房地产经纪人也会为代理的房屋录制这类的信息，投资人也是一样。这样做可以省下不少的时间，并且可以向受众重复地播放相应的信息。

小贴士 避免在投资标的上发生竞争。别把你的广告贴在竞争对手的广告旁边。

接下来，我要向你介绍一种利用这种预先录制好的信息进行直接响应式营销[①]的方法。通过这种方法，你能获取投资机会并避免与其他的投资者进行正面竞争。这对于投资者寻找投资机会、实现投资回报来说是一个创新性的途径。它与99%的投资人所采用的方法都不一样。差别在于：其他的投资人都用"生硬和陌生"的方式来联系对方，而我却是采用了特殊的市场策略，让对方自己找上门来。

---

① 直接响应式营销是一种新型的营销方式，它可以直接获得顾客对产品具体、量化的意见和反馈。

这个方法对所有类型的房产都适用。不过，接下来我会详细介绍它对于即将被没收的房产是如何运用的。

被没收和被没收前的房产投资中的自动营销

你也许知道，房产的没收（赎回权的取消）是贷款人控制或出售抵押房产，并以所得的款项偿还贷款的法律程序。它一般发生在借款人没有履行还款义务的时候。

我想，你我都不愿意看到有人处于财务吃紧的危难境地。但当房产被没收的情况发生的时候，它就同时带来了投资的良机。有些人会因此而获得利益。所以我会排在这一队的第一个。在任何市场环境下，通过投资被没收的房产都能带来利润，但市场的低迷期，甚至是低谷才是通过被没收房产赚钱的最佳时机。我要讲的营销策略其实就是让对方在房产被没收前和没收的过程中主动地联系你！

小贴士 房产的没收（赎回权的取消）是贷款人控制或出售抵押房产，并以所得的款项偿还贷款的法律程序。其实只要按时偿付按揭贷款就可以避免此类情况的发生。但是业主们常常跟不上还款的步伐，也因此产生了极大的损失。我的策略就是在没收的前期介入，买下房产，帮助业主还清贷款并维持他们的信用记录。

当业主们面临房屋被没收的状况时，他们是有能力偿付每月的按揭贷款和相关的费用的，只是现金流一时周转不开，他们就会失去所有的一切。我的策略就是在这一切还没发生的时候，也就是我所说的"被没收前"的阶段让业主将房产销售给第三方（也就是我）。

这听起来好像我这个买家扮演了一个很邪恶的角色，从自己的房子即将被没收的业主手中将房子买下。我还通过这样的行为从中得到了收益。还是让我们现实地看一下这个问题吧！房屋的业主由于无法按时偿付按揭贷款，他的房屋将会被银行没收。如果他可以把房子先行卖掉，这意味着他还有机会还清贷款，同时避免自己的信用记录上添加一条不好的记录。然后他就能再去买一栋更便宜的、自己可以负担得起的房子。这样的话，自己的信用记录上也不会存有"房产被没收"这样一个污点。

通常情况下，投资者都是在房产被没收之后才能通过公开的信息渠道看到这种类型的房产。而通过直接接触到那些房产即将被没收的业主，可以保证我比其他的投资者先行一步。这个办法同时也帮我避免了寻找投资对象的一系列麻烦。

下面就是具体的操作方式了。

第一步：搜寻式战略

我通过直接响应式营销的方法创建了搜寻式战略。从现在起，我会叫它搜寻式广告，我创造了很多种方式的搜寻式广告，我用过分类广告、名片、传单、直邮和院子里的标志物，我甚至还在谷歌上刊登过自己的广告。

这些搜寻式广告必须符合直接响应式广告的特定要求：

1. 要有醒目、明确的标题。
2. 要承诺可以为顾客创造价值。
3. 要让顾客产生想要进一步了解的意愿。
4. 要告诉顾客接下来该怎么做。

这些搜索式策略的关键点就在于是否向人们提供了有帮助的信息，要不它就根本不能产生任何效果。每个面临房屋被没收的人心情都会起伏很大，他们可能会生气、会害怕、会沮丧，甚至是羞愧。

造成房产被没收的原因有很多，如失业、生病、家人意外去世，甚至有可能是利率的变动。这些事情都有可能会让人们无力继续偿还自己的按揭贷款。如果业主无法及时还款，贷款人就会依法没收用做抵押的房产。

首先，贷款机构会密切关注业主们的还款情况。当业主有连续三期的款项都没有偿付的时候，他们通常就会请一名律师来实施资产没收的法律流程。

律师会以信函的方式通知业主，如果他不能偿还当下的按揭贷款，贷款机构就必须对抵押房产采取没收措施。贷款机构同时会通过法律手段要求对房屋进行委托销售或是通过法院以公开拍卖的方式进行出售。

在贷款机构向业主发出警告信的时候，业主只需要还上那些逾期的贷款就可以避免房产被没收的情况发生。这也被称为"复效选择权"。补齐还款的时限也就被称为"有效期"，它通常会被定在房产强制销售之前几天。

如果业主无法归还这些逾期的贷款，被没收的地产就会通过代理销售或是公开拍卖的方式进行出售，价高者得。

如果房屋的售价还不足以向贷款机构支付未偿清的贷款（这通常发生在房价大幅下跌的时候），贷款人可以向法院申请补缺裁决。也就是说，业主不但会失去自己的房子，还会背上一笔额外的债务（贷款余额与房屋售价之差）。

有些时候，人们在无力支付按揭贷款的时候就会放弃努力，然后眼睁睁看着自己的房子被没收。但大多数人还是会想办法来保住自己的房子，避免没收的情况发生。因为最起码他们可以主动地将房子卖掉，避免产生"没收"的结局。所以他们就会急于得到解决问题的方法。而我的搜寻式广告就是基于对他们的需求和感受而综合开发出来的。

第二步：将自己定位为一个协助者

尽管搜寻式广告是为那些名字进入房产被没收清单之前的人而设计的，但有些回复的客户其实已经见过其他的投资人了。投资人很有可能会给业主留下这样的印象：我只对如何通过你的房产实现利润感兴趣。然而，作为业主来说，他希望结束自己的痛苦，而不是帮助别人创造利润。所以，在我的搜寻式策略及传递的信息当中，我都会将自己定位为一个协助者，而不是"投机商"。

广告信息的重点

信息必须包含了阻止没收情况发生的几个选择。
要让客户对自己的现状有个正确的认识。
要取得客户的信任。
要列出不可行或是顾客不想要的交易方式。
为顾客提出最佳的方式和合理的选择。

我为客户列出一系列帮助他们避免房屋被罚没的解决方案，并且告诉他们我只是有可能会买他们的房子。通过这样做，我表现得更像是一个来帮忙的人。说实话，如果我为某人成功地提供了避免房产被收回的解决办法但最终却没有买下他的房子，我也会非常开心的。我并不是想作秀，而是真的想要帮人们摆脱困境。如果我为他们提供的方法并不可行，或是他们的处境实在困难，那我也愿意做回投资人的角色。

第三步：摆脱情绪的障碍

所有的搜寻式策略都是24小时免费开放的，人们可以打电话来说出自己的问题。就像我之前提到过的,这就是聪明的生意人用了很多年的一招:让营销变得自动化起来。接下来,我就会剔除那些不好的机会,而只把时间用在那些最好的机会上。

这些搜寻式广告会提前说清楚,他们拨打的电话是一个录音系统。这样一来,人们就一点也不用害怕了。因为他们不用在打电话的时候跟任何人交谈。他们也不用怕自己会遭受任何压力。这完全是没有风险的。所以只要是有一丁点兴趣的人都会有可能打电话过来。而且,它帮人们留住了颜面(记住,那些即将失去房产的人都或多或少会产生消极的想法)。比起真人来说,打电话到答录机会帮人们缓解紧张的情绪,减少羞愧和恐惧的感觉。

那些打电话进来的人听到的信息都是精心准备好的。为了制作我自己的信息,我还请了一位专业的广告撰稿人(尽管我也是畅销书的作家,但我还是对这类用语不是非常有信心)。我给他提供了我想传达的重要信息,然后他把这些信息转化成易于人们接受的语句,并为对方提供了7种解决问题的方案。这其中包含了细致的行动措施,以便于他们根据自己的处境开展行动。

将业主吸引过来

下面就是我用过的一部分预先录制的内容,我用它来吸引那些害怕被骗、持怀疑态度的业主:

我叫迪安,谢谢你拨打我们的房产没收骗局警告专线。我会用很短的时间告诉你应该注意的几个骗局形式,同时我还会为你提供一些贷款机构和银行都不会告诉你的秘密和诀窍。这些诀窍能帮你从一开始就避免自己的房产遭遇被没收的结局。即便没收程序已经启动,你也能通过运用这些技巧取回房产的所有权。

听过这全段的信息之后,你就会知道自己有哪些选择了。相信你也能自己作出正确、合适的决定,来维护自己的利益。

由于我说得会比较快,所以你还是先找一支笔记一下比较好。不过,在最后我会给你留下我的联系方式,以免你漏掉了什么信息或是还有更深入的问题想问。

让我们先从需要注意的事项开始吧!

> 当你面临自己的房产被没收的情况时，一定要小心那些主动来"帮助"你的公司或者个人。因为他们当中会有一些是不安好心的骗子。
>
> 这些骗子专门盯着那些发生财务问题的业主。他们会到处打着自己的广告。你会在互联网或是报纸上看到他们的广告，或是在电线杆上和公交车站旁贴着自己的传单，有些还把传单直接递到那些房产信息已经挂在"被没收清单"上的房子门口。有些时候，他们甚至还会打着宗教团体的旗号来招摇撞骗。
>
> 最典型的骗子会答应帮你偿付那些逾期的贷款，并要求"买下"你的房产。然后，骗子会让你搬出房子，并将房产立即转让给他或是第三方。要小心！这样的转让协议并不能免除你的剩余债务！
>
> 有些骗子会与你签订优先购买租赁合同，说是你可以之后把房子买回去。但这些都是骗人的。他们不会为你的逾期贷款埋单。即便你傻傻地给他们缴纳房租，还是会最终被驱逐出来，丢掉了房子还同时背负着一身的债务。

以上的信息只是一部分，我会为打电话来的人提供所有可能的选择。在最后，我会加上这样一条：如果之前所说的方法对你都不适用，那我也许可以买下你的房产，帮你避免房产被没收的结局。然后，系统会提出几个预设的问题，为我判断是否进行收购提供依据。

问题是这样的：

贷款还有多少没有还？预期的按揭金额又有多少？

房产的地址在哪里？房龄有几年？房子有多大？总共有几个卧室？

屋况怎么样？

房屋是否做过评估？

是否已经接到公开拍卖的传票了？

银行是否已经开始没收流程，并把相应的费用清单寄到家里了？

合在一起

那么，如果把这一切都合在一起会是什么样呢？合在一起的报纸分类广告应该是这样的：

免费房产没收解决方案
了解如何应对你面临的风险
免费的答录信息
全天 24 小时为你服务
×××-×××-××××

还有一个例子：

阻止房屋被没收的 7 个办法
别让银行拿走你的房子还毁掉你的信用！办法是有的。
花五分钟的时间你就能了解应该怎么做，而且完全免费！
拨打我们的 24 小时专线，通过自动答录专线，你就能结束这段梦魇！
电话专线：×××-×××-××××

再说一遍，广告是为了让人们拨打我的电话、听取信息。这些预先录制的信息可以指导他们、影响他们，为我们双方搭建起联系来。我最终会联系的对象都是精挑细选的。我会从所有的信息当中进行筛选，挑出最有价值的那些来。这样做的好处是：我能全天 24 小时采集大量的信息，并且从中选出自己最适合的投资目标。

投资人在处理房产没收相关问题的时候，都会采取相应的保密措施。但当人们看到了我的广告，他们就会想知道其中的秘密是什么，也就会打电话进来。我还通过名片、大型广告和明信片做过相同的营销。

不要忘了互联网

我还为人们介绍了很多带有类似预先录制信息的网站。通过网站，我可以获取他们的电子邮件地址，然后通过专业的电子邮件向他们提供有价值的信息，并且提醒他们"我随时愿意为他们提供帮助"。

这个办法为我省下了很多时间，也带来了足够多的投资机会。它让我比其他的投资者先行获得了大量的投资机会，并且得到了可观的投资回报。

让人们看到这类的广告时，它会引起他们的注意力，它会让人们自发地进行尝试，而不是被迫的。通过这种方式，可以比老套的劳动密集型宣传方式获得更好的效果。

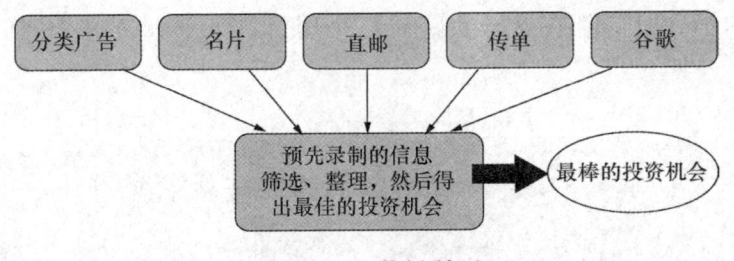

图 10-1　营销策略

它帮我取得了更多双赢的机会。即便是那些自己不需要这类信息的人看到了我的广告,他们也会将这个信息告诉给需要它的朋友或是熟人。

真实的故事:营销是有效果的!

我有个名叫杰琪的学生,她住在印第安纳州。杰琪告诉身边的人说,她准备开始做房地产投资,正在寻找合适的房产。只是简单的口口相传,就有一个朋友告诉她,有对夫妇正面临着房产被没收的状况。

这对夫妇欠银行 10 000 美元的贷款,房屋没收程序还没有正式开始。这笔买卖是很划算的。因为那附近的房子都能卖到 20 000~30 000 美元之间的价格,这远远超出了剩余贷款的余额。这是杰琪第一次收购面临没收问题的房屋,投资的金额也在她的预算之内。她自己很紧张,估计跟那对为银行催款书发愁的夫妇紧张程度不相上下。

她问了些应该问的问题,发现那对夫妇愿意卖掉房子用来偿还背在身上的所有债务。杰琪查看了当时这房子还欠的总款项,并且询问银行如果由她来偿还这笔贷款,是否可以减免一定的滞纳金。银行答应了她的请求,最终愿意以 10 000 美元总金额了结这笔贷款!

杰琪的存款刚好够付这笔钱的。之后,因为这栋房子的房贷已经全部还清,她就选择了通过这栋房子进行再融资,用融资来的钱对房子进行整修。紧接着,她就将房子转手卖了出去。当时杰琪的选择其实很多。她可以从个人借款人那儿借钱,或是从银行贷款,用贷款来支付这10 000 美元(因为房子的市场价值要比这高多了)。如果那样做的话,根本不需要自己出一分钱就能做成这笔交易。

在这个理念的指导下,我可以选出最佳的投资机会自行投资,也可以为其他的投资人提供交易的机会,并从中获取一定的利润。

我的学生时刻都在这样实践着这个理念，下面就是一个他们的真实案例：

> ### 真实的故事：寻找投资机会并从中获利
>
> 布雷特是一位22岁的大学生，他想要进入房地产领域，但却没有足够的钱来付头款。但这并没有阻止他投资的脚步。他看中了一栋进入了没收程序的房子。房子所欠的贷款差不多有450 000美元，当时距离没收的最后期限还有3周。布雷特在对附近的房屋进行调查之后发现，这栋房子的合理价值是在500 000～525 000美元之间的。所以这笔交易是有利可图的。他马上给自己认识的一位圣地亚哥的投资人打了电话，说明了事情的现状，并且要求从中收取2.5%的中介费。
>
> 布雷特给投资人发去了一张电子表单，列出了附近区域相似的房屋售价。之后，投资人就给布雷特打了电话，同意接受他的条款。布雷特与投资人签订了协议，并在两周内完成了全部的交易工作。最终，业主不仅保住了自己的信用记录，还取得了几千美元的收益。而投资人只向布雷特付了2.5%的费用，比平常房地产经纪人收取的3%～6%的费用还要低。布雷特只用了很少的时间，一分钱没花就赚到了11 000美元。这称得上是一个三赢的局面了。

这并不是什么复杂的事情。当然了，这种机会不是到处都有的。但它总是会存在。通过一些努力和正确的营销方式，找到它们也并不是料想的那么困难。

当投资于没收的房产时，还是有几点需要注意的。

你可以获得成功。我们每天都会面临很多不同的困难和阻碍，有些大有些小。但通过运用正确的策略，你可以即刻改变自己的命运，扭转不利的局面。

你肯定听过那句老话——"知识就是力量"，对吧？其实我并不同意这个说法。知识只有在受到合理利用的时候才会创造出巨大的力量。所以我说"知识＋行动＝结果"。没有行动的知识只是纸上谈兵。

面对被没收房产时"必须做"和"不能做"的几件事

必须事先决定对目标房产如何处置。你是准备快速转手出售呢还是将它租出去每月收取租金呢?

必须为自己设立目标,为各方创造双赢的局面。

必须在事前进行详细调查,并对当地的房地产市场状况[①]进行充分的把握。比如说,如果你计划在买下房产之后进行出租,那你采取的行动就和进行快速转售的操作有很大的区别。

必须细致地规划自己的交易,犯错误的代价是很高昂的。

不能在交易当中对房屋产生感情。有可能你完全不值得花那么多时间在它上面。

不能贪婪或是傲慢。这两者都会让你产生疏忽,从而无法作出正确的决定。

不能毫无节制地榨干交易对手的每一分利润。我告诉你:在交易的过程中尽量帮助对方摆脱房产被没收的情况,并且少拿一部分利润,给对方留一些重新来过的资本,你会感觉非常好。但如果只是你一个人独占了交易的所有利润,那你一定不会如此坦然。

我希望自己给你带来了一些新的知识,并可以促使你采取行动、信心满满地创造更美好的生活。

知识 + 行动 = 结果——这才是真正的力量!

[①] 每个国家和地区的房地产市场状况差异会非常大,做好调查工作是进行成功决策的前提。请参考《成为房地产百万富翁》(纽约 Vanguard 出版社,2007)的第 4～6 章,获取更详细的内容。

11

规划许可

房地产利润中沉睡的巨人

——W. 斯考特·休梅尔

  W. 斯考特·休梅尔是 M3 公司的主要合伙人。M3 公司在美国西部的社区开发中的总体规划受到了全行业的赞誉。休梅尔同时还担任着休梅尔舞会公司的董事长及 SMDI 公司的首席执行官。自他 20 世纪 60 年代末在亚利桑那州开始自己的房地产生涯之时算起,他已经将自己的业务扩展到了亚利桑那州、加利福尼亚州、爱达荷州、伊利诺伊州、俄克拉荷马州和犹他州,业务范围包括房地产的收购、融资、开发、管理及中介。休梅尔和他的 M3 公司热衷于儿童相关的项目,并一直为 Childhelp、斯科茨代尔的男孩女孩俱乐部、SARC、亚利桑那基金会和磐石基金会提供着帮助。

斯考特是住在我和金街对面的邻居。每年斯考特都会举办多次社区聚会，聚会上我都很期待见到斯考特，并向他请教关于资金、房地产及投资的观点。这并不仅仅因为他是我的邻居，还因为他是我的至交，是一个能够在我需要时给予我更优信息的房地产专业人士。

房地产行业的一个要因是政治。作为一名地产商，斯考特知道房地产项目所在地的政治环境有多么重要，这就意味着他必须未雨绸缪，在项目动工前就做好当地相关的政治工作。因为正如你所了解的，很多时候一个能够拉升区域地价的开发项目常常会由于老住户对变革的抵触而停滞，这个时候就需要通过政治活动出面斡旋去解决。

无论你身处何地，房地产和政治都密不可分。当地的政策和政治家对房地产项目价值的高低有至关重要的影响。就拿我们去年的圣诞聚会来说，我跟斯考特探讨关于亚利桑那州当地政治家与警察的关系，斯考特敏锐地告诉我当地政治家和警察的关系并不协调，原因就在于当地呈现出犯罪率逐年攀升而房地产价格不断下跌的状况。我听取了斯考特的观点，没有在那个地区投资，然而很多其他房地产投资者都因为没能足够了解当地政治因素而蒙受了损失。这个例子说明，虽然我和斯考特谈论的是政治，但却与房地产息息相关。

我的经验就是，如果你想成为专业的房地产投资者，你就必须找到一位像斯考特一样可以和你探讨房地产和政治的伙伴。

——罗伯特·清崎

小贴士 "本次经济危机是第二次世界大战以来全球经历的最为严重的创伤。"（艾伦·格林斯潘，前美国联邦储备委员会主席，2008年3月17日）

格林斯潘先生的论断只是硬币的一面而已。那些在这种恶劣的房地产市场中选择进入，为市场的反转作好足够的准备的投资者最终会取得最大的成功，获得巨大的财富。那这一切是如何发生的呢？本章将会为您讲述在后经济危机时代怎样为房地产增值——通常并不是简单的持有或是开发，而是将未来的回报进行兑现。

无论你是否愿意踏足"规划许可"这一领域，对你来说了解则是非常重要的。这知识会给你带来金钱，能帮你实现更惬意的生活。问你自己这样一个问题：当你驱车行驶于各州甚至全国时，有没有那么一瞬间对映入眼帘的广袤土地和鳞次栉比的房屋产生过疑问，它们属于什么样的人呢？答案是，的确它们各属其主。它是为联邦政府、州、市、印第安人或是某个公司或某个人所拥有的。大多数的人们认为，大多数房产是私人所有的，但事实并非如此。比如说，在亚利桑那州，只有15%的土地属于私人。

另外一个错误观念就是，人们普遍认为自己可以对享有产权的房屋地产做"任何"事情，因为你缴了税、买了保险，还做了维护，你认为自己有这样的权利。但遗憾的是，事实并非如你所愿，你并不拥有对自有房产做"任何"事情的权利。是不是很吃惊呢？

在这儿，就要引出规划许可的概念了。它并不深奥，简单来说就是土地和房产所属的城市、州还有联邦规定的你对房产进行开发、整修的规定。这些规定是由联邦、州、市或地方的政府机构作出的。这些机构会告诉你某片土地是用来发展农业、开办工业还是做民用或商用地产开发的，还会规定是否有权将土地上的树木砍伐掉，如何减轻对附近野生动物的干扰，是否有权接入公共的水、电、道路等设施，以及政府规定的其他措施。

<u>小贴士</u>　有这样一个颠扑不破的真理：对资产的实际控制权远比所有权重要。那些拥有资产控制权的人可以通过他们对于资产的控制创造出巨额的财富。

爱你的邻居吗？

影响规划许可的最不可控因素就是你的邻居。长久以来，无论是房产业主还是开发商都对此头痛不已。邻居们觉得他们对任何视线内的"空地"都具有发言权，认为自己理所应当享有那些"空地"的使用权，诸如泊车、玩耍、骑车、慢跑、散步，甚至倾倒垃圾，毫不顾及作为"空地"真正所有者的你是否愿意。

邻居们会觉得，无论你是不是那块地、那个建筑的真正所有者，你都必须按照他们的意愿行事。由于我听这类的抱怨都听烦了，所以我对它们进行了分类整理，编写出了"邻居对未开发土地的20大牢骚清单"。这些是我臆造出来的吗？当然不是了！这种东西我怎么可能编得出来？每一条背后都有一个真实的故事。而且我每次重读这张清单的时候，都会再一次感到惊讶。

所有的开发项目，无论是民用、商用还是工业开发，都有着几乎类似的邻居问题。商用地产的开发会带来人们对于外来人口的忧虑。工业开发会让人们担心污染和大型车辆带来的安全问题。这些邻居们的担心总会存在。但比起具体的问题来说，有两个问题更值得你考虑：

1. 人们的思维在发生变化，变得对土地的规划许可更为重视。你的项目可能是非常适合在当地开发的，但是邻居们会说："别在我的后院折腾。"这样的人通常被称为"宁避族"（NIMBYs）。

2. 通过互联网，"宁避族"的组织能力得到了提高。互联网改变了人们原有的联系方式，在网络上发起的一个小小的论题就能让大批的邻居集结在一起，来对抗他们公认的"不利"因素。

阻碍项目开发的二十大牢骚清单

不要加高现有的房屋高度，不然它会侵犯到我们的隐私。
我们以前都可以横穿这片地方，我们以后也继续这样。
你们会破坏现有的动物栖息环境，你们不能这样做。
你们的建筑物会挡住我们的视线。
你们会让交通变得拥堵，这对我们是无法接受的。
开发项目会带来更多的孩子，从而加重学校的负担。
你不能破坏我们原有的融洽的社区环境。
那些在你开发用地上的建筑物是古迹，你不能破坏它。
这片土地上生长着即将灭绝的罕见植物。
开发的公寓楼项目会带来乱七八糟的人。
开发项目会带来更高的犯罪率。
你做的一切都得适应当地的环境，还是别做了。
项目的开发商是外国公司，我们可得保持怀疑和谨慎的态度。
开发商都是贪婪的，而我们不是。一切都免谈。
如果我们让开发项目动工，那也得保持低密度建设。
开发商不应该从开发项目中获得那么多的利润。
所有的开发项目都会带来噪音。这对我们可都是有害的。
伴随项目而来的强烈灯光会对夜晚天空产生影响。
城里就已经够闹腾的了，我们不想自己住的地方也变成那个样子。
如果我们不同意修建道路，人们就不会来了。这对我们可是一件好事。

我们的社会发展到今天这一步，人们实质上的"交际"比以前少了，在政治思想和信仰方面也有着很大的不同。我是在中西部长大的，我认识所有的邻居们。我们彼此为对方着想。虽然我们也很独立，但我们知道身边的邻居会在需要的时候对我伸出援手。同样，我也会在他们需要的时候为他们提供帮助。这完全是一个典型的奥兹和哈里特式[①]的社会。

搬到西部来了之后，我发现社区里的人际关系就淡了很多。很多人都是在这里短住，他们根本互不相识，对于社区的归属感和互相之间的照料少了很多。这让人们对"权利"更加依赖，而原来的奥兹和哈里特也让位给了辛普森一家[②]。

有了"规划许可"的噱头，通过互联网把这样一群人组合起来并不是一件困难的事儿。同时，会有更多的人快速地加入到这支队伍当中来。然后，就会有好事的居民站出来充当领导者的角色代表大家的声音开始维权行动。

我为什么要花时间跟你讲这些呢？因为无论你是否意识到了，事情都不一定会朝着你想象的方向去发展。政客们规定着你的土地作何用途，而他们需要大众的支持。同时，项目通过与否掌握在政客们的手中，而"宁避族"们却握着他们的选票。

小贴士 "所有的政治都是地方性的。"（蒂普·奥尼尔，前白宫发言人）

地方政治的天下

这些年当中我变了不少。然而，美国的政客们发生了什么变化么？"更好地服务于社区"已经不再是竞选的口号，而成为了一句空话。看起来大量的政府官员坐在办公室里都在为自己的私利忙活着。他们希望把这份工作一直做下去。实际上，当你的邻居侵占了你的地盘时，他们还会觉得这理所应当。如果一旦让他们尝到群众手中选票的厉害，他们就会尽自己一切的努力来保住自己的饭碗。因此，小小的一群人就能对你的项目产生很大的影响。

[①]《奥兹和哈里特》曾是美国20世纪五六十年代热播的经典的家庭剧，对美国影响巨大。
[②]《辛普森一家》也是美国著名的电视连续剧，晚于《奥兹和哈里特》。

真实的故事：不计私利的政治家

当我和我的同事刚开始做房地产开发的时候，我们接手了一个在菲尼克斯城的100栋住房的整体开发项目。同时，我们向菲尼克斯市议会提交了整体开发方案，等待着他们的审批。紧接着，有两百号人聚集在一起，对这个开发项目表示抗议。我还记得市长玛格丽特·汉斯站在这些愤怒的群众面前，不停地向人们解释着这个项目的好处。最终，这个项目得到了通过。我得承认，市长是一位优秀的领袖。不仅因为她为我参与的项目扫除了障碍，还因为面对大局的利益和让城市向好的方向发展，她勇于站出来，不畏惧与愤怒的公众对峙而可能带来的民意支持率下降。她在菲尼克斯城是个非常受人爱戴的市长，有一部分原因就是她知道如何爱护这座城市。大多数情况下，你碰不到这么好的领袖。你会遇到截然相反的政客。

真实的故事：贪图私利的政客

不久之前，我为我的M3公司向菲尼克斯市议会递交了一份多用住宅开发项目的开发申请。之后，就发生了"宁避族"集结在一起共同抗议我的开发项目。他们当中还有一位议员。在市议会还没得到这份申请之时，这个议员就宣称要抵制这个开发项目。他说，自己需要先站出来，体现领袖的气质。在这种情况下，他根本不是为了城市的利益着想，他只想通过获得"宁避族"的认可为自己积累政治筹码。我真想说这只是个特例，但事实情况是这种政客在当今十分常见。

规划许可 = 利润

是不是土地的规划许可都很难得到保障？是的。那为什么不去购买那些政府已经规定好用途的土地呢？当然可以，而且大多数的开发商都是这么做的。不过，你无需担心融资带来的风险，你可以单靠为土地争取到预期的规划结果来创造高额的利润。你可以依靠自己的所学在规划许可这一领域取得非常可观的收益,这跟你本身有多少钱毫无关系。

关于通过规划许可取得成功和利润,有3个小秘密。你会在这一章中不止一次地听到它们的名字。请记住它们:

第一,知识;

第二,知识;

第三,知识。

那么,你应该怎么获得相关的知识呢?借用《指环王》的作者托尔金的一句话:"传说是随着人们的讲述而逐渐丰满起来的。"我也是慢慢地开始接受所有的知识的。我找到了适合自己的经营之道,然后一步步地开始行动起来。你也可以像我一样慢慢来。然而,通过给你细致地讲述规划许可的流程,我想你会学得更容易些。以下的每部分内容都是根据我的所学总结出来的,而且它们还一如既往地为我的生意创造着价值。本章剩余的内容都是关于操作流程的,它也是我通过规划许可创造利润的全部知识。

你会在学习的过程中发现这一操作流程非常有用。但是,只有你下定决心,并且投入了时间和精力之后它才会体现出所有的价值来。在学习的道路上没有捷径可以走,然而你可以在学到知识后取得持续不断的收获。最起码给自己6个月的时间来学习成功的基本知识。

斯考特的详细规划许可流程

了解你所在城市的规划方案、法令及经商的方式

要首先对你所在城市的目标和规划许可有详细的了解。这会帮你掌握政府的下一步行动及背后的原因。你还得了解对当地的经商方式,从而避免犯低级的错误。相信我,我就干过这样的事儿。

你的任务:

- 研究你所在城市的总体规划。
- 阅读市政规划条例及其他的相关法令。
- 研究"游戏"的规则。
- 想想看你能怎么让政客从中受益,而不是让他们的利益蒙受损失。

熟练地掌握市政府的政治活动

研究当局的政治结构。每个城市都是由选举出的政府官员和职员构成的，发展与他们的关系是很重要的。（我能很快地与他们联系上。）不论你相信与否，市长及议会的议员都是可以接触到的。为什么？因为他们也总是在寻找新的人来帮他们保住自己的位置，并且取得自己的利益。不是我出言不逊，因为这的确是这个世界的现状。我从小到大的朋友——马可·霍罗威茨博士是一位研究早期都铎王朝的学者，同时也是一位商人。他用毕生的精力来研究和探寻权力的所有者及通过这些权力获取利益的人之间的关系。在专业期刊《历史研究》的纪念都铎王朝首位国王去世500周年（1509—2009）的特刊上，马可对政治给出了这样的定义："通过权力来谋求个人利益并实现自我保护的手段。"亨利七世就是这样一个通过政治手段追求利益的典范。当时有一半的战争都是因此而打响的。

真实的故事：大坑的故事

  我曾经在一个非常棒的地段买下了一片20英亩的土地，但问题是那片地其实是一片洼地，也就是一个大坑。这个大坑是附近居民的眼中钉。由于它特殊的地形限制，有条大路没法修进来。想要把这块地填平，需要用掉60万立方英码的干净土。这么说吧！一个大型的翻斗车大概能装18立方英码的土，所以我这儿所说的"大坑"货真价实。按照这个算法，总共需要33 000车的土才能填平这片洼地。

  我想在这片土地上盖一个购物中心，所以我得先把这片土地的规划许可从民用改成商用。当时，市政府对我的提议非常赞成，说他们会全力支持我的计划。我立马就与市政府签订了契约，同意他们取得这片土地的路权，用来修建道路。这是我犯的第一个错误。然后我就这块土地提交了重新规划的申请。这整个过程会需要6个月的时间。但就在我递交完重新规划申请的同时，有个承包商找到我，说他正在做附近的一个运河项目，有很多废弃的泥土需要处置。他愿意帮我用干净、细密的泥土来填平我的大坑，并且不收取任何费用。碰到这样的好事儿，我自然地认为自己撞了大运了。

  承包商花了3个月的时间日日夜夜地往我的大坑里运送着泥土。当这工程最终完成的时候，它看起来棒极了。这是我犯下的第二个错误。合适的时机非常重要，而我这次注定要与它失之交臂。我的重新规划申请在我的大坑填好一个月后才递交到议会进行审议。这时的我才感觉到

> 害怕！因为我失去了最后的谈判筹码。就仿佛是命中注定的一样，一群"宁避族"居民组织在一起，向议会提出了对我项目的反对意见。他们不想在自己的附近建一个商业中心。
>
> 之前信誓旦旦地说会支持我的那位政府官员也掉头加入了反对我的行列。当这大坑的问题一解决，他就只关心自己的选票了。多亏了我细致的工作，他成功地除掉了大坑这个眼中钉，让道路修建成为可能。他的任务是漂亮地完成了，而我却什么也没得到。
>
> 上了一课：和政客打交道的时候，要先得到约定好的东西，然后再履行你自己的义务和责任。

对你来说这同样适用。比如说，星期二的时候去参加规划委员会的会议，周四的时候去参加议会的会议，剩下的时间用来与政府工作人员和开发商见面、会谈。帮他们的忙、了解他们，同时让他们认识你、记住你，要表现出自己积极的一面。当某一天你需要提交申请的时候，就能比别人容易很多。

小贴士 要记住：那些掌管着权力的人都是以谋求自己的私利和寻求自我保护为目标的，他们需要新人和新的思想来实现自己的目标。

这些政客是你最需要认识的人，同时你也需要让他们认识你。

政府工作人员

规划机关的政府工作人员一般不会有大的变动。他们算是政府的雇员，直到他们退休。而所谓的政客，则是每两年或者每四年要进行换届选举的。这些政客和选举出的官员并不是拿铁饭碗的。由于这些规划机关内的政府工作人员会一直在那里工作，他们也就成为了影响你项目申请成功与否的重要因素。

你的任务：

● 约见这些规划部门的工作人员。跟他们发展私人关系。一起吃午饭、喝咖啡或是打高尔夫都是可以的。

● 寻求他们的帮助。让他们认同你的项目。（自己的利益，还记得吗？）了解他们的所思所想。

社区管理委员会

这些委员会一般都是非正式的或是由志愿者组成的，但你不能小视它们的力量。

你的任务：
- 参加每一次的社区会议。
- 认识委员会的成员。
- 了解委员会的组织结构及谁是决策者。

规划委员会

委员会当中的成员往往都是由议院当中选举出的议员指派的。他们的决议一般仅供参考所用，但却可以为政客拿来当做说服其他议员的工具。

你的任务：
- 参加每一次的规划委员会会议，认识每一个委员会成员。
- 对他们的背景进行了解和调查。
- 跟他们交朋友。
- 了解他们投票决议的方式，并且了解哪些人是偏向商人的，哪些人是偏向居民的。
- 了解他们的联盟形式和原因。
- 确定如果想要你的项目通过，你需要哪些人为你投票。
- 帮助他们实现愿望。

市议院

这是最终的投票机构。它对你的项目能否通过具有直接的影响，而且它的不确定性很强。

你的任务：
- 旁听每一次的议会会议。
- 认识市长和每一个市议会成员。
- 对他们的政治方向表示支持。
- 跟他们交朋友。
- 认识所有的成员，并且了解他们的软肋都在哪儿。适当地戳一下他们的软肋。
- 获得他们的信任。
- 了解他们投票的情况，了解哪些人是偏向商人的，哪些人是偏向居民的。
- 了解他们属于哪个派系及为什么会这样。
- 确定你需要得到哪些人的支持才能顺利地让项目得到通过。
- 参与政治活动。
- 参加议员们出席的活动，并且让他们看得到你。

● 查询议会重新选举的时间，确定哪些议员面临着换届选举。

小贴士 考虑到政治，你千万不能向即将面临换届选举的议员提交一份有争议的提案，他们会因为担心自己的选票受到影响而将它压下来。

这些所作的所有准备、学习还有关系网的拓展能保证你的成功吗？我也不敢确定。可以说"能"，因为你作出的努力可以帮助你领先于竞争对手。但说"不能"是因为在我们这一生当中会遭遇许多挫折。因此，知道何时止损是非常重要的。我得向你直说，虽然我在房地产和规划许可领域拥有巨大的成功，但还是有很多事情是我无法掌控的。

真实的故事：破解市政规划许可的"密码"

几年之前，我买下了一块地，想要在上面盖一座购物中心。有一家不错的连锁店想要在我的楼里租一片商铺，但是那个连锁店的代表提出要在正式订约之前见一见我们当地的市政规划部门的负责人。

在会上，那位负责人就问他说，是否愿意把店开在距我的购物中心几英里外的另一个地方。负责人还说，我的购物中心所在商业区的需求已经基本达到饱和了，而那边还处于供不应求的状态。实际上，对于他来说，这样做无非就是想通过这种方式收到更高的税而已。市政官员都是根据盈利能力和税收来对房产进行分类的。但我还算幸运，这家连锁店最终还是决定在我的购物中心里开店，因为这里的需求更加稳定。

上了一课：利他主义是不存在的。破解他们背后的真实意图，你就能了解他们的真实动机。

比邻居们的反对意见先行一步

无论你发起一个什么类型的开发项目，总会有邻居持反对意见。实际上，我在本章一开始就给你列了邻居们的二十大牢骚清单。一定要在项目计划的过程中把这些反对的观点加入考虑的范围。再说一遍，知识就是力量。不过当你在做计划的时候，还是要积极主动一些的。

你的任务：

- 研究这些反对者们的领袖。
- 是不是有同一批人总是出现在不同的抗议队伍里？他们是什么背景？
- 那些"宁避族"的抗议对象只是自己附近的项目呢？还是对某个大范围的项目都会抗议？
- 与他们交谈，听听他们的问题，做他们的朋友。
- 他们是不是用互联网来互相交流？试试看你能不能拿到他们的电子邮件清单。
- 有了他们的电子邮件，你就可以与他们进行直接的交流。当你的项目有所进展时，他们就能从你这里获取最直接的信息，而不是通过风言风语加工过的夸大信息。
- 参加居民委员会的会议，认识他们当中的核心人物。
- 建立自己的网站，让那些支持和反对你的人都可以通过这个网站了解你的项目。
- 通过你的网站来增进与公众的沟通。你可以把那些支持者的意见挂在网站上，尤其是住在附近的那些支持者。这样一来，会中和一些反对者偏激的想法，帮你对舆论进行一定的控制。

最重要的是，别把"宁避族"当成是自己的敌人。尽管他们对你的项目产生了非常大的影响，但你还是要像个普通人一样与他们接触，即便他们的反对意见很无理，你也要先听过再说。有些时候，他们只是在发牢骚，抱怨两句就过去了。要尊敬地对待他们，说不定这样做之后还会有人加入你的阵营为你摇旗呐喊呢。

制定好时间表，然后耐心地等待

由于司法管辖权的不同，规划许可权的批复可能需要6个月甚至是几年的时间。这儿就是时间长短的制约因素了：

- **短的时间表**：如果你得到了各方的全力支持，那你只需要按照既定流程走一遍，该多久就是多久。
- **长的时间表**：如果你的项目遇到了阻力或是开发方面的问题（比如水权、环境问题、公用设施接入问题等），你就需要为自己的计划时间表作出相应的调整。

> **真实的故事：大事化小**
>
> 我早年做过一个住宅区的开发项目。紧挨着我的那位邻居之前一直认为我不会在这片地上动工（请参阅20条牢骚第2条），然而，我来了之后还要在这片地方盖房子。他怕我的开发项目会挡住了他当时直接可以看到山景的视线。我们坐下来完整地谈了谈他的顾虑，之后，我做了一些研究，然后告诉他说我可以重新设计一下，保证他的视线不被遮挡（请参阅20条牢骚第4条）。实际上，我把一个反对者转化成了我的支持者。最终，这个项目得到了通过。
>
> **上了一课**：妥协能把"宁避族"转化成你的同盟。

一份靠谱的时间表对你的成功来说非常重要，因为：

- 你不要让自己的项目出现在选举之前。
- 如果你与业主约定好在未来的某个时间土地预期的规划许可方案通过之后就对其进行收购，而结果并不如愿的话，你就会因此损失大量的时间和精力，甚至还会损失很多投资。
- 你可能会错过房地产市场的繁荣期。
- 资本市场会发生变化。资金的供应量、利率和其他的很多因素都在不断发生着变化。

接触开发商和建造商

跟你要认识议会的成员、机关的工作人员和每个委员会的成员一样，你还得去认识那些提交过申请书的开发商和建造商。打电话约他们出来，聊一聊他们的项目。在旁听议会会议的时候你也能见到他们。他们会很愿意告诉你关于自己项目的事情，因为他们也会需要你的帮助。

你的任务：
当你与开发商和建造商谈话的时候，试着去寻找下列问题的答案：

- 都有些什么样的反对意见？你和开发商、建造商该如何克服这些障碍？
- 都聘用了哪些第三方的供货商？这包括土地规划师、建筑设计师、土木工程师、规划律师、交通工程师、总承包商和分包商。
- 由谁来做的土壤检验报告，以及由谁来做的环境测评报告？
- 聘用了哪些产权公司和房屋交易资金存管机构？

- 聘请了哪个房地产经纪人？

进行过几次这样的会谈后，你就能清楚地了解哪些人和公司能帮你高效按时地完成工作了。当你在需要组建自己团队的时候，他们就成为了你最佳的备选。试着从那些过来人身上学习经验。而且，这完全是免费的！

了解开发商和建造商想要得到什么

再说一遍：知识是你最重要的资产。我在刚开始工作的时候就意识到了这一点，并且到今天一直牢记着这句话。从开发商和建造商身上，我总是不停地搜寻着不同的知识，我不停地获取着独户住宅、联排洋楼、公寓楼、写字楼、工业用地和混合用途楼宇开发的相关知识。这些开发商和建造商是以自己的知识、名誉和资本实践着这一切的人。那你为什么不从他们那儿多学一些呢？这些资源都可以在你寻求政府审批的过程中取得。它可比学校的知识要有价值多了，而且还源源不断。这是一个真实的世界，也是赚钱的好地方，你通向成功的唯一障碍就是对知识的缺乏。

> **小贴士** 建造商想要收购得到建筑许可的土地。因此，你对他们是有非常大的价值的。他们也会因此给你回报。

"规划许可"的对象包含了各类的房地产，公寓楼、独户住房、商用楼、医疗用楼等都在其中。关键点是要注意它们各自的具体要求和彼此之间的区别。然后，尽可能多地从相似的项目中进行学习，看它们各自都是如何被规划的。

下面就是我常向开发商和建造商提出的一些问题，希望它们能帮你走出第一步，帮你为自己的第一个项目打下坚实的基础。

你的任务：

问那些住宅楼的建造商如下的问题：

- 每户的开发用地有多大？为什么选择这个大小？
- 楼房的正面、侧面和背面都各自需要留下多大的距离？
- 修建的房屋的大小有几个规格？
- 开发项目共分为几期？每期开发几座房屋？
- 项目规模有多大时你才会建造一栋样板房？你会把它安排在哪个位置？为什么？

关于购房人和建造商的几个事实

- 购房人通常只看房屋的外观就已经决定要不要买下它了。
- 房屋所在地的环境、景观和海拔高度对房屋的交易来说是重要的考量因素。
- 房产所属的学区非常重要，所以要尽可能选择那些好的学区。
- 那些形象好的城市当中房地产价格也相对较高，但在那里的投资也往往更加安全。
- 看看那些建造商是否愿意给你提供他们的工程成本。主要看：
  - 平均来讲，他们卖的房子有多贵？这也就是我们说的"净房价"。
  - 如果进行道路、上下水管道及其他公共设施的接入，又会产生多少的费用？
- 对建造商的成本有所了解是很有用的，房屋建造商通常愿意花房产售价的20%～25%来解决其他的相关问题。

除了问问题之外，还要实地考察他们的项目现场。看看他们的样板间，跟销售人员谈一谈。要找出最受购房人喜爱的房屋特质及原因都是什么。通过了解他们建造的房屋，你才能更好地为他们提供他们心目中适合的地块。

你的任务：

向建造商提下面的这些问题（以及上面的那些问题）：

- 项目的密度有多高？通常情况下，根据市政的要求和预计的出租率综合评定，每英亩的土地上可以建造14～21户住宅。
- 对项目来说，建造多少户是可行的？
- 算下来每户的土地成本有多高？
- 怎样的户型是最适合市场需求的？一居室、两居室还是三居室？
- 对于不同的户型而言，购房人对房子大小的预期又有何不同？
- 市场一般的出租率是多少？
- 附近都有哪些生活的辅助设施？
- 每户人家有几个停车位？市场现行的供需平衡吗？
- 按照既定的密度和停车位来计算，总共需要多大的一片地？
- 周围是否有强光、垃圾站、噪音源，有什么顾虑或特殊的要求？
- 对附近的道路是否有特殊要求？
- 对学校和犯罪率是否有特殊要求？

你的第一个项目及模拟启动计划

经过了 6 个月的辛勤工作之后，你应该对规划许可成功的 3 个秘密不再陌生了吧！你现在应该能将它们倒背如流了吧！

第一，知识；

第二，知识；

第三，知识。

得到了"知识"这笔财富，就没人能把它从你手中夺走了。你可以通过其他的"资本"赢得成功或是遭遇失败，但你在规划许可领域想要获得成功的最大法宝就是你的知识。

小贴士 制胜法则：用你的知识作为资本去创造财富。

你的任务：

跟着我的模拟启动计划开始做你的第一个项目。

斯考特的模拟启动计划

1．通过你学到的知识，你已经可以组建起一支由第三方构成的精干团队了，比如勘测人员、土地规划人员、环境测评公司等。质量和信誉是关键。

2．你了解某社区当中哪片区域是最受欢迎的，让你的房地产经纪人告诉你那片区域当中还有哪些空地和未开发的土地？尽量选址在好的学区内。

3．看看你的目标地块是否符合城市的总体规划。

4．利用你现有的知识，在假定申请可以获得审批通过的前提下，与你的土地规划师一起开发出吸引购房人的方案。

5．由于你已经知道了房屋建造商愿意以多高的成本买下获得审批的房产，那就将这部分价值加到土地价格里。

6．从土地的总价当中分出如下的内容：

- 土地净成本。
- 附加成本，也就是让土地达到建筑所需状态还要追加的成本。这其中可能包括砂石清理费用、电力接入费用、电缆接入费用或是水渠修建的费用。

— 你的团队为获取政府审批所付出的劳动成本。

— 转售的费用、经纪人佣金等相关费用。

7. 如果你成功地取得了这片土地的审批，那你就能获得由自己的知识和辛勤工作带来的盈利。你可以自己衡量一下这部分利润对你来说是否满意。

8. 与市政府规划部门的熟人约见一下，问问他们对你手上的地块的土地用途和建筑密度有什么要求。看看是否符合你的预期。

9. 缩小关注的范围，专注于那些预期盈利最高的地块。判断一下申请获批的可能性，以及政府官员们的意见又是怎样的。

10. 与目标地块的业主合作。业主对于他的土地是具有全部的所有权的，那就找出他出售这片土地的原因是什么。如果你可以满足业主的需要，那你就能赢得足够的时间来申请审批。再重复一遍：你是通过改变土地的规划许可来创造利润的。

真实的故事

作好遇上诡异事件的准备。你会在项目的进程中遇上不可思议的障碍，从地底下的老鼠到天上的坠机！不要受它们的干扰而让你丧失信心。我就碰见过一些离奇的困难。要顽强地坚持下来！之后，你就能把它们当成有趣的故事讲给后人听了。

困难一：老鼠的故事。我们当时在科罗拉多州精心地制订了一个开发计划。渔猎委员会提醒我们说那片土地下面很有可能生活着一些即将灭绝的普雷布尔鼠。不幸的是，证明这一推测的唯一方法就是抓住老鼠，杀掉它们，然后做DNA比对。这样无疑会加速它们的灭绝。渔猎部门最终决定将我们的项目用地进行一些调整，为可能存在的普雷布尔鼠空出足够的栖息地来。不仅如此，他们还要求我们在项目开发和运营的过程中严禁住户养猫，因为猫会给可能存在的老鼠们带来威胁。这可不是开玩笑！通过大量的沟通工作，我们争取到了让住户养猫的权利，但条件是猫咪们都得关在家里，严禁出门。由于意识到这是一个严肃的政治问题，所以我们就作出了相应的妥协。这样一来，政府委员、开发商、住户和普雷布尔鼠们都开心了。

困难二：井水的故事。当时，我们想将加利福尼亚圣巴巴拉郡的

620英亩的一片地进行二次划分。那片地方水资源匮乏，每户的用水量都是有限制的。然而，我们在那片地上有3处泉水。水量报告显示，我们的水资源足够应付规划当中的开发项目。然而，政府以报告证据不足为由，决定用一年的时间观测水量。一年的时间！到当年结束的时候，在浪费了大量的泉水之后，政府最终同意了我们对于水量的判断，同意项目继续进行。

困难三：道路的故事。因为想要作出一些创新，所以我们有次设计社区道路的时候动了点小心思，想一改直线型道路的常规设计方案，把社区内的道路设计成曲线型的。我们觉得这样的设计可以为房产带来一些活力，但是市政府的工作人员告诉我们说"这行不通"。我们问他为什么，却得到这样的答复：老年人不适于在弯曲的道路上开车，因为他们有可能来不及转弯而发生事故。这不是无理取闹吗？我们反驳说，如果他们不能拐这样的弯，那他们就不应该再开车了。而且，这跟科罗拉多的老鼠一样，根本无据可依。但是，政府的态度很强硬。我们也只好妥协，然后修起了笔直的道路。说实话，我们到今天也从没听说过哪个老人因为这类的弯曲道路而发生过交通事故。

困难四：坠机的故事。当时，我们的开发用地三面都已经开发完毕了，而它的第四面则是近邻着一条大路。按照地块的具体情况，我们决定开发一个住宅项目，并且在设计当中只为开发项目留出了一条出入通道。然而，市政府并不是很认可我们的计划，他们想让我们设计出两条通道来。这根本不现实！为什么非要两条通道呢？有一个政府官员给出了这样一个解释："如果刚巧有飞机坠毁在你的通道上怎么办？消防车要怎么开进小区内救人呢？"我的回答也很直接和诚恳："他们进不来，人们都会死掉。"当然了，想要连这种可能性只有亿万分之一的事情都考虑进来也太荒谬了。而且，即便我们设计了两条通道，碰到坠机的情况还是一点儿忙都帮不上呀！结果是我们拿着这位官员的反对意见寻求议会的裁决。最终，议会驳回了这位官员的议案，支持了我们的原有设计方案。实际上，我们的原有设计是相当合理的，而议会也看到了这一点。30年过去了，我可以很高兴地告诉你，这儿顶多坠落过几只鸟，从来没有飞机或是陨石这类的大物件掉下来过。

上了一课：时刻作好克服困难的准备——要镇定。

了解控制权和所有权的力量

记住，房地产的控制权与所有权同样重要。同时，你还能减少自身承担的风险。如果你想在规划许可批复下来之前就买下某个地块，那就一定得考虑考虑下面这几个对你投资有影响的因素：

- 资本。无论是用自有的资本还是引进投资者，你都得需要金钱的投入。
- 风险。如果规划许可申请没有成功得到批复，那你的投入会面临多大的风险？
- 盈利能力。预计的盈利能否覆盖融资的时间价值及其他的融资成本。
- 市场需求。你也许最终能够成功获得批复，但是却找不到买家。

你也许会想，卖家为什么愿意给你时间，让你去申请相应的土地用途呢？这对你来说风险这么低，他不知道吗？这里就有几个非常重要的原因：首先，你向他提出的收购价通常会比现价要高，从而为卖家带来更高额的回报。实际上，如果你当即就从他手中买过来，你占用的资金产生的时间价值也是隐含在其中的。所以，略高的购买价格对你来说没什么不好的。

另外一个原因就是税了。如果卖家卖掉了土地，那他就要缴纳资本利得税（现行的联邦资本利得税率为15%）。然而，如果对这笔钱进行再投资取得了收益，那他就得缴纳所得税了（这个税率目前高达38%）。而如果你愿意给卖方提高购买价，并在取得土地规划许可之后进行交易，那么卖方就能为这部分收益缴纳更低的资本利得税（15%），而不是所得税（38%）。

同时，你还可以向卖家许诺，如果最终审批没有通过，你可以把这个过程中所有的调查报告、环境测评报告、土壤分析报告、交通情况报告、电力报告和产权方面的工作结果都送给他，作为交易不成功对他的补偿。卖方可以用这些研究报告来与下一位买家进行沟通和谈判。其实对你来说，如果申请不成功，这些报告也就是一堆废纸而已。

你还可以询问卖家是否愿意承担报告的相关费用。你可以跟卖家谈，如果审批成功，地价因此增值之后，你会相应地提高协议的土地购买价格。如果你不必为这些报告埋单，也就从真正意义上做到了无本的买卖。你只要承诺在成功之后分一部分利润给卖家就行了。这也是最佳的投资策略了。

时间也会成为你的帮手。由于很多卖家会考虑使用1031号税法条例来进行资产置换，所以他们在给了你争取规划许可变更时间的同时，也给了自己时间寻找置换的对象。由于房地产置换对于时间的要求非常严格，这也就给了你更加充裕的时间。

最后一点，卖方很有可能想参与自己土地的开发工作。他手上的那片地有可能是祖辈好几代人都生活过的地方，他们可能会对这片地有着特殊的感情。因此，他们会在金钱之外关注一些精神层面的东西。

合理的协议——对你来说

先让你的房地产律师起草一份对所有卖方都适用的标准意向书。在意向书中，要列明交易的条款。这其实并不是正式的合同，但你可以认为它是双方达成共识的标志。

一旦双方都在意向书上签字了，就先让你的律师按照意向书的内容起草一份正式的协议。要确保你能通过这份协议来维护自己的利益。一旦签订了购买协议，你就拥有了土地的实际控制权。再说一遍：带你走向财富终点的并不是所有权，而是控制权。

一旦双方签订了正式的购买协议，就要跟选好的产权公司签订第三方保管契约。同时让产权公司按照贷款人的需求，对目标地产出具一份地役权、抵押权的相关证明。

你的任务：

● 让你的房地产律师起草一份意向书。

● 与卖方商讨、签订意向书。

● 让房地产律师按照意向书的内容起草一份购买协议，尤其注意要保护你自己的利益。

● 签订协议也就获得了土地的实际控制权。

● 与产权公司签订第三方保管契约，然后取得产权报告。

该做的调查

不断地增长知识来避免不必要的麻烦，保护自己的投资是非常重要的。试试下面的这几步：

你的任务：

● 在产权公司的陪同下一起审阅产权报告。保证你的土地之上不存在与未来预期用途相违背或抵触的条约限制。

● 检查是否存在影响你获得土地所有权或使用权的事宜。

● 检查房屋的地役权，保证你可以为自己的建筑取得合法的出入通道。

- 看看是否还有属于地块的应付费用。
- 看看谁拥有地下矿产的所有权。
- 把产权报告和其他文件都交给你的土木工程师,以编制一本贷款人备查表。
- 一旦你获得了土地的控制权,让你团队里的房地产经纪人联系可能的买家。别觉得好的房地产经纪人贵。事实上,他是你团队中非常重要的一员。好的经纪人通过多年的经验与建造商和买家建立起了良好的关系,这能为你的成功增添保证。如果你交易的利润还不够支付经纪人的费用的话,那这笔生意还是不做为好。
- 让建造商和买家参与到规划过程中来。千万别听了一个买家的意见就按照他的想法制订申请计划。除非他首先付给了你一大笔的不可撤回定金。如果你完全按照他的意见提起申请,你的申请也许最终能够获得审批。但那时你会发现,很有可能除了他之外别的买家无法接受你的计划。

真实的故事:清理石头算是采矿吗?

最近,M3 公司参与了一个大型的社区项目。其中,我们需要把 600 万立方英码的土运走。我们根本没想着要把这些土卖掉,只是想把它们筛一遍,然后把那些比较细的土送到高尔夫球场去用。当然了,我们还把那些太大的石头搅碎,以方便运输。

一个偶然的机会,有个土地管理局(政府机构)的代表路过了我们的施工现场,看到了我们在做的事情。回到办公室之后,他就给我们写了一封信,说是如果我们进行采矿活动的话必须要经过他部门的批准。

由于所有的开发项目的现场都会有一些搅碎石块、筛选沙子的工作,我们向他解释说自己并没有把这些东西拿出去卖,更不要说采矿活动了。于是,他又给了我们回复:如果是手工来做,这是合理的筛选工作。而如果用机器来做,这就是采矿行为了。不过,这石头也太大块了吧!

我们从来也没遇到过这么好笑的事情。但最终我们双方还是认真地进行了商讨,从而避免了它对我们工程产生的停工等影响。

上了一课:准备好迎接那些意想不到的麻烦,同时提高自己的沟通谈判技巧。

调查和报告

下一步就是完成贷款方的调查报告了。这份报告中包含了所有产权报告里的内容，比如地役权、土地边界、面积大小等。它还包含了那些未标明的道路和相关的法律问题等。它是其他所有规划的前提。你的土地规划师会根据这份调查报告上的信息来计算你土地的面积，并且给你列明接下来要做的每一步都是什么。这就是你的基础。下面就是你在进行这重要的一步时可以用到的信息：

你的任务：

● 审阅你的调查表，看看你的地上有没有邻居修的篱笆、建筑物等设施。看是否有人侵占了你的土地。

● 看看你的土地上是不是存在未经备案的道路。因为如果存在这样的情况，道路的使用方可以提请法院保护自己的道路使用权。这样一来，它会直接侵占你的土地，同时给你的融资带来麻烦。

● 确定一下是否有电力和燃气管道经过，并判断这些管道设备会对你的开发产生怎样的影响和限制。它们是否会对你的开发及之后的销售产生影响。

● 确认你的工程师在设计的时候考虑了足够强大的排水系统，以防止房屋被淹。

● 把调查表给你的土地规划师，让他帮你制作一份土地规划方案及具体的实施细则。

我从不会只依赖于土地规划师，因为我发现我自己的知识对最终的产品也同样重要。如果你有了这种精益求精的信念，你就能在日后看到它给你带来的好处。为什么？因为"宁避族"们和政客们也会感觉得到，他们会认为自己给开发商（也就是你）的压力转化为了改良开发方案的动力。现今你所面对的反对力量可是精明得很呐！

你要根据自己的知识和经验判断，是否应该从"宁避族"中请一位代表参加到规划的过程中来。总的来说，这么做是对你有好处的。

● 在第三方供应商们开始工作之前，先让他们与你签订责任保险。我建议你的保险总额起码要达到100万美元。这个金额还真算是低的。

● 另外，赶紧把下面的这些报告做了。实在没道理一直拖拖拉拉的。

土壤分析报告

土壤分析报告目的在于研究当地的土壤状况，以判断如果在其之上修建房屋，是否会产生额外的成本和费用，从而导致最终开发利润降低的情况。比如说，有些地方的土质很松，那就肯定要在建设过程中采取专门的处理，同时会增加建设的成本。有些地方土里有很多大块的石头需要清理，也就相应地增加了成本。如果你是采用自建化粪池，而非公共的下水网络处理下水，那也得看土质是否符合规定要求。有些地块甚至在地下有表面看不出来的裂缝。到底土壤分析报告有多重要呢？我这里有一个真实的故事。

> **真实的故事：便宜的土地未必省钱**
>
> 在之前房地产市场疯涨的时候，有个投资人低价买了900英亩的土地，准备快速转手挣一笔。他将那片地买下之后就来找我帮忙。在进行尽职调查的期间，他没有要求做土壤分析报告。所以，他根本不知道这片地土质非常松。如果想要在这样的土地上建造房屋，夯实地基的工作就要多花掉一大笔钱。这样一来，增加的成本就会让最终的房价在市场上失去竞争力。可悲的是，尽管土地不贵，但改善土壤状况的隐含成本可太高了。我对此无能为力。如果当初他做了土壤分析报告，这一切本都可以避免的！
>
> 上了一课：土壤非常重要。千万别做那种省小钱丢大钱的傻事儿。

一期环境测评报告

这份报告会告诉你周围的环境如何，附近是否存在对你的地产有不利影响的环境问题。比如说，你附近的加油站就有可能发生油罐漏油的情况，从而污染了你的地块。

如果有问题出现，你就会在二期环境测评报告中得到相应的解决建议。这份报告更贵，但内容也更加翔实。通过实验室里的测试，你会了解到现有的污染种类是什么，以及该如何应对。通常情况下，解决这类环境问题的成本都非常高昂。所以，一旦你发现一期报告建议你进行二期测评的时候，就别继续了，直接放弃收购这块土地就行了。千万别碰那些有环境问题的地！还有，如果你的地里石头很多，或都是花岗岩，那你就应该让环境测评工程师做一个氡气的测试，看看是不是需要采取什么中和措施。

公共设施接入报告

除了这份报告之外，你的土木工程师是否为你的地产准备了公共设施接入报告呢？这是一份对相关公共服务作出的报告，具体包括自来水、下水、电话、燃气、电线、电缆和应急排水管道等。

这份报告需要列出这些服务的具体接入地点、容量、水压、服务提供商和接入办法等内容。它还需要说明你在开发的过程中是否要因为这些公用设施的接入而付出额外的成本。

另外，让你的土木工程师列明接入这些设施的话，还需要各追加多少的费用。

水路报告

所有可通航的河道都是受陆军工程兵团监督管理的。不要以为你可以随便在自己的地上修条河出来。最多也就允许你修一条灌溉渠而已。同时，你还得根据具体的水资源情况对流水采取保留或是疏导的措施。

考古学研究

如果在你的土地上发现了文物，或是有可能有文物存在，那你就得做考古学研究了。不要觉得你所在的地方既不是殖民地原址也不是土著印第安人的村落所在，你的地下就什么都没有了。

真实的故事：不幸的开发商

有位开发商在自己项目的进行过程中，在挖水渠的时候发现了一些文物。这项目就不得不停下来供考古专家们进行发掘工作了。这一停就是18个月，开发商因为资金链紧张差点被逼得破产了。如果在开发前进行一个考古学研究，这一切本都可以避免。

上了一课：万事皆有可能。别跟命运较劲。

联邦航空管理局的审核

保证联邦航空管理局对你的开发项目没有任何的管制。你的项目所在地是否位于飞机的噪音区外？是否不会影响飞机的飞行？当然了，这是必需的。

水井

看看你的土地上是否有国家水利资源部标出的水源。看看上面是否有对水井深度、出水量等指标的记录。之后，要采取合理的方式把那些废井都处理了。

申请

就快成功了！经历了这么一系列的准备工作之后，你就可以正式地准备土地规划许可申请了。每个州对此都有不同的法律规定，有些需要交通研究报告、水路报告、景观设计方案或是学校出具的项目对学校的影响报告。所以，根据具体情况选择你要出具的报告就好了。

你的任务：
- 拿着你的计划书，在项目周围 600 英尺的范围内挨家挨户地去解释你的项目计划。还要带上：
  – 彩色的项目计划及相应的注解。
  – 由你的开发项目带来的人流、车流的预计变更情况。
  – 来自学校的支持信。
  – 你的名片和联系方式。
  – 支持你项目的签名记录表。
  – 写有听证会日期、时间、地点的卡片，并在上面写上市长和议会官员的姓名、电话及电子邮件地址。
- 从离你项目最远的住户开始。他们与你的项目离得最远，所以你获得他们支持和签名的可能性也就更大。
- 由远及近，拿着那些已经签好的名字不断地说服住户们支持你的项目。你的目标就是要得到那些离你最近的住户们支持你的开发计划。这样才能在你与议员们交流的时候更具说服力。还有，只把那些印着听证会信息的卡片发给支持的人们。

该怎么与邻居沟通

在与邻居沟通的时候，是很容易犯错的。在谈话中应用以下这几条准则，你就能避免可能出现意外的情况。

应该做的事：
- 要穿着得体，对自己的项目充满热情。
- 保持礼貌。
- 真诚，用事实说话。
- 作好处理反对意见的准备。
- 多听，避免争论的发生。

- 与对方建立良好的关系。
- 如果你当时遇到了无法回答的问题，一定要在之后亲自上门给出答案。这也是你与对方发展关系的好机会。
- 对你的项目保持自豪感。
- 寻求邻居们的支持，记下他们的联系方式。
- 与邻居们保持沟通。
- 让那些支持你的邻居邀请他们的朋友组织小型的会谈，以方便你在会上解释自己的项目。
- 让邻居们签署支持你的请愿书。邀请那些支持你的邻居参加听证会。把听证会的时间、地点印在传单上发给他们。
- 让他们通过电子邮件或是电话联系市议会的议员，表达自己的支持意见。把议员的联系方式印在传单上发给他们。
- 取得商会、房地产商协会和房地产经纪人协会的支持。

不应该做的事：

- 只把你的名片和听证会信息留给你的支持者，对于其他人不要留下任何信息。你也许会在准备过程中修改自己的开发方案。如果你在之前留下了设计方案的初稿，邻居们有可能会因为这其中的变化指控你涉嫌欺诈。
- 不要夸大你的项目。
- 不要在一开始就以小组形式进行沟通。比起单对单的沟通来说，群体的意见更难协调。
- 不要让你的邻居们的意见差异激化为原则性的不和。
- 不要以该地块的其他开发用途来威胁邻居们，但可以告知他们这块地的其他可能开发方案。

同时……

继续与你在前 6 个月当中见过的那些朋友保持联系：市政规划部门的工作人员、社区委员会的成员、规划委员会的成员及市议会的议员们。努力让这些团体的负责人都对你的项目给予支持。得到了他们的支持，你再与下面的工作人员接触时就会非常轻松了。这一点非常重要！

与你有联系的那些政客从意愿上来讲是支持你的，但你还是要给予他们足够多的支持理由。要让政客们了解在当地是否存有反对意见，都是些什么样的反对意见，以及你为解决这些反对意见都做了些什么努力。

政客们通常需要知道在这种反对意见的面前选择支持你，他们能获得怎样的政治利益：私利和自我保护！在之前的6个月当中做好充分的准备工作，在提出申请前研究类似的先例、分析政客们的不同反应，你就能迅速地得到正确的答案。

要记住，真正关键的那些支持票是来自市议会的。你必须保证在听证会最终召开之前就已经为自己拉到了足够的票数。如果你无法保证这一点，那你就得设法推迟听证会的召开。

收尾

那么，费了这么大的劲儿，最好的结局是怎样的呢？

● 你学习到了足够多的知识，并建立了良好的关系网来帮你实现对目标地产的收购。

● 让你的地产重新获得规划许可，从而创造价值。

● 找到买家并售出地产，从中获取由新的规划许可带来的购入价和售出价之间的价差收益。

● 通过知识而非资本来获得成功和收益。

> 小贴士　记住：你不需要对地产拥有所有权，只要拿到控制权就可以了。

知识、知识、知识

从小事学起是正确的学习方法。但你可能会发现，项目小到根本没有做的意义了。小项目的步骤与大项目根本无二。这也就意味着在付出同等努力的时候，你的项目越大收益也就越高。这只与你的信心有关。

M3公司就是沿着这个方向开展工作的。在过去的40年中，我们运用自己规划、许可、实施方面的专业知识不断进行着开拓。无论是普雷斯科特610英亩的美国牧场社区，1 100英亩的普雷斯科特湖畔社区，2 100英亩的维肯伯格牧场社区，丹佛城外2 000英亩的美国砂石牧场社区，以及爱达荷州6 000英亩的依格社区，我们都成功地运用了自己在规划许可方面的专业知识，从而取得了成功。

但是，人无完人，这世上的人都会犯错。为了减少错误带来的损失，你就得学会及时止损，让收益持续。你的动力会最终决定你的成败。

未来

那些对房地产规划许可精通的人们未来会如何呢？政府对于房地产规划的许可一定会出台新的政策、法律法规及环境要求，所以争取许可的工作会越来越困难。坚持这一行走下去的人也会越来越少。但是，房地产开发企业的需求不会减少，反而会不断增加。这样一来，从事这一行的人就会变得越来越抢手。

这一行的关键又是什么呢？知识。丰富的知识会让你成为房地产行业中被追捧的"香饽饽"。你可以自立门户为其他人做咨询，或是在某个房地产开发公司做主管。希望这一章内容能为你创造未来提供帮助。

当说到规划许可，知识就是你的资本。与其他的资本（现金、股权、借款）不同，这项资本谁也夺不走。它还会不停地成长，帮助你获得成功。

最关键的一点是，这项资本在经济处于低迷期的时候价值最为明显。房地产的卖方会更愿意给你时间来申请许可。贷款人也会收回一些地产，并让你这样的专家重新销售那些地产。为什么？因为你可以为这些市场价值下降的地产提升价值。这就使得你站在了一个不可替代的位置上，成为了创造价值的利润中心。

为地产重新争取规划许可的过程往往需要持续数月，用这段市场的低迷期来做这件事情再好不过了。低迷的时期总会过去，到了那时，你的项目已经准备停当，只等开发了。这就叫"恰到好处"。

经济低迷期那些身处高位的朋友们

在经济衰退的时候，申请的数量会急剧减少，所以你的申请就可以更快地取得批复。不仅如此，对于面临财政赤字问题困扰的政府官员来说，拒绝你的项目也是不太可能的。同时，业主们也愿意给你时间来争取许可。他们都需要你！

我想在最后告诉你：做一个逆向投资者。在经济低迷的时期，人们都只是把注意力放在工作、经济和股票市场上。他们很少去关注那些看上去很凄惨的领域，并从中寻求投资机会。当没人愿意继续投资，没人能得到贷款，通过房地产投资得到的利润也在慢慢减少的时候，你要记住：你拥有在此时期最宝贵的资本——你的知识。

在其他人都在往回看，努力地保护那些已然发生了减值的资产时，你可以花一些时间来唤醒房地产利润中那沉睡的巨人：规划许可。现在正是行动的好机会。

12

马匹交易

国境线上最初的致富之路

——韦恩·帕默

韦恩·帕默是一位具有创新意识的房地产投融资专家。他曾经成功利用私人贷款和其他的房地产合同形式,以及 1031 资产置换条例成功地完成多次投融资交易。身为美国犹他票据有限公司和其他几家公司的经理,韦恩还是注册房地产票据评估师、注册现金流经纪人、专修教育讲师,并被美国地产交易委员会授予资本营销经纪人的称号。

他从 1978 年就开始从事房地产开发事业,业务遍布犹他州、爱达荷州、亚利桑那州、夏威夷及明尼苏达州。

我曾经与韦恩·帕默在房地产置换会议上有过一段交谈时间，那是我一生中最开心的时间之一。在那两三天的时间里，一群房地产的置换专家们分享着几百笔投资的信息，有很多置换交易当即就敲定了。这类的会议对韦恩来说是绝佳的机会，他可以运用自己独特的能力和天生的创造力来发掘被大多数人忽视的投资机会。这也总会让他成为论坛的主角。韦恩驾驭这类房地产置换会议的能力非常之强。而对于我来说，参加房地产置换会议是房产投资者最梦寐以求的事情了。

韦恩介绍我进入了房地产置换会议。会议上的一切对于我来说都是那么新鲜，我就好比是一个饿坏了的人进入了自助餐厅一样，时刻准备大吃一顿。在这里，你很少听见平常人们常说的"我买不起"或是"我没有钱"这类的话，交易在每时每刻进行着。这里不存在缺乏创造力或是因财务状况不佳而缺乏自信的人。这里的人即便身上一分钱都没有，也还是不停地终日进行着交易。与韦恩一同参加房地产置换会议比在拉斯维加斯打扑克牌或是掷骰子刺激多了，它简直就是将打猎的刺激、对创新的挑战和获胜的动力综合在一起的产物。

每当我钻牛角尖或是思维发生短路缺乏创造力的时候，我都会第一个想到韦恩，给他打电话。他可以为我从不同的角度想出很多解决问题的方法。他也从不会一味地顺着我的话说。当我给韦恩打电话的时候，我知道自己总会听到最诚恳的意见。他会直接告诉我说某个机会糟透了，或是告诉我一些可以创新的点——通过合理、合法的方式——来把一个好的机会变得更好。

韦恩是我的良师益友。在这一章的内容中，韦恩将带给你一些他曾经教给过我的知识。相信这一章的内容能开阔你的眼界。

——罗伯特·清崎

当我还小的时候，我的父亲就在我们的农场的路边竖起了一个金属标牌，上面写着：

> 出售或交换
> 草料、马匹
> 瓦尔·帕默
> 254-4768

图 12-1　农家庭院

父亲的故事是一个典型的美国创业者的故事。他在祖父的农场长大，经历了经济大萧条时期。当他还年轻的时候，农场赚的钱还不够养活一家人，所以他不得不离开农场去找工作。这让父亲非常困扰。因为他喜欢农场，尤其喜欢家畜。他的梦想就是拥有一块属于自己的地，然后可以养一些动物来维持生计，而不用出去通过出卖劳动力赚钱。

当我还小的时候，父亲带着我们全家搬去了加利福尼亚州，以便能找到合适的工作。他最终在橘子郡的一家五金店找到了运送建材的驾驶员工作。那个时候，加利福尼亚的经济比犹他州要好多了。在那两三年的时间里，父亲通过劳动还清了自己和祖父留下来的全部债务。还清了欠款之后，父亲就决定回到他小时候生长的农场继续生活。

回到犹他州，父亲又找了一份驾驶员的工作，为盐湖城政府开垃圾车。他不喜欢为别人打工，他天生就是一个独立的人，总是想要自己做一些事情。然而，他还是需要积累一些初始的资本来开始实施自己的创业计划。当他开垃圾车的时候，他和他的同事们总是加倍努力地工作，尽量在每天下午两点钟的时候就把全天的工作都完成了。这样一来，剩下的半天时间就可以用来做自己的事情了。

为了免于偿付每月的房屋月供，他把家搬到了祖父农场的一角。从我们搬家的那天起，这就成了一笔非常合算的买卖。没有了任何债务的压力，父亲就可以用多出来的钱购买资产，就跟富爸爸教的一模一样。在我父亲的世界里，动物就是资产，因为他可以低价购入再高价售出。在农场里，草料和谷物也都是资产，它们可以带来现金流。

他从当地的农民手中低价大批量地买进草料，然后小批量地提价卖给马匹爱好者。他用一辆1956年产的皮卡车进行运输，后面还拖着一个平板车。他还从私人手中买马，为它做清洁工作，进行驯养之后再提价出售给那些愿意购买高级马的人们。在做这些事情的同时，父亲还在我们家附近租了一片地用来种土豆。他每年收获一次，并与国家俱乐部薯片工厂签订了协议，由它们全部进行收购。在每一笔交易当中，父亲都可以取得不多的利润，这逐渐帮他积累起了他的资本。每一笔小小的交易都帮他在不断地挣脱出老鼠赛跑的困境。

这样开垃圾车加兼职的生活持续了3年之后，父亲辞掉了城里的工作，自己买了一辆福特车，外加32英尺的平板拖车。他终于可以自己当老板，做起全职的运货生意来维持家用。按照富爸爸的现金流四象限来说，他从"被雇佣"的象限进入了"自我雇佣"的阶段。

我在很多年之后才明白父亲有多么能干。如果有人拿现金来买草料或者马匹，他会接受对方的现金。同时父亲还明白一些现在大多数商人并不了解的事情：货物也可以充当交易过程中货币的作用。而且，易物的交易还很有可能给你带来更大的利润。

我的父亲就是一位天生的交易商。父亲用草料交换马匹，也用牛交换草料。他为人运送货物，收取牲畜作为回报，还有时用牲畜去商店里去跟店主换一些食物和衣服回来。当我们重修自己房子的时候，父亲还用草料和牲畜换来了施工材料、橱柜等物品，还请来了建筑工人帮助我们干活儿。我为什么之前没有发现这一点呢？毕竟，物物交易是现代意义上的货币没有出现之前最基本的交易方式，它一直存在于我们的世界当中。并且，我觉得它在今后也会这么一直存在下去。

我之前没有注意到这一点，应该主要是因为我自己从事的是房地产生意，而不是传统的农业吧！当经济在20世纪80年代初期停滞不前的时候，利率疯涨。靠现金交易为主的房地产市场的发展简直可以用"爬"字来形容。当时，我才刚开始听到不为大众所知的1031号条例，以及"置换"和"净值互换"这类的概念。这两个术语都是用来描述那个特定的缝隙市场的。我在本章中想为那些有兴趣进行详细了解，并希望亲身参与其中的人们打开一扇通往财富终点的大门。以下就是具体的操作方法了：

净值互换是不用现金就可以进行的房地产投资。它的核心是交易双方房产的净值，并通过交易为双方带来收益。在传统的买卖交易中，关键是卖家想以多高的价格出售，买家想以多低的价格买入。这就让买卖双方彼此站在了对立的角色上。如果父亲在处理自己农场生意的时候对草料和牲畜的交易上不见钞票不撒手的话，你可以想象他需要再花多久的时间才能实现自己的财务自由了。物物的交易加速了这一进程。

致力于净值互换领域的房地产的专家们被称为"净值互换者"或是"置换者"。在这个置换的行业里及本章之后的内容当中，你会经常看到这两个词。置换者们会定期组织会议，在会上与其他同行和业主们分享信息，看看能否通过置换来获得他们想要的房产，或是从中实现盈利。这些会议就是机会的温床。这也是房地产行业中最有活力最有效的论坛之一。

小贴士　也许最重要的一点就是，净值互换不依赖现金。所以即使是在房地产市场跌入低谷的时候，净值互换仍然继续存在着。

置换者们往往在其他从业者们都在市场低迷期深陷泥潭的时候还能继续创造着财富。这对于长期的投资来说是多么重要啊！房地产置换可以帮助你的房产实现大的收益或是帮你在经济低谷的时候尽量减少自己的损失。

　　在2005年10月的时候，罗伯特·清崎作为主讲人受邀参加了由国家置换者委员会赞助的净值互换大会。会议是在科罗拉多州丹佛市著名的布朗皇宫酒店召开的。在里面待了没多久，罗伯特就发现人们手中的待交易房产多得惊人，交易也在不停地进行着。他看到我，像个大男孩一样激动地说："这活脱脱就是我现金流游戏的真人版呀！"我之前从没这样想过。但是我马上意识到，他说的没错。我一下子就意识到了二者的联系：

- 会议召开的地点就相当于是现金流游戏的棋盘。
- 会议和我们的组织也都有相应的规则和章程，与游戏一样。
- 游戏里的"机遇"卡就跟我们会议上发放的房产资料清单一样，都写满了各类的投资机会的相关信息，只不过有些机会大有些机会小而已。这些机会包括房产、租赁权、水权、林权，甚至是一些偶然的生意机会。这其中有些风险高，有些风险相对较低。
- 现金流游戏将富爸爸的投资理念融入其中，让人们通过游戏得到了学习。而在净值互换的竞技场上，人们也同样可以在与他人的置换交易中不断地学习和进步。并且，这可是实实在在的。就跟富爸爸公司一样，国家置换者委员会和其他的置换者协会也在一直致力于长期培养他们的成员们。

　　小贴士　置换者协会在现实生活中向人们传授如何用房地产为工具来跳出老鼠赛跑的困境。

　　当我还是个小孩子的时候，我经常和父亲一起去参加牲畜的拍卖会，在那里卖掉一些我们养的动物。现在我变成了到置换会议上进行房地产交易。对于普通人来说，净值互换在任何经济状况下都是创造财富最有利的投资工具。

　　罗伯特迅速地掌握了这一门投资技巧，并且把它加入了自己的富爸爸房地产课程当中去。在之后的会议上，他表示出了这样的想法：我不仅想让我的学生们掌握有关金钱的知识，还想指给他们一条运用知识取得财富的可行之路。他不但想要学生们获得高质量的财务知识的教育，还想让他们在真实的世界中取得真实的财富。从那时起，我就开始和罗伯特搭档，共同为富爸爸讲授有关净值互换的课程。

结果是喜人的。那些领悟了富爸爸思想的清崎的学生们已经开始通过净值互换这条路来重新进行资产整合，增加现金流，提升资产净值，优化管理流程及实现减免税款的目的。他们真的做到了！

12岁的约翰·保罗

有个成功的案例发生在一个来自得克萨斯州的小男孩身上。罗伯特问我是不是愿意教一个年仅12岁的小男孩，他名叫约翰·保罗。约翰·保罗从7岁开始阅读富爸爸丛书，并在12岁之前看完了全套的富爸爸系列。按照富爸爸的现金流游戏传授的知识，他自己创业。在我们见面之前，他已经拥有了两块业务，写了一本书，还制作了自己的CD唱片。他有个目标：在13岁之前拥有自己的第一处房产。

我最终决定飞去达拉斯的福特沃斯，与约翰·保罗及他的家人会面。他家里的气氛非常好，无法用言语形容。约翰的父母对于教育的重视程度，以及他们全家协力实现远期自身财务目标的决心都让我深有感触。我发现，约翰只对具备实际操作价值的东西感兴趣。尽管只是个12岁的小孩子，他已经对那些空虚缥缈的理论毫无耐心。我惊讶于这个小孩对于知识快速的掌握能力，以及对于某些术语的解读能力。他的这些能力甚至超过了一些成年人。他对学习充满了天赋和热情，这两点对于成功来说必不可少。我也意识到了，这对成功的父母养出了一个出色的孩子。即便他还未成年，也足以成为商界的人才。

我和他们一家人，还有我的朋友及合伙人、国家置换者委员会的前主席约翰·斯宾诺拉一起共进了晚餐。想你也应该猜到了，把约翰·保罗带到置换者大会去，对他来说简直就是如鱼得水。他的母亲刚刚得到房地产经纪业务许可证，所以我们也给她介绍了净值互换这个领域。不到一年，13岁的约翰就实现了自己的目标：在一个总价100万美元的公园项目中成为了小股东。为此，他只用了母亲的佣金垫付了自己的头款。他在房地产的财富之路上迈出了自己的第一步。这一切都要感谢富爸爸的课程、净值互换大会和约翰值得骄傲的父母。

用合作代替竞争

在净值互换的交易当中,买卖双方都会相互"协作"去争取更大的利益。他们通过各种投资方案,努力让交易的双方都从中获得尽可能多的利益。比如说,进行资产置换额外的好处包括税务的优惠、更少的管理责任、更大或更小的杠杆作用,或是双方各自更想得到的地理位置、更中意的房产种类,或是更适合发挥自己专长的投资目标。资产置换的优势就在于可以同时满足双方的具体需求,让双方同时通过这个置换的过程实现盈利。这样,就创造了双赢的局面,实现了最好的结局。

把柠檬榨成柠檬汁

"置换"是我的投资组合里最有力的杠杆工具之一。比如说,我为一座4英亩的马场提供了贷款,但由于借款人无力归还贷款,我不得不将这处马场收回。当时,我的贷款受偿权是次于首次的抵押贷款的。因而,我为了获得马场全部的产权,就必须先还上首次的抵押贷款。我给抵押贷款的贷款人开了一张支票,让他们满意地离去之后,就顺利地收回了这片马场,成为了它的新主人。在此之后,我才发现原来的业主已经把马场毁得很厉害了。如果想要把马场卖出好价钱,就需要再花大量的时间和精力好好地做一番整修工作。当时的我就像是拿着一个发苦的柠檬,吃也不是扔也不是。

在开始整修工作之前,我在一次净值互换大会上把这处还未整修的马场以 225 000 美元的价格置换了出去。这对我来说简直是无法想象的!因为即便把它整修完毕,我也不觉得能卖出这个价钱去。一位参会者告诉我他的女儿和女婿会非常喜欢这个马场,同时,他用两块地当做头款完成了这笔交易。

第一块地位于离我家 55 英里处的一个不错的片区。那块地的价值比较高,而且视野和景色都很好。问题是,那块地的地势太陡。这种地常常被我们称为"公山羊"地,因为只有山羊才能在这样的地形上顺利地行走。想要用这种地进行房产开发,是需要一些专业技术的。我的对手方对此很头痛,而我却刚好有建筑方面的经验,所以对这种地形并不是很担心。比起这来,我更对我空着的马场感到忧虑。这马场上押了我 150 000 美元的资金,而且它还急需整修。但这一切并没有困扰到我的对手方,因为他的女儿愿意在这马场上养马,并且愿意亲手进行打理。

第二块地离我家很近，非常适合用来建造联排洋楼，但是它所在的片区相关设施一直不能到位（水、电、气等）。也就是说，政府对于这块地进行开发的可行性还不确定。所以，直到现在这片地还没有任何一个业主拿到建造施工的许可。这也就意味着，直到政府出台新的规定或意见之前，这块地的商业价值几乎为零。对我来说，这个问题也不大。只要耐心等待一段时间，再积极地做一些基础的准备工作，让政府看到这片地开发的可行性，得到批复是指日可待的。当然了，需要准备的基础工作很多，比如按照政府的标准划分范围、接入水电气、修建排水渠等。但是，我宁愿承担这所有的工作，也不愿意处理那个空空的马场。

我们达成了这样一个协议：他的两处地产按照 75 000 美元的价格作为头款转至我的名下，再由他的女婿将剩余 150 000 美元的余款以按揭的方式分期付给我。这样一来，我的马场就算是卖出了 225 000 的价格。这一笔置换协议像糖一样，把我的柠檬变成了可口的柠檬汁。

就在交易后不久，有一对年轻夫妇找到了我，说是想要从我手中买下那块用来建造联排洋楼的地。那位男主人是在政府的规划部门工作的。所以，有了他帮忙，获得审批就更加容易了。最后，那块地得到了建造许可，夫妇俩用 50 000 美元的现款买下了这块地。再后来，我把那块"公山羊地"也卖了 70 000 美元。虽然我在置换交易的当时并没有马上获得 75 000 美元的现金收入，但在不久之后我从中获得了 120 000 美元的收入。有了更多的糖，我的柠檬汁尝起来更加可口了！

收益重于价格

置换交易更加重视资产的内在价值，所以置换交易之后获得收益超出原先合同约定价格的例子屡见不鲜。记住，置换的重点在于为置换双方同时创造价值。在置换的过程中，所有者的资产内在价值（而非现金收入）才是双方交易的筹码。交易者会列出房产的所有优势，并向对方介绍可以从这些优势中获取的财务收益。人们看到了这些优势之后，往往就不会太拘泥于价格问题了。

在上面的那个例子中，我只要能解决那块"公山羊地"的地形问题和另一片土地的基础设施接入问题，就能立马挖掘出那两块地的潜在价值来。尽管原有的那些特点对于之前的买家来说完全是缺点，但对于我来说看见的全都是机会。因为我具备解决这些问题的相关能力。

同时，我的地产也给对方带来了额外的价值。他为自己的女儿找到了一块非常合适的马场，并且用两块对自己没什么意义的地换来了一整块可以荫及子孙的地。并且，这块地也会逐渐升值，随着修缮的进一步进行会体现出更高的价值来。

我们俩都没必要按照传统的房地产交易流程去买卖自己的地产。通过资产置换，我们不仅迅速地达成了交易，而且还获得了比平常更为可观的回报。我们实现了合作，为双方同时解决了问题，并且带来了更大的收益。比起传统的现金交易来说，我通过这次的置换起码多得了45 000美元的盈利。

通过这样的置换交易，双方还可以将自己特有的能力运用在项目当中，让置换后的房产实现增值的目的。你也应该注意到了，在上述的例子当中，我运用了自己建筑方面的经验和规划、产权方面的知识让我的两块土地实现了增值。而对方则在满足了自己女儿要求的同时，用自己女婿的信用和自己的两块地作为出价完成了交易。对于这笔交易的双方来说，都没有用一美元的现金就实现了价值的流动。这就是置换的魅力所在！通过把思想、智慧、知识、协商和社交结合在一起的运用，资产的价值在我们之间实现了流转，实现了协同效应，并最终达到了双赢的结果。

小贴士　净值互换让我们可以实现用自己的现有地产为资本进行新一轮的地产投资，省略了现金买卖的过程。

换句话说，当我们用资产置换代替单纯的现金销售的时候，我的原有房产加上它对你的潜在价值基本等同于你的原有房产加上它对于我的潜在价值，并且比单独的每一片房产价值都要高。而且，这整个过程不需要你掏钱出来！想想看普通的交易形式对你资金的占用情况及由此带来的现金流吃紧状况和高昂的利息，你就更能发觉资产置换的好处了。

净值互换 = 快车道

如果我们再一次把净值互换与现金流游戏联系在一起，你会发现它就是你在游戏当中常见的那条"快车道"。我相信罗伯特第一次参加置换大会的时候也是这么觉得的。在置换论坛或是现金流游戏的快车道上，你都能走得更快、赚得更多,同时体验成长的乘数效应。所有的一切都变得流动起来了。

通过下面的这个置换交易来体会交易双方获得的收益吧!

我的朋友麦琪·伯德是一位因卓越的资产置换技巧而广受国内业界好评的专家。她的一些客户原有的住房开始慢慢地无法满足日益增加的家庭成员的需求,无论是父母、3个孩子还是家里养的猫和狗都越来越感受到这栋房子的局促。他们需要一栋更大的房子,但又觉得自己无力支付购置大房子所需的额外资金。与此同时,他们还在比较远的一片社区里拥有一块度假用地,算起来已经有17年都没有去过了。麦琪建议她的客户用这两块房产换个大一些的房子。

他们找到了一个合适的目标,一栋上下共两层的小楼,院子总面积为3英亩。这房子对他们家来说简直是完美的选择了。那栋房子的业主是位上了年纪的鳏夫,最近还刚进行完臀部的手术。爬楼梯对于他来说简直太痛苦了。并且,他自己独身一人用不了那么大的房子,反而会让他感觉更孤独。他也无力料理那个大大的院子。所以,他急切地需要一栋一层楼的小房子。

麦琪和她的客户向老人提出了这样的置换方案:用自己一层楼的小房子加上那个度假用地跟老人的大房子交换。老人接受了他们提出的方案。按市价来算,这笔交易也是合理的。并且,双方都如愿以偿地得到了自己想要的房子,还不用多花一分钱。这个置换交易当中完全没有掺杂进来一分钱的现金交易。麦琪的客户一家人得到了大房子和大院子,并且没有增加任何的债务负担。他们还让那个每年都在交着地产税而多年都没有使用过的度假用地也派上了用场。老人也从大房子搬去了自己心仪的小房子,增添了自己的安全感,而且再不用花很大力气就能把房子打理得很好。他还得到了一块无需打理的度假用地。同时,他还可以选择把那块地卖掉或是在去世之后留给自己的继承人。

小贴士 净值!在置换交易当中净值往往比资产本身的价格更加重要。

吉姆·凯勒是一位拥有50年房产置换经验的资深人士,也是我非常尊敬的导师之一。他给我讲了下面的这个故事。故事的关键在于他是如何为他的客户从净值的角度实施资产置换的。

有一对夫妇在塔霍湖的斜村拥有一处房产。夫妇俩离婚之后同时搬下山,搬去了内华达州的雷诺。房子也就因此空了下来。尽管如此,男方还是每月都付着总计8 000美元的按揭贷款、税、清洁费及管理费。作为他的经纪人，吉姆·凯勒向他提出了一个应对方案：用他的房屋净值去换得克萨斯州神父岛52%的产权。但是客户本人却回复说："我不想这么做。"

吉姆的反应也很快："我知道你不想，但还是让我给你解释一下原因吧！"从钱的角度讲，吉姆每年要为这栋房屋付出96 000美元的现金，而岛屿的维护费一年也不过就14 000美元。客户一下子意识到，每年可以在这个自己根本不需要的房子上省下82 000美元。在置换交易过后，接手的新业主立马拆掉了这栋老房子，在原址上盖起了一座新房子。吉姆的客户因此每月省下了近7 000美元的现金流。对于客户来说到底什么更重要？是空房子的房价？还是每月省下的7 000美元的现金流？

两方、三方乃至多方的交易

到目前为止，你所看到的例子都是两方的交易。这也就是说，交易的双方就自己名下的房产进行了一对一的置换。虽然这种形式操作起来很简单，但同时也需要你对对方的房产有兴趣的同时，对方对你的房产也感兴趣才行。很容易想象，这类的搭配并不是那么容易的。通过资产置换会议的形式，人们可以将彼此的房产情况和置换意向公布开来，同时通过两方、三方甚至多方的交易帮助彼此实现置换的目标。

我这里就有这么一个刚刚交易成功的例子，是由犹他州盐湖城的几个投资者完成的。

布洛姆奎斯特先生是一位73岁的老人，住在自己的一栋多层的房子里。由于自己脊椎的老化问题，他走路、爬楼梯及维持自己最基本的行动都变得越来越困难。不久之前，他在爬楼梯的时候失去了平衡，从楼梯上摔了下来。幸运的是，他除了受到一些惊吓之外，并没有受什么伤。他意识到，自己得寻求一些变化了。他和布洛姆奎斯特太太在附近买了一栋农场式的小房子。不过这样一来，他们就得承担起这两处房产的贷款。他们搬进了新家，然后将老房子挂牌出售。但是，一直无人问津。于是，布洛姆奎斯特先生来到了当地的房产置换大会，想把老房子换出去。

在会上，拉什太太愿意用自己的两间独立公寓房和20 000美元加在一起换这栋老房子。但是，布洛姆奎斯特先生并不想要她的公寓房。所以，一对一的交易看来是行不通的。

与此同时，威尔奇先生手上持有着一块商业用地。这块地位于郊区，并且得到了修建库房的施工许可。布洛姆奎斯特先生对这片地很感兴趣，但是威尔奇先生却不想要那栋老房子。

然而，威尔奇先生对拉什太太的公寓房和20 000美元表示出了兴趣。最终，3个人发现彼此的需求是可以相互满足的。下面这张图就描述了交易最终的解决办法：

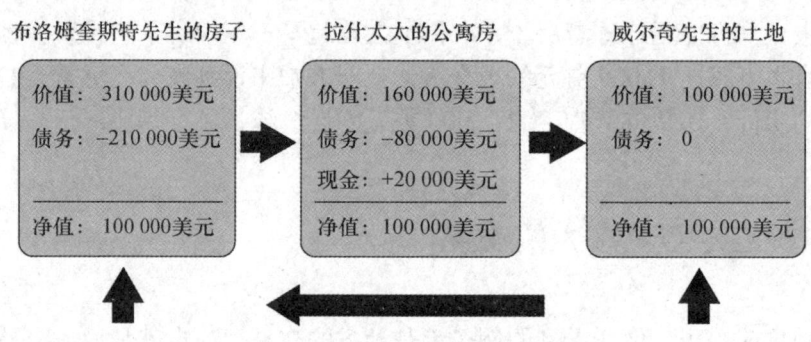

图12-2　多方交易的解决方案

最终，布洛姆奎斯特先生得到了商业用地，威尔奇先生得到了公寓和现金，而拉什太太得到了布洛姆奎斯特先生的房子。

记住，我们说过，置换的核心在于净值而非价格或现金回报。也许你已经注意到了，例子中的房产净值都同是100 000美元。并且，拉什太太房产的净值只有80 000美元。因此，她就用20 000美元的现金补上了这个缺口。当然了，除了偿付现金之外她也可以支付承兑汇票给威尔奇先生，这都没什么大差别。然而，如果交易对方同意，她也可以用货物或是服务来补上这20 000美元的空缺。我说的这一切都可以依据实际的情况来判断处理。

现在，让我们看看在100 000的净值基础之上，各方都获得了哪些额外的收益吧！

布洛姆奎斯特先生将自己不需要的老房子转让了出去，从而摆脱了210 000美元的债务和算下来每月1 650美元的月供。他用自己的那栋升值空间不大的老房子换来了一片商业开发用地，升值的预期更强了。同时，由于原来的那栋老房子算是他的自用住宅，所以连资本利得税都可以免了。

拉什太太也转出了自己的两间公寓房。原来的那两间公寓房离她家太远了，管理起来都不方便。而现在，她换来了一栋更大更好的房子，而且离家很近。虽然她为此承担了更多的债务，但与此同时她也可以就这栋房子找到客户签订一个租赁期较短的优先购买租赁协议。这样一来，房子更加方便管理，不用总是跑远路，折旧带来了更大额的税前抵扣项，而且还有可能在近期将房子卖掉，从而带来新的现金流。由于她的交易符合税法的1031号置换条例，所以她也无需缴纳任何的资本利得税。

威尔奇先生也处理掉了自己的那片地。他不用再为那不产生现金流的地皮每年都缴纳地产税了。他换来了两间公寓房，每月都可以得到一定的租金收入。他还可以将这价值80 000美元房产的折旧带来的税前抵扣项用来帮助自己减免税务负担。与拉什太太一样，他的置换交易也符合1031号条例，所以无需缴纳资本利得税。

你是不是也意识到，资产置换带来的收益远远超出了价格和现金的范畴？就像富爸爸说的："现金就是垃圾！"虽然我们都喜欢手上拿着现金的感觉，但在你进行房地产投资的时候，这样做的成本往往太高了。与其两眼紧盯着现金，不如进行一些资产的置换。通过置换，你可以更快地积累起财富。你也看见了，这跟我父亲进行草料和牲畜的交换交易道理一模一样：易物的交易比用现金的交易更快。这就是我在农场学到的重要的一课。

置换群组的其他好处

关系

这道理在我看来非常简单，于生活中无处不在：交易者才是置换过程中最重要的因素。从我自己多年的经验角度来讲，这些进行资产置换交易的人们是在这不断经受着贪婪和腐化冲击的商业社会中信守着自己准则的一群人。当然了，这当中也肯定会有一些例外。毕竟，世界上形形色色的人很多，什么样的人都是有的。

接触这样一群值得信赖的专家，本身就是一个不言自明的好处。它大大拓宽了我业务的领域。只要在当地有通过置换认识的朋友，我在陌生的城市进行投资就会更加放心。他们仿佛就给了我上了一道保险，让我对那个陌生的区域更加安心。我在全美的每个州、每个大型社区都有朋友，并可以打一个电话就马上了解当地发生的最新状况。这样的一个关系网，让我的机动性变得更强。有了他们这些本地人的帮助，我可以放心地投资于任何一块地区，并确认自己作出了正确的投资决定。当然，他们如果来我的城市投资，我也可以为他们提供同样的帮助。

现如今的每一片局部市场都变得非常独特，就业情况、政府政策、地方经济、能源甚至是气候都对不同的市场产生着影响。与其坐等着自己的产业从低谷中慢慢地爬升起来，不如试着主动调整自己的投资标的和投资渠道。我可以在能源市场向好的时候投资石油，在农产品市场向好的时候投资于农业，或是在住房需求上升的时候投资于房地产。我那些身处各地的朋友们会互相地交换不同市场上的投资信息，并用自己在当地的势力为我的投资提供帮助。

就像我之前说过的，我非常珍视这些通过资产置换结识的商业伙伴们。他们是我极大的一笔财富。如果把这些关系比作财富，那我肯定是一个非常富有的人。正是因为资产置换，我才有机会认识罗伯特·清崎及整个富爸爸的大家庭。我感谢它带给我这么无价的友情！

智慧

在我这一生当中，从没见过其他像资产置换大会这样在同一个地方聚集了如此多的房地产精英。在置换大会上，有一个传统的环节叫做头脑风暴。大家共同研究分析那些与会者碰见的最困难、最具风险、最复杂的问题。在这一小时左右的时间里，每个人都可以陈述自己对于这个问题的解决方法。你常常会在这个过程中听到出人意料的解决方案。这些解决办法到底值多少钱，我没法给你一个答案。更让人惊讶的是，在这个过程中不会有人就自己的建议及方案向受助的人要求任何形式的回报。每个人都能为自己的问题得到免费的答案。这感觉，就像共产主义的"同志"们一样。

双赢

与传统的房地产交易中赤裸裸的讨价还价不同，资产置换者们都在以"双赢"为目的实施着自己的交易。人们对新的加入者都非常欢迎。因为，有越多的人和越多的资产加入进来，达成交易的可能性就越大。每一个来到资产置换大会的人都会被指派一名导师，保证新人有个好的开始。这是一个互相扶持的集体。在这里你常常能看见人们搭着新人的肩膀，听见他们传授自己的经验，给予新人鼓励。帮助新人是这些置换者生活的一部分。并且，他们还通过公益事业传播着这种互帮互助的精神。他们成立基金，为那些品学兼优但是家境贫寒的大学生提供资助。他们还提供免费的房地产知识讲座。并且，他们还捐款给各类的公益组织，帮助那些有健康问题或是身患残疾的人们。这些慷慨的人表现出来的对社会的反哺，让我这个其中的一员深感荣耀。

合营

有了这些值得信赖的伙伴，进行合作也就是理所当然的了。有很多置换者，就通过合营的方式发挥各自的优势并取得了极大的成功，这也是最有趣的一部分。与朋友见见面，然后合作赚个几百万真是一件美妙的事情。只要你在合营的过程中表现出了自己的能力，你就能不断地接到更多、质量更高的合营机会。

教育

就像我之前说过的，持续的学习是资产置换的一块基石。置换者们用自己独特的专业技能和创造力创造着财富。在每一个资产置换的组织当中，都有着保护、分类及传授资产置换经验的系统。每一次资产置换大会都起码有一天是用来上课的，行业内最顶尖的专家会根据自己的专长开设不同的课题，为其他人传授经验。

就如同专业的运动员一样，那些通过资产置换获得巨额收益的人们也是通过了长期刻苦的锻炼才最终攀上了自己事业的巅峰。我所说的一切听起来不难，但它并不意味着你可以轻松地在这条路上获得成功。就像其他的东西一样，你需要用专注、学习加上汗水才能最终获得成功。然而，用同样的努力在资产置换的这条路上你能获得更可观的回报。所以在你踏上这条路的时候，一定要记住这样一句话："这条路并不轻松，但是它值得追求。"

<u>小贴士</u>　好的房产置换者可以牢牢地掌控整个过程。他们对于置换交易的把握能力就如同专业的运动员对于比赛的把握能力一样。他们是房地产从业人员当中的精英。

此外，他们还会向所有的置换者传授一种特殊的技能——"劝说"。这项技能可以教育客户，让他们了解房产置换这个全新的领域，为他们提供一种新的交易方式。这样一来，客户就可以选择通过双方、三方甚至多方的置换交易实现自己的交易目标。在资产置换大会上，"劝说"也是教育需要实现的另一个重要目的。

劝说课程中会传授高端的沟通技巧，通常来说会一对一地进行。每个置换者都想要自己亲手挑选出几个客户，建立起长期的合作关系。置换者经常可以与客户保持长久的友谊。为了把事情做到最好，交易者还必须完全了解客户的资金情况。我们常常看到有置换者通过帮助他们自己和客户做资产置换，合作长达数十年之久。在这个过程中，他们为自己创造了大量的财富，过着富足的生活，并且彼此间维持着良好的友谊。通过资产置换大会上的课业传授，创造财富变成了一项有趣的工作。

当我第一次参加置换大会，听到人们说起某某人通过辛勤的努力取得成功的事迹时，我都在想这到底是不是真的。我见到了很多已经七八十岁的老人还继续在这一行里工作着。我在想，如果这一行那么赚钱，这些人应该已经很富有了，那为什么还不退休呢？当我认识了这些满头银发的老人后，我才知道他们大多数人都已经很有钱了。我这才反应过来，他们之所以还急需工作，是因为他们可以与自己的好朋友一起工作，一起赚钱。还有什么能带给他们更大的乐趣呢？打高尔夫或是划船比这个更有意思吗？他们中，大多数人也会去打高尔夫、去划船。他们完全可以做任何自己想做的事情。我觉得再没有什么人比这些置换专家活得更开心的了。因为他们对自己的生活具有完全的掌控权。

虽然这一章只能对资产置换做个概述，但是它同时也带给了你一个起点或者说是一个入口。如果你也像我的父亲一样愿意把握自己的命运，如果你也是富爸爸的爱好者，希望沿着这条前人验证过的财富之路实现成功，我们都会非常欢迎你。

在我家里的书房里挂着一幅帕洛米诺马的油画。它是我父亲一直以来的最爱，名字叫做"雷霆"。在那幅画的背后有一张小纸条，上面有我父亲手写的话："当我离开人世之后，将这幅画送给韦恩。"纸条是一枚图钉钉在了画的背后，这么做是为了保证我在他去世之后可以顺利地拿到这幅画。对于我来说，这幅画满是我对童年的回忆：陪在父亲身旁，一起从犹他州走到爱达荷州，再到内华达州。一路上我们交易马匹、牛和草料，并从中学习创业的基本知识。

那段马匹交易的经历或多或少为我之后的房地产置换生意起到了帮助。我的父亲对我和我的儿子、女儿都产生了影响。他是含笑而去的。我爱他，我想念他。他如果知道自己的故事仍然激励着后人，相信他也一定会开心的。他既是我的富爸爸也是我的穷爸爸，他教给了我非常重要的知识。他为我树立了榜样，并督促我不断进取。他一人担任了清崎富爸爸和穷爸爸两人的角色，给我提供了选择。最终，我选择走上创业之路！在几年前某个寒冷的早晨，清崎与我分享了他向人传授造富之路的缘由。说起来，这也算是富爸爸的愿望——"提升全人类的财商"。罗伯特当时就想让我为他的学生们介绍资产置换的巨大潜力。是不是读过这一章的内容之后，你也会开始自己的造富之路呢？你是否也会加入到房产置换这个领域中来，加速自己的造富计划呢？既然你已经学会它的原理了，剩下的工作就全靠你自己了。拿我来说，我选择与我的家人和朋友们一起慢慢变老，成为那些富有的白头发老人中的一员，一生从事于自己最爱的事业。我选择成为关系、金钱、健康和阅历方面的富翁，我选择过富足的生活。我们都有选择自己想要的生活的权利，你又会如何选择呢？

13

怎样实现零售的奇迹：
两家购物中心的故事

——马蒂·德·里多

　　马蒂·德·里多是德里多有限合伙公司及德里多合伙开发有限公司的首席执行官，在菲尼克斯和亚利桑那州开展经纪、管理和商业开发项目。他拥有超过20年的商业地产经验，擅长购物中心及汽车公园的销售、租赁和开发业务。德里多公司对于各类的房产租赁都拥有丰富的经验和专业技术。按照旗下代理的房产数量计算，德里多有限合伙公司是亚利桑那州最大的零售业地产经纪公司。公司下属的30名代理人为62家零售商提供着服务，公司代理的约230家购物中心总面积达1 400万平方英尺，已租赁的总面积达1 100万平方英尺。

马蒂·德·里多是房地产店铺方面的专家——购物中心、零售店等。你也应该了解了，房地产主要分为民用地产、商业地产、写字楼、空地及其他一些种类。当我想要投资于店铺的时候，马蒂就是我首先咨询的对象。

有那么一段时间，无论我走到菲尼克斯城的哪一个角落，都能看见马蒂的公司的标志——德里多公司。但我从来见不到他本人。我有一处比较大的商业地产，就位于马蒂管理的一座购物中心旁边。虽然我认识购物中心的业主还有一些其中的租户，但我还是没能找到机会见见马蒂。

所以，我就开始对马蒂这个人的情况瞎猜起来。我以为这家公司肯定是一家老牌的公司了，而马蒂本人作为创始人来说也应该已经是个老头子。所以，他才会对自己的业务表现得这么不积极。然而，有一天我在健身房偶遇了他。他竟然是一个非常年轻的小伙子！在与他交谈之后，我才了解到，之所以我总也看不到他的原因是他实在太忙了，所以才总是神龙见首不见尾。

现如今，马蒂正在负责菲尼克斯市的几个最大的零售业地产项目。他非常有胆识。与他谈话，每次都受益匪浅。因为他可以从零售业角度出发，得出最深入最真实的观点。换句话说，他了解消费者购买的习惯和购物的偏好，以及消费者的购买力。当我想要了解消费者的真实喜好和购物习惯时，马蒂就是最好的顾问。他对当地的经济有着深刻的认识，知道城市的哪个部分正在兴起，哪个部分正在衰落。因为他一直站在消费的最前端，了解每一片店铺的运营情况。这也就是为什么马蒂的知识那么宝贵了。

——罗伯特·清崎

在你所处的城市当中，一定有一家购物中心是最大最显眼的。它是人流最集中的地方，人们都把外地来的朋友们带到这里购物、消遣。如果你是投资者，你肯定想要拥有这样的一座购物中心。如果你是开发商，你肯定想要建造一座跟它同样繁荣的购物中心。如果你是商家，你一定想要租它里面的店铺。无论你与购物中心有何种联系，这一章都能为你在进入零售行业之前提供经验和事实。

总的来说，购物中心都是差不多的。无论好的还是差的购物中心都有店铺、餐厅、停车场和一定的外部景观。但是有些购物中心就很招人喜欢，在竞争当中击败了其他对手，成功地俘获了消费者的时间、注意力和钱包。

在我职业生涯之初，我就很崇拜那些能把各种资源融合在一起创造出卖点吸引了消费者，而不是碰巧迎合了消费者心理的人。他们完全稳操着胜券！现在，我对他们更加崇拜了。因为我知道想要做到这一点是多么的困难。现如今，在团队的齐心协作下，我们也实现了几次这样的成功。然而，经验告诉我，想要实现这样的魔法单靠一根魔法棒是不够的。你还要会念咒语。开发高级的购物中心需要以下 3 个方面的要素：

第一，良好的关系网；

第二，好的房产；

第三，对细节的关注。

你也许会想："马蒂，这 3 点当然是必需的。这本书里的其他专家们都是这么说的。"太棒了！我很高兴听到其他的专家们也在强调我的观点。良好的关系网、好的房产和对细节的关注是永远不变的真理。任何一个想要在房地产领域获得成功的人都必须同时在这 3 个方面下工夫。这 3 点缺一不可。

我就认识一些房地产专家，他们与很多大型的零售商们一直保持着非常好的关系。他们可以在别人都约不到这些零售商的时候得到预约，甚至可以直接到对方的办公室登门拜访。不仅如此，他们还拥有最棒的地段——位于最知名的街道上，人流量极高而且消费者们的购买力很强。但是，我也同时看到了他们因为对细节的忽视而导致的失败。布局不合理、利用率不高或是标志做得很差等一系列的问题都让业主和商家苦不堪言。所以我说，3 个成功的要素缺一不可。

说回来，到底成功的购物中心应该是什么样子的呢？如果你拿它和普通的房产作比较，就会发现二者有很大的差别。相信你在看过这一章的内容之后，马上就能明白其中的缘由。所以，无论你是否希望投资修建购物中心、购买购物中心或是在购物中心里开店，我都能带你了解什么是真正的"极品"。

我现在与你分享的知识和经验是我用了很多年累积下来的。我有幸在 Grubb&Ellis 公司及我自己的德里多有限合伙公司作为租赁经纪人承接过几百笔的购物中心租赁合约，并从中学到了很多。在我踏入房地产市场的第十年，也就是我离开 Grubb&Ellis 大约 7 年的时候，我决定成立自己的房地产租赁开发公司，专攻购物中心领域。因为当时我看上了一块绝佳的地盘——100 万平方英尺的克里斯顿购物中心。它已经建成有 30 年之久了，所以急需一次大型的整修来满足现有的租户们的要求。我的想法很简单：引入大型的零售商（沃尔玛、好市多、塔吉特等）。那些原有的百货商场式的柜台全部撤掉，要么走人要么在走道旁边开成小店。同时，我的研究报告显示克里斯顿购物中心仍然从主街道上吸引着巨大的人流，而且想要买折扣商品的消费者也不在少数。当时的业主也已经引进了沃尔玛，但沃尔玛还想要获得更大的地盘。

听起来事情还是按照我的意愿发展的。我的错误就在于我在购买和重新开发这个购物中心的时候选择了一个错误的合伙人。我的合伙人是一家公司，其公司的资产净值刚好与这次交易的金额持平。在开发的过程中，没有什么事情是100%确定的，做项目需要时间、耐心和资金的支持。在我们项目的进行过程中，一旦碰到了稍大一些的问题，我的合伙人就开始打退堂鼓。更糟的是，他为了接下这个项目，还找私人资本借了一笔钱。他借钱的事情之前根本没有告诉我。我知道，如果项目一旦出现了任何问题，借款人根本不会给你时间来解决问题。由于我为自己的合伙人提供了担保，所以他们追着我要钱，并且最终把我挤出了项目。

我从中学到了这样一课：如果你是在项目中出力干活的一方，那么你的合作伙伴一定要拥有雄厚的资金。另外，还要事先在协议中写明，在没有你书面同意的情况下，你的合伙人无权出售他的股份。我的这一个小小的失误就让自己损失了700万美元之多。

这对我来说真是开眼了。不过，眼睛总不能一直睁着吧！自那以后，我就变得聪明多了。我希望你也一样。我这一章内容，最大的目标就是让你在不损失钱财的情况下变得更加聪明。我向你保证，听完我的讲述之后，无论你是想投资还是仅仅做一个消费者，你都能从一个完全不同的角度重新审视购物中心。你会看到从前没有注意的东西。

这一章的标题叫做"怎样实现零售的奇迹：两家购物中心的故事"，原因是我会通篇用两家不同的购物中心为例来进行讲述。第一家购物中心叫做卡萨·帕洛玛，是我负责建设的，迄今为止已经运营了近10年了。第二家购物中心叫做斯科茨代尔·帕威廉，我们刚刚收购了它，正在对它进行二次开发。但是，这再开发的工作晚了近10年。我选择这两家购物中心就是想通过它们鲜活的事例为你介绍我之前说过的成功三要素：良好的关系网、好的房产和对细节的关注。让我们通过例子来详细地介绍一下吧！

要素一：良好的关系网

几年前，我有幸与梅尔·西蒙见了面。他是全世界最大的零售业地产商（纽交所代码：SPG）。他说了一些我永远不会忘记的话："今天交的朋友，明天就能为你带来生意。"这句话意味深长。尤其是在房地产行业当中，你会发现自己的一辈子都在与那几个固定的"朋友"们打交道。而说到租客们，就更是如此了。

零售业的房地产市场与其他类型的房地产项目不同。就拿办公楼为例进行个比较吧！你与某家公司签下的租赁合同往往都是长期的，或者最起码也是10年期的。零售业的房地产市场与之完全相反。你必须与自己的租户（赛百味、麦当劳或是便利店等）每年重签一遍合同。所以，这些公司的房地产团队就会成为你的常客。我们必须保证自己的房产能为租户们提供更高的附加价值。换句话说，我们的信誉与跟客户的关系密不可分。如果你的业绩糟糕，那一定会被淘汰。

以这些年的经验来说，我认为关系主要表现为以下几种形式：

与租户的关系

与零售商们的良好关系曾经帮助我实现了无数的成功，帮助我的业务规模不断扩大。比如说，在我们的卡萨·帕洛玛购物中心（一家非常高档的多功能购物中心）里，租客们对我们的房产非常满意。我们的购物中心不但实现了极高的单位面积销售额，还引进了许多顶尖的零售商，创造出了一个非常好的租客组合。

`小贴士` 与零售商们的良好关系曾经帮助我实现了无数的成功，帮助我的业务规模不断扩大。

斯科茨代尔·帕威廉一直是我们眼中非常有潜力的购物中心，但直到最近我们才将它收购过来。之前的业主运营得不太好，到现在仍有20%的空置率。购物中心的租户们都对前业主不满意。但在我们接手之后博得了他们的好感，因为我们让事情变得不一样了。我们花了大价钱对购物中心进行整修，使其更符合租户和消费者的喜好。我们还与现有的租户们一起商谈，重新考虑正确的店面组合，最大程度地满足、增加消费者的消费需求，让所有的租户都从中获利。这就是关系的作用！

这个重组店面的机会对所有的人来说都是一件好事。但是，我该去哪儿找新的租户呢？没错！就是找那些信任我们的人，那些与我们合作过的人，那些已经成为了我们朋友的人。当然了，也会有一些零售商是我们之前从未合作过的。但我们现有的关系甚至帮助我们与新租户很快地建立起了信任。我们有着一群时刻准备着的诚心的朋友们，他们渴望自己的品牌获得成功。

而我们正在开发的这家新的购物中心，无疑能帮助他们实现自己的目标。

与消费者的关系

培养与消费者之间的关系也是同样重要的。在零售行业，建立与消费者的关系就是要为消费者提供他们想要的东西。在之后的内容中，我会详细地告诉你具体是些什么"东西"。但是现在，还是让我们专注于"关系"二字吧！当我的德里多公司买下斯科茨代尔·帕威廉购物中心之时，我们就明白它与消费者的关系并不好。这怎么讲呢？因为，这里的生意一年比一年难做。来这里的消费者的目的性都非常强。他们来了就直奔自己想要去的店，购物完成之后一刻也不停留就迅速地离开了。

在零售行业，所有的店家都希望顾客尽可能长时间地停留在自己的店中。不难想象，如果你在一家店中停留得越久，你花钱的可能性也就会越大。这一点对我们来说是共通的。无论是食物还是奢侈品，它们都有可能在一瞬间让我们产生非常强烈的购买意愿。这就是购物的心理学。所以我们每次逛街的时候，无论是去好市多、萨克斯还是其他的什么店，这种心理都会存在。所以，我们需要为购物中心营造出便利、舒适和富有情调的购物环境，让消费者爱上它。

小贴士　在零售行业，所有的店家都希望顾客尽可能长时间地停留在自己的店中。不难想象，如果你在一家店中停留得越久，你花钱的可能性也就会越大。

这就需要你与消费者建立良好的关系了。我一直试图与女性保持良好的关系。不过，不是你想的那样啦！我之所以这样想，主要是因为经常购物的人群中，有2/3都是女性消费者。与之相反，有95%的购物中心开发商都是男性。所以，想要了解女性消费者的心思还真不是一件容易的事情。在我进行卡萨·帕洛玛购物中心的开发时，我问过我的太太："为什么你每次都要去20英里外的那家购物中心，而不去那家近的呢？"她疑惑地看着我，那表情就像在说："这你都不知道？"不过，她还是给我解释了原因："近的那家购物中心没有好店。香蕉共和国、Chico's和Ann Taylor之类的店一个都没有。那儿也没有好的餐厅，也没有A.J.'s食品店（一家高端杂货店）。那儿根本没有上档次的东西。所以，虽然斯科茨代尔的那家店远了些，但是那儿的选择更多，对我来说也更方便。"

我想，她肯定觉得这个问题太简单了，根本没有问的必要。但我是真的想从她那儿得到一些真实的答案。后来，我又问了她的几个朋友，结果她们都对我的问题表现出了同样不解的表情，而且给了我同样的答复。从这以后，我就与女性消费者们建立起了关系。这也为我之后赚取了大量的利润。卡萨·帕洛玛到今天仍然是全州顶尖的购物中心之一。

而斯科茨代尔·帕威廉购物中心则被它的消费者们忘得一干二净。几年前它刚开业的时候，这条街上的竞争并不激烈，因此它备受追捧。但是，随着这片区域的发展，其他的开发商们开始进入这片区域，不断地发展着自己与消费者之间的联系。而斯科茨代尔·帕威廉却一直在原地踏步。它的生意变得越来越冷清，没过多久就开始走下坡路了。当我买下这处购物中心的时候，我们首先做的事情就是向附近的 6 000 户居民发放调查问卷。我们告诉这些居民们，我们会重新对这个购物中心进行整修。如果他们有任何的意见或建议，或是想要引进哪些店铺，都可以告诉我们。我们还会给提出意见的人赠送两张免费的电影票。我们收到了无数的反馈意见，免费的电影票是一方面，但更重要的原因是，我们征求了他们的意见，让他们感受到了尊重。这成了我们在当地与消费者发展关系的第一步。

女人们想要什么

女性消费者占了消费者群体的 2/3，所以，满足她们的需求绝对是没错的：

- 便利性。
- 多样性。
- 购物环境。
- 娱乐性。
- 停车的便利性。

- 安全性。
- 一站式购物。
- 受喜爱的店铺。
- 物有所值。
- 干净。

要素二：好的房产

又要老生常谈了："地段、地段、地段"。这句话你应该听过不止一遍了吧！虽然地段非常重要，但我对"好的房产"的定义可比它的概念要广多了。我要说的那些因素是决定成败的关键，也会直接影响租客的质量。以下就是我的清单了：

显著

  我再说一遍：好就意味着要显著。只有知道你的店在哪儿，才会去你的店里买东西。那些地处偏僻的店一定生意不好。餐厅、报摊、健身俱乐部和加油站都是一样的。让那些逛街的消费者看到你店的标志永远是最先要保证的一点！

小贴士 地处偏僻的店一定生意不好。让那些逛街的消费者看到你店的标志永远是最先要保证的一点！

  几年之前，我在菲尼克斯的商业区就看见过这么一个经典的反面例子。那个购物中心位于城市主街道向东几个街区的一片区域。购物中心是仿照西班牙的教堂风格建立的，看上去非常古朴、有情调。它声称可以为消费者提供一站式的购物体验，并是附近社区进行集会、活动的绝佳场所。此外，这个项目背后的投资人非常强大。你肯定认为这是一桩稳赚不赔的生意了，不是吗？你完全错了。

  开发商忘记了两条最重要的原则：显著性和消费者。我详细地给你介绍一下它的具体情况吧！这座购物中心大体上说是一个露天的天井式建筑群。所以，如果你是开车经过，从它的东南西北各个方向都只能看见楼房，而无法看到里面的内容。当然了，在外墙上的确是有一些标志和海报，但是那些都无法有效地表现出内部独特的建筑风格。单说购物中心的内部环境还是不错的，让人感觉舒服，而且会有亲切感。但同时也有几个问题。首先，购物中心里没有大型的租户来保证租出率、吸引人流。这就是一个大问题。其次，由于购物中心的标志不够吸引人，所以来此体验的人很少。第三个问题就更简单了，那附近的居民很少，所以在那儿开店势必很难实现盈利。总之，在那儿开店是不切实际的。

  虽然购物中心使出了浑身解数来吸引店家和购物者，几年之后那里还是变成了一片办公楼和教室的地盘。这就是开发商过于关注建筑本身，而忽略了最重要的两点：显著性和消费者。

  我经常看到类似的情况发生，也见过不少人因此付出了沉重的代价。看看周围，你就会发现有些出名的品牌店或者餐厅效益差强人意，完全是因为来店的顾客太少了。你还会注意到有些购物中心里的店铺每两三年就会换一批，因为都坚持不下去了。你还能听到消费者谈论有些购物中心或是某几个店面很不吉利，开什么店都会倒闭。我相信，你居住的城市里有成功的购物中心，也一定有苦苦挣扎着的购物中心。而产生问题的购物中心中，十之八九都是因为它不够明显。

我承认，斯科茨代尔·帕威廉也有这个问题。所幸的是，它的问题有救。当最初开始建设这座购物中心的时候，按照市政府的规划，购物中心的西面会很快地铺起一条高速公路。所以，设计师就把西面作为购物中心的正面进行了设计。当时的设计中包含了大型的广告牌、室外园林景观及精心设计的水景。每年从加拿大飞来的野鹅们还会在这片水域里过冬。购物中心旁的广告牌非常醒目，每一个开车经过的人都会看到它，对它产生兴趣。听起来棒极了，不是吗？但问题是，在项目建成几年之后，原先的高速公路设计方案发生了变更，改由购物中心的东面通过了。所以，购物中心的背面现在倒成了面对高速公路的一面。所以，精心设计的水景、漂亮的室外园林景观和大型的广告牌都变成了购物中心的背面。为了改变这种现状，改造购物中心的东面就成了我们计划当中重要的一部分。我们要保证面向高速公路的这一面看起来非常棒，而且还要重新树立一座大型的招牌。

目标消费者及店铺的数量

但是，无论你的购物中心有多显眼，没有高质量的消费者来店里购物的话，一切都是白费工夫。这就要提到我们常说的"人口特征"了。它与每一座购物中心的存亡都密切相关。购物中心目标消费群体人数的多少决定着项目的成败。

零售商、餐厅等都对人口特征非常感兴趣。他们会数附近有多少栋住房，会看人口普查报告，还会到店铺的附近区域进行实地走访。从开发商的角度来看，人口密度和其他特征会决定哪些零售商能最终获得成功。比如说，据我们的初步调查显示，在卡萨·帕洛玛购物中心里就有着大批的高端品牌消费者。所以，我们的租户中高端店铺偏多是合理的。我们这种定位就是要抓住这些高端的消费者。当然了，消费者们也对这些高端店铺很认可。这样一来，我们再也不用为店内的人流量发愁了。

在某些地区，人口特征对购物中心的业务能够产生影响。比如说，在豪宅区当中的购物中心就没必要提供支票兑现的服务了。但大多数区域都处在一个过渡期，人口特征并不是那么明显。这也就是为什么需要调查报告来帮助我们进行决策了。在我们对斯科茨代尔·帕威廉购物中心进行规划的时候,我们发现它里面已经有了很多的高端店铺,而其他档次的店铺还不足以满足消费者的需求。所以,我们决定进行一些调整,让消费者的需求和店家的供给更加平衡。

便利性

几年之前,在我为卡萨·帕洛玛购物中心做调研的时候,我的妻子和她的朋友们就已经清楚地告诉我这一点了。便利性非常重要,而且它会在女性消费者选择购物中心的时候每次都出现在她们的脑海当中。可能你觉得我过于重视性别差异了,但我真的没有。每一个进入零售行业的人都必须清楚,女性消费者是最重要的消费群体。所以我们不妨这样说:我们更关注女性消费者的需求,而非男性消费者。

便利性对于女性消费者来说包括好几个方面的内容,它主要代表了"去某个地方"的过程。购物中心一定要在上班及去学校、健身房、托儿所、沙龙或是其他一些目的地的途中或是同方向。如果它还和你要去的目的地在马路的同一边,那就更好了。如果你直接问女性消费者左右两边他们更喜欢哪一边,她们很可能告诉你两边都一样。但是,她们会在现实当中更倾向于到右手边的地方去购物。因为穿越马路真的很不方便,还容易发生危险。

小贴士 便利性非常重要,而且它会在女性消费者选择购物中心的时候每次都出现在她们的脑海当中。

便利性同时也包含了停车的方便、舒适性。上上下下地寻找停车位真的很让人心烦,尤其是你还要赶时间的时候。试问一句,现如今谁不是忙忙碌碌的?消费者通常会尝试好几次。然而,如果问题持续存在,消费者将会对这家购物中心产生很负面的印象,从而再也不愿意来这家店购物。当下消费者的选择实在是太多了,他们甚至可以选择网络商店购物,从根本上避免泊车的麻烦。

在卡萨·帕洛玛,我们对泊车问题非常关心,所以设计建造了更多的停车位。但与此同时,你也应该知道,大型的停车场也会带来麻烦,即从停车场走到商场店铺的距离会很远。这种不便利性会让一些消费者心想:"从停车场走到店铺的距离太远了，我还是下次再来吧！"针对这一点，我们在为卡萨·帕洛玛购物中心设计建造停车场的时候，以它的前门为基点，用宽度代替了传统停车场的深度。换句话说，从任意一个停车位走到购物中心的距离都在 20 码以内。而对传统的购物中心停车场来说，这个距离一般都在 50 码以上。一定要为消费者带来更多的便利，因为他们会因为便利性爱上我们的购物中心。

活力

  购物中心另一个重要的方面就是它要位于一片富有活力的区域。这不是说它周围要有很多夜店。我想说的是，好的房产周围要有其他高质量的房产互相衬托。就拿斯科茨代尔·帕威廉购物中心来说，之所以我选择买下它，是因为它刚好位于两个大型的配套开发项目当中。在东面不到 0.25 英里的土地上，一家斥资 4.5 亿美元的赌城正在动工。它建成后一定会为购物中心带来人流和购买力。在西面不到 2 英里的地方，投资 10 个亿的利兹卡尔顿酒店和一片高端社区也在施工当中。除此之外，周围还在不断地进行办公楼的建设。还有，购物中心旁边还有一条贯穿东西的道路正在施工当中。随着这些工程的进展，这片区域的活力会越来越强。

小贴士 好的房产周围要有其他高质量的房产互相衬托。

  我说的这个例子是一个极端情况，非常明显。但一片地区的活力往往并不是那么显而易见的。我就看过一些购物中心中，某些特定的店铺非常活跃。它们常常成为一部分人聚集、吃饭或是购物的区域。有些时候，一些在大城市吃不开的购物中心反而在小城市获得了成功。你自己也可以感受到你身边的哪些购物中心充满活力，以及为什么它们那么富有活力。你最好能判断哪些楼盘会成为下一个活跃点，哪些楼盘会持续它现有的活力。

  我们的卡萨·帕洛玛购物中心选址在一个高收入的区域，那里居民很多，其中大多都是高科技公司的员工。当地的人口基数也比较大，而且保持着持续增长的态势。因此，当地的购物场所已经无法满足这些居民们购物和餐饮方面日益增长的需求。居民们需要一家类似于 A.J.'s 这样的高端食品店，以及 Gap、香蕉共和国和 Talbot 这样的零售店来满足购物的需求。此外，他们对高档餐厅的需求也很强烈。Z Tejas Grill、弗拉明戈牛扒工坊或是 Roy's Pacific Rim Cuisine 餐厅这样的店铺对他们来讲简直是再合适不过了。而卡萨·帕洛玛购物中心一应俱全地满足了他们全部的要求，因此它也获得了巨大的成功。

价格合理

亚利桑那拥有几座全世界最棒的购物中心。这可不是瞎说，事实如此。我们是一个旅游业发达的州，菲尼克斯城也是极负盛名的旅游城市。所以我们拥有高质量的购物中心也就是理所当然的了。我们必须带给游客们最好的体验。不然的话，他们就会带着钱包去别的地方花钱了。全世界好玩的地方可是不少。

但是，为了给消费者们创造完美的购物体验，开发商们往往会在项目开发过程中发生超支的现象。现如今建筑材料成本都越来越高，这种情况也就更容易发生了。精美的设计、费工的墙面工程、昂贵的景观设计和水景、需要大量人工维护的园林，以及其他像停车场、车库这些必需的设施都会抬高你项目的成本。我的意思是说：

总的来说，所有的房地产商都想建造出最完美的购物中心，得到所有人的欣赏。然而，如果你这么做的话可能会造成由成本增加带来的租金过高的问题，租户们会承受不起太高的租金。通常情况下，零售商都需要将店面的租金控制在销售额的 10% 以下，从而来保证自己实现盈利。也就是说，如果他们无法预计获得更高的销售额的话，对于你高昂的租金他们是不会接受的。所以，在我进行购物中心的开发过程中，零售商的租金承受能力是我会首要考虑的。接下来，我才会进一步考虑自己在开发的过程中需要投入多少资金。

如果按照罗伯特的说法，现金流是"王"的话，那么盈利能力就称得上是"王权"。无法为零售商们带来利润的购物中心势必无法经营长久。实际上，当这种情况发生的时候，购物中心会破产，然后被别人用很低的价格收购过去。接手的业主成功的可能就会大一些，因为他的成本相应要低很多了。但有些时候，由于消费者的购物习惯已然形成，无法更改，第二任的业主面临这样的硬伤也是无力回天的。

虽然"建造最棒的购物中心"听起来是一个非常具有诱惑力的目标，但你在具体操作的过程中还是要精心地计算单位面积成本及预测单位面积销售收入。无论是何时想要做租赁的生意，这一步都必不可少。合理的价格才能给你带来最终的成功。

> **小贴士** 虽然"建造最棒的购物中心"听起来是一个非常具有诱惑力的目标,但你在具体操作的过程中还是要精心地计算单位面积成本及预测单位面积销售收入。

恰当的店铺配置

回说本书的开头部分,记不记得我问过你所在的城市当中是否有那么一两家购物中心运营得非常好?我想,你的脑海里会直接浮现出答案来。虽然它们的成功是由各式各样的因素综合造就的,然而恰当的店铺配置绝对是成就这一奇迹的重要组成部分。

店铺配置到底是一门艺术还是科学?恰当地配置店铺组合,需要了解消费者的心理,与消费者建立联系,并且知道该如何达成交易。这需要你在购物中心建成或重修完成之前就能想象出它完工后的样子。这就是"艺术"的那部分。我的身边就有很多非常棒的人与我一同工作,一同为购物中心的实际建造提供想法。这是我工作中最有意义的一部分,让我觉得所有的艰难困苦都是值得的。

> **小贴士** 恰当地配置店铺组合,需要了解消费者的心理,与消费者建立联系,并且知道该如何达成交易。它需要用正确的店铺进行合理的组合,创造出最大的人流量,实现更高的销售额。

我之前还提到过,消费者在店内的停留时间越长越好。每次说到这个问题,我都会想到拉斯维加斯。这就是赌城成功的关键。赌城竭尽所能地让人们留在其中。他们提供食物和饮料,还组织表演活动。五花八门的赌博方式自不用说,还有很多新建的赌城建造了花园、喷泉及夜店。如果将拉斯维加斯的赌场比作购物中心的话,它成功的关键一定是"店铺配置"。

所以,以拉斯维加斯为例,"店铺配置"说的是什么呢?对我来说,它意味着要在合适的时间为消费者们提供合适的"东西"。这些"东西"不是为所有人准备的,因为我的购物中心也不是根据"所有人"的需求设计的。每一个购物中心都有着自己特定的消费群体,只要能满足这批人的需求,我的目的就达到了。我会试着满足他们对食物的需求、对娱乐的需求,也会努力让他们变得更漂亮,让他们的生活更加轻松。我会尽力把他们留在我的店里,让他们不再想去别的购物中心买东西。

购物中心的概念远远超出了"购物"二字。好的店铺配置可以满足顾客的购物、餐饮、娱乐甚至是游览的全部需求。卡萨·帕洛玛就是这么一个正面的例子。它的店铺配置非常合理，可以在一个购物中心内满足顾客们所有的需求。顾客们完全得到了"一站式"的购物体验，并且同时省下了时间、油费和精力。

卡萨·帕洛玛购物中心的店铺配置

好的购物中心通过恰当的店铺配置来满足消费者的每一项需求。

餐饮
A.J.'s 食品店
冰岩冰激凌
Z Tejas Grill
Pei Wei 亚洲餐厅
托马索意大利餐厅
弗拉明戈牛扒工坊

服装、首饰店
Ann Taylor
香蕉共和国
Chico's
Francesca's Collections
Coffin & Trout 珠宝店
Gap 女装/Gap 男装/Gap 童装/Gap 婴儿装
巴黎巴黎
Talbots
White House/Black Market

家居用品
创意皮具
Ritz Camera
Showcase Home Entertainment
Sur la Table

礼品和配饰
Urban
Paper Soiree

Personal Services
Rolf's Salon
Alltel
Bath & Body Works
Cool Cuts 4 Kids
Philosophy
Postal Annex
American Laser Center
Valley Nails

吸引力

通过这么多年的实践,我发现自己不可能完全满足每一个顾客的需求。但是,我却可以通过一些活动来吸引人们的眼球。如果重新看一看那个拉斯维加斯赌城的例子,我们就能发现赌城会通过各式各样的手段来吸引人们,让人们在里面停留得更久:几个小时,甚至是几天。

小贴士 吸引力能让人们停留得更久。

我可以自豪地说,我们的斯科茨代尔·帕威廉购物中心是全美历史最悠久的车展发源地。每个星期六,汽车爱好者们都会聚集在购物中心,向其他的汽车爱好者和观众们展示他们的经典车辆:雪佛兰 Camaros、道奇 Chargers、雪佛兰 Corvettes、福特 Cobras 及一些福特 Mustangs。它每周都会吸引成百上千的人们来到这里观看。这就叫吸引力。

这个展览刚开始的时候可没有这么惊艳。购物中心麦当劳餐厅的加盟商自己就是一个汽车爱好者,他每周都会把自己的3辆收藏车拿来展览。这为他的店铺带来了更多的关注,也为店铺带来了更多的顾客。在这个过程中,他还会和其他的汽车爱好者们交流心得。慢慢地,他开始邀请其他的爱好者们也把自己的车辆拿来展览。到现在,这个展览已经非常出名了。我们的购物中心也因此沾了光,成为了地标性的建筑。

酒也是一种吸引力。这是什么意思呢?斯科茨代尔·帕威廉地处印第安人的聚居区。所以,购物中心内不允许卖酒。这样一来,如果全家人想要找家餐厅坐下来吃顿饭喝点酒都是不可能的。餐饮是一种消遣的方式,可以让顾客在购物中心里待得更久。当地也意识到了这一点,所以在近期对此进行了投票。结果,餐厅获得了卖酒的许可。

我见过一些无所不包的购物中心,连旋转木马和大型的喷泉都有。但问题的关键其实是找到真正迎合你目标消费者需求的那些点。比如车展,吸引来的大多是男性。这是你想要的吗?乍看过去,好像不是。但是,有很多男性在去看车展的时候都会带着女伴。有些女孩子喜欢看车,但是另外的那些肯定就在男人们看车、讨论车的时候去购物了。所以车展对于男女消费者来说都是具备吸引力的。同时,车展就在餐厅的附近。那么,餐厅的效益也自然就会好了。

吸引注意力还可以通过建筑的内部结构来实现。独特的设计和风格可以吸引人们的眼球，让人们产生想去体验的欲望。当然了，很多人想要在体验之后留下一些纪念，所以他们很可能会买一些东西作为纪念品。当今的人们对购物、餐饮的标准越来越高了，这也就是我们为什么要对斯科茨代尔·帕威廉购物中心进行重新装修的重要原因。

小贴士 吸引注意力还可以通过建筑的设计来实现。独特的设计和风格可以吸引人们的眼球，让人们产生想去体验的欲望。

在20年前，这座购物中心建成伊始，它的结构设计还是很受人喜欢的。但是，20年过去了，人们的审美发生了很大变化，它过时也是理所当然的了。建筑本身对消费者、店铺和销售额来说都有着重要的影响。在不久之前的房地产低谷来临之际，这一点表现得尤其明显。

好的建筑是经得起时间的考验的，有些还会随着时间的推移越发地表现出众，成为消费者心中的购物宝地。我们的卡萨·帕洛玛购物中心就是这样的一栋建筑。当然了，我们的店铺配置也非常好。但单从建筑方面讲，这座购物中心也是非常成功的。它的建筑风格和颜色完全没有过时，而且所有的店面都是一派欣欣向荣的样子。如果你在楼里走，会发现它其中有很多独立的区域不停地带给你惊喜，而不仅仅是一个装了窗户的水泥盒子。为什么？这就是购物的科学。当眼睛开始疲劳的时候，你就会有厌烦情绪了。我们得保证你看到的一切都能引发你的兴趣。带给消费者的惊喜和兴奋点越多，就会带来更多的人流，从而产生更多的购买行为。从这一点来说，所有的零售行业都是一样的，购物中心自然也不例外。

小贴士 购物中心的建筑风格及内部结构就如同零售店铺的店内装潢一样重要。你要让它吸引住人们的眼球。一旦眼睛开始疲劳了，人们就不愿意继续逛下去了。

说到购物中心，卡萨·帕洛玛就成功地博得了消费者们的青睐。所以，在它开业3年后建成的另一个大型购物中心虽然与它只有8英里的距离，但对它的业绩并没有产生太大的影响。因为卡萨·帕洛玛购物中心一直在努力地满足顾客们的需求，不断地为消费者提供着便利。

所以，无论你是想要收购购物中心、建设购物中心或是在购物中心里开店，你都得对我们的要素二——好的房产给予极大的关注。如果你在这一点上作出了正确的决定，接下来的事情会好办很多。

要素三：对细节的关注

房地产生意本身就对细节非常关注。房地产规划、建造、运营直至销售的全过程当中，想要成功都离不开对细节的关注。那么，这其中都包含了哪些内容呢？对于我来说，首要的当属时间管理。

是的！对你自己的时间进行有效的管控才能让你腾出时间来关注细节。比如说，如果有5 000个潜在的租户，我可以花10年或是3年的时间去一一进行拜访。当然，我会选择高效率的后者：3年的时间。但与此同时就需要我更密集地安排与他们的会谈，并且不浪费任何的时间。

你知道拿破仑为什么在战场上屡战屡胜吗？因为据历史学家考证，他能"看到每一分钟的价值"。对于拿破仑来说，要做的就是比敌人更加高效地进行战斗。并且，他也绝不会浪费每一分钟的时间。如果你掌握了这种想法，那就肯定有时间来关注细节了。不要说每天、每周或是每年的时间过得太快，因为你必须不停地与时间赛跑才能挤出时间来实践自己的想法。无论你是在依据合同一周工作6天地进行尽职调查，还是在工程进行中与别的在建购物中心比拼谁先完工，或是在施工完成后与竞争对手们争夺租户的过程中，你都是在与时间赛跑。

在德里多公司，我们每周一都会开3个小时的例会。你可能会觉得，这么长的会太拖沓了，但请允许我解释一下。在会上，我们会对正在进行中的项目一一回顾，并且为当周制定工作目标，指派负责人。我们会在会上把所有的责任明确到人，每个人都要承担起自己的责任来。其实说起来一点也不复杂，但我可以告诉你，这样做非常有效。

我认为，在房地产开发、并购和出租的过程中细节之所以会那么重要，是因为通常你都需要一个长达10年的计划。你得要判断顾客是谁，要了解房地产波动的周期，还要预测5年或10年之后市场及消费者会发生怎样的变化（请参阅克莱格·科波拉的章节）。在此之后，你就能凭借一个扎实的计划早早地超越其他竞争者。

清单

很多年前，我读过一本房地产方面的书，在书中列出了地产商在开发和管理房地产的时候必做的事情清单。我们都管这个叫做备查表。当然了，这份清单不可能面面俱到。但是，它却能帮你理解"细节"这个词的意义。在进行购物中心的开发工作时，我们不会落下这张清单中的任何一条。我们会在每周一的例会上拿着这张表作比对。当我们一项一项地完成上面的条目时，那种成就感会很强。这个世界对于我来说满是目标、目的、成就等，而清单就成为了我开始行动的第一步。下面就是我的清单了：

清　单

你可以在房地产的开发和管理过程中用这张清单协助自己。

A. 确立你的开发标准和目标。
B. 对市场进行分析。
C. 制定初期方案，确立概念和策略。
D. 取得市政审批，向市政府提供相应的法律文件。
E. 组建建筑团队，招聘建筑经理和咨询顾问。
F. 开展初期可行性研究，搭建财务模型。
G. 商讨合资、贷款的相关事宜。
H. 起草租赁合同、用电合同、地役权合同、管理条例等法律文件。
I. 制定项目日程表并不断更新。
J. 制定建造及运营预算。
K. 商讨施工合同，开展招标工作。
L. 聘请经纪人帮你管理营销或者租赁的业务。
M. 聘请顾问，签订合同。
N. 管控你的开发团队。
O. 定期组织项目现场的施工会议。
P. 对项目的开销和应付账款进行管理。
Q. 审核开销，并通过贷款账户进行支付。
R. 审核工程变更通知单和留置权弃权书。
S. 准备每月与合资方会议所需的财务、营销及预算报告。
T. 为项目管理人员制定计划、工作守则，实现他们的自我管理。
U. 审阅租户的更换率及房产空置率，并作出调整。
V. 选择一家抵押融资公司，开始就第一笔贷款合同的条款进行协商。

> W. 与公用设施相关单位协商，保证水电气等公用设施的接入。
> X. 就房产的转售问题接洽相关人员。
> Y. 有耐心、诚实、积极并且努力工作。

结果

在你关注细节的时候，结果是所有努力的核心。从消费者进入购物中心直到离去的这段时间，你要为他提供开心的购物体验。也许在你周围已经有了一两栋这样的购物中心，它们能为消费者尽可能地提供便利。在那里，你不用从入口开车几百米才看得到正门，也不用掉头经历讨厌的180度转弯，也不会没有地方停车。总之，你会觉得很方便。我们所说的便利性，与你汽车每一个转弯都息息相关。

停车问题是对细节关注程度的极佳判断依据。我可以在开车进入一家购物中心的几分钟之内了解到开发商是否给予了细节足够的关注。停车位是否足够？顾客是否需要在寻找停车位的过程中浪费大量的时间甚至是因此而发怒？或者是停车位太多，空荡荡的，让购物中心看起来缺乏人气。尤其是对女性顾客来说，这样的停车场还会让人在晚上觉得不安全。这些都是问题。你可以将所有问题都处理得很好，但是如果停车场出了问题，你可能会很抓狂。关于这类的问题，我可以不停地写上好几页纸。

说到底，只有所有的东西拼凑在一起才能实现魔法般的效果。建筑、消费者的需求、店铺配置、便利性、合法性、施工、停车场……这张清单仿佛永远也写不完。只有你拥有远见，并且通过计划将购物中心变得越来越成熟，这魔法才会发挥效用。

我喜欢复杂的房地产市场，也喜欢挑战。它需要你动用自己的每一分智慧，发挥自己的每一分潜力。它会直击你最脆弱的地方，逼着你找出解决问题的方法和资源并且战胜它们。它让你有机会与世界上最聪明、最有毅力的精英们一同并肩前。最终，所有的辛苦努力都会凝结成你的最终产品，满足人们的需求。然而，更重要的是，它能为你带来成就感，实现自身的价值。对我来说，购物中心不只是钢筋混凝土堆砌的产物，它是需要用辛勤的汗水、诚信的人格和持续的激情才能创造出的奇迹。

第三部分　房地产生意

※ 汤姆·威尔莱特
※ 查尔斯·W.洛特泽
※ 韦恩·帕默
※ 罗斯·麦克克里斯多
※ 克莱格·科波拉
※ 加内特·萨顿
※ 伯尼·贝斯

14

房地产生意

——汤姆·威尔莱特

汤姆·威尔莱特，ProVision 创始人，亚利桑那州立大学教授。

在过去的 25 年间，他致力于为全美及世界其他地区的投资者制定系统、创新且有效的商业、税务和财富方面的规划方案，并为投资人创造了数以万计的利润。他希望向人们传授积极主动地创造财富的方法并帮助他们最终成就自己的终生事业。他创立并运营 ProVision 公司，并直接负责公司高端客户的理财和税务规划咨询工作。不仅如此，他还就财富规划和税务规划专题常年往返于世界各地进行讲演。

汤姆·威尔莱特是集注册会计师、房地产投资商和教师三职于一身的成功人士。通过他的讲解，复杂且枯燥的税务及税法知识也变得简单明了了，就连外行人也能轻松地理解。

汤姆精通税法，而且还喜欢研读税法条例。也因为对税法的这份执著和爱好，他绝对称得上是我身边最出色的税法专家。大多数的注册会计师只关注税法中很小的一部分内容。他们关注于怎样让你的税款推迟交付时间，也就是我们经常提到的 IRAs，401（k）养老金计划和其他的所谓退休计划。除此之外，汤姆还研究其他的一些章节。而这些长长的税法条例能告诉你怎样减少甚至是永久地免除你的税款。汤姆和其他注册会计师的不同就在于汤姆了解税法条例的真实用意。税法不只是简单的条条框框的规定，它还包含了如何减轻甚至免除税款的内容。而你，只要跟着它的规矩来就好了。停下来想想，你的会计师是这样理解税法的吗？

在我眼中，汤姆是一个道德高尚的人。他是摩门教的忠实信徒。虽然我不是摩门教徒，但我的很多理念却与摩门教义不谋而合，比如为教会捐款、拿出10%的所得用于精神方面的修养、花几年的时间做一名传教士。虽然我从未实现做一名传统宗教传教士的理想，但我却做了一回军事的传教士：海军航空兵。我参与了越南战争，为我的国家在沙场拼搏。

我从汤姆和其他那些摩门教徒那里学到的最重要的一点就是"人要学会给予"。这句话时刻提醒我做一个慷慨和宽容的人。在我看来，贪婪已经控制了这个世界，而慷慨却无处容身。每当有人缺钱或是我自己缺钱的时候，我总是提醒自己要慷慨善施，而这样我才能真正得到自己想要的东西。比如说，如果我想得到金钱，我就一定要先付出金钱。有了几次为钱所困的经历后，我认识到，想要取之，必先予之。所以每当我最需要钱的时候，我一定不断提醒自己花钱出去。现如今，我已经养成了定期向慈善机构捐款的习惯，因为这是我心所属。我有一个观点，如果我无法亲身投入到我想做的事情中去，那我的钱就要代替我行使这一职责。换言之，如果我希望得到他人的关怀，那我就要先给予他人关怀；如果我想得到微笑，那我就要先对他人微笑。同样的，如果我想挨揍，那最好的办法就是先给别人一拳。

我之所以邀请汤姆·威尔莱特参与本书的创作，不单是因为他拥有专业的财务背景、卓越的团队合作能力及无可替代的理财思维，更重要的是希望他深邃的思想和宽阔的胸襟为本书增添一份别样的色彩。

汤姆是一名优秀的注册会计师，他钟情于投资房地产市场。为什么？因为他明白房地产投资者运用税法获得的收益远比证券投资者多得多。他不仅是一流的老师、慷慨的给予者，还是我敬佩的老朋友。

——罗伯特·清崎

我是一个幸运儿，其他的人从小就被教育说要省钱并且投资于共同基金以获得财富的增值，而我却听到了完全不同的声音：父母从小就教我投资于房地产和商业。我的父亲拥有一家印刷厂，我的母亲管理他俩的房地产。

所以，我在学校和社会学到了足够多的知识和经验之后，就本能地开始了自己的创业生涯。（只不过，这段"学习"的时间还真是不短。我读完了会计专业的硕士研究生后，就供职于全球知名的会计师事务所，后来还为一家财富1 000强企业做过专业的税务顾问。说实话，我对"创业"的好处理解的是慢了点。）当我开办起自己的会计师事务所的时候，我像其他人一样日复一日地工作，很少休假。即使是在休假当中，我仍然处理着公司的业务，忙于应付客户和公司员工的电话。说到头，生意是做不完的。我这么辛苦到底是为了什么呢？

几年下来，公司的业务量有了显著的增长。而我，依旧日复一日起早贪黑地工作。除了我的公司之外，我没有任何的实际资产。也就在那个时候，我读到了《富爸爸穷爸爸》这本书，还认识了罗伯特·清崎。他帮我认识到，我先前对公司运营的理解是错误的。公司成败的关键不在于你流了多少汗，而在于你动了多少脑筋。

我第一次见到罗伯特是在一个富爸爸公司举办的研讨会上。当时，我和我的合伙人安·马西斯及她的先生乔·马西斯坐在一起。罗伯特正在谈论一个我非常感兴趣的话题——合理利用税法以提高房地产投资的收益。突然间，罗伯特让我起来给大家讲讲折旧能给企业带来的税收优惠，并逗趣地称呼我为他的"御用会计师"。

我认识罗伯特·清崎和富爸爸公司刚几个月的时间。而之所以与罗伯特·清崎结缘，也是因为我的好朋友——乔治·达克。他之前加入了富爸爸公司，并担任公司的首席财务官，最终介绍了我和罗伯特认识。我说不清在当时的那个研讨会上，罗伯特和我到底谁更紧张。罗伯特对我的情况一无所知，却仍然让我上去当众独立完成这一个单元的讲解，对他对我来说都是一次冒险。不过，我成功了！他对我的这份信任也为我们友谊的进一步发展开了个好头，也触发了我通向财富自由的航程。

我记得刚开始和罗伯特合作的时候，他当我是他的"肌肉"。这一点也没错，他用会计师就像是使用自己的肌肉一样。罗伯特曾经接受过亚利桑那州的一档电视专访，节目主题是"罗伯特是如何取得高达40%的稳定投资收益率的"。

我当时是以专家的身份参与节目的，并且我站在支持罗伯特的一方。毕竟，从罗伯特这样的一个营销天才嘴里说出的投资回报率是会招来公众的质疑的。而有了会计师的佐证和支持，他的说法就具有了强大的说服力。当谈到投资的话题，那就是一切由数字说话了。而谈到数字，那就是我们会计师的专长了。我们所有的工作都是在记录、审核及分析数据。又有谁能比我们更专业呢？

在节目中，我还介绍了房地产行业的杠杆效应。说起来真的难以置信，就在那访谈节目前没多久，我才刚刚开始自己的房地产投资。你肯定会认为，父母都乐于投资房地产的我，会很自然地成为一个房地产的投资者。而我经营的事业却是帮助房地产投资者和开发商们合理地避税。

不仅如此，我还是在玩过罗伯特的游戏——现金流101——之后才进行了自己的第一次房地产投资。这个游戏给我带来很大的震撼。我亲眼见证了房地产行业的巨大杠杆作用。玩完游戏的第二天，我就给我的客户——一位资深的房地产投资人——打了电话，约他见面，并请他教我如何开始房地产投资。

同时，我对自己的企业经营策略也进行了巨大的调整。我的合伙人——安——是公司运营方面的高手。她重新制定了我们公司的制度和流程，以实现我们俩从"工作者"向"管理者"角色的转换。这项工程耗费了我们几年的时间，不过最终我们的公司已经可以离开我俩独立地运转。而我俩也从日复一日的繁杂工作中抽身而出，成为了真正的掌舵人，还能为公司的发展进行更长远的规划。

现在的我，已经可以每年休假三周。在这期间，不用担心关于工作的任何电子邮件或是电话。这不，我刚带我的大儿子从法国的城堡区回来。我再也不用担心自己的会计师事务所或是自己的房地产投资，因为它们已经不再需要我天天盯着了。

小贴士 房地产投资是生意的一种，所以你要像做生意一样进行房地产的投资。

罗伯特经常说起"现金流"游戏中的4个象限，也就是E、S、B和I。他一直强调，大家都要努力地从E（雇员）和S（自我雇佣）的象限跳去B（企业家）和I（投资人）的象限中去。而我做的更进一步，我已经把我所有I象限的投资都移到了B象限里。

想想看，如果不用担心租客、房屋维修及现金流的问题，房地产投资会变得多么美好？这样的话，就不用为天天照看房屋而伤脑筋，不用为租客半夜打电话进来而担心。不仅如此，你还能省去无数的烦恼，省下大把的空闲时间。而这一切，只需要你把房地产投资放入B象限，用经营公司的方式来经营它。

图 14-1　富爸爸现金流四象限图

我对这张四象限图有了进一步的认识。现在，我按照"B"象限的做法，按照运营公司的方式运营房地产投资，这为我省下了大把的时间。

其实这一点儿都不难。你只要像管理一家企业一样管理你自己的房地产投资就好了，基本的企业经营准则在这里完全适用。

经营准则一：规划

每一家企业都有自己的计划，你的房地产投资也一样。所谓的规划，简单来说就是一个为实现既定目标而制定出的系统性计划和实施方案。以下是制定成功战略规划的几个简单步骤。

第一步：想象

制定战略规划，从目标开始。想象你进行房地产投资的目标是什么。当然了，目标可以是加勒比的白色沙滩，或是与家人长期待在一起，亦或是为你最喜欢的慈善机构工作。那我来说吧，我最喜欢的地方是法国、夏威夷、亚利桑那州、公园城，还有犹他州。所以我的目标就是在上述几个地方都拥有自己的房产。

不要觉得自己胃口太大了。这些是你的目标和理想。说白了，不是那些财务咨询师强加在你头上的那些确切的数字。我们的客户经常会有在 5 到 10 年实现财务自由的想法。而拥有了一个切实的好规划，任何人都可以在 10 年内实现这一目标。而他们要做的，就只是在房地产投资中好好地贯彻马上要谈到的几个基本准则。至今为止，我已经拥有了夏威夷、亚利桑那州和公园城的房产。明年的目标是法国。听起来是很大的一个目标，但我已经在短短的 6 年间实现了这个梦想。而我做的，不过就是在我的房地产投资和企业经营中遵循了这几个基本准则而已。

第二步：财务目标

算算看你需要多少的资产和多大的现金流来实现你自己的梦想，然后给自己定一个时限，看看自己手头有多少可以用来投资的资产。很简单，用自己的资产减去负债就行了。这就是你当前的财富（也叫资产净值）。

第三步：现金流目标

当然，你还得算一算要达到自己预想的现金流水平你需要多大的资产规模。我告诉你一个简单的算法：用你期望的现金流水平乘以 20。对我来说，我需要每年 25 万美元的现金流，那么我就需要 500 万美元的资产规模才能实现这一目标。

第四步：当前的财富（资产净值）

一旦你在心中牢牢地树立了自己的目标，接下来就要审视自己现有的资产了。拿出你的纸和笔，记下来你可以用于投资的全部资产。别把你的小汽车和珠宝含在内。不过可以把房屋抵押贷款可以包含的项目列进去。举个例子说吧：

表 14-1　当前的财富

流动资产	长期资产
存款 有价证券 共同基金 CD 唱片 其他 其他	贷款 房地产 石油和天然气 私有企业 知识产权 其他
小计：	小计：

上面的 4 步就是被我称为"白日梦"的几个必须步骤了。接下来我会用一个简单的图表告诉你这 4 步到底为了得到一个什么结果。喏，就是这张图。这就是我第一次遇见罗伯特时画下的财务自由之路，也就是我的"白日梦"之图。

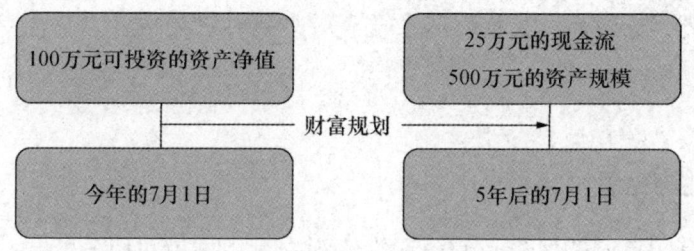

图 14-2　汤姆第一次遇见罗伯特·清崎时画的"白日梦"之图

第五步：愿景、使命和价值观

画好了你的"白日梦"之图，你就可以开始为自己的梦想制订计划了。而计划应当包含你的愿景、使命和价值观，并且还要包含你选择购买房产的类型，以及你对投资房产的具体要求。

看到这儿，你是不是觉得我已经满嘴胡言了？说到底，愿景、使命和价值观的理论是只适用于企业经营的，对我们哪儿有用啊？没错！我就是要你把房地产投资看成是真真切切的企业经营活动。如果你想要在最短的时间内用最小的代价实现你的目标，那么你就要把它当成是企业经营来操作。

在描述愿景的时候，要牢记它代表了你未来前行的方向，也就是你所想要得到的生活。使命就是简要地说明你如何进行你的投资经营。价值观也就是你在选择投资伙伴时希望他们也具有的与你相同的价值取向。

> ### 汤姆的愿景、使命和价值观
>
> 　　愿景：我财务自由的愿景就是拥有足够的时间和资源来做我自己想做的事情。我知道，当我实现财务自由的理想之后，我就能去所有我喜欢的地方旅行，和我的朋友一起享受生活，还可以去做一名传教士传播福音。
>
> 　　使命：我的使命就是通过投资高质量的独栋的家庭住宅实现财务自由的梦想。我要做的就是寻找那些被银行收回的抵押房产，从银行贷款以购得房屋，持有房屋5～10年的时间，以充分享受折旧带来的税务递减优惠。
>
> 　　价值观：我的价值观就是：1. 善于发现，要认识到我们身边有无数的房地产投资机会等着我们去捕捉；2. 与人为善，时刻对人保持友好，并常怀感恩之心；3. 勤奋好学，在任何时候都不间断对房地产知识的学习，让自己成长；4. 换位思考，时刻站在对方的角度去想问题，为他人考虑。

第六步：投资品种

　　当你有了自己的愿景、使命和价值观之后，你就可以开始寻找最适合你自己的房地产投资品种了。成功的企业家都明白，人只有在自己喜欢并擅长的领域才能发挥全力，并获得最大的成功。在我的公司——ProVision，我们有科学的办法和各式各样的道具帮助人们找出自己最喜欢的房地产投资种类，比如公寓楼、商业地产、工业用地、空地或是私家小洋楼。而在这当中，我最钟情的就是私家的小洋楼。

第七步：投资标准

　　你规划的最后一步就是确定自己的投资标准了。而这一点却往往被人们所忽视。我要告诉你的是，如果你把"标准"二字归为你战略规划的一部分来认真考虑，你就能轻松地避免日后的诸多麻烦。这样的话，你就能少犯错误，省下大量的时间和精力来斟酌那些真正符合你投资标准的房地产。举个例子，下面就是我自己的投资标准了：

表 14-2　汤姆的房地产投资标准

条目	标准
折旧额下限	10%
收益率下限	50%
现金流/现金回报	0
价格区间	20万~60万美元
首付款上限	8万美元
打理房产耗时上限	5小时/月
所属区域	美国西部
最高价格价值比（价格/价值）	85%

你可能会问我，为什么要耗费这么多的时间和精力在所谓的"规划"上。为了让我们 ProVision 公司的客户了解到规划的重要性，我们采取了游戏教学的办法，也就是之前提到的现金流 101 游戏。如果你玩过这个游戏，你就知道，在两个半小时的游戏过程中，前 30 分钟的时间用来制定你自己的战略规划，而规划则包括了投资的品种和选取投资品种的标准。所有的人都要在游戏过程中严格地遵守自己制定的战略规划。

结果出人意料，每一个人都在老鼠赛跑的游戏中取得了胜利，用时都不到 2 小时。所以，尽管他们花了很大一部分时间（总时长的 1/5）在制定规划上，他们终究比没有规划的情况下完成的快得多。只要能坚守自己的战略规划，胜利则不再遥远。

经营准则二：团队

所有的成功企业都会有一个清晰的经营规划。同样的，所有的成功企业主都拥有一支精挑细选的运营团队为企业出力，帮助企业发展壮大。你的团队会直接为你的投资助力。而你，则需要合理地调配团队成员的时间、智慧、知识和资源，从而获得更大的收益。

组建团队的诀窍

计划：仔细思考你的团队需要什么样的人才。比如说，你需要一名律师、一名会计师、一名银行家、一名分析师、几名地产经理，以及其他的成员等，你需要做的就是先理清自己有哪些空缺的职位，然后才能一个萝卜一个坑地进行具体人才的选择。

推荐：据经验看，最好的团队成员往往都是由你信赖的人推荐而来的。不过需要注意的是，你得确定那个推荐人也是一个房地产商，并且充分地了解你的处境和需求。从事咨询类工作的人，如律师、会计师或理财讲师往往会成为很好的推荐人，能为你找到合适的人选。

协议：一定要在开始工作前订立清晰的协议。这样的话，你的团队成员才能清楚地了解你到底需要他们做些什么，以及他们可以从你这里得到什么样的回报。

我来分享一些我个人组建房地产投资团队的经验吧！认识我的人都知道，其实我每天都把大部分的时间用在了扩大会计师事务所的业务上，而留给房地产投资的只有少得可怜的一小部分时间。但我热爱房地产投资并且明白它在我财富之路上的重要作用。

我每周用在房地产投资业务中的时间不足一个小时，但我每个月却通过它收入高达10万美元。这所有的一切都源于我拥有一支出色的运营团队。他们严格遵循我定下的全部"经营准则"，帮助我管理所有的房地产投资。接下来，让我们看看下一个准则："会计"。

经营准则三：会计

你肯定想说，我之所以把会计也归作是基本经营准则，是因为我的专业背景。我承认，我的专业或多或少地对此有一些影响，但是如果你去采访所有成功的企业家有关会计的重要性，相信95%以上的人会告诉你会计非常重要。

你一定好奇这究竟是为什么？因为，如果会计做得好，我们就能得到真实反映企业状况的财务报表，从而作出正确的决策。如果你没有正确的信息，又怎么能作出正确的决定呢？举例来说，你怎么样判断出售房产的最佳时间，又怎么样判断一个投资组合是否实现了预想的收益率呢？

伟大的企业家都深知会计的重要性，以下就是我个人总结出的几个会计的关键点。

关键点1：理解会计的作用

会计们记账，不单是为了应付税务局或是其他的监管机构的监察和管理。它更主要的目的是提供真实有效的财务数据，从而为管理者制定决策提供依据。而大多数的投资者简单地认为它不过就是履行简单的记录职责，好在年底向税务机关整理出一份报税的凭证来。

如果这样去理解，那就大错特错了。账务对于正确的经营决策来说至关重要。如果没有及时、准确的财务数据，试想你又怎么能作出正确的决定呢？你怎么知道现在是该购入还是该卖出，又怎么判断手头的几套不同房产孰优孰劣呢？如果你没有这些详细的数字佐证，你甚至都无法判断你的房地产经理是不是胜任他的工作。

几年之前，安和我在亚利桑那州的梅瑟购置了一批联排小洋楼。据当时的市场信息来说，我们的出价是非常划算的。在此之后，我们一直跟踪由这些小洋楼带来的现金流量。但没过几年，我们发现这些小洋楼并没有为我们带来预想的现金流。同时，我们也注意到资本化率却在逐年降低。根据这些信息，我们作出了卖出小洋楼的决定。因为此时，房屋价格已经上涨，而我们从中获利颇丰，但如果继续持有这些房产，只会让到手的钱慢慢流走。

真实的故事：我的团队，我放心

之前，你一定很好奇我哪儿有那么多时间来打理自己的房地产投资生意。看到这儿你也应该猜得八九不离十了。这是因为我有个很棒的团队帮我管理我的生意。他们将所有的事情处理得井井有条。而我呢，只需要花很短的时间签签文件、看看财务报表，再作出决定就好了。你也知道，我在投资房产的时候还给自己定了一系列的标准，所以作决策也就相对容易多了。我还记得，有一次我的团队负责人告诉我说，有一个租客在没有通知我们的情况下自行搬出了我们的房子，水管也坏了，发生了漏水现象。这位负责人在对我的全部房产进行例行实地巡查时，发现这位租客已经离开了。他冲进了房门，却发现这房子已经人去楼空，只有被冻裂的水管在哗哗地流水，整个房子都被淹了。最后，我们花了近5万美元才把所有的设施维修完毕。

我的团队负责人立马采取了行动。关掉水的总闸后，他叫来了直接负责这所房屋的地产经理、保险代理人和专业房屋修理公司，三方共同勘察受损失情况、确定维修金额并确定保险赔付额。之后，他又安排那位地产经理向那位租客追偿剩余的损失。这一切都安排得非常妥当，我

> 一点儿都不需要担心。在这么麻烦的事情上，我总共花了不到半小时的时间，跟我的团队负责人了解了解情况，再签签文件就结了。所有的一切就这么简单！

关键点 2：准确地"记账"

虽然我们都知道会计可以为企业创造这样或那样的价值，但这一切的基础和本源都是从准确、合理的账务处理开始的，这也就是我们常说的"记账"。制作财务报表和分析报告，离不开准确的账务处理。

账务处理，简单来说就是把交易的结果记录成册，以备日后查阅，并为制作财务报表和分析报告提供基础数据。我给客户们的建议是：将自己的账务处理工作外包给他们的会计师或是专业的机构来做。如果非要坚持自己来做，我建议你用那些容易操作的账务处理软件，比如说 Quickbooks。

关键点 2a：会计科目

让我们从建立会计科目开始学习吧！所谓的会计科目，就是你对自己的收入项和支出项进行细化并分类的一张表。怎么划分完全依你自己。比如说，有人把"复印纸"这一项放在"办公用品"这一类别下，而另一个人则很有可能把它放在一个更笼统的类别，比如"耗材"之下。其实说来也很简单，就是看你想要未来的财务报表详细到何种程度。但要记住，如果不建立会计科目，那么你就永远没办法得出自己的财务报表。

小贴士 告诉你一个小窍门吧！你没必要为不同的地产投资建立太过详细的会计科目。首先，创建几个大的类别，保证这几个大类别可以应用于你所有的地产投资项目中去。然后，再根据每个项目的具体情况创建更加明细的会计科目，为日后制作财务报表作好准备。

如果你觉得自己无法完成这项任务，那就叫你的会计师来协助你一同完成。这件事对他们来说简直是再简单不过了。他们会很乐意帮你，而且做的又快又好。

关键点 2b：数据录入

当你创建好自己的会计科目后，你就可以录入数据了。记住，你必须准确地记录下每一笔交易的详情。几乎所有的账务处理都直接与钱相关，所以如果你能记录下每次收钱或是花钱的明细，那你就能捕捉到98%的交易情况。但有些特殊情况，比如说折旧，是不会发生现金的流入或流出的。碰到这种情况，我们就需要做一些另外的处理了。接下来，让我们看看应该怎么处理这样的状况吧！

根据国际通用的复式记账法，每一笔交易都要从"借"和"贷"两方进行记录。这样一来，左栏的金额总计一定与右栏相等。当发生一笔支出的时候，我们将它记在费用、收入、资产科目的借方（左栏），并同时记录在现金科目的贷方（右栏）。反之，当我们有一笔收入的时候，我们将它记在收入、费用或是负债科目的贷方（左栏），并同时记在现金科目的借方（右栏）。当费用或资产项增加时，记借方；当收入项或负债项增加时，记贷方。

关键点2c：手工账

上面提到的那些复杂的记账方式，用我之前提到的软件Quickbooks就能轻松处理。当你记录一笔收入或是支出的时候，它会自动帮你同时计入借贷双方。但有些时候你需要自己手动做一些账务处理，比如说那些没有发生现金交易的账务。打开"手工账"功能，你会发现它会提示你填写借方和贷方的具体内容。就用折旧来举例说明吧！这可是一个必不可少的账务处理，少说都要每年做一次呢！

根据国税局提供的计算表算出当期的折旧金额，并计入折旧费用科目的借方。

同时，在累计折旧科目的贷方计入相同的金额。（"累计折旧"这个科目是资产科目，比如房屋、地产的抵减项。）

怎么样，不难吧？

关键点3：一致性

要记得将相同性质的收入或支出项计入正确的科目中，并始终如一。就好比说你决定把购买复印纸的开销计入"管理费用"，那就坚持这么记下去。可别这个月记在"管理费用"里，下个月又记在"营业费用"里。

关键点4：勤记账

最少也得一周记一次账。如果不这么做，你将不得不面对两个大麻烦。首先就是这项工作会变得越来越艰巨，因为你拖得越久需要处理的账务也就越多，而你也会觉得这项工作没个头。直到年底要报税了，你才被逼无奈，在极短的时间里整理出整年的账来应付税务机关。这也就相应地带来了你的第二个麻烦：你根本就没有实时更新的财务报表看，因而根本无法作出正确的经营决策。

关键点5：善用高科技，提高效率

我每周五都会把最近一星期的账务记录下来，这整个过程大概需要一个小时的时间。我之所以做得这么快，是因为我使用了网上银行还有账单的自动划款功能。我只要滑动我的鼠标，轻轻地点击几下，我的Quickbooks软件就可以自动地对我的收入和支出进行分类，并计入相应会计科目中去。我发现，这样一来我自己处理账务的速度甚至比雇佣专业的会计师来做还要快。（在此之前，在会计师做完账之后，我还要根据自己的实际情况对他整理好的账务做一些调整，而这调整的工作其实比自己用网银记账还要浪费时间。）

接下来的这个准则就是如何从记账软件中生成一张有用的财务报表了。而只有拿着一张好的财务报表，你才能迅速准确地作出判断和决策。

经营准则四：财务报表

成功的企业家都知道量化管理对自己企业的重要性。所谓量化，就是把企业日常的经营成果用数字来表示。有时候我们可以用直接的数字来表示，比如说现金流量；有时候可以通过比率来表示，比如存货周转率；还有很多时候是用比较的方式，比如与上年同期的业绩比较，与年度目标比较，与行业平均水平比较等。

小贴士 如果你看不懂这些数字，那你也就无法真正了解自己的企业。

第一张报表：现金流量表

让我们从现金流量开始说起吧！它很重要，但很少被房地产投资者所认识和理解。对于你来说，你应该清楚地知道你每一处房产带来的现金流量及自己全部房产带来的现金流总和。

大多数房地产投资商都认为，只要知道自己的银行存款有多少就足够了。月末余额减去月初余额，很简单地就能算出一个"现金流量"来。这样的想法太过天真了。现金流量表之所以被公认为是一张重要的财务报表，是因为它需要体现你所有的现金流入和流出状况。这张被大多数房地产投资者忽视的报表，是财务报表中最重要的一部分。

这张报表是从经营活动产生的现金流量开始的。经营活动产生的现金流量指的是房租收入减去日常的费用支出，比如修理费、维护费、物业费等。接下来就是非经营性现金流量，也就是筹资活动和投资活动产生的现金流量。筹资活动产生的现金流量，即由于贷款从你的企业流入或流出的现金流量，包括得到及偿还贷款直接发生的现金交易。投资活动带来的现金流则更容易理解了，它指的就是与投资活动直接相关的现金流量，比如支付房屋的按揭款、收到出售房产所得的现金房款等。

最终，你就能得出结论，在既定的一段时期里（一个月、一个季度或是一年），你期末所持有的现金与期初相比究竟是增加了还是减少了。这份报告还能帮你解读出自己的现金流量来自哪里，以及由经营活动、筹资活动和融资活动所带来的现金流量分别都是多少。能够随时得到这些信息，不是很棒的一件事吗？表14-3就是我名下一处房产的现金流量表。

表14-3　汤姆的现金流量表　　　　　　　　　　单位：美元

房产A	10～12月
经营活动	
净收入	-6 706.40
经营活动现金流量调节项	
第三方监管资金账户	-174.40
押金	800.00
经营活动产生的现金流量	-6 080.80
投资活动	
累计折旧	6 790.00
累计摊销	18.00
投资活动产生的现金流量	6 808.00
筹资活动	
按揭款	-258.34
筹资活动产生的现金流量	-258.34
本期净现金流量	468.86

从这份报表中，我得到了如下几条信息：首先，这处房产给我带来了现金的净流入。其次，由于折旧费用很大，我的经营净利润（收入与费用之差）为负，所以我就无须为经营所得缴税，也就相当于得到了额外的收入。最后，这两个月的按揭款总共只要258美元，对我来说根本不算什么。

如果抛开以上3点，只看总的净现金流量，那我能看到的只是在这两个月的时间里，它给我带来了区区468美元的现金流入。单看这一点，我肯定不会认为它是一笔好的投资。

第二张报表：比率分析

在了解了现金流量表的重要价值后，我现在要带你认识的是比率和比较分析对房地产投资的价值。我把最常用的一些比率总结了一下，汇总到了下面的表14-4中。

小贴士 这些比率当中最重要的两个比率就是资本化率和投资收益率（ROI）。

表14-4 盈利性分析常用指标

比率名称	公式		代表意义
	分子	分母	
资本化率	营运净收入	房产价值	房产的盈利能力
投资收益率	年租金与房产升值额之和	现金投资额	投资总收益
现金的现金回报率	由投资活动获得的税后净现金流量	现金投资额	现金回报
流动比率	流动资产	流动负债	偿债能力
债务股本比	总负债	股东权益	杠杆效应的大小
资产收益率	营运净收入	总资产	盈利能力
债务偿还能力比率	营运净收入	年度还本付息总额	流动偿债能力
按揭款与房产价值比（LTV）	按揭款	房产价值	杠杆效应的大小
内部收益率（IRR）	复杂的公式		年平均投资回报率

比率1：资本化率

资本化率的公式很简单，就是营运净收入与房产的价值之比。在这里要注意的是，我们说的是房产值多少钱，而不是你花了多少钱购买它。还是举例说明吧！假设你的房产每月租金收入是1万美元，也就是每年12万美元。而你每年的营运支出是7万美元。（要注意，按揭贷款还款额、贷款利息及折旧可都不包含在内。）这就意味着你每年的营运净收入是5万美元。那么，如果你的房产价值50万美元，那么这处房产的资本化率也就等于10%。

小贴士 你可以利用这个指标帮你作出决定。假设你的房产是由贷款购得的，贷款年利率为7%，而你的资本化率却低于7%。那么，你就要考虑将这处房产出售掉了。这是为什么呢？因为你现在正在被我们常说的"负杠杆效应"所纠缠。所谓的负杠杆效应，说的就是你的贷款利率高于资本化率，说的明白点，就是你所需要偿还的贷款利息高过了你的租金收入的状态。

还记得之前我说的梅瑟的联排小洋楼的故事吗？当时，我们按揭贷款的利率是6.5%，而我们房产的收益率只有5%左右。这时，我就受到了"负杠杆"的困扰。这还不止，这几座小洋楼当时还都处于净现金流出的状态。我们之所以决定出售这些房产，完全是因为对房产资本化率的考虑。而且，我们已经赚了不少了。我们刚购买这几座小洋楼的时候，它的资本化率是10%。几年过去了，虽然租金几乎没涨，但资本化率却跌到了5%。想想看为什么？因为房价已经在原来的基础上翻了一倍了。

比率2：投资收益率

我们要谈到的第二个比率就是投资收益率（ROI）了。这个比率是对房地产投资结果的全面评价。定期地查看这一比率，对你的房地产投资非常重要。据我了解，有些投资者会在购买之前计算目标房产的预期投资收益率，但那之后就对这一指标不闻不问了。跟资本化率一样，投资收益率也能告诉你对手上的房产是应该继续持有、出售还是采取其他的措施。

比如说，我选取房产的标准之一就是税后收益率要高于30%。我这里的收益也就是由此房产带来的租金收入、折旧费用及税收优惠的总和减去偿付按揭贷款本金所得的差额。几年前，我在犹他州买了一处房产。据我的计算，它在5年内能为我带来35%的投资收益率。但我之后却发现，这房子非常难租出去。不出所料，它的投资收益率相当难看，远远低过了我对投资收益率要求的30%的底线。我立马就作出了出售的决定，然后转而投资于另一处符合我标准的房产。现在你也应该看出"标准"对于你投资的重要性。因为你之后作出的诸多决定，都是要依靠它来进行衡量和判断的。

研究并分析数据，继而用你订立的标准进行判断和比较，就是你的另一位团队成员——分析师——每天的工作了。每个投资人都应该为自己的企业聘请一位分析师。你的分析师得要精通各类的分析方法并对房地产市场有深入的了解，这样一来才能有效地帮你作出正确的决定。如果你想了解更多详细信息，请登录 www.ProVisionWealth.com/wealthstrategies.asp。

第三张报表：对比报表

这第三张报表就是对比报表了。顾名思义，对比报表就是拿你房地产生意的具体经营数据与其他数据进行对比分析而得出的一张报表。比较的对象可以是行业标准或你公司的历史经营数据，还可以是你的目标或计划。假设你购置了一处房产，并期望它每年增值10%，而没想到它一年竟增值了15%。

这样的话，在你的增值率报告中只是简单地列明今年房屋增值了百分之几是远远不够的，你还要把预期增值率及市场平均增值率一起列出来。这样你就能知道房产市场的整体状况与其他房产相比之下这套房产表现如何，以及相应地作出继续购买新房产或出售手头房产的决定。

现在，你知道好的财务报表对你有多重要了吧！它不单单是把各种各样的数字堆砌在一起，还同时向你提供比率和分析，能让你从中看到自己投资的进程和成果。我对自己的地产经理制作财务报表的技术要求很高。如果他们只是简单地给我一张塞满了原始数据的乱七八糟的报表，我肯定会大发雷霆。看看我所认为的好报表长成什么样子吧！

虽然这张报表没有任何的比率分析，但它很有条理地列出了那些有用的数据。通过这张报表，我能很清楚地看到此处房产为我带来了净现金流入。同时，我可以很快地找到想要的内容并运用我的财务软件快速得出我想要的资本化率、投资收益率等分析结果。

表 14-5　财务报表示例　　　　　　　　　　　　　　　单位：美元

房产地址 ×××	会计报表编制期间 2009 年 3 月
科目	金额
租金收入	1 200.00
物业费（租金收入的 8%）	96.00
屋主协会管理费	105.00
净收入	999.00
按揭还款额	987.90
当月净现金流量	11.10
预计下月净收入	999.00

经营准则五：税

如果你想尽快地从房地产投资中获利，那就一定要去研究一下税法。

小贴士　对地产投资来说，提高投资收益率最快的方法就是合理地利用税法增加收益。

对大多数人来说，税是他们生活中最大的一笔支出。即使是在美国这个被认为是税赋很低的国家里，如果你的企业赚了 10 万美元，你也得给政府交大约 5 万美元的税款，也就是你利润的 50%。想想吧！你要交所得税、财产税、房地产转让税、营业税、消费税，还有工资税等，更不用说过世之后还要征收的遗产税了。

在一些古老的文明中，50% 的税率就是奴役的象征。而现在已经是 21 世纪了，我们却还在支付着比 50% 还要高的税赋，而我们却没觉得奇怪。但值得庆幸的是，如果你有自己的企业，尤其是你在进行着房地产行业的投资，那你就可以轻而易举地把这 50% 的高税率减到 30%，甚至 20%。事实上，有很多我的房地产投资客户都通过合理避税而一分钱的所得税都不交。

想想看，如果你能让自己的所得税率降低 20～30 个百分点，你能多买多少房产？你投资的规模能增长多少？我曾经帮我的一个朋友做过一个粗略的计算：他当时所缴的所得税率在 30% 这一档。而如果他利用税法合理避税，并把节省下来的所得继续扩大自己的投资规模的话，他的业务规模会在 7 年内翻倍！

当我告诉人们我可以通过合理的方式减免 30% 甚至更高的所得税的时候，许多人对此都表示了怀疑。他们说，我一定是把这部分税赋转移到别处去了。没错！我就是把它们转移到了房地产投资中去了。无论是住宅楼、商用房还是工业用地都可以。在美国和许多其他的国家，房地产是最受税法眷顾的投资方式。

小贴士　在美国和许多其他的国家，房地产是最受税法眷顾的投资方式。

那就让我来说说你是怎么从你的房地产投资中获得好处的。我们就拿美国的税法举例吧！（其实，其他国家的税法与美国的税法有很多的共通点。）不管你身处何方，学会下面的 5 个避税方法就能帮你省下 30% 甚至更多的税款。

方法一：税务规划

又扯到规划了，太夸张了吧？不错，听起来是夸张了些，不过绝对必要。在前面我们已经谈过了规划对于企业的重要性。那这儿我就不用多讲了，对税也是一样，要给自己定一个系统的计划和实施方案才能最终实现合理避税的目标。

与企业的经营规划大同小异，你还是需要先从大的方面着眼，先看看自己拥有的企业和投资，并考虑它们未来的发展方向。拿我自己来说，我的税务规划就和我的两个儿子直接相关。我的大儿子山姆一直帮我打理我的事务所生意和房地产生意，他也表示过想要接手我的这两部分事业。而我的小儿子马克斯却对做生意一点儿兴趣都没有。他的爱好是写儿童读物。所以我在制定税务规划方案的时候，一直在考虑我两个儿子各自的爱好。他俩都拥有我产业的继承权，但却有着完全不同的志向。所以，我需要制定出一个最适合他俩发展的税务规划方案。

许多企业家都是以夫妻档管理着他们共同的企业。不过，我的妻子却对生意一点都不感兴趣，也从来不插手干预我生意上的事情。（她在意的只是打点好家里人的生活，营造和睦的家庭氛围。）不用说，在我的规划里，她肯定干不了房地产专家的活儿。

小贴士 一位好的税务专家能给你帮上大忙。所以，你的管理团队里一定要有一名税务专家来协助你制定税务规划方案。

税务规划方案一定要具备良好的可操作性，简单易行。当然了，一位好的税务专家能给你帮上大忙。所以，你的管理团队里一定要有一名税务专家来协助你制定税务规划方案。

方法二：公司的组织形式

成立公司的时候，应该采取哪种组织形式呢？是有限责任公司？股份制企业？还是合作制企业？还是说根本就不成立公司呢？在有些法制尚不健全的国家，你的确不用为你自己的房地产投资成立一个独立的实体公司。然而在美国，这个法律体系已经很完备的国家，拥有一个规范的法人实体还是很有必要的。先让我来给你介绍介绍美国的几种常见的企业组织形式吧！看看你最适合哪一种。当然了，不同的组织形式具有不同的特点，而我会一一为你讲解。

从保护资产的角度讲，有限责任公司是最常采用的形式。而有限责任公司最好的一点就是在纳税方面灵活度高，并可以自行选择从何标准纳税。比如说，有限责任公司最大的好处就是可以避免被重复征税，并可以根据不同情况按照独资公司、合伙企业、S类公司或是C类公司的标准进行纳税。[①]

对大多数租赁类房地产投资企业来说，千万别把企业定性为合伙制企业或是独资公司。也别把你的租赁类房产放在S类公司和C类公司里。如果你这样做的话，当你想抵押旗下房产来筹资的时候就会被征收高额的税款。而征税的税基，则是按照房产的市场价格来计算的。这么一来，你就相当于凭空交了一笔巨额的税款。我公司就有一个雇员，他通过一家S类公司投资了一处房产。我们估算了一下，如果他想通过抵押这处房产进行筹资，他就要给政府缴纳约25万美元的税。而这一切，都是归咎于公司的组织形式。

---

① S类和C类公司是美国特有的公司组织形式，有兴趣的读者可以去美国国税局IRS的网站上查阅详情。——译者注

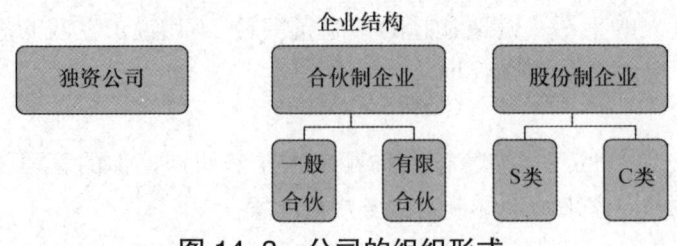

图 14-3　公司的组织形式

小贴士　别把你的租赁类房产放在 S 类公司和 C 类公司里。如果你这样做的话，当你想抵押旗下房产来筹资的时候就会被征收高额的税款。

如果你是一个房地产经销商或是地产的开发商，那你可以考虑成立一个 S 类公司。当然，房地产投机商（炒房者）也属于这一类。原因嘛，当然是 S 类公司能显著地减轻你所需负担的社会保险税。因为房产对你来说只是出售的标的物，而不会作为筹资的抵押物。所以，资产所有权不会在你持有期间发生转移，你也就无须被重复征收所得税。而你只需要在卖出房产的时候交纳一次税款就好了。

方法三：差旅费、餐饮费和招待费

要知道，美国和世界其他的大多数国家一样，只对企业的利润征税。所以，你可以在税法规定的条件下尽可能多地在税前抵扣自己的费用支出。对房地产投资生意来说，最常见的莫过于差旅费、餐饮费和招待费了。就拿餐饮费来说吧，美国税法规定：所有与企业日常经营和发展相关的宴请费用，均可以在税前抵扣。乍听起来，好像标准还是挺严苛的。不过你听我往下说，就自然会发现其中的奥秘了。那些与房地产代理商和会计师吃饭花掉的钱不用说了，肯定在此之列。可跟太太一起去看棒球比赛的花销也能算进去。这是为什么呢？你想想看，企业家带着太太参加聚会的时候，话题哪儿离得开自己的企业呢？这就对了。我身为一个房地产投资商，跟太太去看球赛，怎么能不说起自己的房地产生意呢？我又怎么能不说点我对它未来发展的期望呢？更何况，太太可还是我最可靠的合作伙伴呢！我和我的太太平均一周下两次馆子。说实话，我也记不清我们上次吃饭的时候有没有谈及我的生意。不过，每当跟她谈起公司的状况时，她都能给我很好的建议，并带给我新鲜的观点。

这样说来，你的哪一顿饭、哪一场酒能离得开房地产呢？在税前抵扣这些费用，又何错之有呢？

差旅费的税前抵扣就相对困难一些了，不过也还好。如果你是在美国境内旅行，就只需要证明旅行的商业目的就好了。简单来说，就是证明在工作日内自己有一半以上的时间用在了与业务相关的事情上。当然，在当地参加企业年会或是房地产市场考察都是再合适不过的理由。

我就有一位客户这样做了，他还因此获得了一笔大合同，赚了100万美元。事情是这样的：他非常喜欢墨西哥而且一直想去那里旅游。不过为了抵扣自己的差旅费，他在去墨西哥前安排了与当地的地产商的会议，内容是合作开发当地的房地产市场。结果，这次会后他们一同合作，赚了个盆满钵满。当然了，那笔差旅费也早就在税前成功地抵扣掉了。

方法四：折旧

就在我和罗伯特参与完亚利桑那州的那个关于"40%收益率"的专访节目之后，我们一起共进了午餐。罗伯特问我对折旧怎么看。我就说，这东西太神奇了。作为税前抵扣项，它帮你减免大量的应付所得税，而实际上你在整个过程中没有花掉一分钱。这种好事儿上哪儿去找？

假设你花50万美元（自有资金10万，银行贷款40万）买了一幢房子，并将其出租，你就每年能通过折旧得到税前抵扣额。这抵扣额计算的标准不是你自己掏的10万块钱，而是房屋的总价50万美元！我来告诉你美国的税法是怎么对此规定的吧：

根据税法的规定，房屋总价的20%（也就是10万美元）应代表土地的价值。而土地是不会产生所谓的损耗的，所以这部分价值需要从计提折旧的基数中扣除。那么，用50万减去10万，剩余的40万就是我们这处房产折旧对象和基数了。按照住宅的最低使用年限来折算，我们应该获得3.636%的年折旧率，在这儿，就是每年14 545美元。这还是把这40万都算是房屋价值的。你还可以通过所谓的"成本分解"和"动产评估"来增加你的年折旧额。

简单来说，成本分解就是把房屋本身和内部的设备（电器、家具等）分别对待，分别计算折旧额。这样一来，由于这些物件的折旧年限要远远低于房屋的折旧年限，所以它们的年折旧率可以高达20%，甚至更多。

在我们的这个例子中，假设这剩余的40万美元中有价值10万美元的物品属于"内部设备"，我们的年折旧费用就可以从之前的14 545美元一下子升至30 900美元，翻了一倍还多。在这种情况下，我们的房子不但每年都在升值，它还能每年都为我们带来3万多美元的税前抵扣额。这可是最合算的税前抵扣项！因为除了按揭款之外，你一分钱都没花。这也就是说，在你的租金收入等于30 900美元的情况下，你就不需要为它缴纳所得税了。如果你的租金低于30 900美元，你甚至还可以用不足的那部分差额来抵扣从其他渠道获得的收入。这也就是房地产商能够为自己减免大量税款的奥秘。折旧能为你带来多大的收益，你现在明白了吧？

方法五：记录

最后，让我们说一说档案管理的重要性吧！这里所说的档案管理，主要是把关于你房产交易和发生费用支出过程中产生的相关单据进行妥善的保管。在单据缺失和单据管理混乱的情况下，税务部门可以拒绝你的税前抵扣请求。你现在明白档案管理有多重要了吧！其实上，我们之前一直提到的账本就是档案中的一种，而且也是对企业来讲最为重要的档案。

不过除此之外，我们还有其他很多的档案需要保管。比如说交通费、餐饮费和招待费等。对于这些费用，你得保留好发票，并且注明发生这些费用的时间、地点、参与者及在这些场合都处理了什么样的公司业务。拿汽车的折旧来做一个说明吧！汽车的折旧是按照车辆运行的累积里程数来计算的，而你要做的就是把那些为公事儿跑的里程数和办私事儿的里程数分别记录开来，再记录下每次为公司出车都去了哪儿、干了些什么。这样，根据为公家跑的那部分里程数折算出来的汽车折旧额就可以在税前进行抵扣了。

档案管理不是一件好玩的工作，不过做起来也并不费事儿。你每星期只要花上短短的几分钟时间就完全可以搞定了。关键就是，要把这当成一项任务，长期坚持下来。如果你不知道在归档的时候应该留存什么票据或是要记录哪些内容，就问问你公司负责报税的同事。如果你不能把档案管理的工作做好，到你向税务机关申请税前抵扣的时候可有你受的了。

以上就是减免所得税的5个小窍门了。你现在是不是也明白了为什么那么多成功的企业都把税务规划当成是企业的一项重要任务来优先考虑了。通过实施合理的经营规划，企业可以在短时间内聚集大笔的财富。要记得，一切从规划开始，组建一支团队，做好会计工作，定期审阅财务报表，再制定一个长期的税务规划方案，尽可能地减免税务负担。越早将自己的房地产投资当成一个公司来运营和管理，你越有可能快速地成为一名成功的地产投资人，享受投资给你带来的丰厚回报。而你，也再不用辛辛苦苦地为之操劳。

15

听房地产律师讲如何组建并管理团队

——查尔斯·W.洛特泽

　　查尔斯·W.洛特泽是洛特泽律师事务所创始人。他是一位优秀的律师，在贸易、房地产、低收入住房、税务减免、行政诉讼及融资领域都有着丰富的经验。他曾于库塔克·洛克律师事务所任高级合伙人。洛特泽于房地产开发领域有着丰富而全面的经验，包括项目的投融资方面。他在处理合同及政府相关问题方面有着极其深厚的经验。他亦参与过一个高达50亿美元的融资项目。

第一次遇见洛特泽是2001年的事儿了，当时他在一家国内的律师事务所里做高级合伙人。我当时是去他所在的事务所做一个关于富爸爸理财理论的推介活动。当时总共有10名听众，而我觉得，洛特泽是唯一理解了我的讲解内容并对这些理论产生了兴趣的人。

2003年的时候，洛特泽帮助我的太太完成了一笔大买卖。在这笔投资中，我们一分钱的首付款没掏，却每月可以获得3万美元的净收入。而如果没有洛特泽，我们一定在这笔交易中会栽个大跟头。他在合同最不起眼的部分发现了对我们极其不利的条款并及时地作出了修改，而这个瑕疵，如果换个别的律师不一定看得出来。不仅如此，当这笔交易完成之后，洛特泽还主动提出要给我们的律师代理费打个折。因为他觉得自己的公司办事效率不高，耽误了我们的时间。这我可没法答应。最后我还是坚持给他付了全款。他为我带来的价值可比这律师费高太多了。

2007年，洛特泽又充当了一回我们夫妻俩救世主的角色。这一次，我们与先前的合作伙伴对簿公堂，而洛特泽则是作为我们的私人律师来帮我们进行辩护，并最终帮助我们赢得了胜利。说起来，这场诉讼案是我们夫妻俩这辈子碰到的最窝火儿的事儿了。如果没有洛特泽的帮忙，真的很难想象我和金今天会落到一个什么样的下场。

但往好的方面看，在经历了这次诉讼之后，洛特泽也成了我最贴心的朋友。经由洛特泽的指导，我的富爸爸公司变得比以前更加强大，盈利能力也更强了。而我自己，也在这个过程中变得更加成熟和冷静。洛特泽不但让我和太太变得更加富有，还帮助我们成为了更加优秀的企业家和投资人。

我从这件事情中学到的就是：患难才能见真情。

——罗伯特·清崎

首先，我承认律师看问题的角度的确与常人不同。在我们的眼中，雇佣关系指的不是你干活儿我付工钱这么简单，而是雇佣双方达成的关于工作内容、劳动保护及工资支付标准等诸多条款的一份协议。我们眼中的房产也不是简单的"房产"二字，它代表的是一项内含了现有负债和潜在风险的有形资产，也是随着自身开发、运营和销售承担相应法律约束的实体。

看完上面的这段内容，你肯定觉得律师的生活太痛苦了！这么简单的事情都被你们弄得那么复杂。你也许是对的，但对于我来说，作为一名律师，尤其是房地产行业的律师是非常刺激且充满挑战的。而且，我还能从中得到巨大的成就感。因为我的工作就是帮助人们保护他们自己的财产，实现自己的梦想，还有就是在晚上能睡得踏实。所以我坚持在这个行业发展，也对这个行业充满感情。房地产是一个充满活力的行业，所以你每天都会碰到许多新鲜有趣的事情，而你也就不会觉得日复一日的工作枯燥乏味了。

你之所以会选择来看我写的这一段，我想第一个原因就是"短"。好吧！假设你已经在我这部分之前读过几段别人写的东西了，你大概也发现了，好多人在文章中都会提到自己的团队成员，像什么会计师、律师、税务咨询师之类的。也就是有了这些专业人士鼎力合作，才有了投资项目的顺利开展。他们也肯定讲到了房地产运营团队的构成，以及专家们是如何分工合作的。

还是跟着我快速地回顾一下吧！团队成员是房地产项目投资成败的决定性因素。在我从业的这么多年里，我见过非常高效的运营团队轻松地完成项目，也见过笨拙混乱的团队把项目弄得一团糟。那么，怎么才能组建一支高效的团队，以避免运营不力而导致的投资失败呢？我告诉你，这是不可能的。你所能做的只是尽你可能地组建起一支完备的团队，并且以一颗平常心去看待它的工作成果。你还有一项重要任务，那就是把这些专家整合在一起，让他们慢慢找到适合自己的最佳的合作方式，从而顺利地完成每一个项目并逐步提高自己的效率。

在对团队和团队成员的理解上，我与这本书里的其他人可能会有些不同。因为我自己就是团队的一分子，而其他人则都是投资人，也就是管理团队的老板。老板和员工的观点当然会有区别了。不过，把我们的观点综合在一起，应该就比较完美了。而下面，就是我希望你在读完这一章后记住的3个要点了：

1．了解你自己的团队都需要哪些成员及判断自己选择的人选是否胜任他的工作。

2．准确地判断风险并保证风险都在可控范围之内。

3．建立绩效评估体系并为项目设立进度表，以此为标准，保证项目按时高效地完成。

看！这就是我律师的思维方式。我知道我的团队并不完美，不管你多么用心挑选自己的团队成员，或是推荐他们来的人有多可靠，你也不可能有十分的把握说组成的这支团队就能百战百胜了。天底下可没这么简单的事儿。那你该怎么办呢？非常简单：做最大的努力，做最坏的打算。

3 条游戏规则

或许你会这样想："团队带来的麻烦比它本身的价值多。所以在运作项目的时候要尽可能亲力亲为，或是将团队规模保持在最小规模。团队小了，随之而来的麻烦也就少多了。"我想告诉你的是，在房地产行业单枪匹马作战是很困难的，它就像是一个团队运动。因此，我也为它制定了3条游戏规则。

你的这支团队，最重要也是最经常的工作就是尽职调查了。这里要先解释一下，所谓的尽职调查，就是针对你要购买的房产的财务状况和前景（包括其面对的主要风险）进行的一个全面的调查。这对于房地产投资人来说相当重要。而且，你还要有一支足够合格的团队来帮你完成这个重要的任务。因为通过尽职调查，你能找出目标房产当中蕴含的巨大商业价值。同样，你也能通过尽职调查发现的蛛丝马迹分辨出我们常说的"问题房产"，从而及时停止收购。免得它日后给你带来无穷无尽的麻烦。你应该知道，尽职调查一般都在60天以上。而调查的目的就是考察待收购房产的价值并找出蕴含其中的潜在风险，从而决定是否进行购买，并根据调查结果商讨决定最终的收购方案。这样一来，你就需要你的团队帮你衡量利弊，以降低收购的风险。

洛特泽的3条游戏规则

第一条：雇佣优秀的人才。雇佣优秀的人才，你才能在交易中占据优势，并且实现利润的最大化。尽管雇佣优秀人才的成本要高许多，但你终会发现，他们为你带来的超额投资收益要远远高于你付给他们的工资。

第二条：用他们的智慧解决你的问题。鼓励团队成员对你的投资意向给出最真实、最全面的意见和评价。这样的话，你才能及时地发现隐藏的问题和风险，并制定解决方案或是量化由此带来的损失。当然，有些时候你会发现你所面临的风险远大于你能取得的预期收益。而这个时候，也就该放弃收购了。没人会傻到把大把的钱投到无底洞里去。

第三条：雇用那些聪明而且拥有良好判断力的人，而非那些除了些许相关工作经验就一无所有的人。

就像我在上面的第二条中提到的，在尽职调查期间，你需要你的团队翔实地调查待收购房产的详细情况，并真实全面地向你汇报调查结果，无论结果是喜是忧。因为你需要在签订合同之前充分了解房产的状况，尤其是它的风险。接下来，让我带你从团队的一员和律师的角度逐个分析不同的团队成员承担的任务和扮演的角色吧！

挑选你核心成员的时候一定要慎重，因为他们将会帮你完成一项又一项的投资交易。大体上，我把人分为两类：一类是"关系型"的，而另一类是"交易型"的。尽管我是法律方面的专家，并且社会也把我归为"职业技术人员"这一类，但我却是一个实实在在的"关系型"的人。而且我也很喜欢跟我相同类型的人搭档。当然，我也可以与"交易型"的人共事，但我总觉得他们缺乏热诚，而且做事情缺乏积极性。尤其是交易完成后，他们就更没有什么主动性可言了。

房地产律师

我写的是"房地产律师"，而不是普通的"律师"二字。这就是我要告诉你的第一件事情：房地产律师和普通的律师存在着天壤之别。因此，当你雇佣律师的时候，一定要找一个对房地产行业有着相当了解和经验的律师做你的帮手。记住，普通的律师可是完全不能胜任这一工作的。

在这儿，我这么强调"房地产"3个字，全都是因为一个好的房地产律师能像橄榄球队中的四分卫那样帮你承担起协调整支团队的作用，从而帮你分担一大部分的压力。一个好的律师应该经验丰富且富有自信，并具备良好的判断力。他还必须清楚在什么情况下需要你亲自出马或是从第三方寻求帮助。因为不管多么老道的律师都会在处理新的交易时碰到从未遇到过的问题和状况，而你在这时就要根据情况进行抉择。你肯定也不想让自己的律师拿自己的投资来练手，是这个道理吧！其实律师对于你来说，最大的作用是通过自己的人际网络帮你解决交易中出现的各类问题。一个好的房地产律师应该对尽职调查的预算和时间安排非常精通，从而能够协调团队中的其他成员按时保质地完成自己的工作。这也就意味着你的律师在项目的最开始就要参与其中，处理前期的文件，比如合约细则、意向书等。这样才能为项目开个好头，并为之后各项工作的顺利开展作好准备。

真实的故事

每一次房地产投资的机会都不尽相同，而有些时候一些意想不到的投资会逼着你扩大自己团队的规模，大到连你自己都无法想象。

有很多房地产投资商都是从不断的挫折中一路成长起来的，因而他们对于困难就表现得不是那么敏感。在他们眼里，所有的困难都是可以克服的。这点没错，不过有些时候你也会为此付出高昂的代价。我记得曾经就有这么一个客户，他以投资的高产而闻名。他很聪明，所以投资的结果大都不错，但由于对自己成功投资经历的过分自信，他最终没能逃过一桩糟糕至极的生意。那是一幢并不怎么样的房子，本来就不值什么钱，而且还有一堆看得见看不见的装修问题，并且通风系统还有严重的故障。即使这样，我的客户还是坚持买下了这幢房子。结果呢？他花了大价钱对房子进行整修，而由于年久失修，在大修完成的时候，却发现房屋已经整体下陷了30多厘米！这么一折腾，钱没少花，自己的团队也被折腾得够呛，参与这个项目的人数也达到了前所未有的规模（管理人员、维修工人都包含在内）。真不够折腾的！俗话说得好，小心驶得万年船。不管你以往有多么成功，还是要认真地考察每一次新的投资机会，免得自添烦恼。

不过，总的来说，你团队里的核心成员应该是比较稳定的，所以你对他们的工作成果也可以判断得八九不离十。而且，你跟他们合作的时间越长，你会发现你们的合作会日趋熟练，工作效率也会逐步得到提升。

一个好的房地产律师可以成为你最忠实的伙伴。我就经常为客户的投资交易或是整体业务发展献计献策。在我们的事务所里，我们就要求自己时刻站在客户和企业的角度考虑问题。企业家们都希望我们能告诉他们每次交易的关键因素，同时需要我们找到解决问题的方案并将交易撮合成功。如果你的律师只会发现问题，而不会解决问题，那你就真的要考虑换掉他了。如果你的律师与你做事风格不合，表现得粗鲁、太被动或者过于咄咄逼人，那么你也要考虑换人了。

具体来说，我们的工作就是浏览并分析所有的文件，如第三方出具的报告和调查结果、购买及销售合同、贷款合同等。并且，当我们的客户开展投资和合资业务的时候，我们还要直接负责这些文件和合同的起草工作。

怎样挑选合适的房地产律师？选取的标准和需要注意的事项

选取的标准：
- 已有的法律知识、经验及灵活的头脑和准确的判断力；
- 足够的工作时间；
- 良好的职业操守；
- 可以接受与来自其他事务所的律师共同协作；
- 团队合作精神及团队合作能力；
- 丰富的房地产交易经验；
- 处理房地产交易中复杂财务问题的经验；
- 举止得体（最好是一位绅士加斗士）；
- 律师事务所的支持（人多力量大）。

需要注意的事项：
- 是否曾经发生过渎职行为；
- 是否受到过律师业内人士的投诉；
- 是否拥有房地产相关法律经验；
- 与委托方（客户）的性格和做事风格是否一致。

至于律师费的收取标准，一般分为3种。第一种是按工作时间长短计价，也就是我们常说的按时计价。第二种是按工作量计价。在这种计价方式下，如果客户在业务进展过程中需要增加额外的工作量，多出来的部分就需要按工时计价。第三种方式就是前两种方式相结合，也就是工时与工作量相结合的计价方式。然而，很容易发现，这些合同都是跟着客户的要求来的，并没有规定当我们律师发现了客户并没有发现的问题或机会时应该怎么收费。其实，客户也处在两难的境地。一方面，他们希望我们找出那些对他们有利的点以增加自己的投资收益，但同时又怕我们太拘泥于那些不确定的东西而耽误了整体的项目进程。所以我们想了一个好办法：如果我们帮助客户增加了收益或是避免了损失的情况下，客户按照收益（或损失）的金额按一定比例付给我们律师费。这样一来，我的客户们都觉得自己赚了。而我们，也同时多收到了一笔律师费。真算是一件皆大欢喜的买卖。

在过去的几年间，我的大部分精力都用在了有关债券投资和税务减免的项目上，并且主要依靠帮助客户增加额外收益赚取提成形式的律师费。每当自己参与这类项目的时候，我总是想尽办法推进项目的进程，尽快达成交易。不过说到底，律师还是要把自己和客户放在一起去考虑，为客户寻找最佳的解决方案，而不是眼睛只盯着自己的律师费。

> **怎样起草业务约定书**
>
> 在开始工作前，你要跟你团队的大部分成员签订业务约定书。无论是他们准备的还是你自己起草的，一定要包含如下几个方面的内容：
> - 业务范围，尤其是业务约定各方应该承担的角色和任务；
> - 确定付款的时间和标准，项目的开始和结束时间也需要注明；
> - 详细列明业务约定书终止的条件；
> - 详细列明项目进行中的各种费用（软件购置、办公耗材等）由哪方承担；
> - 披露相冲突的关系；
> - 列明已知的风险；
> - 争议解决方式；
> - 免责条款。

房地产经纪人

房地产经纪人也是你团队中不可或缺的一员，他们是帮你发掘投资机会的专家。他们能够找出那些最适合你房产的目标客户，为你带来绝佳的交易机会。你需要一个拥有良好社会关系并能与你的团队很好合作的房地产经纪人。也就是说，你需要一个"关系型"的经纪人，而不是"交易型"的。

不过，我所见过的大多经纪人都是"交易型"的。他们只是不假思索地处理眼前的项目，并从中赚取他们的佣金，仅此而已。他们根本不会考虑你的发展规划、你的地产投资标准，而只是盲目地选取投资标的以完成交易。一个真正的优秀房地产经纪人是应该基于你的个人偏好和投资标准为你甄选投资机会的，只有这样才是他们最大的价值所在。

房地产经纪人的任务其实是根据手中的资源进行甄选，并安排意向相近的投资人和房产持有人会面、商讨交易事项，而不是一味的交易至上。当然，好的经纪人是可以二者兼备的。他们能为客户寻找到最合适的投资机会并最终达成交易。

有些时候会发生这样的情况：一名房地产经纪人同时为买卖双方服务，也就是一名经纪人同时受了买卖双方的委托。从表面上看，好像是你省了一笔佣金，因为整个交易过程中只有一名经纪人参与，佣金肯定比平常情况下雇佣两名经纪人（买卖双方各一名）低多了。不过如果真有这种情况发生，一定要更小心才行，最好要求你的经纪人披露所有的交易背景和过程，以避免发生任何可能的利益冲突。

真实的故事：怎样知道房地产经纪人是为你考虑的呢？

如果真的碰到经纪人同时为双方代理的情况，你也别太头痛了。其实他们自己也不想这样，因为在这种情况下经常会因利益纠纷产生问题。而一旦遇到这类问题，处理起来都非常困难，就连房地产经纪人也会叫苦不迭。

我发现，优秀的房地产经纪人总是把客户的利益放在第一位来考虑，而克莱格·科波拉就是其中之一。当时，我的律师事务所想要购买一栋新的办公楼，而克莱格就是我当时聘请的房地产经纪人。他听完我叙述我的要求和想法之后，非常诚恳地告诉我说当时并不是很好的买房时点，因为整个房地产市场处于向下的走势当中，房产价格可能还会下降。他建议我再耐心地等一等。很显然，克莱格的建议是非常中肯的。他完全站在了我的角度，为我考虑。而在整个过程中，由于没有实际的交易发生，他一分钱的代理费都没收。在那之后，我就经常给我的好朋友和客户们说起他和这个故事。而我也希望这个故事也帮你了解到什么样的经纪人才算得上是好。

大多数做企业的人都知道随着市场的波动进行自我调整的重要性。房地产经纪人更是这样，他们需要在变化多端的房地产市场中保持冷静，以帮助客户作出最合理的决定。在 2000 年，房地产市场极度繁荣。许多的房地产经纪人都变得非常功利，急于撮合每一笔交易、接更多的业务、赚更多的钱。然而，那些最顶尖的房地产经纪人却明白，这繁荣的泡沫总有一天会破裂。而在当时，也就是市场的高点买入房产，其内在风险要远远高于其预期收益。所以当他们面对自己客户的时候，不再单纯地进行常规的推销工作，而是更多地提供咨询和建议，告诉客户实际状况，帮助客户作出正确而恰当的决定。他们明白，急功近利地撮合每一笔成交是可以为他们增加短期的利润，但从长期来看，这却会阻碍他们事业的发展壮大。而正是这样拥有长远眼光的房地产经纪人，才是你需要找的合适人选。

会计师

我发现，几乎所有的企业经营活动都需要通过数字的形式表达出来。所以，拥有一名精通房地产行业的会计师对你来说就显得至关重要。实际上，维持与会计师的良好沟通与合作对你来说也意义重大。

我记得在我任职的那个房地产投资团队中，会计师就是最早加入团队的成员之一。当时他与一个外部的会计师事务所合作，共同处理财务问题。他经常被一些本职工作之外的杂事困扰，还时常因为外部事务所工作的调配问题承受很大的压力。但如果这名会计师足够称职，上述的两点其实根本不算什么问题。然而，如果缺乏沟通和工作技巧，问题就会随之而来。

一名称职的房地产会计师应该清楚地了解各项财务指标和它们的变化对于房产的重要意义（比如摊销、折旧及在基建期产生的暂时亏损）。他们还要明白如何针对你房产中的各部分资产作出合理的成本分解，从而制定出最佳的摊销和折旧方案。

建筑师

首先，我要对格雷格·齐默曼和克里斯·伊尔克无私地对这一部分内容做出的贡献表示感谢。建筑师也是你房地产团队中必不可少的一员。他们可以将一处原本平淡无奇的房产改造成众人哄抢的惊艳建筑。他们的作用无人可以替代。不过，与此同时，他们也在改造过程中浪费很多的钱。

好的建筑设计师很明白，虽然他们有能力将一栋平淡无奇的房产改造成受人追捧的艺术品，但最终还是要遵从团队的原有改造方案实施具体工作。项目需要建筑设计师做的可能只是小投入、高产出的一些小规模的设计改造工作。在建筑设计师看来，这些改造工作也许并不是那么激动人心，改造出的结果可能也没有与之前发生什么显著的变化。不过，这就是项目的要求。

可能对建筑设计师来说这工作平庸了些，然而就是这平庸的改造将为投资者带来巨大的投资回报。而做到这一点，才是最不平庸的事情。虽然把一处旧的公寓楼改造成宽大的LOFT是一件让人兴奋的工作，而实际上，在每个单元里规划出一个独立洗衣房的设计却能为投资人带来更为可观的回报。因为现如今，人们已经不愿意去大型的公共洗衣房洗衣服。旧公寓楼的洗衣房工程改造，其实是整个公寓楼市场都一直难以克服的重大设计难题。

设计专家们跟医生和律师一样，也被称为职业技术人才。而他们各自也有着自己擅长的设计方向。这很容易理解：再优秀的神经科医生也没法独自承担心脏搭桥手术，再优秀的民事律师也无法在房地产领域游刃有余。你也千万别找专门设计豪宅别墅的建筑设计师来给你设计普通的公寓楼改造工程。你需要的是闭着眼睛都能把设计工作搞定的专业建筑设计师。

不过，对于经验老到的建筑设计师来说，最重要的就是要了解政策。国家的法律法规几乎每年都在发生变化，而只有建筑设计师和他们的事务所才能紧跟政策。要知道，法律法规的任何变化都可能对设计工作产生重大影响。我就曾经遇到过很多在建筑物建造、改建和整修的过程中由于没有实时跟上法规的变化而被迫被叫停的情况。这样一来，不仅浪费时间，还极易造成混乱。因为想要跟市政厅讨价还价，可没那么容易。所以，还是请一个专业的建筑设计师吧！他能帮你最大程度地避免这种情况的发生。

让我来详细地说明一下"经验"的意思吧：设计师是一个永无止境的专业工种。成为一名专业的设计师，不仅需要专业的知识和技能为基础，还需要长年的实际操作经验来完善自己对设计工作的认识和理解。而在帮助客户指导规划项目之前，任何一个设计师都是经历了多年的时间来完善自己的经验和技术的。经验这一点，在很多领域都是共通的。就像从政，你也需要积极有效地与联邦政府和州政府保持良好的关系，同时和善地对待所有的居民，并长年如一日地坚持下来。这些都是考验一个人耐心和恒心的工作。不过别忘了，你的建筑师还要拥有对市场趋势良好的判断力，毕竟所有的工程改造最终都是要经历时间的考验的。

经验决定一切

当你和一位经验丰富的专业建筑设计师进行合作的时候，你能从以下几个方面直接获益：

- 设计进程变快；
- 未知的或现学现用的情况很少；
- 对整个设计过程有很好的掌控，很少出现意料之外的特殊情况；
- 尽管整体计划是根据新项目量身定做的，但设计中的大部分内容都是有以往的成功案例作保证的；
- 在项目的具体施工过程中进展也会比较顺利，因为经验使然；
- 深知国家的政策法规，从而达到保护项目的目的。

当你在选择设计师事务所的时候，除了要考虑他们具备的资质和已有的成功经验外，还得同时考虑他们的社会关系和报价。首先，不管一个建筑设计师有多么出众，只要他跟你合不来，那我奉劝你还是另寻贤才比较好。对建筑设计师来讲，交流能力太重要了。由于建筑设计师过于苛求完美而延误工期，最终导致交易失败的案例也不是一个两个了。总承包商和建筑设计师之间的合作和交流工作，必须积极而有效。这与项目的成败关系重大。而安排风格不合的承包商和建筑设计师合作项目，一定只能导致失败的结果。

而谈到报价，也就是钱的问题，你首先要清晰地说明你的要求，也就是你想要取得的最终效果及你希望通过何种方式达到这个目标。告诉建筑设计师你希望怎样的设计，还有你准备在这个项目里投多少钱。当然，在制定预算的时候，你需要考虑付给设计公司的设计费，还有为完成你心目中满意的设计所要花掉的费用。我自己就曾参与到多个房地产项目当中去，所以也亲眼见到过因为建筑设计师的设计方案成本过于高昂而造成预算吃紧甚至盈利受损的情况。这对于房地产投资来说是耗时又耗力的严重失误。所以说，建筑设计师要和工程承包商进行良好的沟通以避免类似情况的发生。

在设计之初，你提供给建筑设计师的信息越多，他制作的费用预算也就越精确。当然，没有人能把所有的一切都考虑得尽善尽美，在项目进展过程中还会有很多意想不到的事情发生。不过，你可以通过下面的方法来保证自己的实际支出不会与预算偏差太远。先就初期的尽职调查和初步的设计或咨询工作签订一份合同。这样做没什么不妥的。因为谁也不能打包票说项目就一定可行，都得要经过初步的考察和研究才能最终作出项目的可行性分析，以判断下一步的项目发展方向。

你们可以自行起草订立阶段性的合同，或者是直接用美国建筑师协会的B181号标准合同。这181号合同是为房产所有者和建筑设计师之间签约而专门设计的标准合约,你在网上直接搜索"AIA B181"就能很轻松地找到并将它下载下来。即便你不用它,看一看做个参考也是很有必要的。

订立分段合同的好处在于你能毫无负担地进行接下来的工作,你不用在项目的最开始就给自己订立过于具体化的改造方案并为之日思夜想。其实,你也不可能在一开始就制定出详细的方案。因为这应该是建筑设计师的工作,而不是你的。事实上,在尽职调查完成之后,如果得出的结论是积极的,那么对项目的具体的设计方案和时间、人工的安排都会由建筑设计师来完成,所以你还是不用费什么心。你给建筑设计师多一些发挥的余地,还能给他带来更多的工作动力,为你在既定的预算内做出最佳的设计方案来。他们不就是以此为生的么?

这方法非常的行之有效。但还有一个小问题需要认真对待:在建筑设计师为你进行考察和设计工作的过程中,肯定会需要一些其他方面的专业人士参与进来。我建议你跟这些专家订立一对一的合同,以保证他们在项目进程中按时保质地完成分内的工作。

当你的项目进入正式轨道之后,你就要和建筑设计师签订正式的合同了。而接下来,你要做的就都是沟通工作了。我就有幸参与到一支优秀并高效的项目组中。在这个项目组里,设计团队每周都会举行例会,并在会上向投资人通报项目的最新进展。而对任何处于施工过程中的项目来说,保持信息的及时更新是最为重要的了。因为只有这样,项目才能得到高效率的实施,并最终取得最佳的效果。

当设计工作都结束了之后,项目就可以正式开展了。这时候,建筑设计师就要负责管理所有的专业技术人员并向律师和投资人实时通报项目的进展情况。作为项目设计和施工的核心负责人,建筑设计师还需要浏览所有的相关信息以保证工程的顺利进行。这个时候,他就要运用自己的知识和经验帮助项目把关,并对项目的进度、效果及预算负起全责。

土木工程师

土木工程师是你的建筑设计师最常聘用的专家之一。他们负责考察项目所在地的公共基础设施(水、电、气等)情况,并基于项目的具体情况就公共设施的接入或扩容制定详细的计划方案。而填写美国土地产权协会的标准测量工作也是必须的工作之一,因为只有在完成了测量之后,你才能获得那些公共设施接入的许可。

土木工程师还要负责包括设计排水系统、灌溉渠等其他很多任务。你的建筑设计师会告诉你土木工程师能在何时何地为你的项目发挥作用。

你的建筑设计师会帮你审阅包括土木工程师在内的所有专业设计人员与你订立的服务合同。与此同时，我还建议你让房地产律师单从法律角度再帮你审阅一遍。相信你也看出来了，让律师审阅合同是要保证合同的合法和严谨，而让建筑设计师审阅则完全是为了保证项目的所有工作都有专人负责，并且尽可能地减少不同人员间产生工作内容的重叠，以最终实现既定目标。

在律师和建筑设计师看过所有的合同之后，你就可以放心地签署这些合同了。这些合同里经常会包含一些关于或有事项的条款，你可以酌情选择把这些条款删除或另立其他合同。但要注意的是，一旦这些或有事项在项目中出现，并导致超额的工作量时，你可能就得为你的工作人员付更高的工资了。

根据我的经验看，不怕土木工程师做的多，就怕他们干得少。作为房地产业务来说，除非你在这个行业的经验有20年以上，否则你是不可能在问题浮现之前发现土木工程师的任何工作疏忽的。打个比方说吧，有可能房子建起来之后，单从外观上看什么问题都没有。而突然有天下起了暴雨，你才发现你的车库却像水漫金山一样被淹了个透。这会儿你才能知道，房屋的排水系统原来做得不够合格。别以为我只是在讲故事，这种情况可经常发生呢！

土木工程师要处理的问题还不只是平整土地、接入水电气和设计排水系统这么简单。我就会建议我的客户找那些与市政厅有关系的事务所聘请土木工程师。这所谓的"政治素养"可会在你的项目中发挥很大的作用。这样一来，一旦你的项目出现什么问题而受到市政厅传讯的时候，你的这张"关系王牌"就能轻而易举地帮你解决那些看起来很棘手的难题了。

土木工程师在工作中最容易出现的3个问题

1. 计划没有如期完成；
2. 计划中有关接入现有公共设施的安排不够细致；
3. 计划中对地形考虑不周而造成排水障碍。

要解决这些问题，就需要你制定出一个有激励机制的项目进度表，并在项目过程中和你的建筑设计师、土木工程师还有承包商在项目开工前仔细地对设计图进行审阅，从而做到有备无患。

专业勘察人员

你一定见过站在大街上通过水平测量仪进行测量工作的人，他们就是这里要说到的地形勘察人员。他们在做的工作就是实地采集、测量房产的相关参数，以确定尽职调查过程中你所看到的房屋情况介绍是真实、可信的。而且，他们还会将采集来的数据编制成一份正式规范的文件，并进行妥善的封存，之后送交管理机构作为地产相关档案留存起来。

想知道这些勘察人员都通过测量仪上那个小小的镜头都看到和发现了什么吗？其实，在大部分的项目过程中，他们是在确定或者测量如下内容：

● 确定地役权。勘察人员需要确定房产的水电气管道及排水系统等设施应该如何与外界相连，以确定如果进行相应施工是否必须影响或使用他人的已有房产或地产才能实现。（比如你的房屋自来水管道必须经由某邻居的院落才能接入主管道。）

● 测量土地面积。勘察人员需要实地划分、测量地产的边界，并计算出真实的土地面积。

● 判断侵占和被侵占情况。勘察人员会确定你土地的边界，以判断是否有第三方的建筑侵占了你的土地，反之亦然。如果有这种情况发生，就需要对土地的价值重新评价，并且根据情况进行处理。

● 测定建筑物和其他设施的具体位置和规范。测量人员还要对土地上所有建筑物和其他设施（围墙、水渠等）的具体位置进行详细记录，以判断它们符合当地的建筑规范。

● 非机动车通道。测量人员要确定你土地上的非机动车通道应该如何设计安排。而这些会直接影响到你进行房产建造或维修的工程计划。

● 制订机动车降速措施。勘测人员会在现有基础上通过加装减速带、隔离绿化带等举措保证机动车在此区域内行驶速度下降，从而保证周围居民、行人和自行车的安全。

当然了，在不同地区的不同的房产项目当中，每块土地都可能会有其独特的勘测要求。在亚利桑那州一片巨石丛生的山丘地带，当地政府还要求勘测者详细地记录每一处大仙人掌、每一棵大树甚至是每一块巨石的位置。因为在他们看来，这些都代表了当地特有的自然环境，而所有的人都需要将保护这种资源环境当做头等大事。

最后一点，千万别在你的土地和邻居的土地之间留下任何的"中间地带"。随便动动脑筋就能想到很多原因了。首先就是所有权的问题：这中间地带到底应该由谁来负责管理和维护呢？接下来就是责任问题：如果在中间地带发生了事故，谁来负责处理呢？再有就是钱的问题了。有些时候，为了使项目规划达标，你不得不向自己的邻居购买一小块的土地来完成诸如入口、出口之类的设计规划。到了那个时候，不管你有多想买，你的邻居都不一定愿意卖给你呢！

环境测评工程师

同样，环境测评工程师也是你要在尽职调查之初就需要聘请的专家之一。他会帮你寻找出待购房地产中的环境隐患。这一点对你的购买决定非常重要，而向你发放贷款的银行也一定会要求你提供这方面的测评报告。如果你还没有意识到环境测评的重要性，那就去看看发生在纽约的拉夫运河事件吧！即使你所遭遇的情况没有拉夫运河事件那么极端，项目的环境污染也处于可治理范围之内，你还是要为治理工作付出一定的高昂成本。相信你也不愿意在项目一开始就花出这么一大笔钱去，这对谁来讲都是很难以接受的。所以，一定要事先做好环境的测评工作，了解环境状况，并估算出与项目相关的可能的环境治理费用。

所以，当挑选环境测评工程师的时候，一定要选行业里公认的合格人士。同时，从你的贷款银行那儿寻找合适的人选也是不错的选择。银行里是有特定的部门来审阅各式各样的环境评价报告，而这些人是很清楚哪些环境测评工程师是最称职的专家的。从银行方面给你推荐来的人选，应该都还是可信的。尽管如此，你还是要在测评的过程中把把关，千万别在某些完全不必要的测评当中浪费太多精力和成本。

在尽职调查过程中，你必须完成一次完整的实地环境测评。测评工程师要做的第一件事情就是巡视房产所在的周遭环境，做一个大致的了解。之后，他需要去调查当地的历史环境记录，并探访周围居住的居民及房产的所有者们，了解环境状况。这样做的目的就是对人为造成的环境问题进行一个初步判断，即周围是否有生产有害物质的工厂存在，或者是否有工业废料被排放在周围。在这个阶段，测评工程师是不需要采取任何样本的。

在没有任何问题的情况下，你会拿到一本完美的"一期报告"，也就意味着你可以放心地继续接下来的工作了。不过，如果在测评过程中发现了环境问题，那就需要通过实地采样和分析来量化这些问题的严重程度。关于进一步的测评，你还需要编订一本"二期报告"，并有可能在采样的过程中用到挖掘机和钻井机这样大型的设备。这样一来，你的成本和耗时也会随之大幅上升。

有趣的是，如果你一旦在某块土地上发现了有毒的物质，那么这片土地之前的所有人有义务对清理工作负责。而如果他们原本就知道这些问题，他们也应该在尽职调查期间向你披露这方面的内容。当然了，我相信给你放贷的银行也希望得到一份漂亮的"一期报告"，不然又得惹上许多不必要的麻烦来。这么说来，最好的办法就是寻找那些历史清白的区域投资，免得节外生枝。

近期，在环境测评工程师准备测评报告的时候，为了规避自己的责任，往往在合同里加上这么一条："如测评结果失实，赔偿金仅限于依合同收取的测评费用。"而如果一旦真的出现项目的测评失实，这区区的赔偿金又怎么能抵得上投资者产生的巨大损失呢？

产权保证保险代理人

你做的房地产生意越多，你就会越了解产权保证保险代理人的作用。产权保证保险代理人是独立于买家、卖家、贷款银行及地产经纪人间的一个中间人。他会审阅和核实所有的相关文件、合同等档案的真实性和有效性，并随着合同的进程按照合同约定在各方之间进行资金的划转。

同之前一样，我还是要从律师的职业角度为你来介绍这个职业。产权保证保险代理人，其实就是为你提供产权保证保险合约的代理人。解释这个有点困难，所以还是让我们从普通的保险开始讲起，以方便与产权保证保险做个区别，方便理解。我们常见的人身保险和财产保险，它们保障的都是自保险合同订立之日起特定时间段内被保险主体受到的损害。注意，这里的时间段是"合同订立后的一段期间"。而产权保证保险就不同了，它承保的时期是自合同订立日起向前追溯的一段特定的期间，也就是"合同订立前的一段期间"。因而它所保障的就是你财产的产权安全，也就是因未知的恶意欺诈或未被披露的抵押质押行为引起的产权纠纷导致的损失。当然了，产权保证保险是不会为现存的产权纠纷导致的任何经济损失给予保障和赔付。

换句话来说，也就是产权保证保险不会对已经出现的问题作出保障。在这种情况下，即使保险公司与你订立了保险合同，他们也会在合同条款中按照最坏的预期估算出损失金额的极值，并将这个估算出的极值作为免赔额列明在合同当中。

我时常看到房地产投资者心甘情愿地在列明已有风险的产权保证保险的保单上潇洒地签下自己的大名，而我一直对此非常不解。这些投资者一定不知道，这份保单根本不能帮助他们解决任何问题。一旦对应的风险和纠纷浮上水面之后，投资者还是需要自行处理并负担相应的开销。而这张保单却不能为你提供任何的额外保障。

同时，我要告诉你的是，这份保单保障的仅仅只是你贷款的部分，因此保费也是在这贷款总额的基础上计算出来的。如果你想要把参保范围扩大，以覆盖到你自有投入的那一部分资金，你就需要另外参保美国房屋协会的一项特殊险种。而这之前，你还得配合相应机构完成一项例行的审查。

产权保证保险代理人是一个相当重要的角色。所以对我们来说，了解他们的日常工作和他们解决问题的方式方法也是非常必要的。出色的产权保证保险代理人可以协调一项交易中各方的需求并积极地将问题解决。我本人就非常敬佩那些有能力将复杂问题变得简单，并总能按时完成工作的产权保证保险代理人。但是，我也是经过了很多惨痛的教训之后才碰到真正的贤才的。

抵押经纪人

选择你的抵押经纪人是你要做的一项重要决定。你需要找到一名真正的行家来辅佐你的项目，而选择的标准还真跟选择建筑设计师有几分相似。你可能不清楚，经纪人这个行当也是分很多不同方向的。而只有很少的一部分经纪人拥有跨行业，甚至是全方位的经纪业务经验。在我看来，理想的经纪人是要业务精通并同时对市场大方向有准确认知的。这是因为，如果你的项目设计方案得不到出贷方(也就是银行)的认同，你的抵押贷款就很难到手。而即使最终成功了，中间经历的过程也会困难重重。

几乎任何一件小事都会为获得贷款带来麻烦。有些时候银行会觉得项目的位置欠佳，有些时候又会觉得项目的时间安排有问题，有些时候说项目的可行性分析报告不够详细，还有些时候干脆就说项目的前期的市场调研不够，无法量化项目的预期收益。如果你没有作好充足的准备，没有按照抵押经纪人给的建议对项目的设计和实施计划作出合适的调整的话，你的抵押贷款申请可就很难通过评审团的审议了。这也就是我们说的投资者导致的失败。

还有一些情况下，抵押经纪人也会坏事儿。所以，一个好的抵押经纪人应该帮你选择最佳的抵押融资渠道，同时避开那些不必要的麻烦。但我还是经常看到或听到因投资品种和贷款申请具体条款不相符而造成的贷款失败。实际上，投资的品种就是与贷款相符的，而就是在申请书当中的那一点点的误差，就导致了最终的失败。条款中一个小小的偏差都有可能对项目的很多方面造成影响，比如说房产的所属类别、房产的预期收益等。而如果想要从市级、州级或者国家级的基金中申请融资，简直是太困难了。你必须得完全符合他们固定的各类标准，而他们的标准又是极其严格的。你的抵押经纪人必须熟知所有融资渠道的要求和标准。这样的话，他才能帮你选到合适的融资渠道，并且躲开那些暗藏的陷阱。而正因为如此，你也需要想尽一切办法把各类融资渠道的要求弄清楚，以便作出最好的选择和判断。

你还要问你的抵押经纪人对税务减免了解多少。问问他们诸如住房和城市发展部专项基金这样的特殊融资渠道对你来说有何利弊。跟他们在一起工作，真的能够获得许多有用的知识。而对抵押经纪人最后的一个要求就是他的实际操作经验了。为自己找一个久经沙场的老兵，总是没错的。

作为一名房地产律师，我可以说自己是抵押经纪人很好的合作伙伴。与此同时，我还知晓多种多样的融资渠道。如果你的律师设身处地替你和你的项目着想，那么除了利率和还款期限之外，他一定还会仔细研究各类融资渠道中细小的条款差别。因为这些看上去微不足道的条款有可能在几年之后给你带来巨大的经济损失。

保险经纪人

对于保险经纪人，除了几个关键点外，我就不做过于深入的讲解了。你需要一名保险经纪人在项目初期就帮你制定出项目的投保方案，以保证项目运行中可能发生的意外损失。在申请贷款的过程中，出贷方一定会对你所投的保险的承保比率有一个最低限制。在这一点上，你就需要专业的保险经纪人解读出贷方的要求细则，并以此迅速而合理地制定出投保方案来。

近些年来，打包贷款成为了一种趋势。因而，出贷方就会指定几种必需的保险种类，以及他们要求的最低承保比率。这样，产生的贷款就变得标准化了，也就更容易在二级市场上进行出售。而你的保险经纪人应该告诉你在这些指定的保险及承保比率之外，还要做些什么。

有很多保险代理机构只做房地产开发有关的保险项目，依旧发展得很好。这是因为在房地产项目中，有很多的东西都需要进行这样或那样的保险。保险就是为了管控风险，但同时也要自己清楚你愿意为这些保险付出多大的成本。如果你对保险了解够多，那么你也就能在项目前预估出一个项目所需的总保险成本，从而将其与其他成本和预期收益综合起来考虑，以确定项目的可行性。

同类资产交换（1031号税法条例）中间商

每当我的客户邀请我参加有关1031号税法条例的会议，我都会坚持让他们自己的会计师针对具体项目计算出1031号条例带来的税务优惠，并进一步估算这将为他们的投资带来多大的积极影响。从我个人的观点来看，虽然省下或延迟缴付的这部分税款对一笔金额巨大的房地产交易来说不算什么，但既然你选择了房地产进行长期投资，那为什么要在投资的期间让资金白白地流走呢？

投资者的项目经常会与同类资产交换条例（1031 Exchange）发生联系，本书中将会有一整章的内容讨论这个条例。简单来讲，这个条例就是说，当你将现有地产卖掉后，将原物业的盈利重新投资于类似的商业地产中，你就可以获得减税或者延迟缴税的税务优惠。当你的项目需要用到它的时候，你就需要一位合格的中间商来帮你进行具体实施。原因很简单，如果你在项目实施或申请流程上发生了一点小小的失误，都有可能因不符条例要求而丧失获得税务优惠的机会。

你肯定想知道通过1031条例自己究竟可以获得多高额度的税务减免或延期，从而判断这样做的意义和价值。我觉得，还是从交易的实质来判断比较合理些：扪心自问，即使不通过这些中间商获取所谓的税务减免或延期，你是否还是希望进行这笔交易。换句话说，你到底如何看待这笔交易的真实价值。我也不想看到你单纯为获取税务方面的优惠就仓促达成交易。不过，即使在确定了某桩交易的价值并希望通过1031条例为项目增益的情况下，我还是会要求我的客户与我、中间商还有税务顾问商讨整个计划，并从自己整体的财务投资布局角度出发考虑这桩交易。

在房地产置换交易中，还有一些免税的税法条款。下面就是几个你可能从未考虑过的问题：

- 充分折旧的房产置换为一处折旧期未到的房产；
- 将一块不产生任何收入的空地置换为房产，以获得租金收入；
- 出于地点的考虑产生的房地产置换；
- 出于退休度假考虑或为子女继承作准备而将大片、集中的房地产置换为几处小规模的房产；
- 将与他人共同拥有的 A 房产的遗产继承权置换到 B 房产上，以使子嗣拥有 B 房产的全部所有权。

那么，一个合格的中间商需要具备哪些条件呢？首先就是确定你的资金在整个交易的过程中会被妥善保管，不会发生被挪用情况。由其他房地产投资者推荐而来的中间商，一般会比较可靠。当然，你自己还是要调查一下他们的资金存管情况。据我所知，有很多的中间商在近期发生了无法如期履行付款义务的情况。因为他们把手头的资金都投入了那些变现能力非常差的融资债券中，而最终造成了现金流的断裂。如果你都不知道这些中间商都把钱投到什么地方去了，那还是别用他们的好。

再有，就是要与你的中间商签订交易资金的书面保证书。最后一点，就是要审查你的中间商是否为其资产进行了保险。对中间商来说，少说也要有一亿美元以上的保额。这样，你才能放心地把资金移交给他们进行保管和交易。

总承包商

几乎所有的房地产项目都会有建筑或装修团队的参与。因此，聘请一位总承包商管理这一大摊的事务是非常必要的。无论你是一个多能干的人，千万别把所有工程管理的活儿揽在自己一个人身上。（除非你自己就是一个专业的工程承包商。）你是一个投资人，尽自己的本分就好了。

不用说了，选承包商的时候还是要非常谨慎，因为这个决定会直接影响到工程的质量。问问你的建筑设计师有没有什么好的人选，他们手上往往都会有这方面很好的资源。要不就问问你建筑工程方面的保险代理人，他们应该也认识很多不错的承包商。要不然，就问问你的律师、抵押经纪人或是自己到正在施工的项目现场看看，说不定就会有什么收获和发现。多看多听，你才能知道哪些公司是最有信誉、做起事儿来最讲究的。

不管你手上的项目有多"小",千万别雇用那些没有专业资质的公司。作为一个律师,我提醒你千万别贪图一时的小便宜而作出这种愚蠢的决定。就是些看上去不起眼的小决定,有时会给你带来天大的麻烦。

我一直认为,对总承包商而言,拥有第三方签立的履约保证书非常重要。假使一个总承包商无法获得第三方出具的履约保证书,那你就要详细地调查一下为什么了。当然,需要注意的是,如果总承包商和投资开发商是同一个法律主体的话,通常来讲是不会有机构愿意为他做履约担保的。而只有在总承包商与投资开发商是两个独立的实体的时候,机构才会为其风险进行担保。而一旦承包商取得了履约保证书,相应的费用也会最终由开发商来负担。

你的总承包商的主要工作,就是按照已经完成的设计方案安排具体施工,并对项目的分包商进行管理。总承包商一般不承担任何的具体施工任务。他们以项目经理的身份参与工程,并对参与项目的人力和物力进行合理安排,以保证工程的进度和质量。一个好的总承包商为你聘用高质量的施工人员,以保证工程的质量。同时,好的总承包商一定会按时向分包商付款,并如期将工程保证金返还给各施工单位。

我就经常遇到总承包商不向分包商按时付款,扣留他们的资金以求获得暂时的现金流。这样的做法是很不可取的,甚至会威胁到项目的工程质量。所以,事先要求总承包商提供给你所有分包商和原材料供应商的完整名录,以备日后查用。

那说到底,怎么样判断你的总承包商到底合不合格呢?首先,看看他之前承包过的项目,看看他的作品是不是能够达到你预期的要求。你可以从细节判断出一个工程的质量。如果从外部来看都存在着很多缺陷,那么在建筑内部那些我们看不见的地方一定藏着更多不可告人的秘密。其次,就是直接询问分包商和原材料供应商。问问他们总承包商的付款是否及时,是不是经常有迟付或者扣款现象发生。如果有这样的情况出现,那就意味着你的总承包商现金流吃紧。相信你也一定不希望看到自己申请来的贷款被挪用到其他的项目中去。所以,做好监管和调查,以避免这类情况的发生。

既然说到了钱,也就不得不提一下之前一直在讨论的建造成本问题。如果没有良好的计划和控制,最终的实际支出可能会与计划书中的预算有天壤之别。所以,一定要制定切实的预算,明确工程目标,并严格按照计划和日程进行施工工作,这样才能将最终的建造成本控制在合理范围之内。

从我的角度来看,聘请资历较深且信用良好的专业承包商比较稳妥。同时一定要第三方为他出具履约保证书。因为即使你会因为这一纸履约保证书花上不少钱，这也总比出了问题后再去解决来的强。

> **可能招致损失的工程风险**
>
> 作为一名职业律师，我总是给予风险特殊的关注。以下就是我曾经遇见过的几种风险，我希望你以此为鉴，从而降低你在投资过程中犯错的几率：
> - 建筑设计师、工程师及承包商之间缺乏沟通；
> - 因各种原因盲目扩大工程范围，从而背离项目初衷；
> - 项目提速、赶工，为激励承包商快速完成项目、获取较低的材料价格或受政策法规限制而发生的赶工行为；
> - 参与项目的各方合作不力或效率低下。

想要取悦你的总承包商其实非常简单：第一条就是给他们及时付款，从而让他可以及时地结清分包商的账单。这样一来，即使是处于供应链最底端的材料供应商也能够及时地获得分包商付来的货款，那么整条利益链上的人就都开心了。同时，总承包商还会以自己负责的项目为骄傲，并由项目中得到成就感。最后，他们会很看重自己同开发商、建筑设计师和分包商之间的关系。注重团队合作，并且安排各方做好自己本分的事情，你的总承包商就一定能够在你的房地产投资生意中发挥巨大的作用。

在接下来的第4章中，罗斯·麦克克里斯多还会在利润专题中跟我们讨论关于承包商的更多情况。

写在最后的话

所有的房地产项目都会尽可能降低其财富风险、时间风险、设计风险和质量风险。在这个过程中，你就需要有合适的团队成员来帮你处理每一部分的具体事宜，并保证整个团队的集体协作。所以，如果你的团队中出现了敌对的关系，那么你的项目也就有大麻烦了。当然，这不是说项目过程中大家都要做好好先生。争吵和对立一定是有的，但只要就事论事、以项目为重就一切好办了。

当你逐渐从简单项目向复杂性较高的项目转型的时候，你会发现项目本身对团队成员的合作能力和解决问题的能力有了更好的要求。无论什么时候，无论你的项目是大是小，一定要为自己找到一名优秀的律师来帮你照看你的项目，从而保证你的权益。

16

如何取得"外来的"财富

——韦恩·帕默

　　韦恩·帕默是一位具有创新意识的房地产投融资专家。他曾经成功利用私人贷款和其他的房地产合同形式，以及1031资产置换条例成功地完成多次投融资交易。身为美国犹他票据有限公司和其他几家公司的经理，韦恩还是注册房地产票据评估师、注册现金流经纪人、专修教育讲师，并被美国地产交易委员会授予资本营销经纪人的称号。

　　他从1978年就开始从事房地产开发事业，业务遍布犹他州、爱达荷州、亚利桑那州、夏威夷及明尼苏达州。

韦恩·帕默是一名艺术家和极富创造力的天才。然而，他的创作才华并没有表现在我们常见的绘画或作曲方面。他的惊人之处在于他能看到别人无法看到的东西，并将无形的商业机会具化为具体的财务数据，并将交易撮合成功。

韦恩简直就是一个炼金术师。他能够把法律、税务及营销这几个要素融合在一起，创造出独一无二的房地产投资。换言之，他投入的不是土地或者建筑，而是他整合资源的能力。这也造就了他独特的优势。

韦恩对于财务的理解和运用能力无法一言以蔽之，你必须亲身体会才能了解其中的神奇。当你在阅读本书中韦恩所著的3个章节的内容时，你也许能从中体会出一些来。韦恩能用比大多数人更少的时间撮合交易的双方拿起笔在合同上签下自己的名字。他还时常提出针对具体财务问题的简单解决方案，而你会很疑惑地问："我为什么当时就没想到呢？"他是一名房地产开发商、注册房地产评估师及注册现金流经纪人，最近还获得了专修教育讲师的资格认证。韦恩会通过接下来的这部分内容带你进入一个你完全未知的财务世界。

韦恩是一个值得信赖的人。想要成为一个有创造力的人，那么就一定要先以最高的法律和道德标准来要求自己。而这，恰恰是对韦恩最贴切的描述。虽然韦恩非常和善、热心，脸上还时常挂着微笑，但他的和蔼并没有与自己直爽、坦诚的个性相冲突。他会告诉你他心里最真实的想法，即使这意味着说他认为某桩交易糟糕透顶或是这交易的对手方是一个不可靠或是心怀鬼胎的人。

房地产投资最大的魅力和驱动力就在于不同房产带给投资者各异的想象力及可以自由发挥的创造力。无论在何时何地，只要我感受到了想象力的匮乏，那我一定会给韦恩挂个电话。

——罗伯特·清崎

圣诞节的清晨，我坐在桌前，双眼凝视着那封寄托着一个年轻人期望的信封。在耐心地工作了几个月之后，项目终于收尾了。我们所有人全力以赴，齐心协力地完成了这个项目。当我用裁纸刀慢慢地划开信封的时候，我明显感到了一丝颤抖。也许，这是因为信封的金属边框摸上去有点凉。但同时，我知道，我的肾上腺素也同时刺激着我的每一根神经。我打开信封，从中掏出那张薄薄的纸片，然后将它打开来。这是支付给我公司的结算支票，上面清楚地写着 1 175 206.16 美元。

当我停下来慢慢品味胜利的滋味时，我不禁回想起这30年来在房地产行业的所有往事。我们是经过怎样的努力才走到今天这一步的？我还记得那些连午饭钱都赚不来的艰难时光。到底是什么发生了改变呢？为什么今天很容易就能一笔生意赚上几百万，而从前的我们却连生计都难以维持？当我还深陷在沉思当中的时候，有个词从我脑海当中浮现了出来。这个词跟经济繁荣无关，也跟什么婴儿潮之类的毫无关系。就是简简单单的两个字："公式"。

在房地产行业中，"公式"一词并不常见。我们经常在数学或化学领域用到这个词，但对于房地产来说却很少用到。那么，这一串串的数字、一堆堆的数学符号究竟跟赚钱有什么联系呢？我的脸上掠过一丝微笑，思考着究竟有几个人能够意识到一条好的公式为房地产投资带来的价值有多么巨大。我感谢自己曾经经历过的一切。我为自己能够学会一条价值百万的公式而深感幸运。

小贴士 这一串串的数字、一堆堆的数学符号究竟跟赚钱有什么联系呢？

我有一个哈佛大学的朋友曾经向我解释说，有时候事情的真相太复杂、太难解释。除了用数学的专业语言（也就是公式）之外，无法恰当形容。即使是爱因斯坦这样优秀的物理学家也无法完全用语言向你描绘这宇宙的规律，所以他借助公式来帮助自己完成这一任务。公式让我们可以用简洁、明了的办法去描绘那些原本复杂且难以解释的问题，并将问题随之简化。

当我手中握着那张100多万美元支票的时候，我心里不禁回想起项目的整个过程。如果我要用一个公式来概括这笔生意的全过程，应该怎么写呢？我把支票放回到桌上，放在一个我抬起头就能看见的地方，然后拿起了一支笔和一张便笺条，试着把所有成功的要素综合成一条完整适用的公式。但由于我不是数学方面的专家，我无法创造出一条惊世骇俗的公式来。我想做的只是把那几个成功的要素用一个简单易懂的等式表达出来。在试验并失败了几次之后，我看着纸上那潦草的公式，一种奇怪的满足感由心而生。

$$W = \frac{XO\ (T+E)}{K}$$

对了！就是它！我的整个事业都浓缩在这短短的几个字母当中了。我在房地产行业学到用到的所有知识，所有理论还有所有的经验都融合在这一条公式当中了。我想，如果我能把这条公式和它内含的所有内容及实质解释给大家听，而且有人愿意按照我的话去实践，这些人会在通往财富的路上节省许多年的时间。这就是我要做的事情！

那么，这条公式到底是什么意思呢？

> **小贴士** 财富 = 交易 × 机遇 × （才智 + 资本）÷ 耗时。

下面先让我们看一下公式中的每个变量都代表了什么吧！

财富（W）

什么是财富？既然拿出来单讲，就证明这跟我们通常情况下理解的表面意思有所不同。在小说里我们经常看到有钱有地位的人过得并不快乐，而那些经济并不是很宽裕的家庭却生活得其乐融融。虽然真正的财富与钱不无关系，但它绝不仅仅是我们银行账户上那几个简单的数字就能代表了的。在我自己对于财富的定义中，就包含有自由、健康、平静的心灵、和睦的人际关系、教育、休闲及乐于助人这诸多方面。虽然这么说，但我在这本书里要谈到的财富和公式，还是主要与"财富"中金钱的部分相关。

我对金钱的定义是：只需要耗费少量的时间和精力进行管理就可以为我期望的生活方式提供充裕现金流的资产。按照富爸爸的理论来说，就是跳出老鼠赛跑的游戏。财富是最终的结果，就像我那张百万支票是生意的最终结果一样。"富有"就是商业游戏中大家都在追寻的目标。

自由社会给我们带来最大的好处之一就是我们能够自由地选择自己的职业，并判断究竟赚多少钱算够。

交易（X）

几乎所有的经济行为都和交易相关。在最原始的物物交换中，一头牛可以换来几袋小麦，牛奶可以换来鸡蛋，鸡可以用来换成猪等。在每一笔交易中，我们都能从中发现等价的规律。在现如今的体制下，交易都是以货币为基础的，我们就改成了用货币来交换实物或取得服务。如果抛开牲畜和货币这两种截然不同的载体不谈，而是单纯地就所谓价值的标准而言，到底是什么在交易过程中发生了转移呢？

我们之前说过了，"能源就是一切，一切都是能源"。在高科技仪器（比如高倍显微镜）的帮助下，我们发现我们眼中的物体并不是像它们的外表看上去那么简单。那些我们认为是固体的东西，其实是由无数的原子构成的。而这些原子，也都是由原子核及在其周围高速运转的电子组成的。作为构成地球上所有物体的基础形式，原子才是万物的能量之源。原子核与电子之间的距离相对于它们本身体积的大小而言，就如同太阳和地球的关系一样。而我们看见的"固体"也并没有它们看上去那么"牢固"，只是我们一厢情愿罢了。

我们对于财富的看法也是一样的。我们习惯性地认为，财富就是实实在在的真金白银。但这是真的么？还是说它只是真实财富的一种表象呢？我只能告诉你一点，那就是交易当中蕴藏的真正的财富并不是金钱，而是依存于金钱交换而发生的能量转移。如果我花钱购买了石油，那么我想要的不是石油本身，而是它能为我带来的价值（如燃烧、进行化工生产等）；而如果我购买了食物，也肯定是为了通过吃掉它们获取必需的能量，或是从品尝的过程中获得味觉上的满足。

我们公式中的"交易"代表的就是在一笔交易中发生的能量转移。每一笔交易中，相应的能量都可以被定性和定量。定量很好解释：花2美元可以买到一条面包，3美元可以买到一加仑牛奶，4美元可以买到一加仑汽油，6美元可以买到一磅鱼。定性，说起来就相对复杂一些了。

自然界总会用它特有的方式达到平衡。在美国西部的荒漠中，栖息着大量的野兔。有些时候，野兔的繁殖速度过快，直接导致某地区野兔数量激增。而自然界却不会因为兔子数量的增加而多长出几片草来，所以那些弱小的兔子就会在这种情况下饿死。要么就是有附近的野狼发现了这片食物充足的区域，过来美餐加常住。总之，兔子的数量就会在这种情况下起起伏伏，保持在一定范围之内。而我们人类，却可以利用自然规律，并使之处于我们的控制范围之内，为我们所用。这就是我所说的"定性"的意义了。说得简单一些，在上述那个兔子的故事中，如果我给兔子提供足够多的青草，并且把饿狼赶得远远的，那我就能让兔子的数量实现无限的增长。这也就是说，按照自然界的规律，如果你作为交易的一方作出了最大的努力，你也会相应得到最佳的回报。

所以，对于我们的公式而言，要达成一桩好的交易其实就需要在交易中尽自己的可能给予对方等值或者超值的付出或回报。这样，你通常能获得双赢的局面。这样做会为你的人生增色不少。而如果我在交易中投机取巧,自然也一定会以某种形式对我的行为进行惩罚。既然明白了这一点,那我干脆就多做一些、多付出一些,那样我也就可以获得更大的回报了。如果你领会了这一点并将其运用在你的日常工作中,你会变得宽容和大度,你也会因此而受益匪浅。

机遇（O）

"美国仍然是一个充满机遇的国度。"你相信这句话吗？在我看来,这句话非常正确,现在的美国甚至比以往的任何时候都要充满机遇。如果有人对此表示怀疑,那我一定会请他看一看那些移民而来的人们在美国作出的伟大成就。他们中的很多人刚到美国的时候兜里没有多少钱,英语说得又不好,还对美国人的做事方法和行为准则一无所知。但现在呢？大量的移民创造了辉煌的商业成就,买了大房子,还把自己的子女都送去了最好的大学读书。而这所有的一切,都是在15年到20年间完成的。他们抓住了机遇,并以自己的方式改变了命运,获取了财富。

小贴士 "美国仍然是一个充满机遇的国度。"在我看来,这句话非常正确,现在的美国甚至比以往的任何时候都要充满机遇。然而,我并不是说美国是世界上唯一充满机遇的地方。

然而,我并不是说美国是世界上唯一充满机遇的地方。在我旅行、学习及和朋友们聊天的过程中,我发现了世界上所有国家都存在着巨大的商业机会。我们要做的就是不停地修炼自己,让自己切实地去认识和把握这些现有的机会,而不是留恋它们的过去或幻想它们的未来。

如果有人质疑我"现在的美国充满机遇"这一观点,我只会问他一个问题："你愿意像那些移民初到美国一样,接受同等高强度的工作,花同样长的时间学习,并作出同样多的牺牲吗？"我觉得这是一个非常重要的问题。因为那些新来的人们是今天的竞争者,就像现今大多数美国人的祖辈（美国的第一代移民）一样。他们勇敢地踏上这片土地,并在这片土地上生根发芽。我对那些只会抱怨,而不会寻找和捕捉身边无处不在的机会的人没有任何的耐心。有些人整天在说经济不景气,市况日下,而事实却向我们证明,经济的下滑和动荡往往会加速创造伟大的商业奇迹。

我非常相信巴克敏斯特·富勒的"再生加速化"理论。这条理论说的就是不停地削减成本、提高效率。现在的我们也无可避免地身陷这一理论之中。尽管现在已经和当年的情况完全不同了，但有了前人的那些经验，我相信比起他们来说现在的人还是有很多优势的。说到底，我可不愿意跟他们对调，回到那个年代去生活。

想想现代社会给我们带来的便利条件吧！

飞机旅行。我经常早晨从欧洲离开，傍晚就到了落基山脉，整个飞行过程还非常舒适。而要走过这段距离，我的祖先们是要冒着生命的危险花上几个月的时间才能坐船抵达的。

手机。现在，我可以随时随地与任何人通话，而且费用极低。我还记得曾经那段只有回到办公室才能回复电话、实施计划或解决问题的日子。而现在的我，用开车的时间、走路的时间或是其他的任何时间处理各式各样的问题。这简直是太方便了。

文字处理软件。如今，我可以轻松地用自己笔记本大小的便携式电脑很快地完成几十年前需要好几个秘书用上一整天才能完成的工作量。我可以用电脑里的文字处理软件轻而易举地实现拼写检查、打印、制图甚至音频与视频的剪接等工作。这些功能甚至超过了以往一家专业出版社的业务能力。

电子文档的传输。当我在1976年刚踏入房地产行业的时候，传真机还没有发明出来。当时，为了在合同和文件上取得各方的签字，我每年要开车跑5万多英里奔走于我的贷款公司、客户等各方之间。而现在，我只需要通过传真同时给各方发送一份合同的终稿，再坐在桌前等着他们签好字后回传回来就行了。这样一来，我甚至连一张纸都不用、一滴汽油都不用烧就能完成以前那些费劲的工作了。

互联网。互联网给人类带来的海量信息价值无以复加。试想一下，如果把互联网上所有的信息都转换为书籍或者报刊的形式，估计全世界所有的图书馆加起来也放不下。与此同时，通过互联网进行的信息查询速度也是以往的图书管理员无法比拟的。它就像是一本用鼠标翻动的世界大百科全书，涵盖了世界每个角落的每条信息。这所有的一切，我们的前人怎么能想象得了？

想想看，光是这几个简单的工具就给我们人类带来了多少的便利，为我们的日常工作省下了多少的时间？看到这儿，你不得不承认我们的确是生活在一个充满机遇的时代。

在我看来，当今房地产行业最大的挑战是如何在成百上千个投资机会中挑选出那些最有价值的投资对象，以及如何合理地安排时间、人力、物力，从而创造出最优的项目结果。如果要说我对现今的"机遇"还有什么不满意的话，那就是好项目太多了，而我的钱却还不够多，所以不能在每一个好机会当中进行投资。

既然机遇于我们身边无处不在，而我们要做的只是如何去发现那些最好的和最适合我们自己的，那在机遇这个问题上我们要做的最多的功课就是怎样熟练地分析每一个机会。恰巧，这本书就告诉你许多有效的分析方法，帮助你判断。下面就是内容的一个大纲，也同时是 10 个问题。（我希望在你的每一桩房地产生意中都按照这 10 个问题来审视一下自己的项目！）

韦恩的机遇判断标准——10 个问题

1. 项目是否与你自己的投资目标相符？
2. 项目参与者性格如何？你是否乐意与他们合作？
3. 项目是否从理论上可行？
4. 项目是否能为你带来等于或高于你既定收益率标准的投资回报率？
5. 项目的技术要求如何？通过我们自己或聘用他人是否能满足项目技术层面的要求？
6. 我们的资金是否充裕？
7. 我们是否有足够的时间投入到此项目中进行监察？
8. 项目是否有 3 个或更多的退出方式？
9. 想象最坏的情况，如果项目失败，我们是否对其预先进行了考量，我们是否可以承受？
10. 是否所有的利益相关人通过此项目可以取得多赢的结果？

我们管这 10 个问题叫做"机遇之筛"。如果我们自问这 10 个问题都取得了满意的答案，那么就可以更进一步去做深入的了解，也就是我们业内所常说的尽职调查了。

让我们再回到本文之初提到的那张百万美元支票，我想带着你们回顾一下这个项目的全过程。这其实是一个 60 英亩的住宅区开发项目。在进行到土地产权转让的阶段时，项目被迫停止了。因为项目的投资方被要求在 24 小时内拿出 20 万美元的分期付款的头款，否则这总价 300 万美元的项目就要被没收。针对这个项目，我拿出了我的"机遇之筛"：

1．项目是否与你自己的投资目标相符？

是的！我们就是从事房地产的出资方和开发商，这个项目适合我们预期的投资组合。

2．项目参与者性格如何？你是否乐意与他们合作？

虽然我们只是刚认识他们，不过通过资料显示，他们很有能力，所以我们愿意进行尝试。如果不直接参与项目经营，我们也可以作为单纯的出资人为项目投资。

3．项目是否从理论上可行？

是的！项目所在地有强烈的民用住宅需求，而且项目建成后的房屋的视野非常好。

4．项目是否能为你带来等于或高于你既定收益率标准的投资回报率？

是的！项目的开发商愿意按照我们订立的利率标准对我们的投资支付利息。

5．项目的技术要求如何？通过我们自己或聘用他人是否能满足项目技术层面的要求？

我们认为在技术方面，开发单位有些欠缺。不过，待到资金注入之后，可以聘用具备合格资质的专业人员进行补充。退一步讲，即使他们最终无法胜任工程的技术要求，我的团队也可以临时抽调过来进行协助。

6．我们的资金是否充裕？

是的！我们的银行存款足够支付此项目的投资。在需要的情况下，我们还可以进行融资以满足项目可能的资本金追加。

7．我们是否有足够的时间投入到此项目中进行监察？

是的！项目所在地不是很远，所以可以派遣现有的员工进行监察工作，同时也不会使大家的工作量超出负荷。

8．项目是否有3个或更多的退出方式？

是的！（1）按照协议取得本金和利息；（2）与项目开发商达成合伙关系，共同完成项目，通过项目盈利；（3）如果项目失败，在取得抵押在建工程后进行出售或继续独立完成项目开发工作。

9．想象最坏的情况，如果项目失败，我们是否对其预先进行了考量，我们是否可以承受？

答案是"不可以"！因为我们发现这一项目没有合法的出入通道。尽管合同上列明由旁侧的项目提供出入通道，不过也同时规定执行的时限，如项目逾期则条约自动失效。这对我们来说是无法接受的。因为如果没有出入通道的话，我们就无法对房产申请产权保证保险，从而将我们置于极大的风险之中。这超出了我们的风险可承受范围。

10. 是否所有的利益相关人通过此项目可以取得多赢的结果？

不！因为这个出入通道的问题，我们自身的利益就无法获得保障。

这样一来，该如何解决上述的第九和第十个问题呢？通过与开发商的第二轮交涉，我们了解到，对于合同订立的出入通道来说，我们在法律上是有周旋余地的。只不过，如果施工不顺利，工期拖延太长的话，我们就需要通过法律诉讼的手段来赢得这个通道。而诉讼过程，按最糟糕的情况计算，需要花上一年多的时间也就能结案了。这样一来，风险就变成了掌控中的事情。而我们要做的，就是为这些可能的风险要求更多的回报和补偿。我们最后达成了这样一份合约：为抵消这些可能的附加风险，除去贷款利息外，开发商偿付给我们35%的项目收益。

结果呢，我们花了10个月的时间，最终取得了出入通道。而最终，这个项目获得了335万美元的收益。我信封里的那张支票，就是我分得的35%。

有些时候机遇是需要推敲的。这样你才能发现潜藏在表象之下的真金白银。

才智加资本（T+E）

这一节要说的是协同增效的问题，即一加一大于二。没有资金支持的才智只是空谈，而没有才智指导和辅佐的资金只会造成浪费。然而，如果将二者恰当结合，才智加资金，就会产生无穷的力量。所谓钱生钱的理论当然是不争的事实，而我的经验却证明，智慧与资本的组合对创造和维持财富来说，才是更为重要的。打个比方，谁不想有一个沃伦·巴菲特这样的能人为自己打理资产、进行投资呢？当然了，巴菲特也不是请的来的。我也知道，要想买到巴菲特掌管的伯克夏·哈撒韦公司的股份也不是那么容易的事儿。这完全是因为巴菲特本人的才智世间罕有。因此，公司现在的股东们都不愿意轻易出售他们所持的股份。我就视之为才智力量的最好例证。巴菲特的智慧已经帮助他的投资人赢得了数十亿美元的收益。

我们有句老话："当钱遇见了经验，经验就赢得了钱，钱也获得了经验。"我发现了一条规律，那就是钱会流向那些有能力使资本保值和增值的人的方向。所以，先让我们对才智的价值予以重视。

才智（T）

《新牛津美国词典》对"才智"的定义是资质、天赋、诀窍、技术、能力、专业知识、专业技术和才能的统称。

不难看出，巴菲特先生的团队拥有"才智"中的每一个元素。我之所以说到"团队"而不是强调巴菲特个人，是因为现今的商业世界发展太过迅速，专业技术层出不穷，即便是再才华横溢的个体也无法与一支良好的团队相抗衡。我得承认，我自己都是花了一些时间才意识到这一切实的真理的。在富爸爸的"现金流四象限"中，我曾经是"S"型的人，也就是自我雇佣类型的。我为自己能够亲手解决每一件事情感到自豪。直到有一天，我终于发现其他人处理事情的方式方法比我还要好。那一次，我很不情愿地委派给我的一位雇员一项任务。他不仅提前完成了任务，还用到了我从没想到过的方法，结果比我做的效果更好。当时，我觉得肩膀的担子一下子轻了下来，因为我意识到我再也不用独自扛起所有的重量了。

那一天就成了我的"独立日"。从那天起，我就开始致力于寻找最合适的专业人才，组建自己的项目团队。团队组建，也成了我从"S"型（自我雇佣）向"B"型（企业家）转变的关键一步。（具体详见罗伯特·清崎书中的"现金流四象限"）我获得的结果也非常惊人。在一组不到10人的办公室团队和十几人的外包"合作伙伴"的配合下，我现在已经可以同时管理15家公司、近6 000个投资者账户，并同时运作着20个项目。甚至有时连我自己都会惊讶于自己团队的高产。有些时候，我们会在几个星期内完成几十个项目的收尾工作。我为我的团队自豪，因为他们敬业、高效，并以高质量的工作成果为傲。

下面，让我简要地介绍一下成就了那张百万美元支票的团队成员吧！

1. 之前的开发商，也就是我们之后的合伙人。

2. 我的公司合伙人——里德，他是我们业务系统的专家。我认为每一支团队都需要里德这样的专家才能成功。他对我们项目的每一个细节都了然于胸，并且安排得很好，比如说通讯系统、信息系统及人事系统。他将我们的员工安排得井井有条，所以我们才能顾全每一个项目的每一个细节，从而按时地完成那些困难而复杂的任务。

3. 后勤人员。这包括前台琳赛，我的助理乔安妮，档案部的勒妮，负责日常运营的林肯，会计部门的茉莉、丹和维克托，以及我们的文员莱拉和所有人在内。

4．我们的投资客户。他们为我们提供了资金的来源，从而使得我们可以以融资和并购的形式参与到项目中去。

5．土木工程师。他们为我们设计了区域划分方案、道路设计方案及公用设施接入方案。

6．律师团队。他们起草文件，并在需要的时候参与法庭诉讼，为我们的权利进行辩护。

7．外聘会计师。他们记录账务，作出预算，并就税收方案提出指导意见。

8．产权专家。他们负责处理有关边界、地役权、法律说明及通行权方面的专业问题。

9．市政官员。他们与我们一同工作，审批我们的开发方案，并将其最终定稿备案。

每个投资项目都需要特有的专业人才。我建议你仔细研究现有项目的具体需求，并聘请那些经验丰富且理论知识和专业技能非常扎实的专业人才加入你的团队。我不知道巴菲特先生的团队里都有些什么人，但是我可以打赌说，那些人都不是等闲之辈。当你组建起自己的团队，并获得了几次成功之后，你会发现寻找资金则不再困难，而你也就打开了通往财富的那扇大门。

资本（E）

《新牛津美国词典》将"资本"定义为价值、财产和所有权。

之前说到了，如果没有才智的支持，金钱会白白浪费。那我现在告诉你，一旦你拥有了相应的才智去激活资本，它就是房地产融资的全部。这里的资本讲的就是你资产负债表上的净资产，它代表了你企业的财富。深入理解资本的意义对于融资来说至关重要。

我同时也当资本是纸面上的财富。就像货币是纸的，证券也是纸的一样，在房地产领域里，房产的价值减去房产的负债就是它的留存收益，也就是"纸上资本"。抵押物对于贷款出贷方来说是纸上的资产，他们持有抵押合同，并以此从借款人那里获得贷款的偿还。

在房地产领域有两块业务是可以巧用资本来取得显著回报的。

首先就是在第12章"资本营销"竞技场中要说到的工具作用，其次就是个人抵押。在上述的两个领域中，资本都伴随着特殊的公式加速着个人财富的增长。

先让我们看看第二部分,也就是个人资产抵押部分。个人资产抵押说的就是使用卖方的资产为买方融资。这也就是说,在资产出售方同意的情况下,资产购买方可以使用欲出售的资产进行抵押融资,并将融资所得资金用来收购此资产。这为我们购买资产而进行的融资行动提供了一条方便可行的道路。想想看,资产出售者的资产可以变成你自己的融资来源,为你的投资组合添砖加瓦。只要你了解了如何运用它进行融资,你就像是有了一个上百万美元的资金库,随时可以提取资金。

当我购买房地产的时候,我就要求自己首先了解资产的价值,并思考如何通过它来进行融资。我也同时把这一工作当成最主要的工作来做。在我所购买过的众多房产中,通过出售方的资产融资也构成了我资金来源的一条渠道。即使是在最佳的市场环境中,在银行贷款非常充沛的情况下,我还是偏好通过待售资产融资。这是有很多原因的。

私人融资的优点——对于买家

1．协商订立。贷款银行会为他们的贷款制定严格的标准条款,没有变通的余地。而私人贷款合同可以根据买卖双方的意愿订立具体条款,如较低的利率、替代抵押物、根据收入周期制定的不规则的还款日程及依据房地产收益情况而指定的按揭付款额度等。

2．没有时间限制。银行贷款是有周期性的。有些时候,银行贷款会因为触及上限而产生枯竭。但私人贷款就不存在这样的问题,因为在房地产市场里永远存在愿意接受抵押的卖方。

3．不会有信用问题缠身。即使你的信用记录比较差,且真实收入情况无法核实,亦或是资产负债率过高,私人贷款的大门都不会因此而对你关闭。

4．没有累积的贷款规模限制。如果一个借款人同时背负了几笔贷款,机构贷款人可能会因此禁止此借款人再度贷款。然而私人贷款就不会有这个问题。

5．灵活的贷款与估值比率。银行和抵质押公司对贷款与估值比率有着明确的规定,但你却有可能通过私人贷款获得相当于房产价值百分之百的融资规模。

6．可变通性。如果遭遇了困难的时期,机构贷款人会严格执行他们既定的规则,强行没收抵押资产。而通过私人贷款,你就有可能重新协商贷款合同的条目,比如延长还款期限等。总之,目的是要齐心协力,共渡难关。

这样对双方来讲都是有利的，也从某种角度创造了双赢的局面。

上面谈到的好处都是针对买家的。但我也经常问自己为什么卖家愿意接受这一选择？是什么给了他们这样做的动力呢？

私人融资的优点——对于卖家

1. 在一个流动性较差的市场中，为买家提供融资可以加快销售的速度。

2. 因为对买家的要求较低，所以房产往往可以卖出更高的价钱。

3. 国税局将此类的销售行为认定为分期付款形式的销售，因而通过销售获得的利润征税日期会递延至本金偿付完毕之日。如果安排合理，分期付款形式的销售可以将税款递延到许多年之后（详情请参考税法第453i条）。

4. 卖方通过私人贷款取得的利息利率通常比银行的存款利率要高。这也意味着比起出售后将钱存进银行吃利息来说，卖方可以通过卖方抵押贷款取得更高的回报率。这对那些快退休的人来讲是一件非常好的事儿，因为这也就相当于把房屋资产换成了利率较高的年金收入。

5. 合理订立的私人贷款合同可以受法律的保护，进行转让。卖方可以抵押这一合同取得融资或支付其他房产的首付款。如果急需用钱，也可以出售这一份合同，从而获得现金收入。当然，如果选择出售合同，取得的收益应该会比合同的面值要低。

真实的故事：私人贷款如何帮到你

我来举个例子吧！我曾经买过一座拥有独立产权的公寓，双方约定售价为9.8万美元。对方同意接受2万美元的首付款，并将剩余的7.8万美元通过分期付款的形式进行偿还，年利率为7.5%，同时以该公寓为抵押物。分期付款的总付款年限是20年，计算得出每月的本金加利息是628.36美元。在合同中，我要求自己付款的第一年当中所有的还款都用来支付本金。这样一来，我第一年就无需偿还任何的利息，而我的对手方，也就是卖方则可以照旧收到每月同样多的现金流。而我的利息，是从第二年的同一天才开始计算。这看起来是一个非常普通的条款，写进了我们的合同中。但如果细心计算，我却可以通过这一条款将原来的240个付款月减少到205.68个月，从而节省下21 565.76美元。细心的你可能发现了，我省下的钱都比我的首付款还要高了。也就是说，这一条首年0利率的条款实际上直接给我补偿了我的首付款。

我相信现在你已经明白了资本是如何与才智相结合从而快速为你的投资增值的了。这当然也是理解和运用财富公式最值得学习和注意的一点。除非你含着金勺子出生，或是走大运中了彩票，如果不然，学习如何利用别人的资产为自己增加财富才是你最快的致富之道。

好了，在进入公式的最后一部分之前，让我们重新复习一下到目前为止我们都学到了什么：

财富（W）是我们的目标——获得财富是为了跳出老鼠赛跑的游戏；

交易（X）代表了等值的交换及房地产交易的具体内容；

机遇（O）在我们身边无处不在，无时不在，而我们要做的就是利用好它；

才智（T）加资本（E）的协同作用，从而实现财富的增长。

让我们再回到那个百万美元的生意里，让我们清点一下当那个开发商，也就是借款人带着自己的问题走进我办公室的时候都发生了什么事情。那个开发商正面临财富（W）被没收的艰难处境。我们希望通过我们的资本（E）与他交易（X），从而帮助他渡过难关，也为自己实现盈利。我们给它提供了一个解决问题并从中盈利的机遇（O）。我们拥有专业的人才和才智（T），而他们则拥有够多的资本来完成这个项目的顺利实施。看起来所有的要素都联系起来了，对吗？错了！公式里还有一条更关键的因素没有被提及。而这条因素，就是"耗时（K）"，它在当今的商业世界中拥有着改变一切的力量。

耗时（K）

在数学中，分母就是代数的除法公式中的除数。你可能发现了，在我们的财富公式中，K 就是这个分母。之前得出的所有结果都需要除以 K。K 是决定最终财富多少的关键因素。那么 K 到底是什么？它又为什么这么重要呢？K 对于这个等式来说至关重要，因为 K 代表着在项目中花费的时间。而在计量单位中，K 又代表了千克，或者一千。那么我怎么才能多做一千次，或是把速度提高一千倍呢？

我们生活在一个由科技发展带来的高效率时代之中，同时传统意义上的"时间"概念也被大大地压缩了。以往我们需要耗费几个月才能完成的工作，现在只需要几秒钟甚至是在一瞬间就能完成。当本杰明·富兰克林任驻法大使生活在巴黎的时候，他只能通过信件来和政府及家人沟通。这些信件要通过轮船从巴黎运往美国，而这一趟就要花上 6 个月的时间。今天，手机、电子邮箱、短消息及传真这些技术已经让交流变得即时可得。我们甚至有些时候可以不花什么时间就可以完成一大堆的工作。为了在现今的社会竞争中取得一席之地，我们必须准备好通过任何可能的方式在尽可能短的时间里完成任务。

尽管之前所有的因素看上去都和我们的百万美元大单不无联系，但这里却有一个价值非凡的特殊元素。那就是如果我们无法在 24 小时之内为那个开发商筹措到足够的资金，那么这笔"交易"的"机遇"就泡汤了，而无论我们的团队的"才智"有多么优秀，开发商所有的"资本"会打了水漂，最终导致"财富"的流失。而解决这一切的关键就是耗时(K)。如果没有速度，其他的一切要素都变得毫无意义，所有的后话也都无从谈起。毕竟，没有了分母的等式本身就失去了意义。那么，影响速度的关键因素又是什么呢？

影响速度的因素

1. 私有资产——资金层面。我们都掌握着自己的资产，所以就没有必要向银行贷款，也就不用填写繁冗的评价报告，等待贷款审核委员会的审查，通过一系列复杂的程序获得资金。简单来说，我们存在于一个利基市场（缝隙市场），在这里，繁文缛节的组织结构拖累了银行在这一领域的竞争力，他们无法和我们在速度上相抗衡，而速度对于我们的客户而言却异常重要。

2. 科技——操作层面。在里德的指挥下，我们的办公室配备有高速互联网，并拥有多种多样的数据源及数据提供商接入账号。这样一来，我们就可以在第一时间获得所有我们需要的信息，从而协助我们作出正确的决策，诸如产权信息、分区地图、税单、市场信息、房产历史、卫星地图和人口统计数据等。

3. 人才——培训层面。我们的员工拥有广阔的视野，同时严格按照操作流程来处理信息，创建文档，进行沟通，并给予所有项目参与人员工作上的支持。我们以团队的形式开展工作，我们是一个整体，分工协作并勇于承担，这样才能在并不宽裕的时间条件下达到既定的工作目标。

4. 关系——人的层面。我们坚持投资于人。我们每天都扪心自问："我们希望别人怎么对待自己？"并将得到的答案用在我们对待他人的每一件事情上。有人需要我们帮助的时候，我们一定全力以赴。我们坚持一项原则，那就是永远诚实、严守诺言。当这一原则被很好地贯彻之后，我们发现，合作伙伴们也会在我们困难的时候及时地向我们伸出援手。这样，他们无形中成为了我们自身团队的延伸，在智力和资源上给我们带来帮助。我们的人际网络是我们最可贵的资产之一。我们还有一条不容破坏的规矩：无论一桩生意有多么诱人，只要人的问题没解决好，我们都选择放弃。罗伯特·清崎曾经有过恰如其分的描述："与不好的合作伙伴不可能做成好的生意。"我们在公司中制定并沿袭这一规矩，从而保证我们团队的操守。我们的员工理解并自愿遵守这样高标准的公司制度，所以我们很少解雇员工。即使有人可以逃避我们的制度，混入了我们的团队，他们也会很快自行离开。因为他会很不适应我们的文化，从而无法融入整个集体中去。我们对谎言、造假、偷窃、流言、拉帮结派及性骚扰现象绝不姑息。我们希望同事间保持长久的良好关系，创造一个彼此尊敬、安全、干净、有乐趣并高效的工作氛围。

小贴士 在向上的市场中，时间是投资者的朋友。如同我们常说的："资产价值的上升能掩盖投资人的诸多问题。"然而，在一个向下的市场中，时间却成为了敌人。在这种条件下，决策的迅速、准确和缜密就显得格外重要。速度经常成为决定成败的关键，尤其是在一个紧缩的房地产市场中。

许多现代的工具可以帮我们提高效率。我鼓励使用手机、电脑、电子邮件、短信、无纸化办公室、视频会议及其他任何可以为你节省时间的技术和方法。下面，我通过自己最喜欢的便携式数码录音机来向你展示高科技工具的价值。我在大多数时间都把它装在自己的口袋中。当我有了一个很棒的点子或是突然想起有什么要做的事情的时候，我就用录音机把它们录下来。我说的速度可比写的要快多了。这个高科技设备把我从凌乱纷杂的便条中解脱出来。我还用录下的片段整理成我每天的工作安排表。这个习惯保证我的重要想法和任务不会被别的事情干扰而发生遗漏。这也让我轻松了很多，因为我不再需要花精力去记着各式各样琐碎的事情。另外，我还用它记录下重要的想法、事件和随时了解到的新东西。这些记录中的一部分在日后显得格外珍贵，尤其是我的感情可以随着当时的录音一同被记录下来。它加速了我学习的进程，也督促我尽快地实施自己的新想法。也许对我来说，最重要的是它为我省下了大把的时间，而这一点无可取代。

好了，你已经掌握了这个公式的全部内容了：财富 = 交易 × 机遇 ×（才智 + 资本）÷ 耗时。通过这几个词的英语简写来看，就是"XOTEK"，读出来很像"exotic"，也就是"外来的"。所以我们说"财富都是外来的"。看看你自己，你已经拥有了通向财富之路的第一个公式了。

在一个晚春五月的早晨，我沿着走廊一路走去我的办公室。那天是我的生日，也是我收到那张七位数支票几天之后。我看见在大门视线高度的位置挂着一份文件。看过才发现这是我公司账户结算单的复印件。公司会计部门的员工把它放在那儿，是想要给我的生日一份惊喜。上面写着可用余额 1 217 674.44 美元。所有的债务都已经清算完毕，这里全部的资金都是我可以自由支配的了！

这极大地震动了我。因为我拥有了 100 万美元的现金，而我可以用这笔钱做任何我想做的事情。我重新坐回到我的桌子旁边，重新体会这一刻的感觉。我的思绪又很奇怪地回到了为学习财富的秘密而努力拼搏奋斗的那些日子。当然，我也感受到了开心、平和、感恩和幸福。但是，我感受最强烈的还是自己通过这么多年来的辛勤工作、不知疲倦的学习和不断的积累经验，最终为我带来了这笔百万美元的生意。我的心里有些激动。我知道，这只是个开始。因为我将继续运用这个公式去复制成功，从而赢取一个又一个的胜利。

我看了看那条几天前已经被自己画得乱七八糟的公式，心里有一种被庇佑的感觉。我想着这世界上还有很多和我一样经历了过困难的历程，为获得成功而努力奋斗着、寻找着成功公式的人。我拿起那张写着公式的小纸条，我笑了。我折起它来，小心地放进我的口袋里。我知道接下来的工作就会简单多了，我将会把我自己的经验分享给那些勤奋地寻找着财富或者叫"外来的"（XOTEK）财富的人们。

17

盈利,从无到有

——罗斯·麦克克里斯多

罗斯·麦克克里斯多是一位有着 30 年开发和融资经验的资深房地产专家。他是 MC 公司的合伙人之一,负责投资分析、项目开发、建设、融资、业务拓展及顾客关系的业务。他是注册房地产经纪人及注册总承包商。罗斯主持建设的公寓楼项目在亚利桑那州的总户数就已超过 4 000 家,并于俄勒冈州、拉斯维加斯和亚利桑那州管理着总值超过 3 亿美元的公寓楼。在与肯恩·麦克尔罗伊成立 MC 公司之前,他曾任麦卡利斯基公司的总裁,全面负责公司主营的房产管理业务。罗斯信奉"取之于社会,用之于社会"的理念,在职业生涯中通过多种方式为房地产行业做着贡献。他还是亚利桑那州住房融资专家团的成员之一。

罗斯与肯恩·麦克尔罗伊合伙经营着 MC 地产公司。我和金也经常投资于肯恩和罗斯的项目，并取得了很好的收益，即使在经济低迷的时期也不例外。

我们和罗斯的投资之所以这么成功，主要有 3 个主要的原因。第一，罗斯本人就是一名建筑师，所以他对建筑行业轻车熟路。第二，罗斯还是一名地产经理。这点很重要，因为对于长期房地产投资来说，专业的物业管理至关重要。第三，罗斯还对房地产金融有着独特的认识。当要进行房地产投资时，他的才能就能充分地发挥出作用来。更可贵的是，他还是一个正直、诚实的人。

2002 年的时候，图森市的公寓市场异常火暴。罗斯凭借着自己的专业背景使我们不仅参与到了现有公寓的买卖交易中，同时还投资建设了新的公寓楼。在我们合作的初期，我就曾经购买了由他的公司管理的一处公寓楼。这对我们来说是件好事儿，因为有罗斯在，我们可以对财务报表的准确性放心，而不必像以往一样花大力气来验证那些数字的真实性。其次，这座公寓楼还附带有 10 英亩的未开发空地。一旦我们买下了这座楼，接下来就可以在那片空地上盖一栋新的公寓楼，少说也有 100 户呢！在接下来的日子里，房屋租金日渐上涨。罗斯又用这处房产申请了贷款。这一次，我和金拿回了所有的初期投资。这也就意味着，我和金在这处房产的投资早早地就收了回来，并且它还能每个月都带给我们一定的现金的流入。这也就是说，我们几乎是做了一笔无本的生意。用雷曼的理论来说，这就是以零成本取得了持续的利润。

这也就是为什么我和金喜欢跟罗斯·麦克克里斯多及肯恩·麦克尔罗伊合作的原因了。

——罗伯特·清崎

你可能已经读过罗伯特·清崎的《富爸爸穷爸爸》好多遍了，你也有可能看过我的合伙人肯恩·麦克尔罗伊的《房地产投资指南》。现在，相信你已经做好了功课，并作好了投身于房地产投资领域的准备。也许就是因为这个原因，你才又买下了这本由房地产专家共同创作出来的书。而本书的每一位作者，都是在房地产行业历练了数十年，并以此为生的真正的专家们。

本书有很大篇幅都是在向你展示房地产领域是如何充满机遇，并教你如何通过新颖的方法从房地产市场中淘金。但相信你也一定很想知道，究竟如何才能从无到有地创造你自己的投资生意。

你所听到的房地产投资所得的收益是那么的惊人，你是不是也有点觉得房地产方面的理论和知识太多，一下子接受实在有些困难？是的。房地产领域的确充满了机遇和巨大的利润。但是，如果你被情感冲昏了理智，或是对自己的项目失去了控制，那你也有可能面临巨大的财务风险。

在本章中，我会给你勾勒出几个基本的步骤，从而帮助你判断每一个投资机会的价值。这些步骤是我用了30多年的时间，通过几十个项目和近4 000户公寓的开发经验总结出来的。由于我主要从事公寓楼的开发，所以我会就这一方面进行探讨。然而，这些基础的步骤适用于任何的商业地产开发项目，比如办公楼的开发。它也适用于大大小小的公寓开发项目，无论是一栋楼只有4户还是一栋楼里有400户。

对于我来说，房地产项目中的建造过程是整个房地产投资中最令人兴奋的一件事情。当然，在行业内也有一些卓越的人才通过其他过程（如购买房产并出租或出售）获取了丰厚的利润。尤其是房产建成后，你就能有正向的现金流入了，这是一件很棒的事儿。而如果你选择了自行建造，那你就要面对那些环境方面的要求和政府监管的条例，面临市场的起伏，寻找融资的渠道。到那时，你都有可能发出疑问："这样做到底值不值？"而这一点，即使对于我们这样在房地产行业久经沙场的人来说，也是一件非常残酷的事情。

我明白，你肯定对自己的成功充满了信心，也希望在工程落成时收到来自各方的赞誉，甚至把自己的名字铭刻在建筑的纪念碑上。的确，你的名字有可能被铭刻在建筑的纪念碑上，你也能帮助很多的家庭创造一个温暖的住所，并且还能每个月都有大笔的租金入账。但是，在开始为梦想而奋斗之前，我们先来说一说你必须要先作出的几个决定：

我在过去的30多年公寓楼投资中学到最重要的一课就是：每一个项目都是独特的。每一个项目都有其独有的机遇和挑战与之伴随。千万别在下一个项目做到一半了突然喊叫："罗斯，你可没告诉我要针对鸭嘴驼背侏儒姬鼠做环境测评！"因为你要知道，在项目中时时会出现那些你从未想过的困难问题，而你要做的就是学会去克服它们。

目标明确

任何成功项目的第一步都是树立一个目标，决定你要建造什么样的楼房及如何操作以达到自己的要求。这也就是说，首先弄清楚自己到底想要什么。我和肯恩所掌管的MC公司之所以在项目开发中一直不断地获得成功，就是因为我们对开发、构思、建造和管理大型社区有着自己的一套成型的理论。我们只选择那种规模足够实现规模效应，从而可以雇佣专业的物业团队，并符合我们的投资模式的对象。我们以市场为标准进行严格的审查，而不是仅仅出于单纯的自我想象或虚荣心。

每当我们面对新的开发项目时，我们会找来所有负责开发、建设、管理的负责人，从头审视一遍整个项目，以保证项目的可行性。因为我们知道，现在的一个决定会对之后的项目产生长远的影响。这种团队决策的方法对我们的大型社区开发项目及后期运营非常重要。无论你是建造联排别墅还是大型社区，如果你的专家团队还缺人手，那你一定要在进行投资前招募到合适的人选以保证团队的齐整。这样做才是对投资负责的行为。

立足长远

如果没有特殊情况，我们会在自己开发的项目落成后承接后期的运营工作。只有当市场非常好的情况下，工程结束之后，如果有合适的买家上门表达购买意向，我们才会考虑将项目出售并从中盈利。我们是从来都不会将项目出售作为开发的首选盈利方式的。因为从项目的构思到建造完毕，直至房屋开始迎来第一批租客的整个过程长达数月，甚至数年。而在项目之初就对市场的走势进行预判是一件非常困难的事。但如果你以建造并自营（如租赁）作为出发点，那你也就对自己的项目盈利能力更容易把握了。

那让我们看看第二种选择，也就是建造并出售的情况吧！如果市场的需求从项目规划期到项目完成期间发生了变化，你又该怎么办呢？如果你不是以自营作为出发点，那么你很有可能忽略市场需求发生的变化，并迅速地对其作出反应，从而调整建造计划。到最后，你就有可能拿着一个过时的建筑，品尝无法脱手的痛苦。

上面说的可不是我凭空的臆想。在2006年公寓楼市场极其火爆的时候，任何完工的楼盘都能在完工之后很快出售，并获取高额的利润。当时，许多地产商就选择了开发新项目，并希望通过建成后迅速出售获取暴利。在利益的驱使下，新建楼盘在接下来的两年当中如雨后春笋般拔地而起。但到了2008年，银行开始提高贷款门槛和贷款利率，直接造成了融资的困难。而别的融资渠道也发生了资金短缺。就在这时，经济状况的急转直下也造成了高失业率和紧缩的经济环境，房地产市场也随之低迷。房产开发商们纷纷降价销售自己的楼盘，从而对抗下滑的经济局势。

相应的，有许多开发商发现自己坐在新建起的漂亮房子上，却不自觉陷入了低迷的经济中。当前的投资者都变得小心翼翼，银行突然变得冷酷无情，房产市场已经变得脆弱不堪。那些在两年前打好的如意算盘都一下子被砸得粉碎。因为他们从未想过要经营那些自建的项目，从而在金融危机到来的时候把自己放在了单纯依赖出售这条绝路上。

我和肯恩则很好地避免了这种局面的产生。我们从一开始就打算自营我们建设的社区项目。同时，我们确保所有的举措都以此为指导。因为我们根据市场的变化及时地进行了调整，我们安然度过了那些艰难的日子。我们从始至终都在为长期的价值而建设。

小贴士　我不相信谁能完美地预测房地产起伏的周期。如果你碰到了好的时期，那是你的运气。长期把握房地产的价值需要大量的经验和技能。同时，也需要经营者的眼光来判断市场的变化，并勇于作出适时的调整。

关注你的市场缝隙

就像你必须为自己的开发项目设立一个目标一样，你也必须考虑好自己的公寓楼项目或是别的任何项目需要填补现有市场的哪一个缝隙。这里我列出了自己寻找市场缝隙时考虑的几个基本点：

● 项目所在地附近的人口状况如何（人数、年龄、性别等）？
● 附近区域工资水平如何？
● 附近是否有一定数量的大学生希望寻求在校外租房？他们是不是我的目标客户群？
● 附近的大公司有哪些？
● 是否会有新进驻企业带来新的工作机会和外来人口？
● 附近是否已有与我项目相似类型的社区（高档社区、蓝领社区或是远郊住宅）？
● 以现有条件，我可以建设哪种类型的房产？项目建成后我又能从中收取什么标准的租金呢？
● 我是否愿意自营这一项目？

1999年的时候，我们接手了一个8户一楼的城镇住宅项目，公寓楼的受众主要是退休人员。此项目一共建设了24户，也就是3栋楼。但在过去的一年多时间里，一共只卖出了两户。当我们进行实地的调查时，一眼就看出了问题的所在。公寓楼有配套的停车场，但是停车场和住宅楼之间还有一段的距离。所以住户在将车停入停车场后，还需要走几百英尺的距离才能进到楼里。与此同时，市场上其他待售的公寓楼也都配备了停车场，而且下了车几步路就能走到家门口。这样说来，难怪老人们不愿意购买这里的房子了！

我们接手了这个项目后就立马把那两户已经卖出的房子回购了回来，并将其从之前的老年人社区概念整体转型为一个公寓楼租赁项目，为在附近工作的上班族提供租赁服务。我们对其进行了小范围的改建，并在6个月的时间内全部租了出去，然后在4年之后将公寓楼卖了出去并从中赚取了利润。这就是探寻到市场缝隙并积极应用的最佳例证。原先的开发商完全没有花时间去了解买方市场的情况，从而无法意识到自己应填补的市场缝隙。

如果选错了地段，你即使盖出再漂亮的房子也是很难租出去的。也许，建造一栋豪华的公寓楼是你的梦想。但如果你选择了一片蓝领工人聚居的区域来建设你的豪华公寓，那你根本无法通过收取租金来实现盈利的目的。使自己的项目与周遭社区居民的构成情况相符，对你的开发项目来说至关重要。而在采取进一步行动之前，你最好看一看调查报告，以便清楚地了解社区真实的居民构成情况并据其作出判断。

如何打造自己的社区

在翻开这本书之前，你可能已经听过无数人对于房产投资的建议："地段、地段、还是地段"。你能想象自己房子的周围垃圾遍地，蔓草丛生，还到处都躺着无家可归的流浪汉吗？想象一下你开车进出的时候，如果连出入口都很难找到，心里该有多烦躁？再想想，如果你房子的附近工厂林立，到处都堆放着工业垃圾，厂房也因年久失修而破败不堪，你心里又会作何感想？相信这样的一片社区就算修建得再豪华也是不会有什么人愿意住在里面的。当然了，有些时候你可以通过自己的努力将这些负面因素的影响降到最低。

我们就曾经有过类似的开发经历。当时，在我们对一个项目进行尽职调查的过程中，发现就在一英里外的地方有一家发电厂正在进行建设。这家发电厂的原料是餐厅用过的废弃油，电厂回收这些油并将其焚烧发电。所以，当电厂开始运营的时候，排出的工业废气应该会臭上云霄。然而，项目用地紧邻一座极棒的学校并处于其学区范围内。就在我们面对这样两难的选择时，突然出现了转机。我们通过调查发现，电厂正在按照严格的环保标准建设配套的废气处理装置。这样一来，我们的心就放了下来，也就能够安心地继续我们美好社区的规划建设工作了。调查费真是没白花。

也许你无法为每一处房产都设计出漂亮的山景或是海景，但你还是要在项目设计之初就站在住户的角度去考虑房屋的每一个细节。想想看当他们搬进新房的时候，从家里都能看见些什么样的景色，待在屋子里会不会有舒适和安全的感觉呢？当辛苦地工作了一天之后，他们又会不会想立马回到自己的家里来呢？

在开始大型社区的开发项目前，先问自己如下的问题

生活方式和便利程度

- 社区附近的交通情况如何？便利的交通情况会吸引一部分住户的目光，但人们关心的往往是过往的车辆产生的噪音有可能影响到自己的生活质量。但话说回来，如果在一个无人知晓的街区盖起了一片漂亮、宜居的住宅区，即使你花再多的钱做广告，入住率可能也还是上不去。
- 你的社区距离主路有多远？去主路是否方便？到达主路的便利程度是否对你的计划影响重大？
- 生活便利程度如何？距离公司、学校、购物中心及电影院之类的场所是否方便？
- 你的社区位于哪些学校的校区内？这些学校的声誉和教学质量如何？到这些学校的交通是否方便？
- 社区附近都有哪些工作单位？住户们又可以乘坐哪些公共交通设施上下班？
- 到主要的商业区是否方便？

文化设施

- 社区周围是否有公园、影院、戏院、商场及体育场馆等设施？
- 社区所在城镇最有特色的地方在哪里？
- 你的社区怎样才能最好地融入现有的环境？

日常购物

- 日常购物是否方便？
- 附近是否有小杂货店？这一点对住户间或产生的购物需求非常重要。

楼宇的选址

在这一点上,你必须要清楚,选择楼宇的具体位置之前必须要对地貌进行细致的调查研究,要从项目开发的宏观角度考虑这一问题。也就是说要思考在选定的地块之上进行建造工作是否会给工程施工带来困难。这应该是你要做的最关键的分析工作了。并且,这会直接影响到你接下来的开发费用。好好地观察,看看你选定的地块是只需要稍作平整的平地,还是那些需要经过巧思妙想才能很好地利用的特殊地形。

平整的地面是最棒的,在这样的地势上可以建设高密度的房屋。也就是说你可以在有限的土地上盖起尽可能多的楼房。但在这种情况下,排水问题就成了一个很大的挑战。因为如果没有了地势差,没法利用自然排水,所以就要在排水系统上多花一点心思才行得通。而在有起伏的地形上却能创造出有趣的项目来。不过,在这样的地形上进行建设,密度就要小的多了。单是平整土地这一项就要花掉不少银子,像防护墙这样的基础建设工作,一眨眼的工夫就能花掉你一大块预算。

最重要的一点就是,无论何种的地形都会同时给你带来相应的机遇和挑战。而你却必须全面考虑它的花费,并计算它对整体预算及后期楼宇建设产生的影响。

在选址的过程中,一定要尽早咨询当地的政府官员关于选址的具体政策和法规。这样做能最大程度地避免你制定出的开发方案与当地的政策和法规相背离。尽管如此,你还是要自己保持警惕。因为我发现有些国家和城市单纯地视房地产为一条解决政府财政问题的绝佳生财之道,并因此而声名狼藉。比如说,他们会对当地的政策标准含糊其辞,从而迫使你作出不断的让步,并向市政缴纳各式各样的杂费。因此,你必须自己弄清楚那些政策和法规,从而判断出政府的要求是否合法。千万别把他们的话当成圣旨,同时还要作好随时与他们对簿公堂的准备。

你能看出来我这都是经验之谈吗?就在我所经历过的一个开发项目当中,在项目报批的过程中,市政当局先是以保证社区通车安全为由要求我们在城市的6条主路中间建设一条主干道。你要知道,主干道建设费用可是很高的!这一下子就会用掉我们几万美元的预算并直接将项目拖入资金短缺的危险境地。然而,在与开发团队仔细地研究并熬过了几个不眠之夜后,我们发现了另外一条解决之道:我们可以重新设计项目的出口,并重新在街面画出新的标示，以达到市政对"出口安全"的要求。而这样一来，我们只需要花3 000美元就全都搞定了！

与公共设施公司的关系也同样重要。你需要与他们核实其提供的所有服务及相应费用，如工期安排、接入费、开发费、管理费等。我就见过许多新手因为公用设施接入及相关费用问题处理不当而措手不及。还有一个容易忽视的细节，就是未来的规划对现有项目可能产生的影响。打个比方，如果项目附近只有一条两车道的公路，且交通拥堵严重。同时，市政府有意将它扩建成四车道或六车道。你就需要评估你需要为扩建工作承担的费用支出，并作好为道路扩建腾出部分项目用地的准备。提前为这些可预见的问题作好准备，这样才能做到有备无患。

哦！还有就是一些关于未来的问题：特殊的地质形态和特殊环境的限制。其实这些问题对美国来说有时候也并不遥远。我只是想提醒你，在购买土地之前，先去查阅一下当地是否有对此类问题的特殊规定。如果你购买的土地恰巧是鸭嘴驼背侏儒姬鼠的聚居地，又亦或是像马丘比丘这样的古遗迹所在地，那你的项目基本上就全毁了。即便不然，项目也会被无限期推延，直到专家们花长时间、大价钱完成研究并制定出合适的迁徙方案为止。

还有一件必须了解的事情，就是要仔细检查周围的河流和湿地，以及排水状况、发生洪灾的可能性和土质的情况。你肯定不希望建成的优雅社区在夏天的雨后变成积满了水的小湖吧？你也不想看着自己建成的楼房因为土质的问题而慢慢下陷吧？所以，当你进行实地调查的时候，千万要考虑到这些可能发生的问题。我没办法在这里面面俱到地告诉你所有的可能性，因为每一个项目都千差万别。但作为一个开发商，你必须在每一个项目前期做好合理的评估和调研。如果你省略了这一步，你会很快尝到由它带来的恶果。

你的开发团队

在我们的公司里，我和肯恩在我们的经验基础上共同拟定出了所有的工作岗位及岗位职责。同时，我们也时常交流，以保证这些安排的合理性。

小贴士 你不可能拥有管控整个项目设计、建设及管理的所有专业能力，所以你需要找到拥有这些专业能力的强人，并邀请他们加入你的团队。

我们常常强调团队的领导人及决策者的重要性。我想说的是，你要选择那些可靠的人作为团队的负责人，在赋予他们权力的同时也会提高他们的主人翁意识。用那些你熟识的人固然没有大碍，不过你的项目可不是给你的亲戚用来练手的！

你的建筑团队

团队的下一位成员就是建筑设计师了。理想的选择应该是那些和你曾经共过事，并一同经历过艰难险阻的同伴。他需要拥有建筑方面的专业知识，并同时与政府部门有着密切的联系，从而可以帮助你的项目达到政府规定的所有标准。他还需要协调所有其他的设计人员，为你提供选址方案、设计方案、建筑标高、工程制图及配套设施规划等多方面的专业意见。

你的建筑设计师需要协调的团队成员还包括：
- 力学工程师。他负责管道和空调系统的设计工作。
- 建筑工程师。他负责地基、建筑框架及屋顶的设计工作。
- 电气工程师。他负责设计那些建筑内外部的电气系统。
- 土木工程师。他需要负责建筑项目的内部规划，具体工作包括设计排水系统、车库及项目区域的功能划分等。

你的承包商

承包商就是把你设计好的方案从二维的图纸变成三维建筑的人。从接过设计图纸到最终把房屋的钥匙交到你的手上，这中间的所有过程都由他来负责。而你需要首先签下一个有相应资质的总承包商，并让他去寻找其他具备资质的分包商分别负责项目的各个具体部分。对于总承包商来说，信誉和过往的工程承包项目是进行考量的最重要的标准。一旦选定了人选，那你就需要以开发商和业主的身份与总包商签订一份详细列明双方权利义务的合同，当然，同时也要写清楚违约的赔偿标准。

几种常见的工程承包合同

● 固定金额合同：在这种类型合同的规定下，总承包商需要按照提供合同列明的具体服务种类开展工作，并按合同规定的总报酬额和付款计划于项目结束之日或约定之日起一次或分次收取报酬。这样一来，如果实际的人工或材料成本高出了总承包商的预期，他的利润也就相应缩水了。但如果实际的成本比预想的要少，那总承包商就能取得更大的利润。不管怎样，开发商和业主的成本都是一定的了。

● 成本加固定服务费的合同：在这种类型合同的规定下，你作为业主和开发商，需要支付给总承包商项目过程中发生的实际建设成本支出，并同时偿付给总承包商固定金额的服务费。这样一来，当实际支出高于预期的时候，业主就需要偿付这些多出来的费用。而如果实际支出低于预期时，业主就省下了一笔钱。

● 保证支出上限的合同：这类合同类似于成本加固定服务费的合同，但承包商会就项目支出的上限作出保证。如果实际支出少于预期的上限，省下来的钱归业主所有。而如果超出了预期的上限，就由承包商来负担那些超额的部分。

施工团队

就跟要重视总承包商一样，你要明白，你的项目成败与建筑施工团队的技能水平直接相关。关于聘请合格的总承包商，以及由他雇佣好的项目经理，签下经验丰富的内部监理，并寻求最佳的原材料供应商这一系列工作的重要性，我永远都说不够。仔细观察参与项目建设的每一个成员，不仅仅是你的特权，更是你的职责所在。对于总承包商来说，除了要具备国家颁发的专业资格认证之外，他还必须投过保或是有相应的担保人。还有一点需要注意，新人们都是慢慢成长起来的，不过在你的总承包商扰乱你的工程监理或是项目经理的工作时，你需要认真地考虑一下他的决定是否正确。他在某些特定方面有限的经验可能会给你的项目施工带来浪费或是损害到最终的项目质量。

那么，到底你的施工团队应该有哪几个人组成呢？首先，应该有一个强有力的项目经理，由他来决定分包商的挑选，并制定工程的预算。项目经理需要查看研究所有由设计团队提出的项目详细规划，并基于自己的经验提出修改建议。有些厉害的项目经理甚至可以做到在保证项目的外观和质量的前提下，对项目方案进行微调，从而为你节省几千美元的预算。

每个工程项目都最少要有一个现场监理，项目大的话可能还要酌情增加监理人数。内部监理的主要职责就是监督管理所有的日常运营工作，以保证项目按照进度有序进行。内部监理要为供应商们制定日程安排，从而使得项目能够按照合理的工作流程顺利进行。在建筑施工当中，经常存在着流程的问题，打个比方来说，你肯定不希望粉刷匠在泥水匠还没抹完墙的时候就来了。同样，你得做完了所有的地面工作，比如说地面的平整、夯地等基础工作完成之后才需要水泥工人来浇灌地基。合理地安排这些工作的先后顺序，是需要有一个了解项目建设流程的专人来负责的。他需要了解工程的进展，并随之判断项目的下一步工作，提前安排相应的供应商为项目提供材料和服务。他也是敦促你的分包商们高效工作的关键人物。

由总承包商、分包商、供应商和项目经理组成的这个团队需要与设计团队和工程师们保持密切的沟通，并在工程建设中克服那些图纸上无法表露的具体困难。他们同时还要与工程测试人员、监察人员、贷款机构派出的观察员进行实时的沟通。当然还要和你，也就是项目的业主经常沟通！记住，项目是自己的，你才是对整体工程负最大责任的人。

项目经理同时还扮演着另一个至关重要的角色，一个你会喜欢的角色。他需要时刻关注你的工程预算。当某项支出超出了预算范围时，他会积极作出调整，以保证将最终的总支出控制在预算之内。他会关注你项目的财务状况，并同你讨论所有的材料过剩问题。在工程进行中，经常会发生工程超预算或是工期拖延的问题。这时候，一个沟通能力强的项目经理对你来说就意义非凡了。

那么，总承包商又是通过什么来赚钱的呢？很简单，拿你的工程预算过来一看便知。在工程预算的条目中，你会发现有一条叫做"承包商费用及报酬"。记住！工程的预算是你和总承包商协商订立出来的，所以你需要了解工程预算的方方面面，包括材料费用、人工费用、分包商服务费等，当然也同时包括了之前提到的承包商费用及报酬。

最后，你要把自己也算做是施工团队的一员。你要用一切可能的方法保证承包商高质量地完成项目，并将成本控制到最小。

这就需要你再聘用一名第三方的工程质量监理来帮助你审核所有材料及

人工支出的真实性。

你的产权公司

产权公司已经在本书中出现了好几次了，现在又要拿出来说一遍。在购买现有房产中需要他们的参与。同样，新建的开发项目也需要他们的参与。它的工作就是根据协议暂时保管所有土地产权转让的相关费用。它同时也会出具产权报告及产权保证保险。它还帮你定期审查总承包商向下的付款情况，并保证项目或其组成部分没有被分包商用来做抵押。你也一定不想看到将近完成的项目被那些没领到工程费的分包商拿去做了抵押吧？这种情况出现的还不少嘞！

你的房产管理公司

这可能与你想的不太一样。你需要在项目动工之前就组建好自己的房产管理公司。房产管理公司会进行市场分析，依次对你的社区项目预期房租收益作出预估，从而帮你制定出一份可行的运营方案。他们是按照房产年租金的一定比例来收取服务费的。那么，经验丰富的房产管理公司对项目的最终成功来说也是很重要的。他们会用那些丰富的知识和专业的分析方法带给我们一些崭新、独特的思路和想法。

你的融资伙伴

除非你老爸是亿万富翁，或是你刚刚中了彩票头奖（如果真是这样，我们俩先当面谈谈），你都需要为你的项目进行融资。你也许能通过多种渠道融得资金，比如政府基金贷款、商业银行贷款、私人借贷等。通过任何渠道进行融资都需要你满足一定的要求。

为房地产开发和建设项目从政府基金或商业银行那里申请贷款是有可能的。按常理来说，他们会提供给你相当于项目总资金65%~85%额度的贷款。但2008年开始的信贷紧缩政策使得这一比例成为历史，金融机构们要求现今的房地产开发商为项目拿出更高比例的自有资金，以保证贷款的安全。但不管怎样，这些融资渠道总还是一条路。然而，政府和商业银行拥有抵押资产的优先受益权，也就是说正常情况下，他们是首先获得还款的贷款人。利率水平也是根据市场标准而订立的。

另一种融资渠道就是我们说的私募了。也就是说，私人个体投资于房地产项目，并以此取得项目的部分债权或股份。如果你有过成功的项目开发经验，而眼前的项目又有着令人信服的商业计划和实施方案，那这些私人投资者就有可能对你的项目投资，并同时收取一定的利息、占有一部分的股份。这样一来，他们还能在项目完工之后随项目的运营发展取得红利。尽管相比起来私募的代价比较高，但他们的投资却较为灵活，有可能提供给你更高比例的项目资金。

你最终的项目融资方案很有可能是公私募兼备，主要是看你如何取舍抉择。在我和肯恩的大多数项目当中，商业银行贷款占了67%，剩下的33%则由我们的自有资金和私募投资者共同出资。

你的商业计划书

从银行那里申请贷款可不是动动嘴皮那么简单的事儿。实际上，如果你希望从银行得到贷款，首先就要做一个商业计划书。商业计划书的形式多种多样，你也可以在互联网上下载到五花八门的模板。不过还是让我开门见山地告诉你银行到底想看到什么吧！这样一来，你就不需要浪费时间准备那些他们根本不会看的部分。以下就是你需要写进商业计划书里的内容：

● 行动纲要。解释项目的意义，并对财务状况做一个简述。你可以选择最先或最后写这一部分，但一定要把这部分内容放在你计划书的头几页。

● 项目概要。在这部分需要对项目的选址、楼宇数量、层数规划、楼高标准作出描述，并同时附上项目所在地的实景图片。

● 市场综述。这部分需要呈现周围的配套设施、城市经济状况及当地的公寓楼市场现状。

● 财务规划及盈利预测。这部分包括开发成本、建设成本、运营收入及支出。

● 开发商简介。主要阐述你自己的资历。

● 开发团队简介。主要列明你的建筑设计师、工程师及运营经理的资历。

以上几个部分就是贷款机构在你的商业计划书里最关注的部分了。准备这几个部分的时候千万不要出什么差错，因为其中一丁点的错误都有可能导致贷款的失败。如果能在其中加入完整的分析结果和实际的市场案例分析论证，你获得贷款的可能性会大大增加。仅凭着一份设计草案及缺头少尾的研究报告，贷款获批的可能性就太渺茫了。认真地完成这一工作，对你的融资申请意义重大，你更能从中再次回顾自己项目的真实情况，并最终对其盈利能力作出判断。所以，积极地面对它吧！你应该像你的贷款人那样对其充满兴趣。

你满足申请贷款的标准吗？

我和肯恩整个的职业生涯都在打造我们自己的信誉和财务状况，并同时与银行和投资商们维持良好的关系。这些银行家和投资人非常了解我们的声誉和资历，因而很愿意为我们的开发项目进行投资。我们以往良好的信用记录和坚实的财务状况给了他们信心，并让他们有理由相信我们的项目都是可行的、有盈利能力的。在为你的项目进行融资的时候，你的贷款人都会对你以下几个方面的背景进行细致的调查：

● 你的公司财务状况如何？如果你的公司从属于一个母公司，那你们整体的财务状况又如何？

● 你的公司有无房地产开发经验？如果这是你的第一个房地产开发项目，你又能如何保证在毫无经验的情况下成功地完成该项目？

● 你是否曾经有项目失败的经历？

● 你的开发团队成员背景、经验和能力如何？他们是否拥有充分的完成项目的能力？还是说他们的能力存在着某方面的缺陷，从而对贷款的审批产生潜在的影响？

● 你项目的自有资金来源于何处？你愿意为此项目投入多少的自有资金？

对以上问题的回答越肯定，你就越有可能争取到更好的合同条款及更优惠的贷款利率。无论你从哪个渠道获得融资，申请流动贷款还是长期贷款，贷款人都会问你这些问题。而贷款的种类，就是我们下面将要谈到的话题。

短期贷款和长期贷款

建筑工程贷款是一种短期贷款，贷款期限从6个月到16个月不等，主要取决于项目的大小和工程的预算情况。建筑工程贷款会根据不同情况拟定不同的贷款利率。在贷款期间，你的项目将作为抵押物，为贷款机构所持有。如未按期偿付贷款，你就丧失了对项目的所有权。建筑工程贷款同时还是典型的个人担保贷款。如果你发生违约状况，银行有权就贷款金额要求你用个人资产进行清偿。

与其他的贷款不同，在短期建筑工程贷款中，你无法一次性获得贷款的全部金额，银行只会按照你工程的进度为你每月拨付相应的贷款数额。这样一来，你的施工团队每个月都需要向贷款机构提交一张工程进度报告。之后，来自贷款机构的调查员就会来到工地进行核查，保证项目实际情况与进度报告相符，并且与地方的政策规定保持一致。只有等到调查员核查确认之后，贷款机构才会将当月的贷款量下放下来。

当工程项目全部完工以后，你，也就是开发商，需要申请一笔长期贷款。这是长期贷款的一种，得到贷款以后需要每月都向银行偿付一定的本金和利息。申请这笔长期贷款是为了先把你的短期贷款还清，有时还能扩充你的自有资金。有些时候，银行还会提供短期工程贷款在项目完成之日自动转为长期贷款的贷款产品。这样做完全是为了降低你自己的财务风险。因为如果等到项目完成再去申请长期贷款，可能还是要费一番工夫的。而如果你有了自动转为长期贷款的业务，那就不必再为融资问题担心得睡不着觉了。

贷款合同的条款往往很复杂。我们的公司每拿到一份贷款合同都会从头到尾研究一遍，并请我们房地产方面的律师再检查一遍。一定要弄清楚每份贷款合同中，对必须履行的义务到底有哪些规定。

写在最后的话

你，也就是开发商，要投入自己的资金和精力在每个项目上，以实现自己的梦想。但是，不到项目完工并投入运营的那一天，你一分钱的利润都看不到。但你要知道，那些经过了深谋远虑和精心设计的项目一定会为你带来丰厚的回报，只不过这需要经历一个相当长的过程，并同时伴随着许多的风险和陷阱。我在1976年开发第一个项目时只用了2.9万美元，后来我们也运作过项目投入高达3 000万美元的大型社区项目。但是，前期调查、尽职调查、花钱及无眠的夜晚都会在每个项目中出现，必不可少。

等我们选好址、做过市场分析、请来专家并且融到资金，终于要开始建设的时候，早已经花费了大量的时间和金钱了。几乎每天一睁眼，你的面前就会出现新的问题等着你去解决。对于房地产开发来说，保证项目未来的盈利会成为你最大的成就，也有可能成为你最大的风险。项目开发的过程非常复杂，有些时候还会让你情绪低落。不过，其中也不乏那些令人兴奋和有趣的事儿。你无法预知所有将要发生的事情，不过你完全可以通过合理的方法保证项目的成功：乐于寻求建议和帮助，不要钻牛角尖，还有永不放弃！相信你在收获利润的同时也会懂得更多为人处世的道理。

  要在艰苦的环境中咬牙坚持下来。小心鸭嘴驼背侏儒姬鼠还有那些潜在的危险。你如果不能像我一样对房地产开发拥有激情，那你就需要考虑是否应该换个方向发展了。总之，我祝你马到功成！

18

掌控自己的生意：熟悉地形
——克莱格·科波拉

　　克莱格·科波拉，美国最早的商业地产经纪人之一。曾在过去的13年中6次被工业和办公建筑产业协会授予亚利桑那州年度经纪人称号。他在过去的23年中达成了2 500多份租赁及销售合同，总价逾25亿美元。作为亚利桑那州Lee&Associates公司的创始人之一，克莱格还拥有来自注册商业房地产投资师协会（CCIM）、工业及办公楼宇地产人员协会（SIOR）及房地产顾问协会（CRE）的会员资格。而在世界范围内，只有35个人同时拥有这3项资格。他也是富爸爸顾问及富爸爸丛书的作者之一。他的新书《制胜商用地产：寻找、评估和购买商用地产指引》即将于9周内出版面世。

商业地产与民用地产项目差别很大。克莱格·科波拉是公认的美国顶尖商业地产经纪人之一，所以我选择他作为我商业地产投资项目的合伙人。不用说，我们的项目回报都非常喜人。

当我和金开始将目光从民用住宅转向商业地产的时候，就需要抛弃那些民用住宅投资者的思维定式。因为我们需要从不同的角度去审视不同的房地产投资项目。如果没有克莱格的帮助，我和金可能已经在商业地产投资上交了一大笔的学费了。克莱格之所以受人尊敬，完全是因为他是一位优秀的老师并愿意花时间告诉你他通过失败学到的一切。

我和金也算是克莱格的学生。他给我们上的第一堂课就是在一座20世纪80年代建造的精美建筑里。他都没仔细看看那座建筑，开口说的第一句话就是：这儿没有足够的停车位。自20世纪80年代起，城市规划法案就对停车位数量提出了更高的要求。他告诉我们，如果想要对这座建筑进行改建，那我们就得将它推倒重新再建。我们在那栋楼里学到的第二课就是"精美的建筑吸引精美的公司"。不过他继续讲道："把房租给那些赚钱的公司，而不是那些精美的公司。这样一来，你才能少头痛、多赚钱。"

克莱格的生活规律非常好。他的每一天都安排得井井有条。他不停地进行着学习和自我充电，并且非常珍视与家人的相处时间。克莱格是一位出色的男主人、天生的教师及无可挑剔的房地产合作伙伴。

——罗伯特·清崎

认识我的人都知道，当我下决心要去做一件事情的时候，我一定会全力以赴。这样说还不算全面，我的"全力以赴"并不是那种不假思索的贸然行事。我会考虑用最合理的方法实现我的目标，并在实施过程中坚持不懈地向目标行进。我从不轻易地作出决定，也从不放弃。这就是我做事和做人的一贯宗旨。身边的人也一定会说我是一个言行一致的人。

我有一项非常热爱的运动——棒球。我曾经是全美高中联赛和大学联赛的选手，并曾经加入明尼苏达双城队参与过职业联赛。然而在这之后，我知道我需要另一项可以让我百分之百投入的事业。我想要一份自己热爱的事业，并通过它实现我人生的目标。

跟大多数人一样，是朋友的朋友带我进入了房地产这个圈子。整件事情的来龙去脉太复杂，我就不再从头说起了。需要告诉你们的是，我也经历了大家都遇到过的困难，但我并不在意。我的想法从未改变，就跟我打棒球那时一样，永不放弃。我所经历过的一切都让我变得更加强壮，反应更加迅速，做事更为灵活，也同时带给了我一直追求的东西——特有的优势。

是的！我一直都希望得到特有的优势，并愿意不惜一切代价将其收入囊中（当然，要在道德和法律允许的范围之内）。而只有忘记捷径，多下工夫，严于律己并勇于牺牲才能最终获得它。最起码，我就是这样过来的。当那些为准备合同契约、市场分析、盈利预估而辛苦工作的日日夜夜过去之后，就会有现金支票每个月定期寄到我的邮箱里来。这真是一件万分美妙的事情。

我的房地产生意还带给我足够的空余时间来从事那些我热爱的事情。当然，这也是我选择加入这一行的初衷之一。我希望多花一些时间陪陪家人，更多地参与到孩子们的生活当中，并为自己的生活增添更多的激情，比如说慢跑、跆拳道，还有我最喜欢的棒球运动。

现如今，我已经开始作为教练指导一家少年棒球俱乐部——阿卡迪亚小鼠队。跟我做其他事情一样，我在对这支队伍的指导过程中也按照我一贯的方法行事：调查—分析—计划—细化方案—严格执行。虽然我不是在指导一支专业的运动队，但我仍然为球队订立了教学计划、训练日程、进度报告、球队战术、换人策略，并会根据对手情况调整我方队员上场阵容及顺序，甚至会为跑垒指导员订立战术规划。我确定有些孩子的家长认为我这样做有点过了，但对我来说，这些"过火"的行为只是为了让这支队伍在面对任何新情况、任何新挑战的时候都不会觉得陌生和惊慌。

我就是想要带给这些孩子们"不公平的优势"。实际上，我的任务就是要帮助孩子们赢得比赛的胜利。而只有做到了知己知彼，才能百战百胜。到底我们在面对什么样的对手？他们的强项和弱点各是什么？我们能否有效地限制他们的优势，并打击他们的软肋？我们有没有对敌计划及应急方案？我们应该如何防守？我们的体力是否足够？我们研究并制定出方案，并进行实际的练习。我们一直以这种态度和方法对待着比赛，从而一路杀进全国的决赛，最终获得了全国亚军。16胜3负，我们的战绩如此傲人。但更可喜的是，那些队中的小孩子们变得更加出色、更加自信。我希望你们在房地产的投资过程中也能像他们一样。我想要你们赢！所以我希望你们在踏入这一行之前先学会如何成为自己的主人，牢牢掌控自己的一切。

小贴士 在房地产行业，想要牢牢掌控自己的一切需要你对选择投资的地段有着全面的认识，明确自己青睐的投资类型，并将自己及时地调整到房地产投资应该有的状态中来。

在房地产行业，想要牢牢掌控自己的一切需要你对选择投资的地段有着全面的认识，明确自己青睐的投资类型，并将自己及时地调整到房地产投资应该有的状态中来。一旦你做到了这些，你就可以开始选择自己的投资目标了。接下来就是你要做的第一步：

在城里逛一圈

即使你已经在某个城市从小长到大，你觉得已经对每一条街都不能再熟悉了，还是再开上车逛一圈吧！就当是迁就我一下。我可不是让你开着车观光去的，我是希望你带上一双"房地产之眼"重新审视一下你所在的这片地方。光鲜的高楼大厦都是次要的。这一趟会帮助你从多个角度认识到"地形"，也就是建筑物所处的环境。这一趟出行的关键点只有3个：地段、地段，还是地段。

学着变得目光敏锐，从一个地产投资商的角度重新认识这座城市。即使你认为自己已经对要投资的地段情况了然于胸，再到城市里其他的地方去看看也是肯定有利无弊的。因为其他区域或多或少都会和你最中意的那片区域发生联系。

我已经说过了，自己是一个对生活有着周密安排的人。我的每个星期、每个月及每年都时刻准备迎接着各式各样的变化，但这之前，我会对它们进行细致的安排。无论你是不是一个乐于计划的人，只要你仔细观察自己的生活，就会发现我们的生活都充斥着自己的习惯。无论白天还是黑夜，我们每天开车都沿着同样的路线上班、回家，却无法看到这条线路之外每天都在发生的变化。所以，我要教你的第一件事情就是选一条与平常不同的道路开车回家。如果你平常都是走高速公路的，那你就要试着从居民区的小路走走看。如果你总是在同一家星巴克买咖啡，那就也得去别的咖啡店换换口味。总之，要努力地尝试新事物，与不同的人们打交道。

小贴士 建议1：尝试沿着不同的道路驾车上班、回家。从地产商的角度观察你的周围，会有惊人的发现。

如果你自认为对某片区域非常熟悉了，那就在不同的时间段分别探访这片区域。看看在傍晚、周末还有半夜时分这片地方究竟又有什么不同。一定要花时间研究生活在这片区域的人们究竟生活方式如何,交通又是否便利。相信得到的结果一定会吓你一跳。你会发现周围的情况不仅每天都不尽相同,就连一天当中的早中晚都经历着快速的变化。我就见过城里的不少地方,早上和中午的时候都是人潮涌动,但到了晚饭时间或是午夜时分,它就变成真真正正的"鬼城"一座。在这种情况下,如果你是在经营一个白天营业的生意,那这里就是绝佳的选择了。但你如果想要开办夜店这样只有晚上营业的生意,那还是看看别处吧!你的目标就是选择一片地区,并且"弄懂"它。这也就是说,你要清楚这片地区有什么特色,以及在这片地方最适合做什么样的生意。一旦你"弄懂"了一片区域,你就能清楚地看到它的未来和价值。赶紧,把这一条先记下来!接下来你马上会有机会与你的专家团就地段问题进行深入的讨论。有了事前做的功课,相信这些评估师、监理、律师、经纪人和施工团队一定会作出与你的判断相一致的结论。

寻找"增长点"

每当谈到"了解地形"的时候,我总会去寻找房地产专家常说的"增长点"。即使是在那些总体发展已经停滞的城市当中,也还是会有存在发展机遇的地段。那么,对商业地产来说,应该如何发现"成长之路"呢?首先要看民用住宅开发商在哪些区域购置了土地,哪些住宅开发项目正在建设当中,又有哪些中小学正处于规划期或建设期中?政府部门是获取此类信息的最佳渠道,因为他们了解所有的项目规划及开工情况。你也可以从负责经济发展的部门了解到一些有用的信息。你能从他们口中得知哪些是他们最看好的项目,以及未来的发展前景将会怎样。

小贴士 建议2:结识市政官员和政府工作人员。看看有哪些正在开展的项目是他们最看好的。与他们交流的越多,你就越有可能发现未来真正的"增长点"在哪里。

市政府的官员们经常会对城市振兴概念的项目很感兴趣,并会努力推动其立项进程,并为之积极寻找融资渠道。试想一下,能为治理城市的暴力、犯罪及其他问题做出贡献是多棒的一件事儿啊!但在这儿,我也有自己的顾虑:此类项目大多数周期过长。这种项目不仅含有常规的规划、选地、设计、产权过户等必需程序，还经常会引入投票决议的过程。这样一来，项目就有可能被莫名的拖延，有时长达数年的时间。在我的家乡菲尼克斯，就曾有总投资规模高达8亿美元的城市振兴项目同时开工。然而，这些项目拖了12年的时间才陆陆续续相继完工。因而，在此类项目的投资上还是要千万当心其内含的时间成本。

应该值得注意的是，有很多房地产投资商一直将目光放在那些日渐衰落的地区。那些积极寻找并参与各类振兴计划的房地产专家就是这类人。不过，这不是我的专长。对于我的投资强项——商业地产来说，我会尽可能地远离那些满是涂鸦或店铺纷纷关门的地区。这样的选择看上去理所当然，但你无法想象就在近期有多少房地产商对那些破败的区域改建起的"复古高雅"的楼盘趋之若鹜。这些买家一定说服了自己能为这片区域的振兴作出贡献，或是他们所购置的楼盘是多么的完美无瑕。不过，这一切都是自欺欺人。记住！无论楼盘本身是好是坏，地段永远是最重要的。

逆市而上并非易事

我之所以那么关注地段，是因为要做到逆市而上真的是一件很困难的事情。这儿要说到"正在衰落的地段"与"振兴当中的地段"间的区别。当你发觉周边的区域已经显现出衰落的迹象，那我奉劝你还是远离这片区域的好。如果这片区域正处于向上发展当中，正日渐繁荣起来，而你想要投资的楼盘又处在这片区域的核心位置，千万不要顾忌那些现在看起来破破烂烂的楼盘和街道。因为投资机遇就可能蕴含其中。什么时候都要先以地段和发展状态作为第一考量。而建筑物本身，永远是放在第二位考虑的。

对于我自己来说，掌握市场的未来走向比了解市场的现状更为重要。对市场的感觉很重要，而且不要过早开始。我的意思是，房地产不像其他的一些产业要求速度至上。对于房地产来说，没必要过分在意速度这回事儿。你完全没必要去争"第一人"的称号。还是把这个称号留给实力最强大的同行吧！因为率先踏足未知领域是有极大的风险的，而看清风险和收益之后再进入，无论是做第二人、第三人甚至是排在十几二十名，都还是有利可图的。把风险留给那些实力强劲的大块头们吧！实际上，如果你的投资规模很小并处于投资初期，切记勿做第一。

> 小贴士　建议3：多花点时间研究市场的未来走向，而不是仅仅局限于了解它的现状。你在为未来投资，所以要尽一切努力来辨清市场的发展方向。

尽管时间会过得很快，但就房地产来说，我还是经常会为"未来"到来耗费的时间惊讶不已。如果你关注的地盘正在走下坡路，那你眼中美好的"未来"可能需要很久才能实现。你可能会发现，那美好的愿景有可能无法在两三年内实现，并常常会拖延二三十年的时间。这对房地产开发商来说并不是什么新鲜事儿。亚利桑那州的清泉山小镇的首个地产投机商在1970年就开始瞄准了这片地方进行投资。他建造了当时世界上最高的喷泉，用喷气引擎将高压水柱喷向560英尺的高空。此举就是为了吸引那些好奇的人们来到这个此前毫无名气的小城。人们果然被喷泉吸引，陆续来到此地游玩，并惊异于这独特的景色。然而，大家置业的热情却没那么高。直到20多年后，这里的房地产生意才开始红火起来。时至今日，清泉山已经变成了一个非常成熟的社区，但前前后后已经用去了近30年的时间。

是否你对未来的判断也是如此呢？我的原则就是，慢慢来，不着急。在运作的过程中，完全没有必要操之过急。如果某块地盘让第一个人赚到了钱，那它肯定还能让更多的人也赚到钱。事实上，我发现那种错过一时的投资机会就时不再来的地产项目少之又少。即使你真的碰到了这样的地产项目，它们的业主也会为其开出极高的价格，让交易变得很不实际。一个很好的例证就是菲尼克斯的艾斯普兰德大楼和比特莫尔时尚中心，它们是继卡默尔巴克走廊之后备受追捧的房产项目，它们有个共同点：典型的由大公司购置下来以彰显公司成就的"面子"楼盘，所以公司对地理位置和外表的要求远远超出了其对地产投资回报率的要求。通用集团在亚利桑那州的滕比城的繁华地带买下了海登弗雷湖畔大厦，中美大都会买下了菲尼克斯的艾斯普兰德大楼等，都是一样的情况。这些楼盘通常被称为"标志性建筑"，并给予了那些喜欢高风险高回报率的地产投资者一种选择。

> 小贴士　建议4：房地产投资很考验人的耐性。没有必要匆忙介入任何一个地产项目。

擦亮你的房地产之眼

当你考察周围环境的时候，别忘了同时考察那些在你眼中太便宜或是太过昂贵，亦或是已经荒废的区域及楼盘。因为变化无时无处不在。我就认识一位通过楼房外观改造生意发了大财的投资人。经营这块业务很费心，但她一直坚持了下来。众所周知的是，也有许多腰缠万贯的商人在相对简陋的房屋当中办公。但这绝不是我希望看到的。可能有一部分原因是因为我总希望为人们创造更好的居住和办公条件吧！不过，我们的国家信奉自由，大家都拥有自由选择的权利。

人们总是在问同一个问题：所谓"衰落"，有什么具体特征吗？其实很简单。如果你跟着感觉走，你就能本能地发现它们。我曾经就有一天清晨开车出门，到一个好久没去的地方进行实地考察。就在我刚到那片街区的时候，就看到了一辆轮胎都不见了的小轿车停在路边。这就是典型的"衰落"的标志了。除此之外，那里的车到了晚上就直接停在路边，很多租户都神色可疑，路边的小店也都看上去很不正规。最后，还得看一看房屋的外观如何。如果房屋看起来是一副缺乏修缮的样子，那这也不是一个良性的信号。你甚至还可以去看一看警局的报告，看看这片区域的治安和犯罪状况究竟如何。

你要清楚，你可以对房屋进行修缮，但却无法改变它所处的周遭环境。像我们之前提到的那栋地理位置偏僻的高雅的复古建筑，一定会是开办设计工作室的绝佳场所。不过如果你的员工不愿意在那样一个交通不便还偏僻的地方上班，你又会怎么抉择呢？擦亮眼睛观察和仔细分析所见的一切，并听取你内心的真实想法，写下你自己对周遭环境所有的感受。下一页中，你会看到我做的一张表。在表中包含了一些重要的考量因素，同时还能方便你记下自己对于考察地块的所有印象。

小贴士 建议5：注意寻找地块"衰落"的信号。如果你投资的不是城市振兴项目，那就一定要警惕这些信号的出现。

接下来，说说房子吧！

我之前提到过，房子本身是我在熟悉城市、了解环境之后，排在最后一位考虑的。即便如此，我看房子也还是从地面看起：停车位是否充足？出入口是否好走？或者说，这处房产与外界连通是否良好、顺畅？房屋与周围环境是否搭调？初来此地的人士能否很快地找到它而不至于在附近迷路？

接下来，我会仔细观察房屋实际使用者的情况。承租人都是些什么人？是优质、稳定的公司还是那些乱七八糟的小公司？我倒不是说承租人一定都要是家得宝或是塔可钟这样的大公司。一家开了10年的小店在我看来就是不错的承租人。比起那种拿着上百万美元的风险投资，月月烧钱却没有实际利润的高科技公司要保险得多。同时，我还会考虑承租人在其行业内的地位、行业竞争水平，以及行业总体的发展前景。

小贴士 建议6：永远要先考虑房产所处的位置，最后考虑房屋本身的状况。

有天下午，我的一个朋友打电话给我，告诉我她正在一座离她家不远的小镇上考察。她问我说："克莱格，我发现这儿有一栋很适合做呼叫中心的大楼，你觉得我能买吗？"对我来说，答案太明显了。呼叫中心是一块在美国日渐衰落的业务，大多数的公司都已经将这一项业务分包去了海外。所以我回答她说："除非你现在看中的是印度的楼。要不，我还是劝你别考虑了。"这其实是一个常识性的问题。那些生活中和商业中得到的知识，都有可能直接或间接地帮助你判断未来的发展趋势，并直接或间接地影响到你的房地产投资。

下面的这一张记录表就是为了记录下你对房产的第一印象而专门设计出来的。你还可以带着数码相机拍几张建筑物的照片，然后把它们和你的考察结果记录表放在一起。仔细地阅读表中每一个条目，然后认真地记录下你的总体印象。

表18-1 考察结果记录表——周围环境

以下就是你在驾车考察房产环境时需要关注和评价的对象，在每项的后面做相应的记录，并写下你的评分。（评分标准：1. 很差；2. 较差；3. 一般；4. 较好；5. 很好。）

环境评价：_____（地区名称）

边界：北_____/南_____/东_____/西_____

（评价）

整体外观	1	2	3	4	5 _____
周围房产状况	1	2	3	4	5 _____
附近行驶的车辆情况	1	2	3	4	5 _____
附近的商业发展情况	1	2	3	4	5 _____
交通情况	1	2	3	4	5 _____
地面规划情况	1	2	3	4	5 _____
视野及景色	1	2	3	4	5 _____
口碑	1	2	3	4	5 _____

我是否愿意在附近购买房产？是 / 否

如果选择"是"，选择购买哪种类型的房产？_____

欲投资房产的具体位置（街道），请列明：_____

个人印象

优点（加分项）?　　　　早晨　　　　　中午　　　　　晚上

　　　　　　　　　　_____　　_____　　_____

　　　　　　　　　　_____　　_____　　_____

缺点（减分项）?　　　　早晨　　　　　中午　　　　　晚上

　　　　　　　　　　_____　　_____　　_____

　　　　　　　　　　_____　　_____　　_____

未来的展望

5年之后：_____
_____

10年之后：_____

其他印象：_____
_____

我心中的其他疑问：_____

表 18-2　考察结果记录表——建筑物

以下是你考察建筑物过程中需要关注的重点了。每考察一处房产，就要填写这样一张表。（评分标准：1. 很差；2. 较差；3. 一般；4. 较好；5. 很好。）

建筑物名称：_____

建筑物地址：_____

（评价）

地理位置	1	2	3	4	5 _____
道路建设	1	2	3	4	5 _____
建筑物楼况	1	2	3	4	5 _____
停车场	1	2	3	4	5 _____
照明设备	1	2	3	4	5 _____
出入通道	1	2	3	4	5 _____
承租人情况	1	2	3	4	5 _____
建筑物是否易找	1	2	3	4	5 _____
地面规划	1	2	3	4	5 _____
是否符合你的需求	1	2	3	4	5 _____

个人印象

优点（加分项）?　　　早晨　　　　中午　　　　晚上
　　　　　　　　　　_____　　_____　　_____
　　　　　　　　　　_____　　_____　　_____

缺点（减分项）?　　　早晨　　　　中午　　　　晚上
　　　　　　　　　　_____　　_____　　_____
　　　　　　　　　　_____　　_____　　_____

未来的展望

5 年之后：_____
_____

10 年之后：_____
_____

其他印象：_____
_____

商业地产分类

你作为一个房地产投资者，要作出的一个最重要的决定就是主攻的投资领域。如果这本书包含了房地产投资的全部内容，它就应该告诉你在房地产市场上你有很多条路可以走，有些路通向赚钱，而另一些路则走向赔钱。即使是在商业地产领域，仍然有着许多不同的地产分类。你马上就能看到它们各自的不同特点和差异。我认为，对于商业地产中的不同细分种类进行准确的认识，并了解它们之间的内部联系非常重要。因为尽管不同的地产类别各不相同，但它们却共同组建了一座城市的整体环境。以下就是我对不同地产类型的特点、风险和回报的介绍了。

小贴士 建议7：不可能有人成为所有商业地产类型的专家。所以，根据自己的爱好和特长选择一个最适合的投资种类吧！

多户住宅楼

顾名思义，多户住宅楼就是供多个家庭共同拥有的住宅楼，那种两户一栋的联排小洋楼和一栋楼住几百户的高层住宅楼都属于此类。对于它来说，最大的风险在于房屋供给过剩。这样的话，人们就有了很多的选择，从而导致房租下降，你房产的收益和现金流也就会直接受到影响。还有一个风险，就是在市场利率很低的情况下，人们大都会选择购买房产而不是租房。这样一来，租客数量下降，房屋的空置率就会随之升高。但从另一个方面说，当银根紧缩，贷款收紧的时候，从银行贷款就变得相对困难，而租房就成了唯一的选择。这时候，租房的需求就会上升。有很多商业地产的投资人就选择了购买—出租—盈利的投资方式。与商业地产一样，多户住宅楼的投资价值主要体现在租金收入上。换句话说，就是买下一处房产，然后努力地减少空置率。这样，你就能获得比前任业主更高的收益。

店铺

店铺，大家都很熟悉了。购物中心、商场、零售店都属于此类。这类投资的优势在于你需要在建设当中投入大量资金（上千万甚至上亿美元），所以进入门槛相对较高，竞争对手很难模仿。市场对于店铺的需求一般都高于实际供应量，所以投资者介入这一领域是一个不错的选择。不过，也不是说这就是稳赚不赔的生意。通货膨胀、经济衰退或是消费者消费意愿下降等经济因素都会直接导致商户闭店，从而使得你这样的商铺业主失去大量的租客，以及他们每月付给你的租金。激烈的市场竞争有时也会使得曾经火爆的商业中心沦为二流的购物场所。这也就是我之前教你观察地形、判断未来发展的主要用意了。你要做的就是了解现状，然后预见未来。

商用办公楼

办公室和商住两用楼是各类房产投资中很大的一类。说到工作，工作场所就是必不可少的。我们都得在某个地方度过每天的朝九晚五。办公室也分很多不同的户型和大小，所以新的投资者也有很多选择，并能很容易找到自己想要投资的类型。有一些办公楼是由之前的住宅楼改建而来的，另一些则是各式各样的传统办公楼。投资商用办公楼的好处就是，无论是投资新手还是老手，你都能在商用楼领域找到自己预算内的投资对象，并得到足够的利润空间和提高自己的投资水平。

工业用房

与商用办公楼一样，工业用房的投资一般租期较长。大到50万平方英尺的大型仓库，小到3 000英尺的多用储物间都属于此类。工业用房经常成为投资者首次投资房产的选择对象，因为他们自己经营的业务就需要这样的场地实施作业或是储藏货物。

卫生保健用楼

这一类的商业地产不单指医院，还包括了诸如养老院、药房和其他的辅助生活设施。这类投资的最大好处就是不会因为经济衰退或是下滑而受到太大的牵连。不过，你的盈利也会随着病人数量的增减发生变化。相比起来，药房的生意规模比较小，医院的规模则相对较大。然而，只要是生意就一定会有起伏。另外，医药界一直变化不断，相信未来的一些年还会如此。就我个人的经验来说，你不仅要确定设施的目标房客，还要确定一个合理的房客组合，并雇用有经验的专业人员进行管理。而辅助生活设施就非常依赖好的管理团队的运营，这样来看，进行此类的投资就必须拥有一支专业的管理团队。

仓库

这里说的仓库单指那些在城里很常见的小型仓库。你也可以把自己的私人物品放在其中。对于投资者来说，这类的投资最好的一点就是可以一定程度上抵御经济衰退带来的负面影响。总的来说，这类物业的管理很简单。公司客户是仓库最大的客户。他们每年要在文件、档案和其他用品的储藏上花费很高的费用。但不好的一点就是，此类房产投资成本低，所以竞争者很容易参与到这一市场中来，以低价抢夺你的市场份额。所以当我考虑投资仓库的时候，我总是首先确定市场的容量和潜在的竞争。

酒店及度假、娱乐用房

这一类包括了酒店、汽车旅馆、赌场、休闲娱乐及短期出租房等多种形式。与医疗用楼一样，物业管理相当重要。总体来说，这类投资是与经济状况相关度最高的形式。在经济下滑的时候，因私和因公的旅行都会由于个人或公司预算下降而成为最先被砍掉的部分。而出行人数的下降就会直接影响到房间的入住率。反之，在市场向上的情况下，需求上升，盈利也就会变得十分诱人。

商用地产"空间"入门

既然你已经了解了不同的商业地产类型及它们各自的特点和差别，接下来就该了解一下4种不同类型"空间"。因为它们与房产的质量息息相关。我就曾经见过不少的投资新手看不出那些不明显的差异，从而受到蒙骗。其实，哪怕是一丁点的差异，有时也会影响到地产的租金水平。下面就是对这几类的介绍了：

上上等：处于中央商务区，高耸入云的地标性建筑。这是最上乘的投资标的。

上等：面积在100平方英尺以上，起码要5层楼高，钢筋混凝土结构，建于1980年后的建筑。此外，建筑物还必须附带有咖啡店和银行这类辅助设施。好的地段和方便的交通也必不可少。

中等：好地段上重修过的老建筑或是不大的新楼房。一些地理位置稍差的木结构房屋就在此列。这也是投资新手经常选择的入手对象。

下等：缺乏修整的老建筑。这类建筑大小各异，但房屋条件一般或是较差。

在你考察地产的过程中，心中一定要牢记这几种分类。它们会帮你认清你所面对的房产属于哪一类，从而避免被那些虚假的广告蒙骗。

房地产周期的秘密

尽管市场上的商业地产种类多得难以想象，但它们的盈利能力都会或多或少地呈现出一定的周期性。我的意思是说，每一类的地产都会有自己的周期，而不同地产的周期都有所关联。

比如说，你会发现零售行业的发展总会略迟于住宅区的繁荣。这也很容易理解，当人们住进小区之后，就会需要购物中心、杂货店和便利店这类的辅助设施。在此之后，零售行业的壮大会带动工业和物流的发展，从而使得库房和仓储行业获取收益。住宅项目的开发还能带动商用办公楼的发展，但办公楼的发展依旧迟于住宅的开发。所以，如果住宅的开发放缓之后，商用地产的发展会在几年之后相应放缓。你可能也已经发现了，当新闻开始报道房地产市场出现下滑走势的时候，新的地产项目仍在不断新建中。现在，你也该明白其中的缘由了吧？

房地产与周期密不可分。一旦你了解了房地产行业的周期规律，也就能在其中轻车熟路了。这样一来，你就能随着房地产的起伏保持持续的盈利。

> **小贴士** 建议 8：细心地研究房地产的周期，并密切地关注房地产关键数据的变化，你会有惊人的发现。

"周期"二字非常重要。但事实上来说，无论市场处于哪个阶段，只要你选到了正确的房产，你的投资一定会有很好的收益。但如果你刚刚开始自己的房产之路，单凭直觉是无法判断何谓"正确"的房产的。所以，房地产市场的客观规律就成为了你投资之初最应该学习的宝贵知识。下图就很清楚地反映了商业地产的四段式周期，你也可以从中看出它对新建工程和房屋空置率的直接影响。

就这 4 个阶段，听我给你逐一解释一下吧！在图形左下方的第一阶段，市场属于复苏期。此时的房屋空置率逐渐下降，但没有新建工程。复苏期常会保持这种缓慢向上的趋势，持续很久甚至数年。这也就是为什么我从不贸然进行投资的原因。我也从来没盼着成为某个新市场的开拓者。所以我都是等着实力最强大的投资者先进入某个市场、试过水确认过风险之后，我才会沿着最安全的路线踏足其中。我通常叫第一阶段为"买入期"。

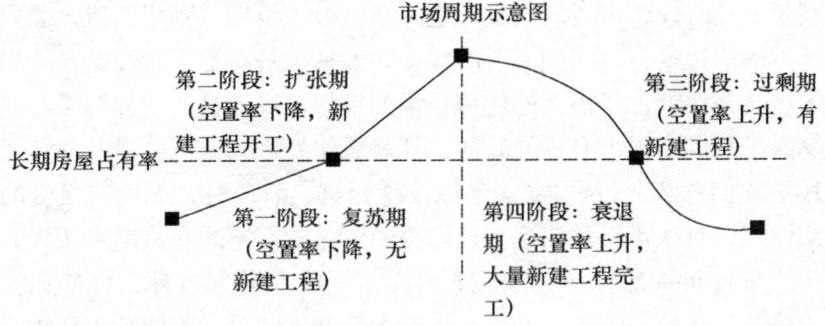

图 18-1　市场周期的 4 个阶段（经格伦·R. 穆勒博士授权使用此图）

> **小贴士**　建议 9：在图示的房地产周期当中，第一阶段是买入期，第二和第三阶段则是卖出期。

在我们很快就会谈到的第三和第四阶段中，你可就没时间放松了。你需要在这两个阶段做足功课，以便在周期重归第一阶段（也就是买入期）时可以胸有成竹地挑选出最佳的投资对象。当那些买在高点的人开始自暴自弃，并急于抛售他们手中的产业时，你就可以出手购买了。

在第二阶段，市场房屋占有率高于长期房屋占有率。（图中曲线即为市场房屋占有率，水平轴即为长期房屋占有率。长期房屋占有率特指业主持有超过 5 年的房产数量与市场房产总数之比。）各地房产市场各不相同，但总的来说，房屋空置率在 10% 以下一般都属于合理情况。而一旦空置率低于了 10% 或 15%，开发商就会开始着手新建项目了。同样的，第二阶段也不是一两天或者几个月就结束了，这一阶段也常会持续数年的时间。所以你在这一阶段想要购入的话也完全不用着急。如果你真的遇到了符合你投资标准的房产，且预计盈利客观的话，再出手也不迟。没人知道市场的高点在哪儿，也没人知道繁荣能持续多久。所以，谨慎是永远要放在第一位的。但如果你是想将手中的房产出手，那么第二阶段就是合适的时机了。

小贴士 建议10：在第三和第四阶段中，不适合买入。在这段时间里，你得多调查，并确定合适的投资对象，以便在第一阶段重新到来的时候及时入手。

到了第三阶段，市场就明显地进入了一个下滑期。到了这时，需要考虑的只是下滑的速度、时间和下滑的程度。如果你是在第一阶段购入的房产，那到了这会儿你就占了很大的优势。但如果你发现大量的工程开工，而房屋占有率高于长期房屋占有率的时候，那就要作好进入第三阶段的准备了。第三阶段被我们称为"过剩期"。所以，身处第三阶段时，无论我投资的愿望有多么强烈，我从不轻易出手。道理很简单，我可不想在最高点买入，一路跌下去。那你可能想问了，到底我们在第一阶段购入有什么好处呢？事实上，我经常能在第一阶段以低价买到别人傻傻地在第三阶段购入而被深套的房产。人们经常说，机遇在每个阶段都会存在。这话没错，但它完全取决于你的资金实力究竟有多强。

最后，第四阶段就是市场的低谷。好在第四阶段也会有好的方面。第四阶段越是惨淡，那接下来的第一阶段购买机会就会越好。所以，如果你是买方，好好享受第四阶段吧！多花点时间四处看看。多看，但什么都别买。因为在市场出现明显的向好趋势之前，你永远无法预知它的底部在哪儿。当房屋空置率大量上升、新建工程也停止开工时，你就得告诉自己："第四阶段来了。"这时，起重机和推土机都撤了，只剩下空空的房屋矗立在四周。到了这会儿，我就会做大量的调查工作以便在第一阶段到来之前就选定那些成熟的购买对象。在此时，我也会跟投资人们说好，一旦市场转头向上，我就会给他们去电话——开始投资。

对于房地产投资来说，了解它的运行周期非常重要。与此同时，了解自身所处的周期并预测未来市场的发展方向是关键所在。高明的投资者可以在周期的任何位置赚钱。但如果想要在市场萎靡的时候获利还是需要丰富的技能和经验的。

另外，你要知道，所有的房地产种类都会经历类似上述的周期，只是时间和幅度上略有差别而已。比如说，独栋的民用房产总是率先下跌，也会率先反弹。单元楼则会稍晚一些。然后才是零售行业的商用地产。而工业用房则是最后一个作出反应的。你对房地产周期了解得越多，也就能越准确地了解自己所处的位置。对我来说，在投资商用房地产的过程中就能见到很多代表着购买、出卖及持有的信号。

写在最后的话

那么，现在你就知道了解地产周遭环境及房地产运行周期二者对于房地产投资到底有多么重要的作用了吧！不过，就像打棒球一样，知道"如何"打出全垒打与"实际"打出全垒打之间还是有很大差距的。这差距就是技战术的训练及从失败中得到的经验。要想完全地掌控好自己的房地产投资，除了知识之外实际操作必不可少。这也是我的亲身经验。我在菲尼克斯城生活了20多年了，但我仍然经常开车出去考察房地产市场。现在的这个世界，变化无时无处不在。而我，则需要紧紧地跟随着它们，以防被落下。我开发了新的分析系统，以辅助我了解目标地产的价值和交易的预期收益。我可以毫不隐瞒地告诉你，在我的第一桩交易中，我赔进去了1.5万美元，到最后项目都没有竣工。这样的事情比比皆是，能否越过这道坎就成了判断老手和菜鸟之间最直接的标准。

打棒球也是一样。每当阿卡迪亚小鼠队踏上比赛场地的时候，他们满怀胜利的渴望，但同时他们也知道自己有可能失败。当然，我们会竭尽所能争取胜利。但当我们的战术没有发挥出应有的效果时，我们也能从中学到很多，并将学到的经验用在接下来的比赛当中。我们从来不会重复犯同样的错误，教训是我们从失败中得到的最重要的东西。

的确，知识是一方面，而行动则是更为重要的另一方面。这本书全部的知识加起来也不如你迈出的第一步重要。所以，勇敢地进行尝试吧！自己的地盘，永远要你自己来掌控。

19

保证房地产资产安全的 10 条准则

——加内特·萨顿

　　加内特·萨顿是富爸爸公司的顾问之一。他还是《自己开公司》《摆脱债务入门》《成功商业计划书写作入门》《如何购买及出售企业》的作者。他还参与编写了《不动产的优势》一书。加内特在律师行业已有25年的从业经验。他帮助个人及公司组建适当的公司结构，从而达到规避责任和保护资产的目的，并由此获取更大的商业利润和业务的成功。他曾受到《华尔街日报》和《纽约时报》及其他重量级报刊的采访。他的公司——萨顿律师中心——在内华达州的雷诺、怀俄明州的杰克逊霍尔，还有加利福尼亚州的洛克林都有办事处。如需业务办理咨询，请拨（800）700-1430。

我和加内特拥有一项共同的爱好：橄榄球。尽管我们之前互不相识，但我们在蒙特雷橄榄球节上以对手的身份碰过好几次面。他当时为旧金山的黑斯廷斯橄榄球俱乐部打球，而我则为佛罗里达州潘萨括拉市的海军陆战队飞行学校队打球。尽管我们不是什么顶尖的队伍，但我们的比赛非常精彩。

在 2003 年，我和加内特飞去澳大利亚的悉尼去看橄榄球世界杯。我们认为自己见证了历史上最棒的一场比赛。那一场总决赛是在英格兰队和澳大利亚队之间展开的。我这一辈子都会记得那场比赛，并为亲身观看了这场比赛而感到自豪。在那场比赛中，英格兰通过加时赛以 20 比 17 击败了澳大利亚队。

除了橄榄球队员这个身份之外，加内特还是一名律师。他是一位优秀的律师，专攻资产保护领域。这个领域极其特别，而且非常重要。因为在现今的社会当中，会偷钱的律师可比会保护资产的律师多多了。加内特保护着我和金的资产，所以我们每晚都能睡上安稳觉。这并不意味着我们的资产万无一失。加内特帮我们的资产筑建起了法律的防火墙，这也就是说，我们有可能失去一两处房产，但我们绝不会失去所有的一切。

在如今这个诉讼不断的经济世界里，如果你想致富，还想免于担惊受怕之苦，加内特·萨顿肯定可以助你一臂之力。

——罗伯特·清崎

作为富爸爸公司的顾问，我经常被问到这样一个问题："我怎么才能保证自己的房地产资产安全？"

围绕着这个核心问题，我每次都还要重复地回答一系列相关的细小问题。在经过几年的积累之后，我总结出了"保证地产安全的 10 条准则"。

了解并遵循着 10 条准则行动，你不仅能够有效地保护自己房地产资产的安全，还能避免掉入那些自称为"房地产资产保护专家"的陷阱中去。实际上，比起你的资产安全来，他们更在乎自己收取的高额服务费。当你真正学会了这 10 条准则，你就能比他们更胜一筹，从而理直气壮地对他们说"不"！

最有价值的一课就要开始了。你准备好了吗？

准则一：保险并非保护资产安全的最优选择

千万别让一个保险推销员指导你如何保护自己的资产。

在全国各地的富爸爸论坛上，我总能碰到这样一类人：他们自称自己的保险经纪人向他们拍胸脯说，所谓的资产保护都是瞎扯，保险才是唯一的王道。听到这样的话，我总是不由自主地发笑。因为保险公司经常会因为各种原因拒绝赔付。在法律上有描述这类情况的一个专业词汇，被称为"恶意诉讼"。简单来说，保险公司会先向你承诺一个看似安全的风险赔付方案，向你收取保险费。然而，当风险真的到来的时候，他们就会找出一系列的免责条款拒绝赔付。

千万别忘了，保险公司拒绝赔付是符合其自身利益的。显而易见，他们赔付的越少，自己赚的也就越多。而保险经纪人也是靠销售保险获取佣金吃饭的。所以当他们说资产保护可以单靠保险搞定的时候，千万别忘了他背后的利益驱动。资产保护与法律更为相关，保险经纪人可从来不是法律专家。所以，你需要认清他们游说你购买保险的真实原因。

真实的故事：保罗的困境

保罗是我的一位客户。最初，他将自己的房地产资产保护重任完完全全地交给了他的"保险专家"。他在科罗拉多州的阿斯潘城拥有一栋四户联排小洋楼。这栋建在山上的房产在他个人的名下，而他的资产保护工具只有一纸保险合同而已。

尽管这份合同规定保险公司会对房产进行100%的赔付。不过，合同上也清晰地列明，由于雪崩导致的房屋损毁，保险公司是完全免责的。估计你也猜到故事的结局了，保罗的联排小洋楼被一场凶猛的雪崩给彻底摧毁了。保险公司则拿着那张合同断然拒绝了保罗的赔付申请。

当然了，保罗对他的保险经纪人大发雷霆。因为这位所谓的"专家"在签订合同之初曾信誓旦旦地向保罗承诺了100%的赔付比例，并对免责的部分只字未提。而保罗本人，由于没有在保险之外做过任何的风险规避措施，不得不自己承担起所有的损失。

保罗的问题本来是完全可以避免的。如果他的智囊团里有一位房地产资产保护的专业律师，这种完全轻信一名保险经纪人的做法是完全可以避免的。

基于我上述对于保险行业的怀疑态度，你可能会认为我在资产保护的策略中会完全摒弃保险这一方式。

> **小贴士** 保险是资产保护的第一道防线，而合理地应用资产保护策略则是接下来的第二道防线。

正好相反，我认为保险是资产保护的第一道防线。很多的保险公司直截了当地在合同中承诺赔付的范围和比例。其他的一些公司则会将法律问题加入到考虑范围，做一些更为细致的规划。而我则一直坚持合理地利用保险，将其融入资产保护策略当中。当然，既然知道了保险公司会对很多情况拒绝赔付，那你就肯定得需要别的工具帮你抵御这部分风险。因此，构建有效的资产保护策略是我们的第二道防线。读完这一部分，你就会发现资产保护既不困难也不昂贵。然而，它会在你的财富之路上发挥重要的作用。

这样说应该很清楚了，单靠保险是无法构成完整的保护体系的。所以，在了解如何制定保护策略之前，还是让我们先看看哪些方式不能起到保护作用吧！

准则二：两种常见的无法保障资产安全的所有权形式

为什么要避免"联合共有"或"共同拥有"的产权形式。

说起来也真是讽刺，这两种最常见的所有权形式能带给你的保护其实是最少的。"联合共有"是一种很常见的产权所有形式。在这种产权形式下，合作伙伴拥有对其联合拥有资产的优先继承权。这样一来，如果两人以"联合共有"的方式共同拥有一处房产，如果其中一人身故，另一人就可以依照法律的规定自动获得房产的全部所有权。"联合共有"在夫妻之间非常常见。举个例子，如果丈夫先去世了，那么他的妻子无须到法院备案或登记便可以直接获得对房产的完全所有权。

这对于房地产投资来说就造成了双重的问题。首先，"联合共有"并没有为资产作出任何的保护。假设彼得、保罗还有可可3人以"联合共有"的形式共同拥有一栋6户联排小洋楼。如果保罗被人起诉，那么他的债权人就可以就保罗的债务追索他占小洋楼的份额。这样一来，彼得和可可就不得不接受一个新的合伙人，而这个新的进入者很有可能不怎么招人喜欢。不仅如此，这个新来的家伙还有可能要求卖掉此处房产。光是诉讼费还有一大堆的法律文件就够人受的了。

其次，"联合共有"形式中简单的过继条款让它备受夫妇的追捧，但也会成为投资者的噩梦。还是上面那个例子，假设可可在一场事故中丧生了，那么她对于房产的所有权到此为止。她无法将所有权遗留给自己的法定继承人，而是要根据法律规定自动转予彼得和保罗。因为他俩是"联合共有"合同中的另外两个所有人。

聪明人肯定不会与你以这种方式合资投资。谁都知道，千万别把别人的利益建立在自己的死亡之上。然而，"联合共有"合同就是在做着这样的一件傻事儿。夫妻之间签立这种协议也就罢了，但对投资者来说这可真不是一项明智的选择。

小贴士　聪明的投资者不可能和你以"联合共有"的产权拥有方式合作投资。

与之相比，"共同拥有"的方式大同小异，也同样不是什么好方法。还是上面的例子，产权拥有方式换成"共同拥有"的形式。如果彼得被起诉，保罗和可可同样会迎来一位不速之客作为自己的新合伙人。而新合伙人如果要求将房屋售出变现，官司还是免不了的。并且，当这栋房子染上官司之后，所需的赔付可以对所有的共同拥有者的全部资产进行追偿。这样看来，你多拥有一处房产也就多了一个受攻击的靶子。在这个官司不断的经济社会里，这着实不是一件好事儿。

为了避免这种情况的发生，投资者可以通过"公司共同拥有"，也就是单独为房产设立公司的方式达到预期目的。在这种情况下，众多的投资者通过设立有限责任公司的方式，间接控制房产。这样一来，该处房产产生的所有诉讼、赔偿都由其自身承担，无须追偿投资者的自身资产。

以下是这种方式的图解，以帮助你理解：

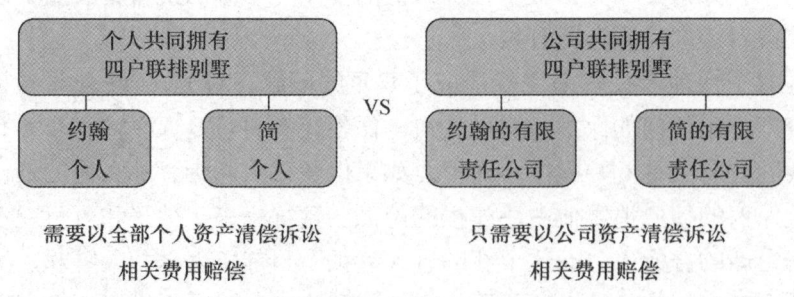

图19-1　"个人共同拥有"与"公司共同拥有"的区别

我无意中泄露了一个小秘密（有限责任公司对于房地产投资来说是非常好的公司组织形式），我相信你们中的大多数人早就了解这一点了。不过，我们还是要在学习资产保护之前看看哪些事情是要尽量避免的。

准则三：不要以 C 类公司的形式持有房地产

如果有员工建议你这样做，立马把他开除。

把房地产的产权归在 C 类公司名下是最失败的做法。其实 C 类公司有着其自身的优势（在我所著的富爸爸丛书《自己开公司》当中已有详细介绍），但对于房地产投资来说，它也有着极大的缺点，用一个字来描述就是"税"。

你或许也知道，C 类公司需要缴纳双重的税款。你不仅需要缴纳企业所得税，还需要在红利分发给股东的时候再缴一次税。而如果公司是S类公司、有限责任公司或是有限合伙制公司，则总共只需要按照现金流量计税法单缴一次就全结了。下面的这张图就形象地表明了双重征税和现金流量计税的区别。

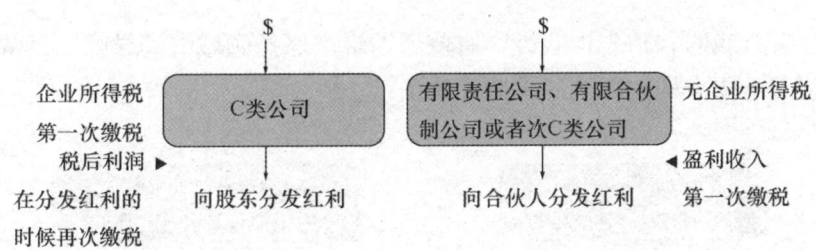

图 19-2　双重征税与现金流量计税的区别

那么，当你将房地产出手并取得了盈利之后，该如何纳税呢？只会缴纳更多的税。

假设你通过房产的长期投资（持有超过一年）获得了 50 万美元的浮盈，让我们分别计算两种情况下分别应缴纳的税款。

如下图所示，如果你的公司采用 C 类公司的组织形式，你就需要向联邦政府缴纳高达 144 500 美元的税款。政府希望你采用 C 类公司吗？当然！但如果你计划以 C 类公司的身份进军房地产，有投资者愿意与你合作吗？当然不可能了！他们反而会认为你对地产投资一无所知。同时，还要远离那些建议你为房地产生意成立 C 类公司的"专家"们。他们不知道这些错误的建议和决定会在未来给你带来多大的危害。

```
C类公司
$500 000      税前利润
-170 000      减去34%的企业所得税（大公司税率为35%）
$330 000
-49 500       分发红利时减去15%的个人所得税
$280 500      税后利润


有限责任公司
$500 000      税前利润
-75 000       减去15%的资本利得税
$425 000      税后利润
```

图19-3　两类公司的税款计算方法

小贴士　为了你自身的利益，千万要远离那些建议你采用 C 类公司的"专家"。

经常有我的客户告诉我说，有些所谓资产保护领域的"导师"经常建议他们按照下图来构建自己的房地产体系：

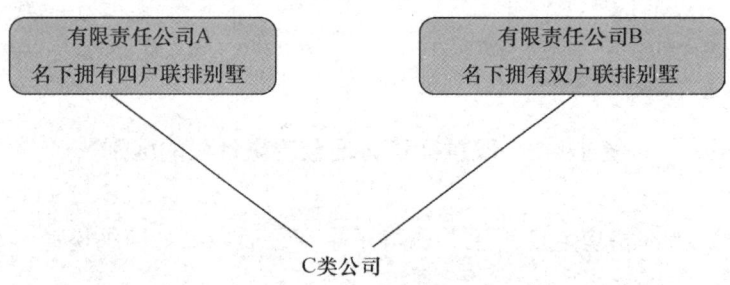

图19-4　构建房地产体系的模式

实际上，也就是分别设立两个独立的有限责任公司分别控制这两处不同的房产。同时再设立第三家公司，也就是一家 C 类公司作为母公司。"导师"会阐述说，这样一来，你就能享受到所有的税收减免政策了。但问题在于，作为一家 C 类公司，母公司从子公司获取的利润还是要缴纳双倍的税款，税收负担并没有因此减轻。

如果你非要在自己的组织架构中采用C类公司（先要警惕那些盲目夸大C类公司优点的鼓吹者），下面是一种可供参考的方法：

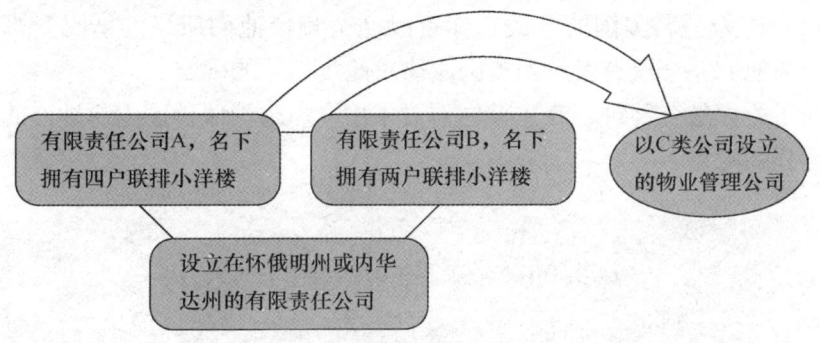

图 19-5　可供参考的房地产体系模式

在上图所示的架构中，直接拥有房产产权的有限责任公司（子公司）从属于怀俄明州或内华达州的有限责任公司（母公司）。因而，整体只需要缴纳一次流转税即可。对于那些希望利用C类公司的税前抵扣政策获得好处的人来说，只需要再设立一家物业管理公司（C类公司）并由那两家直接拥有房屋产权的公司向其缴纳管理费即可。这样一来就两全其美了。但说到底，你会发现C类公司并不直接拥有房屋的产权。这么做完全是为了避免它带来的双重征税情况。

还要注意的一点是，千万别被那些说客忽悠而设立过多的公司。物业管理公司的确可以在你房产拥有大量收入的情况下帮你避税。但在刚开始的时候，你真的那么需要它吗？我想答案是否定的。所以，一定要当心那些只为自己利益着想，却并不设身处地为你考虑的"专家"的建议。

准则四：离岸公司无法有效地保护国内的房地产资产

大忽悠们都跟你说什么了？

说到这儿，你也应该发现了——在我的文章中我总是警告人们要提防那些狡猾的"鼓吹者"和"专家"们，慎重考虑他们提出的建议。其中最极端的就是以离岸公司作为自己的卖点。他们宣称自己可以为你取得最优惠的税收政策，并可以完全保证你的隐私。他们的言下之意也就是：美国现行的法律和政策是与他们提出的优惠背道而驰的。不过，这些所谓的离岸公司大多设立在加勒比群岛的某个小岛屿上，或是欧洲的某个小国。美国政府无法监管他们，所以他们当然可以怎么说都行了。

但是作为一名美国的公民，你可以完全相信他们所说的话吗？当然不行。因为他们完全没有考虑到美国法律对此类事件的规定。

为了给你敲个警钟，我先带你看看采用离岸公司保护国内房地产的结果是什么样的吧！

真实的故事：约翰糟糕的一天

约翰是加利福尼亚的一名医生。他工作很努力，并依法缴税。他在罗斯维尔市拥有一栋共有20户的小型单元楼的全部产权。他很满足于这处房产给他带来的收入。但是，约翰的房产每年缴纳的高额税款使得他开始考虑采用设立离岸公司的方法避税。

一位来自加勒比群岛内维斯岛的"专家"在约翰的家乡组织了一场专门面向医生和牙医的研讨会。这个人在台前展示了自己的资产保护理论和极高的专业学历。然而，无论是他的理论还是学校，约翰都从没听说过。在会上，他还向人们介绍了如何利用他的"内维斯架构"实现天衣无缝的资产保护目的。这位"专家"还承诺，如果使用了他的方法，约翰不仅可以完全维护自己的隐私，还能节约大笔的税款。他的方法大致如下：

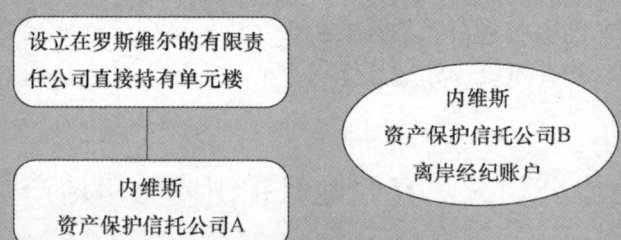

图19-6　内维斯架构

这位"专家"指出，在这种体系下，约翰无须缴纳任何税款。因为直接持有房产的有限责任公司是内维斯信托公司A的子公司，所有利润都可以转移去离岸的母公司而国内的有限责任公司账面利润则显示为零。他还宣称，采用了这样的组织形式之后，就完全没有必要为房屋上任何保险，因为这种结构已经固若金汤了。之后，将约翰的投资账户也转去海外的信托公司B，房产的相关盈利就可以避开美联邦还有加利福尼亚的税务机构直接进入约翰的账户中。而约翰要做的，只是缴纳每年3 000美元的服务费，将内维斯的信托基金账户和自己美国国内的账户连通起来。

约翰按照他说的建议，缴纳了2.5万美元搭建好了整个架构。果然，第一年的效果非常好，有了离岸公司之后约翰一分钱的税款都没有缴。他自己还纳闷说有这么好的办法怎么别人却不用呢？后来有一天，问题出现了。他被自己的一名病人以玩忽职守罪告上了法庭。祸不单行，还有一名他的租客当天从房上摔了下来。

当租客提交了诉讼请求之后，约翰告诉这位原告，他的房屋根本没有上任何保险。而当原告的律师表明了自己会坚持起诉之后，约翰平静地告诉他这处房产归属于离岸的信托公司，所以不受美国法律监管。

听到这儿，原告律师大笑起来，还让约翰去找一名国内的律师咨询一下这个状况。当约翰咨询过国内的律师之后，得出了一个残酷的事实：离岸公司无法为美国的房地产资产提供庇护。由于这栋单元楼位于加利福尼亚州，当地法院具有对其的审判权。这一条法律适用于全美的50个州。租客可以在当地法院对直接拥有房产的有限责任公司提起诉讼，并在其未办理保险的情况下提请法院以该处房产的净资产赔偿损失。这么一来，所谓海外母公司的保护就全成了一纸空谈。

约翰还跟他的新律师谈了"玩忽职守"的案子。此案是对于约翰个人的诉讼，所以他觉得这不会跟自己的房产扯上任何关系。因为那些资产全部是由海外的母公司拥有的。正当此时，不幸的消息又一次来临了。

律师向约翰解释说，只要约翰按照国家的海外企业税收制度申报了自己的情况，债权人就可以很轻易地查到约翰拥有的全部资产和公司。

约翰对此表示了怀疑。因为之前的那个专家信誓旦旦地说过，这个结构是固若金汤且完全保密的，甚至不需要向税务部门申报任何的情况。律师见过太多类似的欺诈案件了，所以他给约翰列出了有关税务申报的一系列法律条文：

表 19-1 有关税务申报的法律条文

税法规定	税法章节
美国公民必须向税务部门报告所有向海外信托公司转移资产的行为	第 6048 条和第 1494 条
美国公民拥有的海外信托公司必须报税务部门备案，并按照 3520-A 的纳税申报表申报纳税。否则将被处以相当于海外资产5%的年度罚金	第 671～679 条
美国公民应向税务部门申报所有来自海外公司的股利分红（免税的及应纳税的部分均包含在内）。如有违反则需按其分红金额处以35%的罚金	第 6677（a）条
美国公民持有海外信托公司，必须指定一家国内中介，以便税务部门监察监管业务及资金来往情况	第 7602～7604 条

约翰这才意识到那位所谓的"专家"都是骗人的。基于税务局的规定，海外离岸公司根本就不可能带来所谓的隐私和税收减免，更不用说固若金汤的保障了。在新律师的帮助下，约翰清理了自己所有的海外公司，并向税务部门支付了高额的罚金和费用。而约翰之前付给那位内维斯"专家"的2.5万美元也就此打了水漂。除了一堆无用的理论和文件外，约翰一无所得。

小贴士 设立离岸公司的方法对国内的房地产来说毫无意义。

准则五：生前信托也不能保护你的资产

你能不能别再听那些人胡说八道了？

你们一定看到过很多宣扬生前信托的广告了，而他们长久不变的噱头之一就是说生前信托具备保护你个人资产的功能。

我首先得肯定生前信托的众多优点，但同时我要告诉你的是，它根本无法保障你的资产安全。

还是让我们详细地说一说吧！

对于房地产规划来说，生前信托最大的作用在于避免遗嘱检验带来的麻烦。这么说吧！如果你只有一纸遗嘱，甚至连遗嘱都没有的话，当你去世之后你的资产分配方案就会由地方法院检验并执行。检验的过程复杂，且耗时长久。在此过程中，由于你的资产状况被公开了，那么公众就能看到你的所有资产，从而引发一些不必要的麻烦。

同时，办理遗嘱检验案件的律师费也非常高。举个例子，如果价值1亿美元的房产通过遗嘱检验程序进行分配，律师费就高达2.3万美元。裁决后的执行人也要收取相同的费用。这笔费用完全是基于房屋总价来计算的，其附带的未偿清贷款金额不计入计算费用的范围内。

解决这类问题的办法就是设立一个生前信托。简单来说，就是指定一个财产分配人（通常为在世的配偶或家庭成员），在你去世后无须通过法院的核准或裁决即可分配你的资产。花在生前信托上的几千美元就可以轻松地避免遗嘱检验的诸多烦琐问题和高昂费用。

生前信托有很多种类。同时，它还是一类可废止的信托方式。这也就是说你可以在任何时候更改具体条款。但这也意味着，它并不能带给你的资产任何的保护。也正由于你能很轻易地对其进行更改，你的债权人也就能在取得法院的裁决书之后要求对你的生前信托资产进行追偿。

尽管生前信托根本无法兑现那些销售员们口中"资产保护"的承诺，但每当懂行的人对这点表示出怀疑时，他们会立马跟你玩起文字游戏，告诉你他们"保护"的结果是让你免于暴露在公众视线之下。这点的确没错。不过，就如同涂了防晒霜再做太阳浴与彻底避免日照的性质完全不同一样，维护资产安全和免于公之于众之间还是有着根本区别的。单是按照老套路走，你还是无法实现保护资产的愿望。

真实的故事：马里奥的失误

我有一位名叫马里奥的客户，他在将自己的全部资产——自用房产、对外出租的四户联排小洋楼还有一个大额的投资账户——全部投入了自己的生前信托当中。这一信托的原名叫做T.马里奥及卡门·O.桑切斯可撤销信托，始建于2004年6月10日，并向联邦税务部门进行了备案。后来，美邦公司的经纪人接管了这一信托，并沿用了它原先的名字。

马里奥说，他在一个研讨会上认识了那个帮他建立起生前信托的"专家"。这个"专家"还向他保证说，他的资产能够得到完全的保护。但他刚刚接到了法院的传票，因为他的一名房客从小洋楼上摔了下来，

> 并要求他对此进行赔偿。对于这个案子,他想听听其他人的意见,所以找到了我。
>
> 我很遗憾地告诉马里奥,他的资产完全没有得到保护。虽然他将所有的房产都转至了生前信托的名下,但他全部的资产仍然完全暴露在这名租客的受偿范围之下。
>
> 而当马里奥问我他是否能够重新建立一个保障更为完备的资产结构时,我都不知道该如何告诉他了。因为为时已晚了。一旦你接到了法院的传票,甚至是有人威胁要告你时,临时抱佛脚则已经太迟了。

还有一个问题是我经常被问到的,即如何才能将生前信托避免遗嘱检验的优点最好地运用于资产保护当中呢?答案其实也很简单。如图19-7所示,只需要先成立有限责任公司直接拥有房产。这样,你的房产就有了保护伞。同时,建立你的生前信托,并通过其持有有限责任公司的部分股权。这样一来,如果在马里奥和卡门都过世了,生前信托的文件也可以在不用法院介入的情况下指明由谁来继承他们的资产。这样一来,你也同时避免了遗嘱检验的繁琐程序。

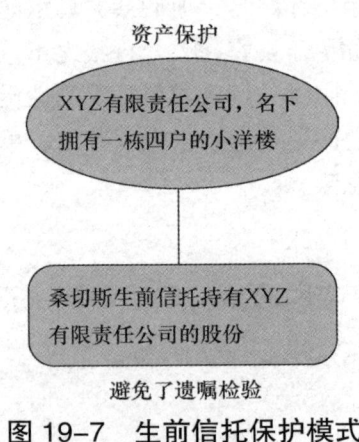

图19-7　生前信托保护模式

小贴士　你无法靠有限责任公司避免遗嘱检验,你也不能依靠生前信托实现资产保护,但巧妙地结合二者则能同时实现这两个目标。

有限责任公司和生前信托相结合可以实现互补的效果。你无法靠有限责任公司避免遗嘱检验,你也不能依靠生前信托实现资产保护,但巧妙地结合二者则能同时实现这两个目标。

准则六：土地信托可以保证你的隐私但无法保证资产安全

为什么隐私总是不够呢？

就像生前信托无法提供对资产的保护一样，土地信托也没有这个功效。事实上，土地信托与生前信托一样，都是将自己的资产委托给受托人并收取回报的一个过程。

按照"专家"们的话来说，土地信托最大的好处就是隐秘性。通过委托受托人管理资产，你的名字就可以免于在那些公共记录上出现。而现今，正是一个注重隐秘性的年代。但它还是不能与"资产保护"画上等号。

想要了解为什么土地信托不能保护资产安全，最重要的是要弄清楚它的原理。

如图 19-8 所示，乔是土地信托的受托人，而简是委托人，也就是受益人。不过，简的名字不会出现在公共档案的任何地方。这样一来，她的隐私就得到了保护。

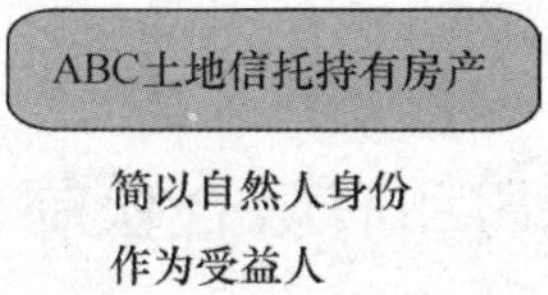

```
       ABC土地信托持有房产
       简以自然人身份
       作为受益人
```

图 19-8　土地信托保护模式

但土地信托跟其他信托方式一样，无法保护简。如果发生了针对她房产的诉讼，那么简还是要作为受益人接受债权人的债务追偿。如果简是以个人作为受益人，那么债权人可以就宣判结果对她的全部资产进行追偿。

基于这种情况，可以通过两种方法来解决。在例一中，我们将受益人换成了一家有限责任公司。

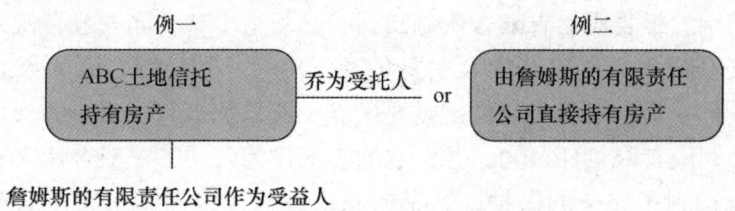

图 19-9　解决方案

这样一来，之前提到的那类诉讼追偿的受益人就变成了一家有限责任公司。詹姆斯的个人资产也就得到了保护。

当然，采用这种方法需要牵扯到两个实体——一家土地信托和一家有限责任公司，并且还要每年付给受托人一笔服务费。其实，就像例二所示的，简单地建立起一家有限责任公司就完全可以达到这个目的。如果你那么在意隐私的问题，你完全可以用公司经理的名字代替你自己的名字。这样不是更简单？

小贴士　如果你很在意隐私的问题，你完全可以用公司经理的名字代替你自己的名字。

如果你很在意隐私的问题，你完全可以让公司经理的名字出现，而非你自己的名字。我们公司对这项服务的收费是每年650美元，在业界算是中等的价位。这样一来，无须成立土地信托，你也能实现资产保护和隐私保密的双重目的了。

准则七：有限责任公司和有限合伙制公司是资产保护的绝佳选择

没事儿别往自己身上揽责任。

说到第七条，终于有点好东西出现了。不过，就像我之前所说的，现在的虚假信息太泛滥了，所以我有必要在一开始先驱散这些重重的迷雾和谎言。既然驱散工作已经完毕了，我可以首先告诉你的是：有限责任公司和有限合伙制公司可以通过"追索顺序"实现对资产的保护。

在了解追索顺序之前，我得先向你介绍一下有限责任公司和有限合伙制公司的区别。想要成立有限合伙制公司，必须至少有一名一般合伙人和一名有限责任合伙人。一般合伙人主要负责公司的日常经营，而如果想要将其的无限责任变为有限责任，你就需要设立一家只承担有限责任的公司——一家股份公司或有限责任公司，并以它的名义作为公司的一般合伙人。这样一来，你就得到了完全的保护。这里的重点是，你会拥有两家不同形式的公司：第一，有限合伙制公司；第二，作为其一般合伙人的股份公司或有限责任公司。而如果直接成立有限责任公司，就可以免去这所有的麻烦。虽然有限合伙制公司也有着独特的优点。不过，为了陈述方便，我们下面将会用有限责任公司为例子进行讲述。

当谈到保护房地产资产的时候，我们必须首先对不同性质的"威胁"作出区分。下面的这张图可以辅助你的理解：

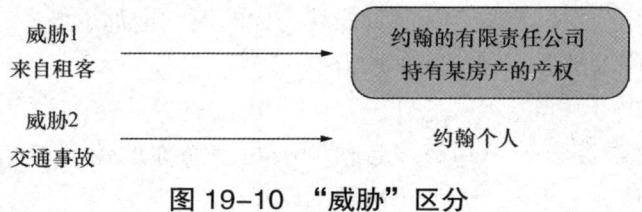

图 19-10 "威胁"区分

在威胁 1 中，租客就房屋失修的楼梯对有限责任公司进行起诉。如果他胜诉了，租客便可以要求就裁定的宣判赔偿结果向有限责任公司的全部资产进行追偿。

那你可能要问了，如果我们没有设立有限责任公司，租客不是还能追偿这处房产的所有资产吗？实际上，如果没有有限责任公司，租客便可以对约翰的全部个人资产进行债务追偿，包括他的自住房、银行存款及拥有的一切。有限责任公司将这一处房产单独圈了起来，从而保护了你其他的资产免于受牵连。

在威胁 2 中，约翰出了交通事故，并且事故本是属于保险公司免赔的部分。这样一来，债权人（法庭上胜诉的一方，假设名叫内特吧！）就会对约翰提出赔偿请求。但由于约翰的交通事故与他的房产根本无关，内特无法直接起诉约翰的有限责任公司，他只能追索约翰在有限责任公司中的股东利益。

这就是我们所说的"追索顺序"的作用了。追索顺序的规定避免了内特直接占有约翰所持公司股权的可能。如果他可以这样做的话，他就能卖掉约翰的房产，从而得到赔偿。（需要注意的是，这种情况如果换做是股份公司，情况可就不同了。胜诉的乙方可以依据法院裁决获得败诉方的股份公司权益。至今为止，内华达州是唯一将"追索顺序"的保护功能适用于股东为 2 至 75 人的股份公司上的一个州。）

不过，"追偿顺序"的规定使得内特可以获得约翰的股东权益，也就是红利。

但是，如果公司不进行分红，又会怎样呢？他什么也得不到，只能等。如果公司真的赚到了钱，产生了纳税的义务，但公司还是没有分红的话会怎么样呢？这被称为"虚幻收入"，对债权人来说是最惨的一种情况。在这种情况下，内特需要承担约翰的义务，所以他就得为虚幻的收入缴纳相应的税款。

大多数人都不想为这种情况所困，所以，合理地运用有限责任公司和有限合伙制公司的特点就可以为你在法律诉讼过程中获得很足的底气。想是没有什么人愿意为了一场即使胜诉也入不敷出的官司而与你对簿公堂吧！所以，有限责任公司和有限合伙制公司就为你的谈判增加了很多的筹码，并可以使你免于陷入那些不必要的麻烦当中。

小贴士 有限责任公司和有限合伙制公司就为你的谈判增加了很多的筹码，并可以使你免于陷入那些不必要的麻烦当中。

对于追索顺序的规定，每个州的法律都各不相同。内华达州和怀俄明州的法律最为严格。在这两个州，债权人必须严格遵守追索顺序的规定要求赔偿。加利福尼亚州的规定相对来讲是最松的。有两个加利福尼亚州的地方法院允许债权人通过出售有限责任公司及有限合伙制公司的资产来兑现自己的债权。

所以，如果你想要在加利福尼亚州或其他对追索顺序规定不严的州购置房产，你可以选择以内华达州或是怀俄明州为注册地成立有限责任公司或有限合伙制公司，以其名义进行收购。当然，之前要通过房产所在地的核准。举例来说，你需要准备怀俄明州的公司材料，连同相应的费用一起交至加利福尼亚州的政府机构。按正常情况来说，你的申请都会得到批准。

这样一来，你也就得到了法律的保护。这样一来，当你遇到例二所述的起诉时，你就可以要求按照怀俄明州或内华达州的法律而不是加利福尼亚的法律进行裁决。这样一来，案件的原告就要雇佣一名怀俄明州或内华达州的律师来处理这起诉讼案，从而给自己带来不小的麻烦。这也就是你所需要的：让那些爱找麻烦的人不敢轻易对你下手。

想要了解这方面的更多信息，请参阅我的《如何利用有限责任公司和有限合伙制公司》一书（成功DNA出版社，2009）。

准则八：资产分离是个好办法

别把鸡蛋放在一个篮子里。

既然我们也了解了有限责任公司和有限合伙制公司是绝佳的持有、保护房地产的形式,问题也就随之而来了:每个公司名下放几处房产最合适呢?

这是你自己的选择了。但我们还是可以分几种情况来对比一下。让我们拿拥有12处房产的利兹来举例说明吧。

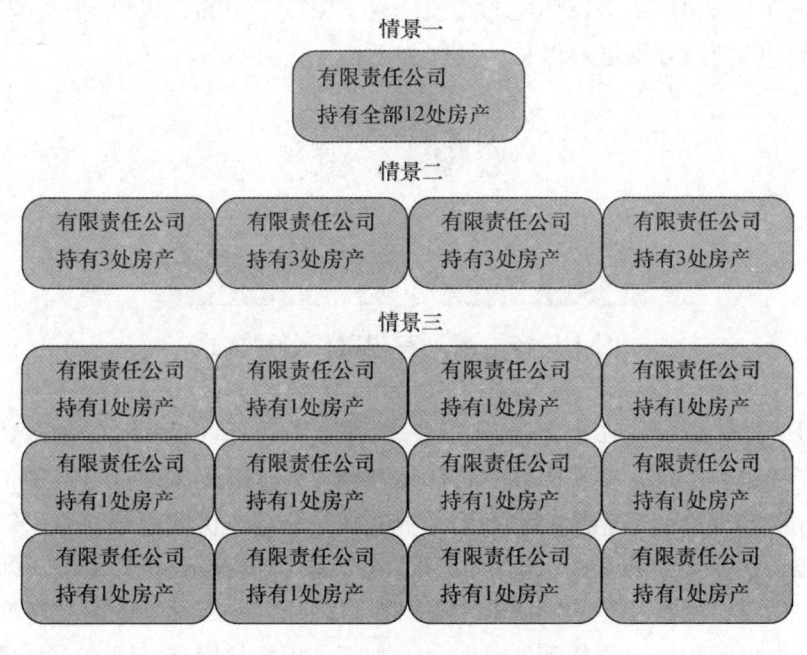

图19-11 持有房产的情景模式

在情景一当中,如果租客起诉某一处房产的问题,其他的11处房产都会被当做债务追偿的对象。在情景二当中,当任意一处房产被起诉时,与之相连的两处其他房产会受到牵连。当然了,换成了第三种情景,任意一处房产都是独立的,任何对其的诉讼都不会对其他房产构成影响。

我从不会建议我的客户将所有的地产都归在同一家有限责任公司旗下。因为如果这样,你的有限责任公司就成了一只大肥羊,从而成为很多饿狼垂涎的对象。所以按照我的建议,我的很多客户都选择了第二和第三种形式安置自己的房产。显而易见,第三种形式是实现保护的最佳方式。因为所有的房产都相互独立,从而有效地避免了因其他房产的法律纠纷带来的困扰。

但我的一些客户并不想为了建立12家公司而负担大量的公司的开办费及每年的管理费。就以加利福尼亚州为例,每家公司的管理费就是每年800美元,12家公司也就是每年9 600美元。这实在是有点高了。所以,设立4家公司算是一个不错的选择。说到底,这全由你自己决定。不过我需要重申一下，你每家公司旗下的地产越少，他们的安全系数也就越高。

正因为存在上述的问题，一种旨在减少公司数量的有限责任公司新形式正在被推到幕前。这种新公司的名字叫做"系列有限责任公司"。但我个人对这种新的公司形式保留怀疑的态度。它试图以下图的方式将同一有限责任公司旗下的资产分别进行保护，具体如下：

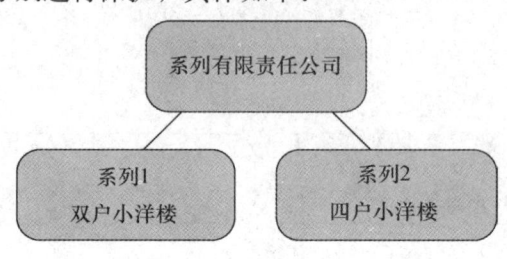

图 19-12　系列有限责任公司模式

设立这种公司的初衷在于设立一家有限责任公司，但同时保护两处不同的地产。也就是说，实现内部的责任相互独立。这样一来，针对系列1的双户小洋楼的诉讼就不能影响到系列2中的四户小楼。但问题是，这一理论并没有相关法律文件的支持，也从未有过这类案件的判决先例。所以，即使对于法院来说，进行相应的判决都存在难度。是否同一公司下的两处房产可以相互独立地承担法律责任而同时对另一方不产生任何影响？还有，如果一处房产倒闭了又该怎么办？这样一来另一处房产能够得到有效的保护吗？没人知道。

加利福尼亚的税务部门自有他们的观点。如果你以同一家有限责任公司拥有两处房产，并将其归于不同系列，他们会就每一个系列向你征收800美元的管理费。这就与开办两家独立的有限责任公司变得没什么差别了。

当然了，设立两家独立的有限责任公司让人放心。这总比盼着法院某天神奇地承认同一实体下两系列的独立性来的安稳的多。

小贴士　远离那些建议你开办系列有限责任公司的"专家"们。

有意思的是，美国律师协会曾经召集全美最优秀的律师来一同探讨有限责任公司的发展。在谈到系列有限责任公司的时候，他们都委婉地表达了对这一公司形式的不看好。所以，还是远离那些建议你开办系列有限责任公司的"专家"们吧！

准则九：将产权转至你的企业名下

你还有什么更好的办法吗？

好了，现在你已经将资产保护的架构搭了起来。你还需要按照国家的规定进行备案。你得将公司的业务范围和种类上报政府，并取得批准。你还得做好首次股东大会的会议记录，列明股东成员及其分别持有的股份比例。同时，将所有重要的文件都收归一处，妥善保管。

你要记住，如果上述的任何一步没有做好的话，你都还不算准备好了。千万别相信那些自称收费 99 美元就能帮你打理好一切的骗子的话。我们公司对此的标准收费是 695 美元（如果通过富爸爸公司订购还能打个折扣）。我们会根据你的自身情况帮你处理好所有公司开办需要的公文，并提供全程的电话咨询服务。这样一来，你就能确保一切事情都在顺利进行。

小贴士 当你搭建起了资产保护的框架，接下来的一步就是把你的房产产权转入有限责任公司名下。

既然我们已经作好了所有的准备，那么接下来该怎么办呢？

虽然你的资产保护框架已经搭建好，但你的房产还是没有受到完全的保护。因为还有一件事情要做：将你的房产产权转入有限责任公司名下。

你必须准备一份授权书，将你个人名下的房产转至公司名下。在这个过程中，相信你会相应地提出这样几个疑问：

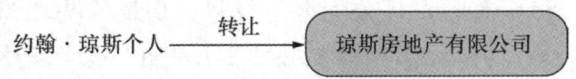

图 19-13 产权转让

首先，这样的转让行为需要缴税吗？国税局是否会就这一行为要求我缴纳税款？答案是否定的。因为这不是房地产销售行为——你并没有通过这一交易获取任何的收入。再说了，这是转让行为，只是说从个人名下转去了你完全控股的有限责任公司名下，不过是左手到右手的过程而已。

这处房产在计入有限责任公司资产的时候，按照最初的成本计账。从会计和税法的角度来讲，都没有产生任何的增值。举个例子，如果你当初花了25万美元购买了这栋四户小洋楼，那么它被计入有限责任公司账中的时候账面价值也是25万美元。这桩交易并没有为谁带来任何的收益。这么一来，就谈不上由收益带来的所得税的问题了。

如果约翰·琼斯的公司——琼斯房地产公司有新的股东加入，无论发生在资产转移之前或之后，就会有注水的问题了。所以，在考虑吸引投资合作伙伴之前，先咨询一下你的专业顾问，并将可能的变数考虑在内。

接下来的问题就是：难道不会有财产转移税吗？答案是：看情况而定。

财产转移税是基于转移资产的金额征收的税款，各州的条例均不相同。很多州都有免征财产所得税的特殊条件。如果你是将房产从个人名下转至你的有限责任公司名下，便无需缴纳税款。具体情况你还是要咨询本地的税务顾问以了解当地的政策。

另外的一些州则相对狡猾。在内华达州，当房产从个人名下转至有限责任公司名下的过程无需缴税。但反过来，转回个人名下的时候则需要缴纳财产转移税。这种转回情况时有发生。因为有的时候，当你以自己的房产作抵押融资时，出资人会希望你将抵押房产放在个人的名下。如果你拒绝了他们的这个要求，他们就会以房产归于公司名下不安全为由与你争辩。这完全是胡说八道。即使房产的产权属于有限责任公司，出资人也还是能获得对房产资产的第一追偿权。这跟房产在不在你名下完全没有关系，在两种情况下他都能获得应有的保护。所以，试着去找那些懂行的出资人吧！你肯定是能找到的。

有一个州的财产转移税非常低：宾夕法尼亚州。宾夕法尼亚仅仅收取相当于房屋总价2%的财产转移税。所以，如果你将一处总价100万美元的房产从个人名下转移至有限责任公司名下（假设房款的头款为5万美元，另95万美元为银行贷款），你仍然需要缴纳2万美元的财产转移税（100万美元的2%）。我的天哪！这也太高了。

如此看来，最好的办法就是在购买房产之初就将房屋产权归于有限责任公司的名下。这么一来，就省去了财产转移的麻烦，从而也就避免了资产转移带来的税的麻烦。而且，你也总能找得到愿意接受公司房产作为抵押的贷款出资人。你还可以登录LLCLoan.com的网站了解更多的相关信息。

说到银行和其他融资对象，接下来的问题就是：如果我将房产的产权进行了转移，他们会向我讨回贷款吗？在与我的客户交流的过程中，我发现有很多出资人都对借款人将抵押房产产权转移至公司名下的行为表示不满。在他们固有的思维中，他们会觉得你是在转移并藏匿抵押资产，从而逃避他们对于抵押资产的权利。当然了，我们之前就提到过。如果他们有你的个人担保，并对抵押的房地产资产有第一受偿权，无论房产是在你个人名下还是公司名下，他们的利益都能得到有效的保护。

但大多的借款人还是无法理解如此简单的道理。他们会将其看做是一种房产销售行为，要求以抵押合同中的相关条款要求你清偿所有的贷款。事实情况是，你并没有出售行为。你只是将它从左手转移到了右手。

那么在这种情况下，你该怎么办呢？

我的经验是这样的：如果你事先向出资方表明转移产权的想法，请求他们的同意，他们多半会拒绝你的要求。但如果你先斩后奏，转移了资产之后再对他们说一句"对不起"，那你就能避免冗长烦琐且毫无意义的争论。在我处理过的案件当中，从没有一个出资人因此向我的客户提前要求债务清偿。你会成为第一人吗？我也不知道。但只要你往后按月偿付应偿款项，他们很可能就不再提这件事儿了。因为他们自己也不想沾上麻烦。何况你还每个月都按时向他们还款呢。即使万分之一的可能性发生了，他们要求你立即清偿所有的债务，你还是有退路：找一家愿意为公司名下的房产提供抵押贷款的出资人就好了。千万别觉得他们追偿了所有的贷款，你就会失去自己的房产。

可能你还是会对这种事儿有些担心。这是正常的。如果你愿意花点小钱，你还有别的办法。

联邦的法律规定，出资人无权阻止你将房产从个人名下转移至你的生前信托名下。土地信托也是一样的。所以你先将房产转入生前信托当中，接下来就能一步步达到你的目的了。

我所说的"小钱"是土地信托的相关费用。我们公司对此类的文案工作收取395美金的费用。其他的公司可能报价还低。不过要记住，土地信托和生前信托都不能保护你的资产安全。所以，当你的房产转移去土地信托当中之后，你还需要成立一家有限责任公司，并将LLC指定为土地信托的受益人。

当产权通过这种方式转移之后，你就能避开那些无理的出资人的干扰，并得到资产的保护。

当你转移产权的时候，唯一要注意的一方就是保险公司。你必须将产权的所有人从个人变更为有限责任公司。不然的话，看似和善的保险公司就会申诉说他们保障的是你个人，而非你的有限责任公司，并以此拒绝承担房产发生的任何问题。其实他们心里也清楚，在你转移产权的时候，连出资方都没有异议。所以被保险人随之变更，其实是顺其自然的一件事儿。

最后一个问题，就是在转移产权的过程中为什么采用转让契约而不是放弃索偿契约。实际上，放弃索偿契约强调的是你将契约中列明的可能拥有的物品所有权转移至另一方，而转让契约则更清晰完整地表明了权利的转移。既然你是在进行资产的内部转移，还是采用转让契约吧！这样一来，转让程序就能变得更为清晰明确了。

准则十：不要设立过多的公司

听我的，千万别受那些"专家"们的鼓动。

还记得几年之前，我参加了一个旧金山的房地产大会。在会上，我做了题为"不要过分追求公司数量"的演讲。有一位女士在我讲演完毕之后主动走近我，给我讲了她的故事。结果，我被她的故事惊呆了。

当时，简正在考虑自己的第一笔房地产投资：一栋双户联排小洋楼。在此之前，她参加了一个自称地产保护专家的人主讲的房地产研讨会。这个研讨会是由当地的一个房地产机构赞助的。她认为，这个机构选中的专家一定是非常可信。这个所谓的"专家"告诉她，应该采用如下的公司架构实现对房地产的保护，如图19-14所示。

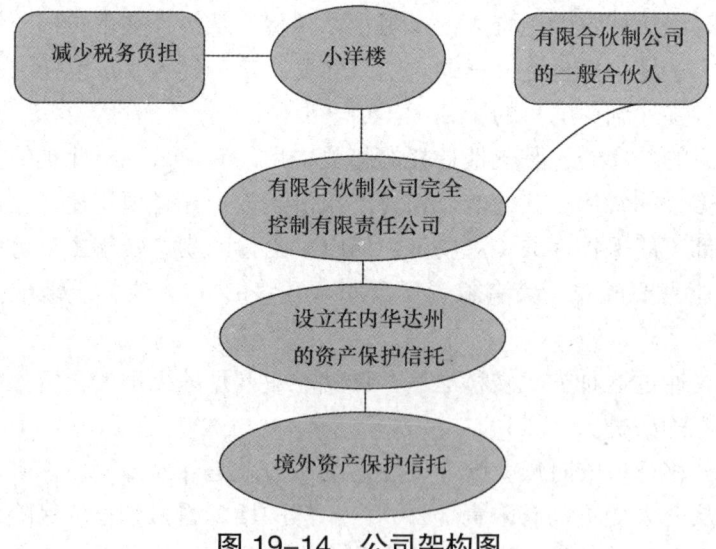

图 19-14　公司架构图

简告诉我，那个人告诉她，想要实现对房产的保护必须要：

1．需要一家有限合伙制公司完全控制她的有限责任公司。然后，由一家内华达州的资产保护信托和一家离岸资产保护信托作为有限合伙制公司的母公司和母母公司。这样一来，她的资产就可以受到多重的保护了。

2．设立一家 S 类公司，以一般合伙人的身份管理有限合伙制公司，从而实现资产保护的目的。

3．设立一家 C 类物业管理公司，运营有限责任公司的房产。

设立这一系列公司，总共需要花费 2 万美元。同时，这些公司每年需要交纳的管理费高达 5 千美元以上。简在交完这一大笔钱之后，连分期付款的钱都没有了。当时她都急疯了。

我告诉了她事情的真相。她白白浪费了太多的钱。那个所谓"专家"的话都是骗人的。这些繁冗的组织结构并没有给她的资产带来任何保护。如果你都还没有开始盈利，那么根本不需要一家 C 类公司来帮你节税。他建议简采用这个复杂的架构，完全是出于自身利益的考虑，而根本没有为简的实际情况着想。简问我说，如果想要实现对自己房产的保护，怎么做好。我花了 5 秒钟给她画了一张"公司结构图"：

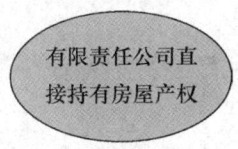

图 19–15　公司结构图

简大吃一惊。她问我这样一个骗子怎么能赢得当地房地产机构的认可，从而公然地推销起自己的荒谬理论。我告诉她，这个行业有一些潜规则。组织研讨会的房地产机构往往会与那些"专家"对半平分收取的服务费。正是由于背后的利益驱动，他们才会组织策划这样的研讨会，并在会上帮助"专家"们推销他们所谓的优质方案。在简的例子中，当地的房地产机构很有可能得到了 1 万美元利润。

简粗略地计算了一下，当场就有差不多 15 个人签订了合同。因此，活动组织者差不多直接就有 15 万美元的入账。她非常愤怒，并对组织者的行为感到不齿。她当即发誓再也不做房地产的投资了。我还试着安抚她，不过一点儿都没起作用。她的这段糟糕经历让她对房地产投资彻底失去了信心。

千万别让简的悲剧在你身上重演。房地产是通往财富之路的绝佳选择之一，但是你同时也要作好充足的心理准备。因为这条路上荆棘丛生、困难不断。

> ### 重要提示
>
> - 批判性地思考问题。
> - 判断所谓"专家"是真是假。
> - 思考"专家"提供给你的建议究竟是为你着想还是仅为自身谋利。
> - 保持怀疑精神，按部就班地做好调查工作。
> - 多听多看，千万别一开始就受"优惠折扣"的诱惑而签约。
>
> 记住这些提示，它们能帮你保证自己的利益。

再重申一遍：正如你所见，资产保护非常重要。你需要通过正确的方式保护自己的房地产资产和全部的财产安全。合理地运用公司这种法人形式可以帮你实现这一目标。

记住，资产保护既不复杂也不昂贵。不过你时刻要批判性地思考问题，别让别人牵着鼻子走。

希望你在投资房地产的过程中安安全全，一帆风顺！

20

玻璃弹珠和资本

——韦恩·帕默

韦恩·帕默是一位具有创新意识的房地产投融资专家。他曾经成功利用私人贷款和其他的房地产合同形式,以及1031资产置换条例成功地完成多次投融资交易。身为美国犹他票据有限公司和其他几家公司的经理,韦恩还是注册房地产票据评估师、注册现金流经纪人、专修教育讲师,并被美国地产交易委员会授予资本营销经纪人的称号。

他从1978年就开始从事房地产开发事业,业务遍布犹他州、爱达荷州、亚利桑那州、夏威夷及明尼苏达州。

这本书叫做"房地产投资指南",所以我从现实中选出了那些真实的投资者和投资故事来作为本书的素材。他们与那些只会在课堂里讲课的老师完全不同。韦恩跟其他本书的作者一样,经营着自己的房地产生意。他是我见过最棒的房地产投资人之一,并拥有极强的融资能力。他与其他本书的作者一样,亲身在房地产领域打拼并将自己的经验总结之后传授给其他人,为人们指引了一条通过房地产投资致富的道路。我从不相信那些说一套做一套,还口口声声喊着"相信我"的人们。那些人不是我理想的老师。当然,我也不会请他们来做本书的作者。这本书上尽是真实的人物、真实的房地产投资策略,还有他们成功的故事。

我最欣赏韦恩的一点就是当他遇到问题的时候,会有出人意料的解决方式。当他在进行融资的时候,什么都无法阻挡他活跃的思维。所有的困难只会成为他奇思妙想之前短暂的停顿。

韦恩还是一位优秀的老师。他通过实例和与我实际的合作,教给了我很多东西。我俩也从中得到了共同进步。他总是能把复杂的问题变得简单、通俗易懂,帮助我理解。当我第一次遇见韦恩的时候,我就知道这个人经验丰富。他的一字一句和他的表达方式,都是基于多年的实战,经历了无数的成功和失败的磨炼才得来的。就像老话说的,生活是最好的老师。我想,这也就是为什么本书中韦恩和其他人的文章那么具有说服力的原因所在了。这些真实的故事既有趣又深刻。不过说回来,学习本应该是一件快乐的事情。如果没有了快乐,我才没兴趣学习呢。韦恩的沟通能力也非常出色。他循循善诱,让你对他讲的故事欲罢不能。看完了这一章,你就能体会我说的一切了。

——罗伯特·清崎

在我办公室书桌的正对面放着一个古董罐子,里面装满了玻璃弹珠。我放它在那儿,是为了时刻提醒我资本的重要性。当我还在上小学四年级的时候,我还不知道什么是资本。当然,也不明白资本在商业中的重要作用。当时的我只知道我想和小朋友们玩弹珠。如果我手中没有弹珠的话,他们是不会跟我一起玩的。

我的家庭并不富裕。所以伸手向父母要钱买弹珠是不太现实的。所以我只能寄希望于在生日和圣诞节的时候能够收到长辈送的礼物。除了这两个节日收到的礼物之外,我就只能自己动手做了。我用废木头做过卡车,用树的枝条做过弓箭,还用干草堆过堡垒。但我实在是没办法自己做出玻璃弹珠来。所以每一天我都只能眼巴巴地看着别的男孩子和一些假小子们趴在地上打弹珠。我看着他们玩，并学习着他们的技巧和战术。我渴望加入他们的游戏，甚至想好了赢得比赛的方法。但是，他们从不带我玩。因为我连一颗弹珠都没有。

　　这些玩弹珠的孩子们，每人都有一颗王牌弹珠。所谓"王牌弹珠"，就是各人最喜欢用的那颗弹珠。它的重量一定恰到好处，大小也刚好适合。每个人那满满一袋子的玻璃弹珠里，只有一颗"王牌弹珠"。我明白，如果我能有这么一颗适合自己的"王牌弹珠"，我就能屡战屡胜。

　　"找到自己的王牌弹珠！"就是它了！我突然想起来，在我5岁的时候，我曾经在自己家旁边挖土，只为给自己的玩具车修一条路。当时，我还挖出了一颗白色的玻璃弹珠。对于那时的我来说，这东西一点儿用都没有，所以我又把它给埋起来了。我想，它一定还在那儿。我冲进了工具库，拿了一把铁锹就冲向了埋它的地方。我小心地挖开那片土，然后跪在地上一点一点地翻找。经过几分钟的挖掘工作，我听到"咔哒"一声——铲子碰到了什么东西。当时，我的心都要跳出来了。我无法抑制内心的激动，于是很快地拨开了上层的泥土。就是它了！虽然有点脏，但是我还是找到了这颗滚圆的乳白色玻璃弹珠。

　　那一刻，我的心里别提多开心了。我仿佛一下子看到了自由和希望。我终于可以和其他小朋友们一起玩弹子游戏了！我觉得自己迈入了一个新的纪元，终于可以向别人宣告，自己已经是一个真正的男孩子了。我甚至觉得未来的大门向我大开。我早就准备好要做一个弹珠高手了。这一颗玻璃弹珠成为了我的救命稻草。

　　不过，我高兴了没多久就又悲伤了起来。因为玩弹子游戏就跟打仗一样，总会有输有赢。如果我第一局就把弹珠输掉了怎么办？我还能从哪儿再找一颗新的弹珠来吗？我凭什么认为自己一定可以赢过那些经验丰富的男孩子？如果我输了又该怎么办？我会不会在那些男孩子和女孩子面前大哭起来？他们会怎么看我、讲我？他们要是取笑我，我该怎么办？我愣住了。

　　我攥着玻璃弹珠，意识到自己冒不起这个险。最后，我作出决定：如果我必须要去冒险，我也得挑最小的险去冒。我得找到技术最差的孩子然后跟他玩。因为我之前的几个月都在看其他孩子们玩，所以我知道哪些孩子玩得最好。我会避免在最初就跟他们硬拼。不管他们怎么激我，说我胆小，我也不会因此就去应对那些不可能获胜的挑战。我一开始要做的是慎重地挑选对手，一步步地打好基础。

　　我就这样一直进行着游戏。当我到小学四年级的时候，弹子技术已经有目共睹了。我已经不怕同校内的任何一个同学比试。我还通过自己的努力，赢了满满一大罐的玻璃弹珠。我视它们为珍宝。每一颗弹珠对我来说都有一段回忆，每个弹珠身上都记载着我赢它来的独特故事。我还把我那颗乳白色的"王牌弹珠"放在一个小口袋里，细心保管。其实，它已经不再是我用的最顺手的玻璃弹珠了，但出于感情上的原因，它仍然是我的最爱。

在有些研讨会上，当我问起谁认为自己是资本主义者的时候，几乎所有的人都会举起他们的手。当我接着问他们谁拥有资本的时候，很多手就放下了。想要参与到资本的游戏中，你必须首先拥有或掌控一些资本。就跟我的弹珠一样，资本就是你加入资本游戏的先决条件。因此，富爸爸"现金流"游戏告诉我们，"融资"对任何人来说都是跳出老鼠赛跑游戏的重要技能之一。

小贴士　员工股权计划之父路易斯·凯尔索就曾经说过："我们拥有生存权，就意味着我们拥有获取良好收益的权利。当 90% 的产品和服务都由拥有资本（持有股权）的工人创造的时候，如果你没有资本，那你就不可能获得好的收益。"

罗伯特·清崎在他的富爸爸商学院里也表达过类似的理论，并列出过经济世界的食物链：

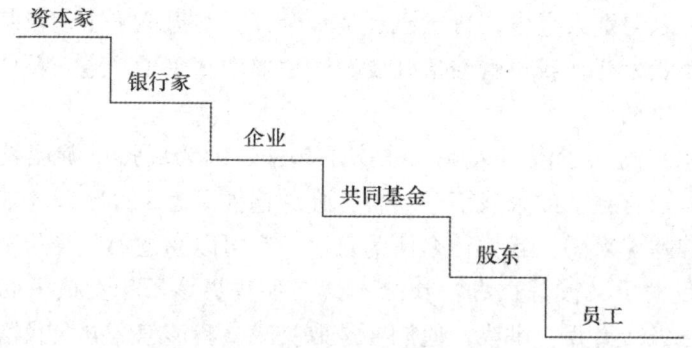

图 20-1　经济世界的食物链

你也许已经发现了，那些付出劳动换取报酬的人生活在食物链的最底层。他们在其他人拿走了大块的回报之后，只获得了一丁点的食物残渣。同时，资本家是在食物链的最高端的，所有人都在为他们服务。资本家投资于企业，他们还控制着绝大部分的财富。最丰厚的利润，最佳的财务杠杆，还有最优惠的税收优惠都向着他们靠拢。但同时，他们也承担着最大的风险。

不过，如果让你选，你会选择当一名员工还是成为资本家呢？

如果单是依靠劳动获得报酬，是很难从食物链的底层向上爬的。如果你继续维持现状，那就永远也逃脱不了老鼠赛跑的困境。那么，获取财务自由的关键在哪儿呢？是所有权、控制权，还是资本？如果你想要成为资本家而非员工，资本就是最关键的一点。资本就是你的"王牌弹珠"。它能帮你发挥杠杆作用，更快地实现财富积累。

那么，那些没有资本的人是如何开始的呢？你又该如何拿到自己的第一颗弹珠呢？

下面就是3种最基本的方式：

第一，储蓄；

第二，借贷；

第三，股权融资。

让我们依次细致地了解一下这3种方法吧！

储蓄

通过储蓄积累初始资本是一条漫长的路。但历史证明，这是一条可行之路。乔治·S.克拉森在他的经典著作《巴比伦最富有的人》当中就描述了主人公是如何过着节俭的生活，进行储蓄，从一个雇员（E）变成自营小业主（S），最终成为投资人（I）的故事。在美国和其他的资本主义国家里，一代代的移民们通过辛勤的工作，在工资并不高的情况下一点点地积蓄，最终获得了财富的例子屡见不鲜。这个过程，就和我从泥土里挖出玻璃弹珠的道理一样，都是需要经过一番努力的。然而，无论你如何努力地工作赚钱，你的所得仍然是很有限的。单是通过积蓄这一条路，你的财富增长速度会受到极大的制约。

借贷

如果可以让我重回小学四年级，我肯定会更早地开始自己的弹子游戏。因为我可以先向别人借一颗玻璃弹珠来用。不过，我也有可能输掉借来的玻璃弹珠。这样一来，我该如何是好？这些问题在你借钱的时候同样会碰到。

我的爷爷就总是说："借钱的人都是直着腰板进去爬着出来的！"换句话说，借的时候容易，但还起来就没那么简单了。借钱总会引起连锁的反应。所以，在借钱之前先仔细地考虑所有可能发生的问题非常重要。在许多情况下，通过抵押进行贷款是一件容易的事情。但如何还款就与你的个人性格和商业技巧非常相关了。但如果人们相信你，并将自己的钱交给你管理，那么你就有了大量的资本，从而可以参与到各类的投资机会当中。

> **小贴士** 糟糕的项目总是求着人投资，而好项目却会主动地引来投资。

OPM 这个术语已经成为融资的代名词。OPM 可以代指直接借款或者股权融资。尽管让别人支持你的想法有时只需要简单的一句话，还是会有很多人轻易地就放弃了这一条路。对你来说，量化你自己的项目并将其清晰地呈献出来，对你获得投资来讲至关重要。我就听过一名投资人如是说："糟糕的项目总是求着人投资，而好项目却会主动地引来投资。"说到底，你融资的成功主要取决于以下两个问题的答案：

第一，项目是否有前景？

第二，你的贷款申请是否清晰、扼要、完整，并足够具有说服力？

让我们还是依次深入地了解一下这两个方面吧！

有前景的项目

谈到项目的前景首先想到的也是最重要的一点就是：你的项目必须具有可行性。我们该如何定义一个项目是否有前景呢？如果大多数的出资人在看过你的项目后都说："喔！我觉得这可行。"那就证明，你的项目是有前景的。对于项目的盈利预估是建立在合理的判断和计算上，而不是天马行空的想象上的。所有的设想都要基于现实生活中得来的经验和常识。因为你不可能完全寄希望于有圣人帮你的项目扭转乾坤，或是破天荒地完成那些前人都没能做成功的事情。更重要的是，你的出资人得相信你有足够的能力完成你的项目计划。唐纳德·特朗普在某件事情成功了，不代表别的普通人也能复制他的成功。成功是需要足够的技能、经验及资源作为基础的。最重要的是，它必须是有盈利预期的，也就是说它能赚来钱。不然你的出资人怎么会冒险给你投资呢？

贷款申请

我们旗下有两家公司经营房地产项目贷款的业务。作为出资人，我们每周都能看到听到几十份贷款申请。不久之前，我就收到一封申请贷款的电子邮件。这封信中总共写了六行字，每一行最后都有一个巨大的数字，而这6个数字总共加起来高达244万美元。除了这些之外，电子邮件中什么都没写。没有发信人的信息，没有提及产权的问题，没有贷款申请的任何应有结构，也没有说作为抵押的房产究竟值多少钱。毫不夸张地说，这样一封申请是对出资人的侮辱。作为出资人，我们通常都没有足够的时间来应付那些堆积如山的各类文件。

如果我选择将钱投给了那个写电子邮件来的申请者，我得手把手地教他如何工作，还得追着他的屁股要他准备那些必需的文件。说不定我还得跟他每天打上几个小时的电话，教他如何融资。经过这一大通的折腾，只是让我自己明白了他到底有多天真，有多懒。所以，我们从不在天真的人和懒人身上投钱。我们更愿意投钱给那些工作努力、见识广博、经验丰富的贷款人。据经验来说，他们往往能够给我们带来更好的结果。所以，如果你想获得贷款并节省大家的时间，那就准备一份完整易懂的借贷申请吧！换句话说，作好准备先！

如何准备贷款申请

一份好的房地产贷款申请最起码应该包含以下12个方面的内容：

1. **一个简短的行动纲要**：你只需要用一页的篇幅列出贷款的概要。通常情况下，行动概要会包含如下几个部分：

　　a．贷款人的姓名和联系方式；

　　b．抵押物描述（地址、类型、建成年份）；

　　c．需要贷款的金额；

　　d．贷款条件（贷款金额与房产价值比、利率、期限、延期条款等）。

2. **一份贷款申请的目录**：这可以方便出资方快速地寻找到他们感兴趣的内容，而无需对你整份申请都通读一遍。对你来说，在每个章节的最前面都插入一张标签也能使你的申请变得有条理。你的信息越是有条理，越是容易查找，你的贷款申请也就越能得到出资方的认真考虑。

3. **地图**：在你的项目申请中附上你房产或项目所在地的国家地图、城市地图，还有项目附近的详细地图。

4. 照片：给你的房产及周围的环境拍几张好照片，并把它们附在你的申请书当中。

5. 评估作价：如果你为自己的房产已经做过了评估，那就将完整的评估文件或是最精要的那几页文件加进来。如果还没有做过评估，那就根据它的造价、同类房产市场价格还有类似房产最近的成交记录为基础做一个预估。

6. 环境测评：环境污染常常会成为搅黄房产交易的元凶。如果你想避免这个问题，那就在申请文件中附带一份一期环境测评报告。这类的文件都是由专业的环境工程公司来整理的。当然，如果你的产业是农业用地或是建在山顶的房屋，完全没有污染的威胁，那么也就不需要这份报告了。

7. 营运情况说明书或盈利预测：营运情况说明书通常会阐述房产在过去两至三年当中的收入及费用情况。你要在准备这份说明书的时候格外用心，并保证所有信息的准确性。因为它是这份申请文件中最重要的内容之一。再没有什么比错误的陈述信息更能快地让你丢失自己的信誉了。如果你在申请文件中没有翔实准确地提供应有的营运信息，或是对项目的前景没有进行合理的展望，那么你的申请很有可能因此被拒。

8. 借款人财务信息和信用记录：在这一部分中，你需要准备自己及担保人的资产负债表及利润表。同时，还得附上过去两年的纳税申报表。然后，借款人和担保人还要提供他们的信用记录，或允许出资人对此进行调查。

9. 营运经验：你必须得有一位合格的项目负责人，并确定他的经验和能力足以承担起项目的整体管理工作。你需要在贷款申请中附上他的个人简历，标注他的专业资格认证及以往的项目经验。

10. 资金使用说明：所谓资金使用说明，是对借贷资金用途的描述，一页纸的内容足矣。但是，如果贷款是用来偿付合同订金的，那就还需要提供相应的合同等书面材料作为补充。

11. 产权报告：要求你当地的产权公司为你出具一份产权报告。这样的报告往往被称为初步报告（PR）或者产权承诺书。

12. 提前问询出资人是否对贷款申请有特定的要求。比如，他们是希望通过电子签约还是纸质签约方式缔结合同？

除去这些，也许最关键的一点是在你的贷款到位之后能够按时地进行还款。再没有什么比恪守承诺更能促进你与投资者之间的关系了。我非常欣赏克莱斯勒前任董事长李·艾柯卡说过的一段话："我们获得贷款的方式很老套：好借好还，再借不难。"

股权融资

　　股权融资是另外一种融资方式。首先，法律对于股权融资有着严格的条例限制。在开始股权融资之前，千万记得要先找个好律师详细地进行咨询以保证融资行为符合法律的规定。一旦触犯了证券法，你很有可能要受到严厉的处罚。

　　一般说来，贷款的出资方往往会看中你抵押物的价值、你的现金流，以及你的还款能力。而风险投资人同时还非常关注你既定的商业计划，以及你管理团队的专业能力。对于房地产行业来说，贷款和股权融资可以同时进行。当有人拿着他们的商业计划来找我投资的时候，我会首先要他们准备那些上述贷款申请中必需的信息。另外，我还需要了解下面的一些情况：

　　● 项目有谁参与？他们各为项目带来了什么？房地产的投资主要由两个基本元素构成：钱和管理。所以我需要知道出资方都是谁？他们分别出资多少？谁来负责相关的管理工作？有很多项目最需要钱，而另外的一些项目则更需要你实际参与到项目的管理当中去。作为股权投资人或风险投资人，我们会要求那些潜在的合作伙伴回答如下几个问题：

　　● 我们需要投入多少资金？

　　● 项目的回收期有多长？

　　● 我们的收益方式是"利息＋认股权证"还是"股份＋分红"？

　　● 项目的管理团队能力如何？他们是否能保证项目的顺利实施，从而保护资本的安全？

　　● 负责实施的专业人才是我们自己的员工还是从其他公司外聘来的？

　　● 我们需要在项目当中投入多少时间和多大人力？

　　● 对于那些参与项目的专业人员，应该如何计算他们的报酬？单付工资还是工资＋股权呢？

　　● 合作伙伴们如何安排项目的资金回笼受偿顺序？按常理说，项目的回笼资金首先应该偿付贷款利息和人工费用；其次，偿付销售费用；再次，偿付未偿清的贷款本金；然后是偿付所有投资方的投入本金；最后才是按照预定比例向所有合伙人分配利润。作为项目的发起人，我们有时会同意给予某个投资人获得利润分配的优先权。这也就是说，他可以按照约定最先获得其应得的利润。在他的利润完全得到偿付之后，我们再对其余的利润实施分配。

关于法律法规

凭我对证券法的了解，我能负责任地告诉你，它的规定非常复杂、多种多样并且经常毫无回转余地。我无法给人们提供法律方面的专业建议，但我还是希望给你一条建议：如果你想要别人加入你的项目，与你合作，那你得事先找一位法律顾问作好充足的准备。千万别低估了违反证券法的行为将给你带来的严重后果，即便你是无心之失。美国证券交易委员会（SEC）是美国联邦政府针对股票、证券而设立的专业监管机构。而具体到每一个州，还会有大量的证券行业条例和规范。当你的业务属于它们的监管范围时，你最好严格遵守这些条例。

关于公司架构

对于实现公司的目标及最大程度地为股东谋利而言，正确的公司架构至关重要。是选用股份公司、一般合伙制公司、有限合伙制公司，还是有限责任公司呢？选用正确的公司架构具有深层次的意义，尤其是碰到所有投资者都会考虑的税的问题时。我再重申一遍：一定要在成立及运营投资之前找法律专家进行细致的咨询。加内特·萨顿在本书中讲述的内容就非常具有借鉴意义。

如果我在10岁的时候更聪明一点，我也许就会说服某个小朋友资助我一颗玻璃弹珠，并答应他在我赢到别人的玻璃弹珠后与他分成。谁也不知道如果我当时这么做了结果究竟会更好还是更差。但我个人的财富肯定会因为分成的影响而相对减少很多。不过从另一方面想，更早地参与游戏的话，我们也许会一起赢得更多。而在你决定融资形式的时候，也会遇到相似的问题。

先放下融资形式不说——不管是储蓄、借贷还是股权融资——先听听我以下的观点：如果你是用自有资金，也就是储蓄来投资，那你的这部分资金肯定是经历了多年的工作通过辛勤的劳动和无数的汗水、牺牲换来的。等到了我们拥有足够的财富来进行投资时，我们已经在老鼠赛跑的游戏中被困了太久了。

> 小贴士　我们在这个世界当中耗费的时间构成了我们的生命。大多数人都同意这样一个观点：人的生命最珍贵，比其他的所有一切都重要。既然我们用自己的时间和生命换取了金钱和资本，那我可以这样概括：资本就跟生命一样珍贵，理应受到我们的珍视。

如果投资的执行者面对融来的资金也抱有一颗尊重的心，并给予认真慎重的对待，你的效益会因此发生如何的变化呢？当投资人将其拼搏一生获取的资金都托付给了一个错误的人或一个错误的项目而惨遭损失的时候，这会直接对他的生活产生破坏。尤其是对于那些年长的人来说，这样的风险是他们无法承担的。是否将保护投资人的资产安全当成你神圣的职责是另一回事儿，现在我只是想建议你，在用融来的资金进行投资的时候多考虑风险的问题，谨慎投资。这样的做法对于你企业的良性发展也是重中之重。如果你能言出有信，并在投资过程中做到了安全有效地进行资金的增值，过不了多久就会有更大量的资金主动找到你。就像我在本章中提到的，钱会来追你。可以这么说吧！你给予资本足够的尊重，它们就会主动追求你。

不仅是资本，地球上的所有一切（土地、矿场、木材、植物、动物、还有昆虫）都完全遵守这一条定律。另外，工具、设备、机器、流程、无形资产和所有形式的资金和证券都是资本的表现形式。所有的自然能源（太阳能、风能、潮汐能、重力势能、地热能，还有人力和牲畜力）也一同构成了资本。

我之所以告诉你这么多资本的存在形式，只是为了帮助你克服对资本短缺的恐惧心理。我们越是需要钱，我们就越会觉得它很难获得。而当你了解到世界上资本无处不在了之后，相信你的恐惧心理也会随之消失。

> 小贴士　即使是在最困难的时期，资本也不会受到大的破坏。它只是更换了主人或是变换了形式。

想想看这世界上的资本有多少吧！但是算算每天发生的个人消费交易总额就够吓人的了。从小孩子到杂货店买糖果到跨国银行每天的结算量，每天发生的私人资本流动可以高达几十亿。其实，根据教科书对"资本"的定义来说，它既不是能量也不是能量的符号，更不是简简单单的金钱。它是每一桩经济交易中都必不可少的流动的能量。而金钱则是这能量的符号，是对人们资产价值的衡量方式而已。

当我们面对周围那些数不胜数的交易，不再将目光停留在表面而是关注到其内在的能量流动时，也就能体会到资本的真谛了。事实上，我们身边的资本非常充裕。它们也不是什么锁在地窖里无法触碰的东西。它一直与你的时间、才华、知识和能力相伴，等待着你的发现。你那颗刚从泥土里挖出来的玻璃弹珠也许很快就会变成一口袋，甚至一桶。你没必要等待所谓的"机遇"来临再开始自己的资本之路。你完全可以从现在就开始为自己的财富增值。

那么，到底是什么促成了这些交易的发生呢？我认为，每一桩交易的背后都藏着人们不同的情感。商业就是由需求、贪婪、欲望、信任还有信心这样一系列的情感所驱动的。曾经有人告诉我说，情感就是能量的一种表现方式。看看下面所写的，然后再判断那句话的真伪吧！如果某个人生病了，必须要通过一次昂贵的手术才能活下去，他会动用自己所有的资源，为这次手术筹资。如果某个人非常饿，那他一定会用自己拥有的物品找卖食物的人换取食物。如果我觉得你能够传授给我有用的知识，那我可能将你介绍给一些图书出版商或是给你提供一些私人教学的机会。如果你想要去看望住在远方的祖母，那你肯定要为这段路程购买车票。仔细留心这些例子，看看它们是如何影响人类的欲望从而带动经济能量（金钱）流动的。

我们全家人曾经搭乘大巴车做过一次穿越美国大陆的旅行。当我坐在大巴车里凝视着窗外的景色时，我突然间有种顿悟的感觉。就在走到内布拉斯加州中部的时候，我看到了连成片的农场，以及在农场上劳作的农民们。我的心里突然涌起一种异样的感觉。我想象着生活在这些农场当中的人们是如何相识、相爱并组建成家庭及养育子女的。每天的日出而作日落而息，就是为了给自己所爱的家人提供温暖的三餐和温馨的生活。当时，我父亲常常唱给我母亲的那首歌又在我耳边回想起来："爱让这世界转动。"这歌词是多么的贴切呀！我还在那一刻意识到，经济是人们爱和其他欲望的载体，激励着我们不停地创造并进行消费。

当我们沿着80号国道继续前行的时候，我发现不停地有大型的货车满载着货物驶过。我在那时第一次意识到，经济的发展一定会继续，因为人们会不断地相爱、结婚生子、努力工作，为美好生活而拼搏。这些货车还会继续来来往往地忙个不停，资本也会在这每天数之不尽的交易当中发挥作用。没有什么力量或政府行为可以将经济的发展强行叫停。它是流动着的能量。只要人们还对美好生活有着向往和追求，它就将持续流动。

既然如此，那你又有什么办法能将资本引入到你想要的领域或项目中去呢？

1. 树立起"资本无处不在"的观点。问一问你自己是否已经完成了从恐惧向信任、从怀疑向自信的转变。你要一直坚信：只要你能做到用心地去争取并保护资本，它们就会自己向你流过来。我的一个好朋友告诉我说，他们全家人都很喜欢蓝莓。她觉得蓝莓非常稀有，因为它们的售价都很高。有一天，她有机会带着她的儿子去乡下的农场采摘蓝莓。她发现，自己在商店里买一小盒蓝莓的钱可以在这儿买到两堆。并且，农场主还告诉他们说，可以在里面随便吃，直到饱。她意识到，自己只是换了一个角度来观察，蓝莓的产量就从"稀有"变到了"丰产"。

2. 武装你自己，作好吸引资本的准备。首先，你得具备与自己想要吸引的资本相配的能量。到底是哪种能量能吸引来资本呢？继续读下去！

3. 履行责任，做一个诚信的人。要像埃德·哈里斯在《阿波罗13号》中饰演的基恩·克兰兹那样，承担起自己的任务和职责。如果你看过这部电影，你就应该记得在航天飞船驶向月球的过程中，舱体发生了爆炸，控制系统因此受损。飞船返回地球的能力直接受到了影响。在休斯敦，航天飞机上天之前，克兰兹把整个团队聚拢到一起说："从来还没有美国人在宇宙飞行中丧生，我们也是一样。我不允许失败！"他还说，工程师已经发明了一种利用飞船现有资源保证宇航员安全返回的新方法。让我说，资本就会冲着他的这种承诺和可信度、自信心、创造力，还有克服一切困难的决心涌过去。所以，尽你自己最大的能力，负责任地保管并运营筹集来的资金，努力地保证它们的安全是你一定要做的首要大事。

4. 诚信地工作。对我来说，诚信的含义非常清晰了。它即是言出必行，并在任何情况下都对投资人坦诚相待。"可靠"二字能让你在竞争中鹤立鸡群。所有的人都希望与可靠的合作伙伴一起共事。

5. 信息披露。站在投资者和贷款方的角度去思考，想想你应该为他们提供哪些有用的信息，以帮助他们放心地投钱给你。

6. 保持高频率沟通的习惯。向你的贷款方和投资人持续地更新项目的重大进展及详细情况。这对他们表示了尊敬，并体现了你负责任的态度。

7. 作好吸引投资的准备。你会发现，我对"资格"和"准备"有着明确的区分。所谓"资格"，是指你所拥有的资质，也即是一种能量的体现。而"准备"说的是对细节的操作，是实际的行动。

8. 了解你自己的业务。你需要拥有辨别项目好坏的能力。保持持续的学习，以便不断更新自己的知识，保证不被落下。你得了解当下融资、人口和产品种类、消费者偏好、建筑材料、建筑方法、科技应用、市政法令、税收、法律法规、风险控制等所有方面的信息。

9. 撰写商业计划书。准备一份翔实的商业计划书，并将可能的风险和处理办法加入其中，并阐述你实现盈利的方法。

10. 建立多种退出机制。你对自己的投资项目是否有信心呢？在相对客观的经济规律和变化多端的市场情况的共同作用下，你是否有信心达到项目的预期结果？你是否试想过不同情境下的应对策略？你是否给投资者提供了多种的退出机制？如果遭遇了最坏的状况，你又该如何保障信任你的投资者的资金安全？

11. 定义你的核心能力，并围绕它招募合适的人才。你和你的团队是否具备实施既定商业计划的能力呢？如果某些方面还不够，你是否有必要进行补充呢？你又准备如何进行补充呢？你是准备外聘人员还是为此引入一名具备这方面经验的合伙人呢？试想看，如果你开着一辆车，其中有个轮胎跑气的话会怎样。同样的道理，如果你的团队有短板，那业务一定也开展不好。一支拥有雄厚人才的团队才能具备克服艰难险阻的能力。

12. 做好记录工作。为了维护自己的声誉，你需要加倍努力。如果你是刚入行的菜鸟，那么在你和潜在的贷款人及投资者交流的时候一定要坦诚相待，告诉他们你的缺陷和不足。同时准备好告诉他们你会如何以自己的经验应对这些不足的地方。记住，经验和专业能力是可以通过招聘得来的。罗伯特·清崎不停地强调说，他自己不是任何一个方面的专家，所以他将那些各个领域的专家都聚拢在他的周围。我从没想为自己找不到合适的人才而发愁过。那些极有能力的人喜欢参与项目得到的成就感。即便他们拥有着别人无法替代的经验和才能，他们也喜欢参与到项目团队，尤其是优秀的团队当中来。

13. 照看好自己的生意。我的经验之谈是，最重要的任务就是全心投入到自己的生意当中去。企业不可能自己运转起来，企业的运营要依靠整个团队的努力和共同协作。所有的利润和财富都离不开精心的呵护和竭尽所能的付出。

保护—供给—繁荣—盈利

当一家企业蒸蒸日上的时候，什么人都想从中分一杯羹。华尔街一直吵吵着说要购入那些盈利情况良好、投资回报率高的企业的股份。与此同时，你肯定也见过这样一个统计数据：90%的小企业都在成立之初的5年之中就倒闭了。人们和公司投资失败的案例和投入的资金数不胜数。如果你想要为自己的公司融资，首先就是要让它运转起来，并实现盈利。为它注入激情及持续成功的展望。人们经常通过投资房地产风险基金来赚钱。如果你能证明自己为投资增值的能力，并向投资人合理地进行运营情况的披露，他们会主动要求成为你的一员。

　　一旦你成功地引入了外界的资本，不管在最初的规模是多么的小，只要你用心地去经营，你的投资人一定会四处宣扬你的优点。这样一来，其他投资者就会主动地找上门来要求加入。这就是说，你要做的唯一一件事情就是证明自身的能力，并诚信地经营自己的业务，帮助投资者谋利。如果你在一个贪污腐败的情况愈加严重的环境内保持自己的做法，资金就更愿意在你这里栖息了。然而，无论投资者是你主动寻求的还是通过引荐主动上门的，你都得对他们负相同的责任，进行同样的信息披露。

　　这些条条框框看似刻板，但非常有效。因为我就是应用了这些条条框框，才从无到有地建立起自己的集团公司。现在，我的公司在16年的时间里已经成长为一家资产逾百万元的大集团。我现在与你分享的一切都是我自己在过去的16年中亲身实践、体会并总结出来的。那些商学院的大忽悠们会告诉你说商业的成功需要很多神奇的公式，并可以通过计算来保证公司万无一失地经营下去。这些都是胡扯。学校的课程很有用，但那些大多都是过于理论化的东西。一个大学的毕业证只是你征程的起点，而不是终点。一纸文凭只能帮你在真实的商业世界里得到团队中的一席之地。而你，则是要在这个位置上靠自己的努力去赢得财富。

　　人们常用战场来形容变化多端的商业世界，这太贴切了。一旦完成了学业，每个学生就会被放到各公司的战场上去。在那里，只是没有战俘一说而已。按照经济学的讲法，每个人都在用自己的能力识别机会、策划进攻，并在复杂多变的环境下实施计划。最终的结果便是成王败寇。当我在1992年的12月份开办国家票据公司的时候，我寄予它的愿景与现在完全不同。我当初只是想以中介的身份参与票据业务，并从中赚取手续费。这也就把我困在了"自营小企业主"的小圈子里（详情请参见富爸爸现金流四象限）。我很快就发现有很多机构票据的买家过于主观，甚至有些时候变化无常。我慢慢厌倦了那种精心准备出的完美方案因为某些无聊的原因而被一次次拒绝的待遇。

　　拿着我退休账户的钱，加上我从亲戚、朋友还有那些老交情的客户中融来的资金，我开始用这些募集来的资金自行购入那些票据。我很快地意识到，我的公司正在以一个很快的速度扩大着自身的资产和业务规模。我的资产负债表每年都产生着惊人的变化。在我读到罗伯特·清崎的著作《富爸爸财务自由之路》的时候，我意识到我已经从一名自营小企业主变成一名投资人、从 S 象限进入 I 象限了。

很多年后，当我与罗伯特一起在一堂研讨会上讲课的时候，我突然意识到自己公司当初迅速的成长过程中，许多关键的举措无心之中契合了富爸爸的理论和观点。说得简单点，我只是埋下头去，用心地关注着那些我最熟知的业务发展。其他很多有才华的人找到我，希望成为国家票据公司的一员。除了接受投资之外，我还与几个非常棒的业务伙伴合资成立了新公司，开展新业务。这些公司大多由我的公司出资，由那些优秀的合伙人经营和管理。我按照当初约定的比例与我的合伙人们分配收益，公司也日渐成长壮大起来。

在公司的成长之路上，有些事情就自然地发生了。我们按照约定，每月到时就给合作伙伴寄去支票，从没发生过延误或违约的情况。他们开始将我们介绍给自己的家人和朋友。我们的业务因此在过去的 16 年中每年都保持高速的增长，到现如今已经是最初规模的 10 倍之多。我们只是很简单地"看好自己的一亩三分地"。我们通过如此简单的管理方式让公司变得日渐强盛起来，也使得我们托管的资金得到了越来越安全的保障。

我们如此成功的关键在哪儿呢？这也就是我想要与你分享的一条重要原则：吸收优质资产、自己运营、保持诚信、信息披露、少说多做。这样一来，你想要多少资本都不会成问题。

回首看看那些我们曾经的业务伙伴，他们当中很多人经历过激动人心的个人故事，例如如何还清了背负的贷款，如何将股票市场上的亏损弥补了回来，如何建立了自己的养老金，如何偿付了自己的学费，还有妈妈如何辞去工作全职在家里照顾宝宝的。他们之所以能够成功，有很大的一部分原因是进行了妥善的房地产投资。对我这样一个资本家来说，看到客户们达到这样那样的目标是对我自己事业最大的肯定。

当我还是 10 岁小孩子的时候，我无法想象那颗乳白色的玻璃弹珠会对我产生多么重大的影响。我想你现在也应该明白了我为什么会放一罐子玻璃弹珠在自己的办公室里了。经营一家公司并没有想象的那么困难、那么专业。就像我当初练习弹子游戏一样，只要你通过实战的演练获取一些经验和技能，你也能为自己和那些与你合作的同伴获得财富的增值。

千万别像大多数人那样，孤注一掷或是犹豫不决。你只需要找到一个简单有效的方式，并着手开动就行！这就跟开始弹子游戏一模一样。谨慎地选择比赛（投资），然后就等着战利品装满一袋再装满一桶吧！说不定你能装满一家银行的仓库哦！我时常会惊讶于自己公司的成就。做一名资本家是多美妙的一件事情啊！这一路走来是多么有意义啊！无论你是回首过去还是展望未来，这都是多么激动人心的一件事情啊！

　　现在，该轮到你了吧？你怎么找到自己的那颗"王牌弹珠"？你该如何开始自己的第一场比赛？你需要多久的时间才能达到自己的目标？这些都是需要你去回答的问题。接下来，就看你怎么迈出自己的第一步了。祝你好运！

21

如何避免及解决地产纠纷

——伯尼·贝斯

  伯尼·贝斯是注册于夏威夷檀香山的贝斯迪弗罗斯＆霍玛房地产事务所的合伙人。他还被国家辩护委员会及夏威夷最高法院授予民事案件专家的称号。在他从业的 38 年当中，伯尼致力于房地产行业的客户代理，他的某些代理内容甚至早于夏威夷的中高级法院和美联邦的最高法院。他的代理范围非常广泛，涉及商业的各个层面。其代理的内容包括小股东和大股东利益之争、公司代理权的争夺、反垄断诉讼中分别为原告和被告辩护，还有房地产领域的销售、租赁、土地使用、租金谈判、经济利益补偿、房屋损坏、一般合伙人与有限合伙人的纠纷、区域划分、土地价值评估等诸多方面。

伯尼·贝斯是我的老朋友，我们认识已经有30多年了。他还是一名海军陆战队队员及橄榄球队员。如果你查阅他的简历，你就能知道他可不是一名简简单单的海军陆战队队员。他服役于海军陆战队的武装侦察连，是最精英的部队之一。他也不是一名普通的橄榄球队员。他在全国冠军联赛当中作为南加州大学及斯坦福大学的队员参与比赛。也难怪他现在能成为这样一名睿智又受人尊敬的房地产律师。

我刚涉足房地产领域的时候，生意规模都还很小。那时的我觉得自己还用不到律师。我天真地认为，一名房地产经纪人和一名评估师对我来说就足够了。接下来，我就进行了第一笔房地产投资——茂伊岛上的一居室公寓。没过多久，我的投资美梦就破裂了。在我买下它并安排好租客住进公寓之后没几个月，公寓的化粪池系统破裂了，脏东西流得到处都是，所有公寓的人不得不搬出去另寻住所。业主们告诉我，这次的损坏都是因为我的问题，跟他们一点关系都没有。就这样，我的第一笔投资变成了一笔负债。我也花了不小的代价给自己上了房地产投资的第一课：请律师，赶早不赶晚。

房地产不仅仅关乎泥土、钢筋、砖瓦、融资和租客，房地产还与法律、协议、区域划分和争议密切相连。这样说来，伯尼·贝斯不仅是一个好朋友，他还是我在投资夏威夷房产之前可以请来帮忙的法律专家。

——罗伯特·清崎

在现如今的房地产投资当中，你必须面对一个残酷的现实，那就是你很有可能在交易的过程中惹上官司。卖家、出资人、建筑和设计专家，还有工程的承包商及买家都有可能成为与你对簿公堂的人。想要获得房地产领域的成功，不仅需要你具备挑选房地产、管理房地产及在合适的时机售出房地产的能力，它还需要你具备处理诉讼并将风险降至最低的能力。

我为我的客户代理房地产领域的诉讼，已经有38年之久了。在这段时间里，我观察到房地产行业内有些人的官司一直没有消停过。而其他一些人很少受其所困。这部分人即便染上了官司，它们也能以很快的速度把事情平息下去。到底为什么他们之间的差别这么大？换做是你，你又该如何避免或降低惹上官司的可能呢？

千万别小看打官司的代价。一旦开始打官司，你的时间、金钱、资源及精力都会被它分散，从而使你无法完全投入到对业务的关注中去。不可否认，有极个别的人通过赢得了几场重要官司的胜利而一举成名，出人头地。而且，还有一部分单靠打官司投机取巧地获利。你肯定是不会想跟这样的人一起合作的。但有的时候，官司和纠纷的来源也并非全是人的问题。有些房地产交易本身就是麻烦的源头。

> **小贴士** 一旦开始打官司，你的时间、金钱、资源及精力都会被它分散，从而使你无法完全投入到对业务的关注中去。

我的目标就是给你一些简单的指引，以便帮助你减少房地产生意上的纠纷。同时，我还想告诉你，在面对那些无法逃避的纠纷时，应该如何处理以达到最佳的处理效果。

如何避免纠纷

对于"纠纷"来说，我们都希望从源头上来避免它的产生。下面就是我自己的几点经验：

与经验丰富的优秀经纪人合作

在房地产生意中，一定要用你自己的经纪人。不要图省事儿直接用房产卖家的经纪人处理你的交易。你要找到一位拥有丰富的经验和判断力的经纪人为你谋利，而不仅仅是催促你迅速地签下合同，方便他拿到佣金。你需要一位值得信赖且目光长远的经纪人。他需要审时度势地进行判断，作出中肯的建议，并出于你的利益考虑对某些项目说"不"。

我最近刚刚结了一桩案子。我的客户在买地的交易过程中没有用自己的经纪人，而直接选择通过卖方的经纪人进行交易，给自己带来不小的麻烦。我的客户先是跟经纪人谈，说他没法买这块地，因为这块地不符合修建低收入住房的相关政策规定。经纪人告诉我的客户说，只要在买下这块地之后，再将其中的三块地折价回售给经纪人，这三块地就能符合规定，也就能在之上盖低收入住房了。听到这些，我的客户就立马让经纪人的律师根据他们所谈的内容起草了一份合同并很快达成了交易。在整个过程中，他给予了那个经纪人完全的信任，甚至都没让自己的律师看一眼合同的内容。当交易完毕之后，他发现市政对低收入住房的政策规定与他们当初讨论的完全不同。并且，那个经纪人还告诉他说，根据市政规划，这几块土地上根本就不能盖低收入住房。那位经纪人还说："如果真能盖，我自己就动工了。"

交易过后，那个经纪人要求我的客户将约定的三块地折价回售给他。不然的话，就要将他告上法庭。当我的客户最后找到我的时候，我们发现他签的那份合同中只是约定了折价回售的内容，而根本对建造低收入住房的事情只字未提。

这样一来，我的客户就无法寻求法律的支持了。我们最终通过私了解决了这件事情，但还是付出了折价售出两块地的代价。我的客户只能再通过别的方法寻求回报以弥补之前的损失了。这个例子很好地证明了在房地产交易中不聘用自己的经纪人而完全依赖对方是多么危险的一件事情。同时也说明了不经自己的律师审阅的合同是多么的危险。而接下来的这部分，就是关于律师的。

小贴士 在交易过程中，不要完全依赖对方的经纪人。你需要一位富有经验和判断力的经纪人来维护你自己的利益。

尽早地咨询一位经验丰富的律师并保持密切的沟通

几个月前，我曾经在一个房地产开发商的聚会上发表过一篇演讲，并开玩笑地对他们说要"尽早且高频地"与律师保持沟通。我是开玩笑地在说，但我对内容却是认真的。实际上，律师最初在起草合同上花费的那一点点时间能省去你日后很多的麻烦。所以，在项目之初聘用律师帮你起草或审核合同条款能最大限度地帮你维护自己的权益。这样做还很有可能帮你免于陷入日后的法律纠纷，避免为此付出巨大的财力和精力。下面就是我在房地产领域总结出的有关律师的建议：

● 聘请一位你信赖的经验丰富的律师。
● 让他参与到你手头的项目当中，并尽早、高频地向他进行咨询。
● 尤其要注意的是，不管是不是终稿，让你的律师参与到合约细则及意向书的起草过程当中来。很多买家和卖家对于重要的条款，一旦敲定就很难进行更改。
● 合同的终稿一定要让律师进行审阅。
● 别图便宜而让对手方的律师准备合约的初稿。让自己的律师来准备合约的初稿，别太在乎钱的问题。与之前说过的同理，合约一旦成型，再进行更改就很困难了。
● 在尽职调查过程中让你的律师参与进来。在尽职调查过程中省下律师费是一件很傻的事情。如果那房产真的值得投资，那你在尽职调查中花掉的那些费用，包括律师费，是完全值得的。

小贴士　事实情况是律师在起草合同当中付出的那一份努力会为你带来10倍甚至更多的回报和保护。

明确合同的条款，从而实现对你利益的保护

我处理的很多案件都是房地产生意未果之后双方发生的诉讼。而这些问题，经常是源于一纸草率地拼凑起来的合同。这一纸合同，常常无法保证合同单方或双方的合法权益，诉讼也就应声而起了。比如说，我去年就处理过两起这样的诉讼案件。在第一个案件当中，合同并没有对其中一方的履约行为作出明确规定和约束。明摆着的，签订合同就是为了合作完成合同所述的项目，但合同本身并没有起到这个作用。这件事情的详细情况是：尽管当时的市场很好，项目预期也能获得盈利，但负责融资的一方拒绝继续进行此项目。不幸的是，合同并没有明确地规定投资方必须承担的出资责任。开发商当时偷了懒，直接让投资人的律师起草了整个合同。这样一来，他为自己的行为付出了惨重的代价。

在另一个案件当中，投资方按照约定给开发商投入了项目资金，但合同并没有规定开发商必须以这笔资金为限来完成整个项目。同时，合同还规定即使开发商无法完成项目，投资方也无权更换开发商。从这个例子中可以看出，你得首先明确合同的条款并规定各方的权利和义务，然后再雇佣一位律师来为你代理，维护你应得的利益和权利。

你有权在合同中清晰地阐明你希望在房地产交易当中得到的结果。合同的意义就在于减少不确定性并将模糊的问题减至最小。你还得保证合同的其他几方被合同所约束，并按照合同行事。还要在合同中阐明如果有一方违约，他需要承担怎样的后果。出于同样的原因，你也得明白如果自己发生了违约行为，将要承担怎样的后果。好的律师可以尽可能地帮你避免陷入那些不利的局势当中。接下来我们还会详细地说一说补救措施。但我还是先给你一些法律方面的建议吧：如果你无法确定自己是否能够完全履行合同的要求，那你还是不要签的好。

除了学习所谓的大道理外，你一定要花点时间通读那些准备签署的合同。这样一来，你的房地产经纪人和律师才能更好地帮助你。借助他们的专业知识为你识别合同当中蕴含的风险,并就发现的问题和风险对合同条款进行修改。如果你对某个问题还没有彻底搞清楚,那就多问几遍。这可不是要面子的时候了。你学会的越多,你也就变得更加睿智。最傻的事情莫过于签下一份你自己都不理解的合同了。

小贴士 你有权在合同中清晰地阐明你希望在房地产交易当中得到的结果。合同的意义就在于减少不确定性并将模糊的问题减至最小。你还得保证合同的其他几方被合同所约束,并按照合同行事。

在合同中谨慎地规定补救措施

在房地产合同当中,通过规定补救措施可以避免或减少大量的不确定性。比如说,房地产合同常会规定卖方可以要求买方缴纳押金,从而保证卖方收款权利的实现。另一方面,如果你是买方,你希望对卖方进行一些约束而不至于在他想单方面解约的时候简单地把押金给你就结了。那么,你就可以用到"强制履行"来保障自己的利益。

"强制履行"是一个维持公平的条款,规定买方都有权依照法律和合同要求卖方执行交易。如果买方提出强制履行合同,那么就可以将卖方的房产在法庭处理过程中一直冻结,直到交易结束。这也就是说,买家用自己的押金获得了从卖方购得房产的优先权。如果你是卖家,你也不想惹上资产被冻结的麻烦。如果你无法完全避免强制履行的问题,那就得尽量减少买家抓住你小辫子的机会。

小贴士 "强制履行"是一个维持公平的条款,规定买方都有权依照法律和合同要求卖方执行交易。如果你无法完全避免强制履行的问题,那就得尽量减少买家抓住你小辫子的机会。

还是讲一个故事吧!这样的话你就能知道"强制履行"有多么厉害了。我在一场诉讼当中为一家大型酒店连锁企业进行辩护。诉讼的原因就是一桩檀香山度假酒店交易未能顺利完成。当时,买家未按照合同条款履行他的义务。于是,我的客户最终取消了交易,并扣留了买家100万美元的押金。在这之前,买家还在冗长的尽职调查的工作中花费了20多万美元。如果我的客户早点找到我，我就会建议他多给买家一点时间，并在单方面终止交易之前好好考虑研究一下。但到我接手这个案子的时候，合同已经被终止了。紧接着，买方就向法院提起了诉讼请求。我们要求法院进行即决审判，即基于买家违反合同约定期限的事实直接对案件进行简易宣判。我们还是够幸运的，法院作出了即决审判，判我们胜诉。

这个消息传到我这里之后，我就告诉这家连锁酒店的高管说，真的是运气帮到了我们。但如果对方继续申诉，我们还有被翻案的可能。我跟他们说，如果对方申诉成功，作为交易标的的酒店有可能被法庭冻结好几年的时间。所以，我建议他们乘着这个机会找到买家，退给他一部分押金，把这事儿私了了。但是，大家当时都在为胜利而庆贺，根本没把我的话往心里去。不仅如此，我还被高级合伙人好生骂了一顿，说我就因为一个不确定的申诉破坏了庆祝胜利的欢乐气氛。

接下来的事情我就长话短说了。我离开了当时的那家事务所，和几个同事成立了我们自己的事务所。那桩案子自然也就交给别人来处理了。几年之后，当酒店增值了五成的时候，对方进行了申诉。法院最终判决原合同有效，连锁酒店需要将这家酒店按照原价转让给买方，同时还要把押金全额偿还给买方。

小贴士 我的一点经验：尽量地限制买家执行"强制履行"的机会；尽量避免对簿公堂的情况。

在我的故事当中，卖家就没有很好地限制买家执行"强制履行"的机会，最终导致买家用 100 万美元加上几年的时间就捡到了用 5 500 万美元买到价值 8 000 万美元酒店的大便宜。对连锁酒店来说，这可不是什么好事儿。

避开"麻烦鬼"

千万别跟那些经常染上麻烦的人一起做生意。有些人天生就招麻烦，在选择合作伙伴之前，先调查一下他的背景。如果他们身上的诉讼非常多，那我奉劝你还是离他们远一点。这样做完全是为了避免让你自己也变成一个"麻烦鬼"，搞得身边的人都对你敬而远之。相反的，如果有人曾经有过大量的解决问题和克服困难的经验，你会很愿意与他一起做生意，本着对所有人负责的态度，你也得找一个互相信任的合作伙伴来共同经营自己的生意，更不用说是房地产这种周期很长的项目了。

小贴士　在选择合作伙伴之前,先调查一下他的背景,千万别让自己也变成"麻烦鬼",弄得别人都对你敬而远之。

在项目当中一定会不断地有问题和争论发生,你得找到那些愿意与你一同解决问题的人,而不是那些把问题越攒越多的人。相信你也不想走到问题激化到必须靠打官司才能解决的那一步。

回避"问题交易"

有一些交易带来的问题比回报多。这些交易操作起来很复杂,费工费时还难以完成。而交易越是复杂和困难,问题和纠纷也就越容易产生,产生的后果也就越令人头痛。如果一桩交易变得越来越复杂,甚至到了很费脑的阶段,你就得重新问一问自己了:它真的值吗?你值得为它带来的回报付出如此大的努力,死那么多脑细胞,还要承担那些复杂、困难的问题带来的风险吗?有一些的确值得你继续下去,但大多数不是这样的。你真的要学会放弃。如果你觉得一桩交易的付出和回报不成正比的时候,那就把麻烦和头痛留给别人吧!而如果你已经下定决心要走下去,那就雇一个好律师,让他好好地帮你处理合同方面的事情吧!无论怎样,有一名好的律师总能帮你更好更快地克服那些"问题交易"中不可避免的风险。

小贴士　交易越是复杂和困难,问题和纠纷也就越容易产生。"麻烦鬼"还和"问题交易"是形影不离的双胞胎。

几年前,我就帮一个朋友购买了一座很大的牧场,那笔交易就麻烦得够呛。当时,一家有限合伙制公司是牧场的业主,创建这家公司的普通合伙人将自己手里的股份卖给了第三方。这个第三方与持有放牧许可证的持有者发生了法律诉讼。为了买下这座牧场,我的朋友召集了原业主的一部分合伙人和一些新的投资人组成了新的合伙制企业,并以其为主体进行收购。我们还得去申请联邦的农场贷款,将土地租用协议延期至25年,还要处理之前合伙人和放牧许可证持有者之间的纠纷,并协调各方对于上述所有问题的意见。当时的我就负责处理这所有的一切。现如今我每次回想起这件事儿的时候，我觉得自己付出的心血、劳动及为理顺各方之间复杂的关系所承受的压力远远超出了所得。最终，在项目就快结束的时候，由于买家执意要与全家出去旅行，项目最终失败了。幸运的是，没有人提起诉讼的事儿，我们只是在一个根本不值得的复杂项目上白白浪费了时间和金钱而已。

  还有一点需要考虑的是："麻烦鬼"和"问题交易"经常形影不离。清晰的合同条款能做到的也只是帮你在"问题交易"当中尽可能地控制"麻烦鬼"带来的麻烦。这样一来，即便出现了问题也不会太严重。而如果一旦问题闹上了法庭，麻烦可就会以指数方式增加了。有一些经验丰富的房地产开发商和投资人会说，没有什么交易是要那么费心费神的，"麻烦鬼"和"问题交易"的问题也可以很轻易地就解决了。我要告诉你的一点是，问题会越积越多，远远超出你的想象。所以，你真的得对交易的价值先作出明确的判断，再判断是否值得继续进行下去。有些交易确实是不错的机会，但大多数还是很不值得的。

做好深入的尽职调查工作，包括法律方面的尽职调查

  尽职调查是在买卖双方达成协议之前的一段特定时间，买家实地调查房地产状况的过程。按常理来说，买方在正式通知卖方接受交易之前，他是可以要求卖方退还押金的。在此之后，买家的押金就被冻结了（不可退还）。同时卖方还会要求买方增加押金金额。这样的话，如果买方想要反悔，他就得以损失押金为代价退出交易。卖方则持有押金，从而得到了合同会如期达成的心理保障。

  小贴士 如果你是买方，看中了一笔不错的交易，那你一定要花钱做一次深入的尽职调查，包括法律方面的调查。

  如果你是买方，看中了一笔不错的交易，那你一定要花钱做一次深入的尽职调查，包括法律方面的调查。如果交易金额很大，那就更得花大价钱在签协议之前做好细致的尽职调查。如果你在签协议之前做好了尽职调查工作，那你就能避免日后的诸多法律纠纷。如果你在尽职调查的过程中发现了额外难题，你可以就问题本身要求修改合同条款，保持权利和义务的对等。如果你需要更多的时间来完成尽职调查的工作，那就得与卖方谈，告诉他你为此付出了多大的精力和成本，并要求相应的延期。如果你能向卖方诚恳地证明自己的目的，大多数情况下卖方会同意你的要求。但是，有些时候卖方

并不这么想。

我最近就在一个项目当中图省钱，没有实现进行法律方面的尽职调查。我花了大量的时间和成本在分区规划及如何引入水源的问题上。当我最终开始关注法律方面问题的时候，我的律师发现有一条特殊的法律条文与我们既定的分区规划相左。结果，我们前期在工程和规划方面投入的钱都白费了。

如何避免房地产纠纷

按照如下的几条方法去做，你就能避免房地产纠纷缠身：
- 与经验丰富的优秀经纪人合作。
- 尽早地咨询一位经验丰富的律师并保持密切的沟通。
- 明确合同的条款，从而实现对你利益的保护。
- 在合同中谨慎地规定补救措施。
- 避开"麻烦鬼"。
- 回避"问题交易"。
- 做好深入的尽职调查工作，包括法律方面的尽职调查。

如何解决房地产纠纷

即使你完全按照我上述的要点来行事，也不能保证每一笔交易都是完美的。经常会有意想之外的问题发生，从而导致交易或合作向困难的方向发展。这样一来，即便你的合作伙伴及合同本身都没有问题，纠纷还是不可避免的。即使是合同条款已经得到大家的共识了，可能还是会有人想要试着对它进行一些微调。那么你该如何处理这些麻烦事儿呢？其实，全力以赴就好了。在这个过程中，你可能会需要听听我下面的几个意见：

咨询经验丰富的诉讼律师以避免诉讼

在房地产行业打官司，总是不合算的。说起来也很奇怪，好的诉讼律师比谁都了解这一点，并知道该如何去避免将事情带上法庭。如果有这样一名有经验的律师帮忙，即使碰到了无法避免的诉讼，你也能为自己争取到一个最有利的位置。他能够帮你维护自己的利益，并阻止其他团体的不良企图。

想要解决争论，并非只有受人摆布或者我行我素两条路。好的律师可以帮你找到这两者当中的平衡点，找出最佳的解决方案。

不过还是有要注意的地方。诉讼律师为你辩护收取的律师费比单纯的咨询要高得多。所以，有些律师在自己工作量不大的时候就会拖延你的案子，甚至将其激化，从而向你收取更高昂的律师费。还有一些律师非常沉迷于打官司本身的过程，从而忘记了官司的本来目的：帮助你经济、快速地解决官司。你肯定也不想让这样的律师为你辩护吧！你需要的律师应该是经验丰富和懂得该如何尽快结案并最大程度维护你利益的律师。

小贴士 经验之谈：诉讼律师为你辩护收取的律师费比单纯的咨询要高得多。所以，你一定要谨慎选择律师。

当诉讼不期而至，拼尽全力去解决它

就像我之前说过的，即使你已经请律师为你准备了一份足够明确的合同，争论还是无法避免。总的来说，你的房地产项目越是复杂、持续时间越长，争论也就越容易产生。比如说，在一份期限为 10～20 年的社区合资开发项目当中，争论一定少不了。与此相比，通常只用 30 天就能解决的房屋现金买卖合约则不会碰到什么问题。

我的建议是，当争论出现的时候，你应该尽可能地努力将其解决。说难也不难，你只要在保护自己利益的基础上同时尊重其他各方的利益就好了。如果你能在不损害自己利益的前提下接受他们的合法权益，那么对最初签订的意向合同进行一些微调没什么大不了的。做一些让步，创造一些和谐，在争论激化前将其解决掉总是好的。以下就是我的建议了：

● 尊重其他各方的合法权益，并在你能接受的范围内作出让步。尊重别人的权益和保护自己的权益并不总是冲突的。比如说，如果你正出售一处房屋，而买家想要将尽职调查再延长 30 天，那就商量商量喽！说不定你能谈到现金交易作为条件呢！这一点是几年前一位大名鼎鼎的地产大亨教给我的。这位大亨是我的客户，当时正要买一处海边的土地用来建造海景度假别墅。然而，卖家拒绝了他延长尽职调查的时间这一合理的要求。卖家不但拒绝尽职调查的延期，还单方面终止了合同的履行。我的客户以此为据将卖家告上了法庭，结果导致这处土地先是被冻结了几年的时间，最后在合同价款的基础上折价 200 万美元卖给了我的客户。其实，如果当时卖家愿意给我的客户的尽职调查工作延期 30 天，这一切都能避免。

● 在你律师的协助下与对方进行清晰的沟通。这样做能很好地帮你避免纠纷。即便不能，这些保存下来的沟通资料也能成为你日后诉讼当中珍贵的资料。

● 你还能通过作出让步来平息争论，避免纠纷。打官司花的钱可比你想象的要多，因为在其中还有许多隐含的成本。耗费在官司当中的感情投入就让很多人丢掉了大把的时间、精力，并错过了很多其他的投资机会。这些无形的损失，其实远比你耗费在官司当中的金钱要多得多。那句老话"不惜一切地避免官司"，可不是随便说说的。

小贴士　面对争执和意见不一时，你最好试着作出一些让步，从中斡旋。千万别让它升级成严重的纠纷。

试试调停

当你竭尽所能仍然无法同对方达成一致并解决问题时，试试调停吧！调停是一个简化了的解决纠纷的过程。在此过程当中，有专业的人士来帮助双方通过自愿和解的方式化解纠纷。

前些年，当调停刚开始被应用的时候，它的成功率高达 80%～90%。到了近些年，成功率就低多了。时至今日，调停的结果完全取决于调停人的好坏。那些经验丰富且富有技巧的调停人的成功率还是非常之高。与之相反，那些差的调停人的成功率很多还不及 50%。如果你挑到了对的调停人，那么你的纠纷很有可能通过调停这一程序就解决了。所以可以这么说，好的调停人是调停得以成功实施的最重要的保障。

调停得以成功的第二个条件就是双方通过这一过程解决纠纷的意愿强弱了。曾经，调停人只需要一天就能把问题解决了。而今天，即便是一位好的调停人也常常需要两个月的时间来回往复于纠纷双方之间来将问题彻底解决。好的调停人会尽其所能地争取成功。我曾经就被法院指派去担任一起案件的调停人。按照估算，这案子在法庭上打上一年的官司都未必能结案。我作为调停人，也花了好几个月的时间才算把它彻底解决。不过，这样一来却省下了大笔的律师费和法庭辩论的时间。我花了这么大力气也算是值了。

小贴士　当你选对了合适的调停人，并且纠纷双方都有通过调停解决纠纷的意愿时，调停就能成功。

另外还有一个提高调停成功率的办法，那就是提出你所有的要求，并将其明晰化。这样一来，你就能在调停的过程中明确进度，并针对自己关注的主要条款提出自己的意见和请求。

调停相对其他正式的解决方式来说较便宜，并且效果不错。然而，如果结果不成功，那么之前所做的一切（花费的时间和金钱）都算是白费了。正是因为调停的效果好、效率高，很多房地产的合同发生纠纷时都会首先要求调停，之后才考虑仲裁或是诉讼。因而，我建议你在合同中也将调停列为解决争议的办法之一。

几年前，我就代理一位客户进行过调停。争议的各方决定付给一位蓝带调停人每天1万美元的酬劳，我们还都飞去旧金山参与这案件的调停工作。尽管这位调停人经验丰富且声誉极佳，但在这起案件中，他完全给搞砸了。因为从头至尾他根本没有弄清楚我们的对手方究竟想得到什么。我的客户急于解决这个案子，所以他不管不顾我和商业顾问的意见，不断地给对手方开出更加优惠的条件。在一天的时间当中，他将自己要求的50万美元（市场价）不断降低，最后一次报价还不足10万美元。要我是他的对手方，早就扑过来抢这个报价了。

事实却是，这个案子直到几年之后才得到解决。律师出身的房地产产权公司的副主席，也就是我客户的对手方亲自打电话给我，说是必须要将这个案子结案了。他说，这个案子已经花了他100多万美元的律师费，并且仍然看不到解决的希望。他没法继续坐等下去了。我记得，很久以前，他的律师曾经还炫耀说自己通过这一桩案子就买了新车。看来此话不假。这家产权公司最终同意付费我的客户85万美元现金来结案。回想当年10万美元就能解决问题的时候，我真为他们感到遗憾。我粗略地计算了一下，这家产权公司应该总共花了200多万美元来打这个官司。如果当初他们直接接受我客户的出价，其实根本什么后续开销都不会存在。你真的应该以此为戒，避免这类的问题！

考虑使用仲裁

如果调停也不管用，那你就得考虑法庭审理的另一种替代形式了——仲裁。仲裁与法庭裁决很相似，不同的是法庭上的法官和陪审团换成了仲裁人。法官和陪审团由联邦或州政府付工资，而仲裁人则由争议双方偿付服务费而已。很多的房地产合同纠纷都是由仲裁而非法院审理来结案的。如果合同中约定了争议解决方式为"仲裁",那么即便某方将案件诉诸公堂,法院也会按照合同约定作出不予审理的决定。

仲裁人需要听取双方的陈述,并根据法律规定和相关证据作出仲裁结论。如果你对结果不满意,想要对仲裁人作出的判定进行上诉是非常困难的。仲裁在过去是快速、经济地解决纠纷的方式。然而到了今天,我也说不清究竟它是不是真的能为诉讼方省钱。因为仲裁人可以以尚未获得充分证据为由延迟对结果的宣判。这样一来,仲裁的时间就被拉长了。它不但有可能比诉讼花费更多金钱,还同时无法达到其节省时间的本意。

仲裁人的水准也千差万别。他们中的一些人甚至不具备相关的判断能力。由于现如今仲裁的独特优势日渐模糊,人们对仲裁的偏好也逐渐淡化。在当今的很多房地产合同中,那些原本的"仲裁解决"都已经被传统的"法院审理"所取代。比如说,在夏威夷的标准房地产"购买合同"当中的争议解决方式中,曾经必需的"仲裁"过程已经被正式删除了。

对我个人而言,仲裁和法庭审理二者已经没有明确的界线。如果你的案件由一名好的法官进行审理,你就应该选择法庭审理。而如果法官水平很低,那么你可以和对手方协商寻找一名合适的仲裁人,通过仲裁解决纠纷。我最近就碰到这样一起案子,双方都愿意结束法庭审理程序转而通过仲裁解决问题。我们选择了一位经验丰富的退休法官作为仲裁人。仲裁结束后,我的客户认为仲裁非常公正。在这个例子中,我的客户通过仲裁快速有效地解决了纠纷。

小贴士 仲裁有可能持续很久的时间,从而耗费比法庭审理更大且无法实现其快速解决纠纷的本意。正是由于这些不确定性,在房地产领域的纠纷当中,人们对于仲裁的热情也在逐渐淡去。

诉讼是你最后的选择

如果你试过了协商、调停的办法,并且合同并没有注明采用仲裁解决纠纷,那么你就只剩下法律诉讼这最后一条路了。我之前提到过,诉讼的费用非常高昂,而且非常耗费精力。直接的成本——也就是现金支出——会非常高昂,但是仍然有可能解决纠纷。法庭常会在开庭审理之前安排双方坐下来谈判,试着通过协商解决问题。法庭也有可能在期间指派一位调停人参与进来。依我的经验来说，法庭指派的调停人比起其他的调停人来说实现成功调停的几率更高。

我曾经就被法庭指派为调停人。在那起案子当中，涉及到的几方都没用律师出场，电话也不用打就全都解决了。因为我是受法庭委托的，所以我能直接联系这些大公司的董事长进行直接的沟通。最终，他们同意与我合作，从而将这一涉及全球的复杂案件进行了迅速的解决。

在进行审判之前，你还有机会对案件内容进行增减。不过，一旦法律程序开始启动，事情就开始变得复杂起来。到了这一步，你也别无选择，只能下定打赢官司的决心，走上这条昂贵的诉讼之路。

在我从业之初，就有这样一个案件形象地说明了诉讼带给当事人的财务及精神代价。我当时坐在律师席，等待着审理的进一步进行。对方的当事人坐在他的桌边，等待着自己律师的到来。他看起来非常沮丧，连我都忍不住有点为他难过。他的律师拒绝继续为这桩案件进行代理，而他自己也就不得不亲自上阵面对已经明显对自己不利的局势。之后，州长走了进来，告诉他说，因为拖欠律师费，他的律师已经又一次把他告上了法庭。这么一来，事态就变得更加恶化了。律师几分钟之后也走进了法庭，但之后的争论就一直没有停下来，直到法庭宣布休庭为止。这一前一后，可怜的当事人为了这个案子不知道花了多少钱。我们先放下他代理律师的道德问题不说，这已经足够证明诉讼给当事人带来的精神及财务负担能有多么巨大。

小贴士 法律诉讼的直接成本——金钱支出——非常高。但是，花费在其中的时间和精神而产生的间接成本往往有过之而无不及。

无论身处哪个阶段，都不要放弃解决纠纷的希望

不要忘了，所有的调停、仲裁还有法律诉讼都是为了一个目的：解决纠纷。无论你身处哪个阶段，都不要放弃解决纠纷的希望。一定要积极地与对手方共谋解决方案，并保持积极主动的态度。只有傻瓜才不想主动地解决问题。你的对手方也不是来寻开心的，所以他也会很认真地寻求解决方案。尤其是随着问题的持续，时间和金钱成本不断上升的时候，大家解决纠纷的意愿也就会变得更加强烈了。所以，无论你身处哪一个阶段，都不要放弃解决纠纷的希望。

小贴士　不要担心在解决问题的过程中因为主动而显得弱势。只有傻瓜才不想主动地解决问题。

　　几年之前，我为夏威夷怀基基海滩上唯一新建的大型海景酒店的开发商进行了代理。当地的房屋业主和居民们通过业主联合会从开始就反对这一项目的开展。他们通过法院抗议其获得夏威夷海岸线的使用许可，并在开发商获得许可之后提出上诉。他们还对开发商的建筑用地范围的变更提出异议。这么说来，我的客户憎恶这帮人也是情理之中的事情。

　　我在这种情况下提出了一份动议，从法律角度说明了变更的合法性。这样一来，我的客户就能继续酒店的施工工程了。我们当庭的表现非常完美。我们有备而来，并且运用直观的辅助材料清晰地表明了我们的观点，结果非常具有说服力。而我们的对手则含含糊糊，前言不搭后语。法官看起来也对我们的陈述很买账。整个法庭上的人，包括我的客户在内，都认定这一次我们赢定了。在听证会后，我告诉我的客户，我认为法官赞同的表现可能仅仅是出于我和他之间良好的私人关系，而我的直觉告诉我这份动议有可能被拒，酒店的建设可能会被拖延。当时，我的客户根本听不进去。他见证了整个听证会的全过程，并认为我们胜券在握。

　　然而，我还是与对方的律师进行了谈判，试着通过给予他们现金补偿的方式让他们撤销对我们的诉讼。最后，业主联合会同意接受15万美元的补偿款，之后就撤销诉讼。尽管深知一旦败诉，这价值1亿美元的酒店项目就会被迫延期，我的客户还是断然拒绝了这一条件。他还对我大发雷霆，说我浪费了时间并且在敌人面前示弱。他让我停手，等着法庭的宣判就好。我从法官那里申请了宣判的延期，再次与业主联合会进行商讨，并商定了一个更低的补偿款金额。然而，我的客户二度拒绝了我，并声称要开除我。最后，业主联合会同意接受5.5万美元的补偿款。而此时，我的客户已经对我出离愤怒了。但我仍然不停地给他打电话，并建议他接受这一条件。他朝我大声嚷嚷，并又一次威胁说要解雇我。我并没有因此而放弃，最终说服他接受了这一条件，付给业主联合会5.5万美元进行私了。虽然付了钱，但他一直耿耿于怀，说我为了一场必胜的官司多花了钱。

　　在诉讼撤销之后不久，我去见了当时负责审判的法官。他告诉我说，在仔细阅读过所有资料之后，他发现我们当时并不占理。如果诉讼继续，他本来是准备宣布我们的变更无效并败诉的。而事实的情况是：就在此后不久，我的客户拿下了海岸开发的许可，并开始全部工程的建设。现如今，这里已经变成了一座美丽的海景酒店,并由我的另一名客户经营着。这个故事的结局圆满并且饱含利润,相信这也是你的房地产投资目标吧!这其中的道理就是:努力去解决问题,千万别把自己的未来完全交在法官的手中。那样做实在太冒险了。

所以,千万别在可以自行解决纠纷的时候选择那条漫长的诉讼之路。自己主动地进行解决,总比把自己的命运交给法官听候宣判要强得多。由于房地产交易本身的复杂性和法院解决方法的局限性,自行私下解决得到的结果通常都会比法院的判决结果对双方更加有益。即使对法庭上的胜诉方亦是如此。简而言之,即便你成为了法庭上的胜诉方,你也不一定能够获得自己当初想要的结果。

如何解决房地产纠纷

试着通过如下方式解决那些无法避免的房地产纠纷:
- 咨询经验丰富的诉讼律师以避免诉讼。
- 当诉讼不期而至,拼尽全力去解决它。
- 试试调停。
- 考虑使用仲裁。
- 诉讼是你最后的选择。
- 无论身处哪个阶段,都不要放弃解决纠纷的希望。

结论

你最好不要等到问题发展到非靠仲裁人、法官、陪审团不能解决的地步。在此之前,一定要在保护自身利益并尊重对手方利益的前提下全力以合理、公平的方式来解决争论和纠纷。说到底,最好的解决办法就是参与正确的房地产项目,与正确的商业伙伴合作,树立正确的思维方式,签订正确的合同,以正确的法律条款保证双方的权利和义务。

第四部分　经验之谈

※ 金·清崎
※ 唐纳德·J. 特朗普
※ 小唐纳德·特朗普
※ 埃里克·特朗普
※ 罗伯特·清崎伊

22

房地产是一个好老师

——金·清崎

　　金·清崎于1989年开始房地产投资。她的第一笔投资是一间位于俄勒冈州波特兰市的两居室。现如今，金已经拥有逾1 200所公寓住宅和商业地产，投资规模还在不断扩大。怀揣为女性提供金钱及投资教育的梦想，金希望通过自己一生的商业、房地产和投资方面的经验来为人们提供财富方面的教育。她进行过多次的演讲，在电视和广播节目上当过嘉宾，主持着PBS富女人栏目，并且还是 WomanEntrepreneur.com 网站的专栏作家。她是一个白手起家的百万富翁，婚姻幸福而且非常独立。她的第一本书《富爸爸女人一定要有钱》在《商业周刊》的畅销书排行榜榜上有名，并且在之前的11个月当中都造成了很大的影响。《富爸爸女人一定要有钱》还在墨西哥、南非、印度、澳大利亚、新西兰及整个欧洲都成为了畅销书籍。金还用富爸爸的国际论坛展示了自己新书获得的巨大成效。通过《富爸爸女人一定要有钱》及 www.richwoman.com 的网站，她为女性学习财务知识、寻求财务安全和独立开辟了一个全新的社区。

该怎么说呢？我真的是一个幸运的人。对于金来说，"秀外慧中""知书达理"这样的形容词描述她真的是恰如其分。不仅如此，她还富有勇气，并且非常聪明。她学习的速度很快。我知道，她嫁给我绝不是看上了我的钱。因为当我们相遇时，我根本没什么钱。后来，我们俩坠入爱河，并决定一起创造富足的生活。

在1987年，股票市场崩溃。存贷行业也受到了剧烈的冲击，房地产市场也因此遭灾。当时我就告诉金："投资的机会来了。"

她经常对我说，在20世纪80年代的时候，她根本不知道什么叫做投资，尤其是房地产投资。不仅如此，我们身边的大多数人都在哭喊、抱怨着糟糕的经济状况，恐惧和悲观的情绪弥漫在所有的人当中。尽管如此，她还是非常地信任我，并且开始四处看房。

我们的计划很简单。我们坚持每年买两栋房子，坚持买10年。到那时候，我们就能有20栋房子为我们提供租金收入了。她开始学习、调查，并且不停地去实地看房。最终，她买下了我们的第一栋房子。那笔投资改变了她的生活。在一年半的时间里，她完成了我们订立的10年计划：买下20栋房屋。她从来没有迟疑过。她简直就是一个天生的投资者。

现如今，金已经成为了我的投资合伙人，拥有超过1 400多处房产。在2007年的时候，经济状况急转直下，很多房地产投资人输了个精光。然而，她的房产还是在源源不断地为我们带来正向的现金流。实际上，在更多的人选择租房的时候，她的房租还上涨了一些呢。

就像她的书的题目一样，她是一个有钱的女人。但我想说，她拥有比钱更有价值的东西：财商。她完全可以不依赖别人（包括我在内）就能获得经济上的独立。

这也就是我为什么那么为她骄傲，并从心底里珍爱她的原因了。

——罗伯特·清崎

从一栋房子的投资当中能够学到的经验和知识真的是让人称奇。我说的可不仅限于你刚开始投资的那一两次。实际上，即便你已经是投资多年的老手了，你的每一笔新的投资也还是能为你带来新的收获。每一次投资都能带给我一些从前都不了解的新知识，下面就是带给我极大收获的一处房产的故事。

佛罗里达州，迈阿密市

2003年的时候，我的先生罗伯特和我一起到佛罗里达的迈阿密去参加一个投资大会。在会议首日的间歇当中，有位年轻的房地产经纪人马特走过来和我们攀谈了一会儿。出于推销员的本性，他跟我俩说他知道一栋房子的内部消息。那房子还没有挂牌出售，但是业主愿意与认真的买家进行接触。我的第一反应当然是怀疑了。我之前根本不认识马特，也无法判断这是不是他自己编造出来的故事。然而，这听起来还是一个不错的机会。刚好那天下午我们有几小时的空闲时间，所以就决定和马特一起去看看他说的房子。当然了，据马特说，这是他这些年来碰到的最划算的交易了。

经过大概20分钟的车程之后，我们停在了一个看起来还不错的商业街上，旁边开着一些店铺和餐厅。商业街看起来很新，应该是近一两年才建成的，周围还有一些楼正在施工。在街的一头开着一家大型的健身俱乐部，它所在的楼房连停车场算在内大概有38 000平方英尺的大小。马特所说的正是这栋只有单一租户（健身俱乐部）的楼。按照他们之间签订的租赁合同，租户（也就是俱乐部）负责承担房产税、保险费及所有的维护和修理费用。对于业主来说，需要操心的事情很少。照这种情况看，这笔投资很不错。所以我们产生了进一步了解的愿望。

第一课

此行之中，我首先想到的就是潜在风险。因为这栋楼只有一个租户，也就意味着这栋楼所有的收入都来自于它。因此，租赁合约成败的关键也就可以简单地归纳为一点：租户的质量。我们的收入、现金流及房产的价值都取决于租户偿付租金的能力。这并不难理解。对于这种只有单一租户的楼房，你得保证租户的财务实力够强，并且经营有方。换句话说，微软就是高质量的租户，而普通的打字机修理店就可能不太靠谱了。之所以租户的质量对你来说那么重要，主要是因为当它离开之后，你的收入就停止了。然后，你就只剩下空空的房间，而且还全都是按照前租户的要求进行装修设计的。

小贴士 你可以通过设立储备金账户来对这种单一租户的房产进行保护。具体来说，就是你每月从租金收入当中抽出一部分来存到这个储备金账户中去。为了让你心里觉得踏实，我建议你把这个账户存够一年的还贷、维护等所需费用总额之后再停存。这样，一旦你的租户提前离开，你也有充足的时间来寻找下一个租户了。

好与坏

　　对于任何单一租户的房产来说，都存在租户提前解约从而导致房产空置、租金收入停滞的情况。然而，伴随着这个风险，我们还发现了这处房产独特的另一个风险。这家健身俱乐部近邻旁边一个小区的大门。通常来讲，这是好事。但是就我们当时的实际情况来说，业主与临近社区的居民们签订了一张这样的协议：关于这栋房产任何的变动、更改都需要取得附近居民们的同意。这会对我们产生怎样的影响？这意味着如果健身俱乐部离开之后，我们引进怎样的新租户、开展怎样的新业务都要由居民们说了算。居民们成为了掌握生杀大权的决策者。这对我们来说成为了一块很大的绊脚石。当然了，我们的经纪人马特并不觉得这是个大问题，我和罗伯特却对此非常在意。如果我们想要继续下去，那就肯定要好好地在这张协议上做做文章。

　　另外，这块地的位置非常好。它就位于一家非常出名的城郊俱乐部旁，而且紧邻一条繁华的街道。同时，房子也还很新。所以乍看上去它的盈利能力应该还是不错的。按照现有的统计数据计算，我们可以获得大约18%的资本回报率。

小贴士 经验教训：大多数经纪人告诉你的预期回报都是他们的预测，而不是真实的结果。预测往往都是按照最好的情况作出的，所以往往会比真实的状况要看起来更好一些。

　　马特还开车带我们在附近走了走。这片地方是新开发的区域，所以搬来这片地方居住的人数也在不断上升。这些都是好的迹象。我们得到了这些信息之后，就飞回了菲尼克斯。在回程的飞机上，我和罗伯特在当时现有的信息条件下讨论了这栋房产的优势和劣势。到飞机在菲尼克斯城着陆的时候，我们决定买下它。

第二天，我就给马特打了电话，提出了我们的收购条件。我们与业主之间经过几次讨价还价之后，很快地就达成了协议。接下来就要开始尽职调查的工作了。这是对房产进行的全面调查工作，从而保证你对房产拥有最真实的了解。从这一刻开始，我的问题也就来了。

开端

从一开始，这个房产就是充满挑战的。首先，我住在亚利桑那州的菲尼克斯，而这栋房子位于佛罗里达的迈阿密。它们之间的距离大概有2 000英里，非常之远。我没法开着车去检查房屋的具体状况。一旦出现任何问题，我都得坐着飞机花一天的时间飞过去，再租辆车，解决问题，在酒店里住一晚之后再花一天的时间返回菲尼克斯。这样一来，时间和费用的成本可就太高了。

其次，这是我第一次签订由租户承担所有费用的合同。我之前的大多数房产都是公寓楼，租客很多。而这一次，情况完全不同了。我立马开始给自己心理暗示：我根本对这种类型的房产一无所知。当时，我有时感觉自己全身都是凉的。有些话在我脑海里不停地重复："如果我投资失败怎么办？如果我犯了错误怎么办？我知道自己在做什么吗？"我对自己的怀疑愈演愈烈。当时还有人建议我说："你应该请一位律师来帮你审核这份合同。"我仿佛得到了救命稻草："啊！这样的话，所有问题都解决了。"之后有人为我推荐了一名亚利桑那州图森市的律师，我很快就与他签订了协议。

这个决定直接导致了我接下来的问题，一个我从未意识到的问题。这位律师并不是房地产领域的律师，而是专攻商业领域的。他懂合同，但是他不了解房地产投资。这之间的区别可是很大的。

所以，尽职调查继续进行着。我的律师也免不了要和对方的律师有交流。但是，这两位律师互相看不顺眼，而且根本说不到一起去，沟通很困难。正是因为如此，他们一点也不尊重对方。无论我的律师提出什么建议，对方的律师都不同意。反过来也是一样。最后演变成了明显的对人不对事。我们尽职调查的进程被延误了，费用也在不断上升。

我的律师是从亚利桑那来的，在面对这个佛罗里达州的房产时提出了完全不相干的提议。他们互相攻击，甚至拿出一些不可能发生的事情来互相质问。我的律师想要让所有的事情都得到百分之百的保障。

小贴士 经验教训：从这类痛苦的经历中，我总结出一条规律：不要让律师替你去谈合同。律师的工作是为你指出潜在的问题，并为这些问题提出解决方案。你才是真正拍板的决策者。谈判这个工作还是应该由你自己完成的。我在投资的过程中至今也还在遵循着这个原则。

自己出马

我的律师带来了很多的麻烦。这种不停的反复的狗咬狗事情持续了3个月，而什么协议都没有达成！我们唯一确定的就是当初敲定的交易价格。我的律师每天都会打电话给我，告诉项目中出现的新问题、新麻烦。在经历了长时间的忍耐之后，罗伯特和我决定飞去迈阿密，亲自与业主见面定一下四五个尚未解决的关键问题。

我们飞到迈阿密，租了辆车开去房子那里，坐下来与业主讨论了那几个关键问题。不到30分钟，所有的问题都解决了，我们也达成了一致。对方业主也招来了他的律师，让他重新起草一份合同的终稿。我和罗伯特又飞回了家，然后打电话给我们的律师，告知他最新的协议内容及新合同会很快递过来。

新合同是来了，不过内容却和我们当初谈的都不一样了。到底是业主还是他的律师更改了合同条款呢？我不知道。两个律师又开始较上劲了。这过程简直不能用"让人失望"来形容，它让我们都感觉筋疲力尽的。

一通电话

我们在这笔交易上面已经折腾了3个月的时间了，但却一直没有达成协议。当我们自认为解决了最后的问题之时，又出现了一个新问题。我们就像是前进一步又倒退了两步，仿佛永远也走不到头。到底什么时候是个头啊？

答案果然很快就来了。

那是周四的早上10点钟。我和罗伯特正要出城去的时候，电话铃响了。我看到那号码是马特打来的，他说"交易取消了"。

"什么？"我回答道，"什么叫交易取消了？"

马特继续说道："业主觉得太麻烦了，所以他的那栋房子不卖了。他准备暂时留着自己经营了。"

我差点没晕过去。"但是，我们已经在这上面耗了3个月的时间了，总不能说不做就不做吧？"

"他就是这么说的。"马特说道。"如果再有好的机会我会及时与你们保持联系的。拜拜！"

我拿着电话，觉得自己愣在那里大概有一个小时的时间。然而，实际上才有5分钟而已。"我知道该怎么争取回来，"我自言自语道，"我要直接和业主谈！"当时我根本顾不上时差的问题就把电话打给了对方业主。幸好他还没有休息，所以接到了我的电话。他在电话里用了大概15分钟的时间来告诉我他的决定。而且，很明显地，这个决定不可能有回转的余地。我们说过再见、互道祝福之后就挂掉了电话。

到底怎么回事？

我又晕了。我觉得心中一股无名之火烧了起来。我心里想："我花了几个月的时间在这一笔交易上。我放弃了多少的好机会？这时间浪费的太不值得了！我们飞来飞去的，浪费了这么多的时间打电话、谈判，到最后什么都没得到！"

发过这一通牢骚，我的气还没消掉。我就开始找别的原因："我怎么会想到从图森找律师呢？为什么我不打电话给丹或者史蒂夫这两个好朋友？他们可都是房地产行业的专家啊！为什么我自己表现得一点都不专业呢？我知道怎么进行房地产的生意，可为什么还是会拖了这么久的时间呢？为什么我非得通过律师商量合同条款而不自己直接找对方业主商量呢？"

"我在怕什么呢？"

我的愤怒已经快要喷发出来了。起初，我的愤怒全都集中在对方业主身上，怪他单方面终止了交易。之后，我又把脾气发在我的律师和对方的律师身上。之后，我责怪马特没有维持好我们之间的关系，没有最终做成这笔交易。但最终，我发觉自己根本不是在责怪他们。我其实是在责怪自己。其实，对方业主、律师和经纪人都不是导致这次交易破裂的罪魁祸首，我才是。为什么？因为我太害怕自己会把这一切搞砸了。我害怕自己会犯错误，赔掉钱。这是我当时接手的最大规模的项目,我们在这笔交易当中要投入150万的现金。所以我不停地问自己:"如果赔了怎么办?"

说到底,我还是不相信自己。我不相信自己完成这笔交易的能力。在做过15年的房地产投资生意之后,我还是无法完全地相信自己。其实我清楚地知道自己该做什么。这也成了我懊恼的最大原因。在失去这个项目的那一刻,我发现自己清楚地知道该怎么去完成这笔交易,但却没有胆量正视它。为什么?因为恐惧占据了我全部的内心世界。我被恐惧击败了。我走到了前线,却又打起了退堂鼓。在我发现自己失败的那一刻,我又开始责怪起自己来。

接下来怎么办?

已经是半夜一点钟了。我不知道自己是在自言自语还是哭天喊地,我已经有点精神错乱了。我甚至不知道自己是怎么从客厅走到书房的。但是,我的确是在书房里了。我看了看自己的书桌,发现上面堆着一沓房地产投资的报价和介绍材料。我开始冷静下来。我之所以会难受,主要是因为自己浪费了那么长的时间在这个没有结果的项目上。有这些时间,我完全可以再做几个其他的投资项目的。我拿着现有投资机会的清单,开始一个个地看它们的简介和财务数据。它们中的大多都是公寓楼项目。经纪人非常清楚,我之前投资的项目大多都是公寓楼,所以他们会很有针对性地提供给我相对应的投资机会。

就在这时,我看到了一份让我乐起来的材料。是克莱格·科波拉发过来的。他是菲尼克斯的商业地产经纪人,后来就成了我们的好朋友。同时,他也是本书的作者之一。他在听说我那笔迈阿密的交易之后,就给我提供了一个很好的投资机会。但是,我当时全部的精力都放在迈阿密的项目之上了,所以根本没顾上看他的文件,觉得他不过就是冲着佣金来的而已。现在,我已经清醒多了,所以可以很认真地重新审视他提出的这个机会。我记得我们还有过一次谈话,他跟我说:"你应该看一看这个机会。它更好,而且就在菲尼克斯。"我拿着计算器研究了一下他的提案,写下了几个问题之后就又回去睡觉了。睡觉的时候,我脑子里只有一个问题。而且,我必须要就这个问题得到肯定的回答才行。

第二天早晨

我知道克莱格通常起得比较早。他非常勤奋,并且一直是亚利桑那州最棒的商业地产经纪人之一。早上7点,我拨通了他的手机。"早上好!我是克莱格。"我很快就听到了他的声音。

"嗨!克莱格,我是金·清崎。"我回答道。

"嗨!金。我能为你做些什么呢?"他问我。

然后,我就问了那个最重要的问题:"克莱格,你还记不记得在我看迈阿密的项目时你给我看过一个项目?"

"是的。但是我记得当时你并不感兴趣。"他这样回答着。

我吸了一口气,继续问道:"现在还能做吗?"

克莱格回答说:"这都是好几个月之前的事情了。业主方好像也没有在公开市场挂牌出售了。他们现在只想跟有诚意的买家谈。你对它感兴趣哦?"

"是的。"

"真的感兴趣?"他问我。

"真的,非常认真。"我回答道。

"那我还是先给他们打个电话,问问情况吧!我会打过电话之后跟你联系的。"他如此回答。

"谢谢你,克莱格。越快越好。"我焦急地说。

接下来的30分钟对我简直是煎熬。我把手机放在身边,没几分钟就看一眼。最后,我的电话响了,是克莱格打来的。"嗨,克莱格!怎么样啊?"我已经完全没了耐性。

"电话打过了。"他回答说。

"然后呢?"我已经几乎屏住呼吸了。

"他们同意出售。虽然他们没在市场上挂牌,但还是愿意考虑与有诚意的买家交涉。"

我深吸了一口气,觉得放松了很多。

"金,你还在听吗?"克莱格问道。

"嗯,我在听。"我回答道。"他们出价多少?"

"他们出价720万美元。"他回答。

"那它值多少钱呢?"我问他。

克莱格笑了:"说实话,我觉得720万美元这个价钱非常划算。我觉得这笔交易不错。"

我也笑了。

"克莱格，告诉他们我接受这个价格，720万美元。"

克莱格问我："你不需要增加一些额外的附加条款吗？"

我肯定地回答道："不用了。全款。我们会开展尽职调查。如果跟他们说的情况相符，我们会在60天里完成交易。"

克莱格问："就这样？"

"就是这样。"我回答道。

新的交易

又过了不到一个小时的时间，克莱格的电话来了。"搞定了。"他说。"可以开始工作了。不过我还是想问你，明明我上次把这栋楼拿给你看的时候你一点都不感兴趣。为什么这次你那么肯定地要买下它？什么让你回心转意了？"

我解释道："克莱格，在过去的3个月当中我一直都在谈那个迈阿密的健身俱乐部的楼盘。我现在已经非常了解这一类的地产了。我知道这种地产的特点及融资时的关键，还弄清楚了对于这种健身俱乐部式的房产来说什么是问题、什么不是问题。所以，虽然我迈阿密的项目没有谈成，但我也算是交了学费学到了东西。"

我笑着继续说："克莱格，之所以我相中你手上的这栋房子，完全是因为它也是健身俱乐部，跟我在迈阿密看的几乎一模一样。它的售价更低，按揭贷款也更少。不仅如此，它的相对收入还更高。不过最棒的还是它离我的房子很近，只有不到四个街区的距离。我对那片地方也是非常了解的。"

有些时候，最棒的机会其实一直就等在你的身边。

交易完成

我们用了接下来两个月的时间做了尽职调查，找资金还有起草合同。在60天的时间里，我们没费什么力气就把协议给签了。现在，它已经成为我名下表现最好的房产之一。如果之前没有经历迈阿密那一场戏剧性的交易，没有经历过那些头疼和教训,我根本不会注意到这栋菲尼克斯的房产。那样的话,我也就无法拥有现今这么一座小金山了。

其实,迈阿密的那次经历带给我最大的收获还是让我意识到自己是因为恐惧而失败。我的恐惧成为了交易最大的绊脚石。我可以责怪所有相关的人,然而最应该责怪的其实是我自己的恐惧:害怕犯错、害怕赔钱、害怕犯傻等。当我进一步去探寻的时候,我才意识到:如果事情进展不顺利,也许我会犯错,也许我会赔钱,也许我会看起来像个白痴一样。但是,我是了解房地产投资的。如果我做足准备工作,做好尽职调查,争取到好的合同条款和充足的资金,我成功的几率还是很大的。

我最大的收获在于,它让我摒弃了自己在房地产投资当中95%的恐惧。我不再让自己的情绪影响所有的投资。现在的我可以完全把注意力放在具体的事情和创造性上,从而实现交易。它时刻在提醒我所知道的一切,并且告诉我任何时候都还有可以继续学习的东西。

不断带给我教育的房产

到今天为止,我的房地产知识更丰富了。然而,健身俱乐部的项目依然带给了我很多有用的知识。下面就是另几个幕后的故事。

钱?什么钱?

你是不是说过这样的话:"它太贵了,我买不起。"然后释然地离开,觉得自己没有因此而陷入窘境当中。我了解那种感受,因为我也不止一次地遇见过这种情况。但问题是,如果在进行房地产投资的时候你还是机械化地回答"我买不起"的话,你就自动出局了。也许你放弃的是千载难逢的好机会也说不定。

我从罗伯特的富爸爸那里学会了很多的东西,其中有一条就是每当我想说"我买不起"的时候,就问问自己:"我怎么才能买得起?"通过这个问题,你能强迫自己思考。你得到的答案会让自己都大吃一惊。这也成为了我每次购买房地产的时候都会问自己的问题。

在我和罗伯特开始创业之初,我俩其实有过一段破产的状态。那时的我们是真的没有钱。但正是那时，我开始了自己房地产的投资。当时，我们甚至都没有钱来支付每月的账单。所以，如果我们想要投资房地产的话，必须用自己的创造力来想办法，通过各种渠道来为投资的头款筹钱。

现如今，当我再遇到好的房地产投资机会时，罗伯特和我仍然很缺钱。这不是说我们还是一穷二白的。相反，我们有钱，只是都拿去投资了。现在的我说一句"我没有钱"也没有什么，但是我仍然在不停地想办法，通过各种方式筹措我需要的资金。

对于我健身俱乐部的那栋楼也是一样的。我先是与业主订好了协议。接下来，我要做的就是去筹集头款了。在菲尼克斯的这处房产交易当中，留给我筹钱的时间很短。我只有两周的时间去筹措合同的头款。

小贴士 经验教训：对于只有单一租户的商业地产来说，不只是买家才关心租户的质量。贷款方甚至会对租户的质量更加小心。

健身俱乐部说起来并不算是最高质量的租户种类。因为在这些年间，有无数的健身俱乐部相继倒闭，退出了市场。这个行业被认为是高风险行业，因此往往被贷款机构给予比较低的评估。正因为如此，贷款人通常需要你偿付比公寓楼项目更高的头款比例以控制风险。所以，我不得不面临比通常还要高出10%的首付款比率。

交易最终还是成功进行了。头款是由一部分现金、一笔从公司来的贷款和一笔第三方的私人贷款共同组成的。对贷款来说，只要偿付利息就好了，不会参与房产的利润分配。我们很快地归还了其中的两笔贷款，最后一笔也会很快还清。房子的租金根据合同约定每年都有一定的上涨。所以，我们每年的租金收入都有所提高，现金的现金回报率也相应增加了。房屋的价值也因此实现了上升。到今天为止，它的业绩已经非常傲人了。

但是，就当我签过协议、交过头款、取得了房产的所有权之后，我又犯了一个不可思议的错误。

天大的错误

当我们签好协议从律师事务所里出来的时候，克莱格叫住我说："提醒你一下，这个业主在北边还有一栋几乎一模一样的楼。它现在还在寻找买家。你要不要看一看？"当时的我刚经历过这好几个月的折腾，好不容易找来了资金买下了这栋楼。我觉得自己终于可以喘口气了，所以我想都没想就笑着给拒绝了："现在还不是时候，克莱格。我钱都花完了，买不起了。"这真的是一个天大的错误。

当时的我并没有去看一看那个摆在眼前的机会，而是掉进了"我买不起"的圈子当中，让一个大好的机会白白地溜走了。我如果花一点时间好好考虑，用"我怎样才能买得起"的思维去思考一下，到今天我可能已经拥有两座运营良好的健身房了。这真是一个代价高昂的错误。

律师可以成为你的好朋友

是的，我们都听过无数数落律师的笑话：

问：该怎么判断律师在撒谎呢？答：很简单，只要嘴唇在动，他就在撒谎。

问：在马路上被撞死的狗和律师有什么区别？答：狗的前面有刹车痕，律师前面没有。

问：为什么鲨鱼不攻击律师？答：因为他们是同类。

我就见过很多这样的律师，他们给律师这个称号带来了负面的影响。我在迈阿密的那栋房产交易当中碰见的那两位律师是没给律师们争光。但是很多坏的交易往往能带给我们一些意想不到的好事儿。这一次，我得到了来自斯科茨代尔的律师——查克·洛特泽。他还为本书贡献了一部分的内容。

罗伯特和我之前就通过朋友介绍认识了查克。他是一位商业律师，并且拥有丰富的房地产经验。因为我们要买的那栋健身俱乐部房产只有单一租户，所以签订的租赁合同肯定要规定得非常严格。正因为如此，我们请来了查克，用他的专业知识帮我们审核合同。

查克对合同做了一些必要的修改，并且提出了我之前从未注意过的一个重要的点。还记得吗？之前我说过，对于这种单一租户的商业地产来说，租户的质量是最重要的。据我所知，那个租户的公司规模庞大、非常知名，而且连锁店遍及全国各地。但是，从合同里却一点都体现不出来。查克圈出了这一条，拿给我看。

原来，这是一家亚利桑那当地的健身俱乐部，但是名字跟那家全国性的大连锁俱乐部非常相像。我们想要找的租赁人是全国性的大型连锁店，而不是这种地方性的俱乐部。我当时就问查克为什么这一点那么重要。他反问我说:"你的房产占地 5.2 英亩,室内面积有 44 000 平方英尺,你说最应该担心什么问题?"

"很简单,"我回答说,"我最担心的就是租户会在租赁合同到期之前提前终止合同。"

"没错!"他回答说,"如果你的租户是一家亚利桑那州的小型健身俱乐部,他们如果想要终止合同的话,直接申请破产就好了,对不对?"

"是的。"我答道。

他继续说:"如果是一家全国性的大型连锁店,他们就得宣布集体破产。他们不能说自己某 5 家店破产,而剩余的 200 家店继续经营。他们如果想要退出,那就得停止自己所有的业务。你觉得发生这种情况的可能性是不是更小些呢?"

我一下子就明白了。

查克撤回了原来的合同,重新签订了新的合同。虽然过程并不简单,但他还是在很短的时间内就搞定了一切。

这就是好的法律顾问带给你的价值。查克的收费也不低,但是你花的每一分钱都是值得的。由于查克的协助,我们房产的价值迅速上升,远远超出了我们的预想。我可以很高兴地告诉你,正是因为查克,让我对律师这个职业产生了积极的看法。是的,律师也能成为你的好朋友。

小贴士 经验教训:当你的房地产交易需要法律建议的时候,一定要找个值得信赖的专家。别害怕自己会付出高额的律师费。在我看来,你会因为贪小便宜而吃大亏。因为我每次图便宜之后,到最后都会付出更高的代价。

耐心是一种美德——另外一课

这一栋房产直至今日仍然不停地教给我这样或那样的知识。从我在 2004 年买下它开始,它就不停地带给我各类的知识。

最近一次是有关它附近的 3 块商业用地的。这 3 块地上的建筑都有年头了,如果可以把它们收购过来,那么就可以把我们现有的 5.2 英亩的地盘再进一步扩大。所以,如果这些地挂牌出售的话,我们肯定会想办法买下它们。在这其中,有一块地是我们最想买过来的。

在将这定为了我们的长期计划之后，我们就分给了克莱格一部分的股份，以此要求他帮我们处理有关这片地产的所有问题，同时密切注意它旁边地产的最新动向。

人们经常会问为什么我们总能碰到最好的投资机会。我的答案也很直接，我们给自己的合作伙伴更高的回报。更高的佣金、房产的股份或是自己更多的投入，我们都用过。成功的生意在于关系，而非交易本身。总低着头看交易的人只会压低价格、减少佣金或是在协议上斤斤计较，想着怎么捞钱。这样的人通常无法构建良好的合作关系，也就无法获得最好的投资机会。如果人们发现与某人共事非常麻烦，甚至感觉痛苦时，他们的合作早晚是要破裂的，交易也会因此而失败。而我们已经与自己的经纪人和合伙人成为了互相信任的好伙伴，都希望看着自己的合作伙伴获得成功。我们的合作关系是长久的。

还是要耐心

克莱格耐心地与周围几座房产的业主保持着沟通。他对人非常坦诚，因此对方的业主们也就时时为克莱格提供着自己最新的项目进程。说回来，这还是关系的问题。很多商人都会小心翼翼地保守自己的商业秘密，不到最后一刻绝不泄漏。这样的保密工作需要花费很大的力气来做。

而如果说到房地产，这种做法就并不是那么科学了。房地产生意需要买方和卖方都知道你的房产，才能为它提升价值。每一栋房产都可以有很多不同的用途。比如说，公寓楼就可以改装成酒店，一栋两层的写字楼也有可能被改建成七八层高。建筑物本身也有可能被拆毁，重新建设新的项目。即便买家的意图没有泄露，买卖双方也很有可能判断出对方的意图。因此我会主动地询问卖方的想法是什么。这样的话，谈判起来就更加容易了，结果也会好些。

多亏了克莱格的努力，我和罗伯特现在与附近的那几个业主关系非常好。我们之间不会有什么遮遮掩掩的计划。他们知道我们想要买下他们的房产，我们也会公开地表露自己的想法。他们还知道我们并不是很急切地要得到它们，所以不会出现盲目的出价。他们现在也没有出售这几块地的打算，因为这几片房产的租金都非常不错。我们也了解这一点。这就需要我们有耐心了。我们想买这几块地已经有4年的时间了。但是，我们会继续等待，直到合适的机会降临。

小贴士 经验教训：心急吃不了热豆腐。有些时候你得耐心地等待机会，而不是做一些勉强的事情。

现在与未来

从事房地产行业的时候，对未来的判断比现在的状况还要重要。因此，研究市场变化、观察市场波动及持续的学习能帮你占据上风。但如果对这些不够了解，你的房地产投资就有可能从资产转变成为自己的一大负债。

看看在2007—2008年间的房地产次贷危机期间投资者们都经历了些什么吧！他们没有注意到市场的警告信息，最终付出了惨重的代价。为什么？当市场繁荣、价格飙升的时候，很多人都觉得房价还会进一步上涨。所以他们带着下面的几种心态，不惜用高价购买房产：

1. 可以通过炒房，在短期内倒手，利用房价的上涨来获利。

2. 房屋价格会一直飙升，所以很多人会买不起房，进而选择租房。房屋租赁市场会因此红火起来。既然如此，房价也会随之上浮。

3. 可以整栋地买公寓楼，然后独户出售。这样一来，可以获取更大的利润。

这些策略都是建立在当时房价持续上涨的前提之下的。这些人只顾着看当前的状况，而忽略了长远的市场发展。

就拿我的伙伴肯·麦克尔罗伊（我和罗伯特的投资伙伴）来举例吧！他就曾经在大概两年前、金融危机来临之前对我说过："金，作好市场转向的准备吧！房价要下跌了。"

当时我还问："为什么这么讲？"

他说："因为我发觉事情开始不对头了。有一对夫妇来到我的办公室里，要求租房子。我们觉得他们挑中房子的房租对他们的收入水平来说太高了。但是后来他们走去街对面的公寓中去，竟然买下了一间公寓，而月供是我们这边房租的两倍！这样的事情长久不了的。"正因为如此，肯在这场次贷危机来临之前就看到了它发生的迹象，从而作好了充足的准备。

耐心＋准备＝利润

光是有耐心还是不够的。只有你看到了未来的趋势，并且为抓住机遇作好准备的时候你才能真正获得财富。

我在夏威夷的邻居彼得，就通过自己购买家旁边一栋漂亮的海景别墅的事情，很好地为我诠释了"耐心"这个词的含义。彼得很懂房地产，而且了解市场的趋势。他一辈子都住在夏威夷，见过房地产市场的起起落落。

他旁边的那栋房子，起初是由一个日本人买下的。记得有段时间，很多日本人都选择在夏威夷置业，这栋房子也是那会儿卖出去的。当时，这栋房子卖出了一个很高的价钱，但是很久都没有人来住过。后来有一天，彼得发现它门口挂着"出售"的牌子。彼得立马拨通了经纪人的电话。原来，那位日本的业主遇到了财务方面的麻烦，需要出售这栋房子。当然了，挂牌价比当初的购买价还要高。那位业主并不了解，当时的夏威夷房地产市场正在走下坡路。而彼得深知这一点，所以他选择等待。他也清楚，等待的话有可能这栋房子会被别人买去。不过，既然看到了夏威夷房地产市场的下滑趋势，他决定承担这一风险。

没过多久，彼得就看到那栋房子上挂出了"减价销售"的牌子。于是，他又给经纪人打了一通电话。然而，价格还是太高了。于是他继续选择等待。最终，过了大约两年的时间，价格终于降到了合适的范围。他再一次拨通了经纪人的电话，最终达成了交易。彼得如愿以偿地买下了那栋房子，他的耐心得到了回报。

我们房产的未来

我不知道自己是否能最终买下那3栋近邻着我们的房产。这都要看价格、合同条款、当时的市场情况及对方业主的具体需求而定。而我们则随时作好了准备，等待交易机会的来临。耐心和等待是值得的，因为它们今天的价值已经比几年之前都低了一些。不仅如此，我们还为未来作着准备，期待有更好的明天。

总结

当谈到房地产投资的时候，学习是永无止境的。这也是积极的投资者与被动的投资者之间的区别。积极的投资者亲身参与其中，控制着自己的投资。而被动的投资者只是简单地把自己的钱拿给所谓的"投资专家"，期待着他们管好自己的钱。积极的投资者不断地进行着学习并随之成长，掌握更多关于金钱的知识。而被动的投资者只是把钱拿给别人然后就什么都不管了，所以他们什么都学不到。

23

从头开始

——唐纳德·J.特朗普

  唐纳德·J.特朗普是纽约特朗普集团主席。特朗普集团在全世界范围内进行着房地产的销售、推广、物业管理、高尔夫球场开发、娱乐场所开发等业务。在房地产投资领域之外,特朗普还是畅销书作家,并且制作并参演了真人秀电视节目《学徒》,并作为幕后老板与NBC电视台共同制作着"环球小姐""美国小姐"及"美国妙龄小姐"的节目。他是一位成功的商人、著名的交易商和热心的慈善家。

相信世界上很多地方的人们都看过唐纳德·J.特朗普的电视节目《学徒》。通过本书的写作，我有幸成为了唐纳德的"学徒"之一。我通过《让你赚大钱》这本书的写作，我了解到了他的个性、经营理念、房地产理念及他成功的原因。

——罗伯特·清崎

我的第一笔大生意

我在做自己第一笔大生意的时候还在读大学。我在大学读书的空闲时间都会看被联邦政府没收的房产列表。我知道，我的同学们可能都在看体育新闻。但是我关注的却是房地产，而且我愿意花时间去学习有关房地产的任何知识。

有一天我看到了位于俄亥俄州辛辛那提市的斯威夫顿小镇项目。那片公寓群总共有12 000个房间，但是空置率一直都在2/3左右。原有的开发商对此无能为力，因此无法偿付所欠的银行贷款，进而被政府强行收回了。看起来，这项目糟透了。因此，它一直也都没有找到买家。

这并没有让我感觉气馁，因为我觉得这是一个非常好的机会。我拿着这个项目去找我的父亲，然后以不到600万美元的价钱就把它买了下来。而就在两年前，这整个项目的建造成本可就超过了1 200万美元。我们为此申请了全额贷款，然后花了10万美元进行了急需的整修工作。所以，我们根本没掏首付款就拿下了这个项目，然后用每月的租金来支付按揭贷款。

因为当时的我还是在读的大学学生，所以我觉得这一切都非常有意思。我知道这是一次挑战，但我仍然可以清楚地看到未来的成功，我因此而充满了激情。通过大量的调查工作，我发现虽然它目前面临着一大堆棘手的麻烦，但是它的潜力非常之大。

这片公寓楼以"落跑的租客"而闻名，租客经常在半夜的时候把自己的行李装进拖车然后就消失不见了。这个问题时常发生，所以我立马决定聘用日夜值班的巡逻队来避免此类情况的发生。

不但如此，这里的租客还非常不爱惜房子，经常把房子折腾得惨不忍睹。因此，"落跑"和"毁损"这两个问题很大地影响了这片公寓的租赁。经过测算，我们起码需要80万美元才能让情况有所改观。但好的一点在于，在辛辛那提上调租金很简单，比我们在纽约要容易多了。

楼房是红砖的，因此我们在所有的窗户上都加上了白色的百叶窗，一下子让整体感觉美观了很多。我们还修整了地面。我们还把那些难看的铝制的房门都换成了白色的仿近代感觉的门，与百叶窗非常协调。我们没有耍任何的小聪明，只是在做每一个改动的时候都保证了效果是明显的。斯威夫顿小镇项目一下子旧貌换新颜，人们都震惊了。我们在辛辛那提的当地报纸上刊登了广告，不到一年的时间，所有的房间就都出租出去了。

我们也同时意识到，这片公寓需要一个长期的项目管理经理。这片地方很大，之前聘用的几个人都不是很称职。找了很久，我终于找到了一个不错的人选。他非常狡猾，但却毫不避讳这一点。他社交的技能也不怎么样。他的性格急躁，而且很不懂礼节，完全一副反派的样子。但我发现他具备一种能力：快速高效地完成任务的能力。这对于物业管理经理来说非常重要。我考虑的其他人选也许更加诚实或是讨人喜欢，但他们在遇到具体工作的时候就不是那么称职了。虽然我还得好好观察一下这个小伙子，但是从长期来讲他应该能帮我把这片公寓管得很好。

我在这片公寓的投资非常成功。我甚至不需要经常去那里，物业管理经理把它运营得很好，而且再也没有租客落跑的事情发生。直到几年之后，我跟一个算是朋友的租客聊天时，他告诉我这片公寓周围发生了很多的变化，我也应该考虑撤出了。斯威夫顿小镇当时的出租率是100%，而且没人抱怨公寓楼的管理工作。但是，我还是考虑了他的建议，在辛辛那提多待了几天准备自己调查一下。

我发现，他说的是对的。周围的居住环境越来越差了。因此，我决定将它卖掉。买家很好找，而且最终成交价高达1 200万美元，比我之前的购买价高了一倍。对于首次投资来说，这个结果已经很不错了。而且我在这当中学到了很多关于人性的东西。我同时还发现，这种被没收的房产并不能成为我未来的投资方向。然而，在我的第一次投资当中它帮我赚到了钱，为我之后在曼哈顿自己进行房地产开发带来了启动资金。尽管如此，我还是偏好自己从头建起的感觉。

我还学到了重要的一点：为顾客提供高质量的产品。我在整个过程当中都保证公寓楼的整洁、安全和不错的外观。我们并没有在地上铺大理石，也没有镶金的装修，但是我们的每一个细节都是很讨人喜欢的，并且通过标志性的白色百叶窗和门确立了自己的特色。无论你的名字是否挂在那栋楼上，这一点是尤其要记住的——要让你的产品独树一帜，给人记忆点。

登陆曼哈顿

开始在曼哈顿起步真的不是一件容易的事情。有一位纽约的房地产大亨就这么说过:"特朗普是有一些钱,但是他知道怎么盖房子吗?"这听起来可不是什么欢迎的话。不过,这却让我意识到了即将需要面对的挑战。回顾过去,我只能说他们并不了解我的实力。我才是能写成《永不放弃》这本书,而且以身实践的那个人。不仅如此,我还在不断进步,变得越来越强。

在20世纪70年代的时候,情况可不是这样的。我当时初来乍到,而且纽约市政府也面临着财政赤字的问题。我还经常听人们说政府要破产了。这种环境对于房地产开发商来说并不是什么好事情。但是我已经定下了目标,不会轻易放弃。我明白,即使在如此恶劣的市场当中,仍然是有机会的。实际上,当时的市场糟透了。但是我决心已下,不会因为任何理由而半途而废。曼哈顿无可替代,所以我决定守住这片市场。

唐纳德·特朗普语录

"有问题,才会有机会。"

"如果没有出过大问题,那么你做的事一定不是什么大事。"

"反对意见总会存在。接受它,你才称得上是作好了准备。"

"商业是一门艺术,房地产或是别的领域都一样。你要努力学习技巧、坚忍不拔而且时刻保持自己的激情。"

"我经常用父亲做事的4个步骤来指导自己:开工、做完、做好、收工。"

"当你碰到问题的时候,先问问自己:这问题到底是大是小?这能帮你作出合理的反应,更好地解决它。"

"收获与播种密切相关。但你得知道它们的先后顺序。"

"适应性是你存活能力的保障之一。要保证你自己拥有很强的适应能力。"

"房地产自己会保持平衡。它总会有起伏,但这并不是什么偏差,而是市场的正常规律。"

"不要指望别人为你保证财务的安全。"

我在曼哈顿的第一次投资是在哈得孙河旁的一个废弃的火车站。它位于34号大道和60号大道交叉的位置，大约100英亩的一片地。我当时努力地劝说市政府将新的会展中心（现今著名的雅各布·贾维茨中心）建在这片地方，而不是之前选定的巴特利公园附近的商业区。就像我在自己1987年出版的第一本书《交易的艺术》当中说过的："我们等待对手自己灭亡，从而获得胜利。我们永不放弃……"指的就是1977年的这件事儿。到了1978年，市政府终于同意在西34号大道修建会展中心。这对于我来说是一个重要的胜利。

然而，市政府和州政府要亲自监督这一工程。这样一来，我来负责的计划就被拒绝了。结果，他们最终的建造费用比预算高出了7亿美元。当时这个项目浪费了很多钱，而且今天看来，会展中心的质量也真是不怎么样。但在当时，我的精力几乎都放在了位于60号大道的那片废旧火车站上。我准备在那里建造一片面朝哈得孙河的住宅区。我知道自己会面临很多的反对意见，比如规划部门和附近的社区，以及饱受赤字之苦的市政府都会反对这个提议。在1979年的那个时候，我知道自己得要妥协了。不过，我也清楚自己的这个目标总有一天会实现。现在，我的想法终于变成了现实，特朗普大厦已经骄傲地建造在了那片地方。虽然，这一切晚了近30年的时间。不过，这是另一回事了。

在处理火车站这片地的问题同时，我还在曼哈顿寻找着其他的投资机会。大中央车站旁边从前的船长酒店当时的经营状况很糟糕，其实，当时整片的区域也都不怎么样。那片区域是投资者都会尽量避开的地方，与今天的状况完全不同。

我准备收购船长酒店，并且改善它的经营状况。当时人们并不看好我这笔投资。就连我父亲都说："当克莱斯勒大楼都要破产的时候你去收购船长酒店，这简直就像抢着登上泰坦尼克号一样。"他清楚地明白当时的风险有多高。

虽然我也意识到了其中的风险，但是我觉得此举可以为城市恢复元气做出一些贡献。并且，我看到了这种可能和迹象。周围的状况糟透了，我买下这栋酒店可以提供一些工作机会，为附近的人们带来一些希望。对任何问题，人们都会有不同的观点，你完全可以用自己的观点来影响其他的人和其他的反对意见。

当时，我只想着该如何去和酒店谈判。他们欠了600万美元的税，不久前还花了200万美元进行重新装修（肯定是远远不够的）。现在，实在是撑不下去了。为了以1 000万美元的价钱买下它，我得要先去纽约市政府申请税务减免，然后去筹资，并且找到一家经验丰富的酒店公司来进行运营。除此之外，我还要考虑其他利益相关方，合理地起草合同。这都不是什么容易的事儿，用"复杂"来形容当时的状况是远远不够贴切的。我花了几年的时间才最终敲定了所有的事情。

我最先做的事情就是找一位了解我想法，并且对这个项目有热情的设计师。我找到了一位年轻的设计师，名叫德尔·斯卡特。他是绝佳的人选，因为他很清楚我想要做什么——重新包装这栋楼，让它在周围的建筑物中脱颖而出，成为标志性建筑。也许我聘请设计师的时间有点太早了，我甚至不知道这个项目能不能成功。不过，我一直对自己有着百分之百的信任，坚信自己的项目能够获得成功。

与此同时，我还需要找到经验丰富的酒店经营者。我发现很多大型的酒店连锁集团都在纽约落户了，但是有一家我最喜欢的酒店——君悦，却还没有进驻纽约。于是我打电话给他们，问他们是否对我的酒店感兴趣。结果，一谈就成功了。我们很快就签订了协议，并且于1975年的5月在媒体上进行了报道。这样一来，酒店运营的合伙人也有了。

接下来的工作才是最为重要的——我需要资金，并且从市政府取得税务减免。我决定聘请一名60多岁的经验丰富的房地产经纪人来帮我。我当时只有27岁，而且我觉得有经纪人在更好些。事实上，的确如此。有了设计师、酒店运营合伙人和经验丰富的经纪人，我已经作好准备了。

我们很快就碰到了拦路虎。没有得到融资，市政府就不愿意为我们提供税务减免。而没有税务减免，银行也不肯为我们发放贷款。这无形中成就了一条悖论，而我们深陷其中。在谈判的过程中，我们决定不断地对问题缠身的市政府进行说服教育工作，同时希望取得一些建设性的突破，博得银行家们的认同。然而，这都不管用。但是，在我们不断尝试的过程中，有一家银行对我们的方案产生了兴趣。

就在我们与这家银行进行了好几个小时的谈判之后，他们当中有个人突然改主意了。他提出了一些荒谬的问题，试图扼杀我们的交易。虽然我们竭尽全力地挽回，但是他们已经打定了主意，不肯更改自己的决定。

这个时候，我产生了放弃的念头。实际上，我真的是精疲力竭了。然而，我的律师乔治·罗斯极力地劝说我，让我继续下去。他帮我意识到，自己已经在这个项目上面浪费了那么多的时间了，不能这么就轻易放弃了。所以，我决定再去联系一下市政府的官员。即便手上没有拿到融资，我还是想要向他们解释一下现在的状况。很明显，君悦酒店集团想要进驻纽约，对此非常积极。他们一定能做得很好，只是现在来看成本太高了。我们需要减免一部分的房产税，不然的话就什么也做不了。同时我还指出，这栋新的酒店将会成为振兴中央区的催化剂，带动新一轮的复兴。

这次终于成功了！市政府接受了我的提议，与我签署了一份各方都受益的合同，并且和我成为了合作伙伴。我获得了长达40年的税务优惠。同时，我要用1 000万美元买下船长酒店（其中600万美元是付给市政府的拖欠税款）。之后，我将这栋酒店以1美元的象征价卖给市政府，再获得政府给予的99年的长期租赁。最后，我从两家贷款机构获得了融资。

这一切都并非易事。当我回过头再看这笔交易的时候，我意识到自己当时在困境中坚持了那么久，真是不简单。但这一切都值得了，中央区的君悦酒店带动了整个区域的复兴。时至今日，这里已经成为了纽约市最繁荣、最美丽的一片区域。酒店本身也以它四面通体的镜面外观成为了这里的象征性建筑。这栋楼并没有我的名字挂在上面，但是其中的每一个细节都与我相关。项目的质量、愿景及结果都与我密不可分。

10个成就伟业的小步骤

1. 找到自己喜欢做的事。找出自己最适合做的事情。如果你想获得成功，就需要充满激情。不过，激情也要用在点子上。
2. 尽可能多地学习有关你事业的知识：做一个专家。
3. 向自己提问题。比如说，可以问自己："是不是有人做这件事情会比我更好？"这样会帮你从另一个角度了解自己，并且认识到可能的竞争。这样可以帮你将事情简化。
4. 认识这个世界。将整个世界看成是一个发展当中的市场。坚持每天学习。这是必需的，而不是可选的。
5. 专注。保证自己做事情的时候100%地投入进去。
6. 了解自己的盲点。问问自己："我在刻意避免哪些问题？"
7. 为自己订立高标准——做到最好。
8. 积极思考。避免消极的思想。要想解决问题的办法，而不是纠结于问题本身。
9. 坚持，并且时刻警醒自己——每天都一样。每天都要向前，不要半途而废。
10. 永不放弃。永远都不放弃，是我给你最好的建议了。

24

在从父辈那里学到的房地产知识中，最重要的是什么？

——小唐纳德·特朗普、埃里克·特朗普

小唐纳德·特朗普是当今的商业社会中集创新精神和领导才华于一身的优秀青年才俊。作为特朗普集团的执行副总裁，小特朗普与他的妹妹伊凡卡及弟弟埃里克正将集团的房地产、商业及酒店业务带上一个更高的台阶。他丰富的房地产开发经验、严格的教育及与生俱来的商业触觉都为所有的特朗普项目添加了对细节的关注，并让项目更富内涵。他还是一位老道的、受人追捧的演讲家，并作为顾问团成员参与了 NBC 的《学徒》节目录制。

埃里克·特朗普是特朗普集团负责开发和并购业务的执行副总裁。他对国内国际各类型的房地产都有着广泛的操作经验，无论是前期的并购、项目谈判还是最终的设计、建造及营销、销售工作，埃里克都承担着重要的责任。埃里克还作为主讲人参与过国家级的房地产大会、CNBC 电视台、FOX 电视台、NBC 电视台的节目，并接受过《纽约时报》的专访。他不但本职工作出色，而且还热衷于儿童的救助工作。他还牵头在圣犹达儿童医院成立了埃里克·特朗普基金会。

小唐纳德·特朗普

  小唐纳德·特朗普的父亲——著名的唐纳德·特朗普与我同岁，他是全世界闻名的房地产开发商，也是我的良师益友。与唐纳德·特朗普这样的好友一同编写本书，我深感荣幸。另外，我还认识了他的两个儿子：小唐纳德和埃里克。

  有天晚上，唐纳德和我一起受邀参加了鹅毛笔奖的颁奖典礼。这个颁奖典礼跟奥斯卡金像奖很像，只是奥斯卡金像奖面对的是好莱坞的影星，而鹅毛笔奖则面向作家而已。唐纳德·特朗普和我受邀为最佳商业书籍的作家颁奖。

  在当天的晚宴上，我坐在小唐纳德·特朗普和他美丽的妻子旁边。我们当天讨论的话题是狩猎。在晚宴当中，我发现小唐纳德和他的弟弟埃里克不仅喜爱狩猎，还喜爱收藏枪支。这与我的爱好不谋而合。虽然我也知道，收藏枪支和狩猎并不是非常合法的。但是，发现有两个年轻人与自己有着相同的爱好感觉真的很好。而且，这个爱好甚至对我的妻子金来说都是保密的，因为她是动物保护主义者，并且对枪支没有什么好感。金更喜欢打高尔夫，这跟唐纳德·特朗普的爱好很像。

  在过去的这些年中，我与小唐纳德·特朗普和埃里克一同打过很多次猎，所以私交也还不错。他们什么都不缺：金钱、名誉、相貌及才华。他们不像很多有钱人的孩子那样被宠着长大。他们积极、聪明、富有经验并且对市场非常敏锐。我在每次与他们狩猎的过程中都能学到很多关于房地产和人生的知识。

  他们的父母应该为这两个出色的年轻人感到骄傲。

——罗伯特·清崎

  我的标题看起来再简单不过了，但还是有很多人因为羞于启齿而错失了很多绝佳的机会。这让我非常不解。说白了，他们害怕被拒绝。他们害怕听见"不"字。他们要么是害羞，要么是脆弱，要么就是过于骄傲而不愿意去争取那些自己想要的东西。但这样的人是无法适应房地产世界的。如果你想要成功，那就从现在做起吧！

小贴士 在生活及做生意的过程当中，如果你不开口问，那么就什么也得不到。一定要学会谈判!

因为害怕开口或是逃避谈判的工作,各行各业的人们都会错过大把的机会。这也正是优秀的商人在不断做的一件事:用更好的价钱买到货物和服务。我很小的时候从父亲那里学到,必须抓住每一个容易的机会。他并没有坐下来给我耐心地讲解其中的道理,我是通过两个暑假的工作自己领悟出来的。

我的第一份工作是在新泽西州大西洋城的特朗普赌城的码头当服务员。当时的我只有14岁,却要远离家乡在当地打两个月的工。我的工作是帮助船只靠岸、连接水电系统和其他的一些杂活儿。我拿着最低的工资,还有一些小费。我觉得,每个人都应该去做一做拿小费的工作。你的工作态度、热情会因此变得不同。为了小费而工作是对我来说非常有意义的一课。

在码头工作了两个暑假之后,我就开始作为园艺师为我们的一处地产开展工作。这份工作需要担负更大的责任,也需要专业的技术。我学开拖拉机、学用电锯,用自己的苦劳力让那房子的环境变得更好。我拿的工资还是最低额。但是,再也没有喝醉的乘客给我小费了。我的工资就是那些死工资,一点儿多的都没有。

起初,我对这份工作的工资什么都没说。我不想表现得贪婪,而且我也不愿意放弃自己的骄傲去争取更高的工资。但是到了那个夏天快要结束的时候,我终于鼓起勇气找到父亲,问他为什么让我做这个更有技术含量的工作,却一点工资都没给我涨。不仅如此,之前我还能拿到一些小费,而现在这都没有了。他的回答也很简单:"你根本没向我要求过要涨工资。既然你愿意接受这个工资并为之劳动,那我为什么要给你加薪呢?"没错,我的确是这么做的。这对我来说是重要的一课,而且事后想起来道理是那么的简单。但在当时,我的情绪、恐惧和骄傲阻挡着我,让我失去了为自己争取应有权益的勇气。

从那时开始,我就打定主意再也不犯这样的错误。那个夏天的工作并不很累,但是我觉得自己就是因为没有争取,所以做了更多的工作,而没有获得相应的报酬。我一直铭记着这个教训,直到今天。

不过,最痛苦的教训往往也最能帮助你成长。我的那个夏天的苦工并没有付出太高的学费。所以,失败和教训还是早来好。因为,如果在你的生意或是投资非常庞大之时,你再经受失败和挫折,那代价可就惨重了。

我从此再不害怕被拒绝了。相反,我还经常玩起谈判的游戏。我告诉你我是怎么做的,你也可以试一试:每次碰到机会的时候,我都会试着与对方谈判，为自己争取到多一些的东西。我努力让自己每次都能省几美元，或是让对方多送我一些东西。无论我买什么东西，都努力为自己创造一些额外的价值。这里有一条不变的真理：创造价值是商业的根本。

当说到房地产或是人生时，你还是不能害怕张口。你开口，得到最坏的结果无非就是一个"不"字。即使那样，你也没有损失任何的东西。问话是很快的，而且只需要花几秒钟的时间。信不信由你，所有的商人都等着你问呢。通过简单的一问，你也给自己和其他人带来了谈判的机会和为自己创造价值的机会。即便你立马就得到了一个"不"字，结果其实也并没有那么可怕。当然了，你也许无法完全实现自己的想法，但双方可以各退一步，同时各自得到一些东西。这就是谈判的价值。你可以在任何情况下都向前看。

我学到的是：你得不停地争取，并且不断推动谈判向前发展。正常的人不会死咬着自己的原价不放，因为人们都希望自己买的东西便宜一些。最糟糕的状况无非就是你什么也没争取到。所以，拒绝并不是什么最糟的结果。它是这游戏中的一部分。听到对方拒绝以后，你又可以开始新一轮的争取了。

最终，你的胆子会越来越大，你会发现自己可以开口要求一些对方难以满足的要求。最终，你们双方会达成某种妥协，让协议的最终结果对你更加有利。有些时候，对方还会同意你疯狂的要求，上你的当。当你在这一游戏的进程中，一定要坐稳了别高兴得从椅子上摔下来。相信你也不想让对方看到你这种过激的兴奋举动然后改变主意吧！如果是这样，他会重启新一轮的谈判，让你空欢喜一场。

当卖方向你提出了过分的报价时，你也要同样保持冷静。不要全单接受他的报价，与他重新来来回回地协商一遍。即使在谈判快要结束的时候，还要向他提出一些额外的要求。这样会让他觉得你已经到达了自己的底线，让他获得满足感。这才是游戏的法则，是交易成功进行的保障。你可以在平常表现得很兴奋，但是在谈判桌前绝对不可以这么做。千万要冷静地控制自己，让对手觉得你已经付出所有的努力、到达可以接受的极限了。这样做能为你设下谈判成功的基调，帮助你不断地成功，再成功。

最后我想说，你问得越多，未来开口的时候就会感觉越轻松，听到"不"字也就不是什么过不去的坎了。你会发现，开口询问的习惯及积极推进的技巧能为你和你的项目争取到更好的地位。尽量试着在每一次机会来临的时候都砍砍价。没错，每一次机会都要这样做，你会惊讶于自己的收获。我还曾经试图在小商店跟人砍价，当店员拒绝了我，并且准备请我出去的时候，我还要求跟他的经理谈一谈。说不定你就能9折买到他的商品。是不是听起来很疯狂？其实你试一下就知道了。省下 10% 不就等于赚来 10% 吗？

当你在建立对谈判的自信心时，要学着灵活及适度地进行自我调整。这样一来，你会觉得谈判更容易了。不要那么紧张，你什么也丢不了，反而可能会得到很多。

埃里克·特朗普

我得告诉你，我的妻子金喜欢埃里克·特朗普。虽然她也非常喜欢伊凡卡和小唐纳德·特朗普，但是埃里克在她心目中还是占有着特殊的位置。她之所以喜欢埃里克，是因为他们俩有很多共同点：善良，而且外表靓丽。埃里克是唐纳德 3 个孩子中最小的一个，金也是家中三姐妹里最小的那个。虽然特朗普家的 3 个孩子都有明星气质，但是对于金来说，埃里克还是很特别的。

小唐纳德和埃里克曾经邀请我去他们距纽约城一公里外的俱乐部里狩猎野鸡。那段时间对我来说非常难忘。那时候，我还跟这两个年轻人不是很熟。在跟他们一起跳进冰冷的泥水里，在齐膝的水里跋涉，带着猎狗去追野鸡的过程，让我觉得这两个年轻人真是不一般。这让我看到了他们在办公室外、在第五大道的中央公园外的他们的另一面。

我首先发现的是，这两个年轻人用的枪都是我也收集有的老式散弹枪。这枪大概有 75 岁了，造枪的是比利时的佛兰科特家族，相信很少有人听过这个名字。

我还发现埃里克他们两兄弟对每个人都非常有礼貌，他们身上一点傲慢的影子都看不见。而且，他们不是装出来的。他们是真的心地善良、尊重他人，无论对方是俱乐部的会员还是工作人员，他们都同等对待，没有一点差别。

之后，当我们开车返回纽约市的时候，我们停在一栋老的乡村旅馆吃午饭。那房子看上去很古老，估计都有 200 年的历史了。这两个年轻人又走出去，跟店里所有的人一一打招呼。当其他的顾客看到他俩都愣住的时候，他们又走去柜台后面的厨房和厨房的员工打招呼去了。我对他俩的认识又提高了，他俩简直是好到家了。

2008 年的时候，我邀请他俩到夏威夷群岛其中的一个岛屿上狩猎。当我们开车到直升机坪的时候，埃里克正在给他的姐姐伊凡卡发短信。当我问起他会不会做饭时，他们兄弟俩异口同声地说："当然会了！"而我问他们是怎么学会做饭的时,他们都说是因为家里的佣人只为父母服务,所以他们必须自己动手做饭。他们不是饭来张口、衣来伸手的小皇帝、小公主。所以,他们学习做饭,同时学习互相照顾。我敢说,这三兄妹之间真的是真心爱着彼此。

今天,这3个孩子已经长大成为了标准的成功的富二代。他们是新一代的领军人物,就像他们的父母亲一样。因为工作的关系能够结识特朗普一家及特朗普集团的人们,我真的深感荣幸。

——罗伯特·清崎

从记事起,我每天早晨都会做同样的一件事儿:上学前先去父亲的卧房跟他告别。每次我临走之前,父亲都会说同一句话:"埃里克你要记住,不要相信任何人。"这些话不要说是对小孩子讲了,就算是对成年人讲都会让人觉得有点奇怪。然而,当我现如今自己开始从事商业之后,我发觉父亲的话都非常有道理。

直到今天,我的哥哥小唐纳德不但是我最好的朋友,还一直扮演着我导师的角色。第一次意识到父亲话中的用意,也是有他的一份功劳的。以前每次放学之后,他都会跟我换存钱罐里的硬币。每次我都会用自己25美分的硬币跟他的几个小分币交换,还总觉得以一换多肯定是自己赚了。有一天,我拿着满满的存钱罐去跟父亲炫耀自己的投资成果。然而,当父亲看见我亮出的那一堆不值钱的分币时,就立马意识到我被哥哥给骗了。他看着我,向我解释价值与数量的区别,并且大声地训斥我:"埃里克,我都告诉过你什么?不要相信任何人!"那一刹那,我顿时领悟了他每天给我的警告。

现如今,我作为特朗普集团的执行副总裁,负责着集团的业务发展及并购。每一天,我都需要将父亲的警告挂在心上。我意识到,独立是商人最重要的品质之一。举个例子,我曾经想在自己的项目当中引进一家高端的餐厅,并且入股合伙。我们的谈判持续了好几个月的时间,双方的意见终于得到了统一。但是,就在签订合同的前一天晚上,我发现了餐厅设计师的一个小疏忽。并且,我还由此发现他们受到我对手方的指使,在按照超出合同预算的高昂设计费用进行设计。

我被马上要成为自己合伙人的对手方这种不诚信的行为震惊了,我立马终止了所有的谈判,并且取消了合作。我相信,事情发生总有它必然的原因。虽然我们花了好几个月的时间什么都没得到,然而今天看来这个决定是对的。因为我们引进了另一家餐厅,而它现如今已经成为了纽约市最成功的餐厅。

还有一个非常相似的例子。我父亲认识一位非常成功的商人，他曾承诺自己会向自己的母校捐赠 4 000 万美元，分 4 次等额进行捐赠。在进行过前两次捐赠之后，他遇到了严重的财务问题，所以与学校商量暂缓剩余的两次捐赠。然而，学校根本不顾之前收到的 2 000 万美元，将"违约"和"失信"这样的帽子扣在了他的头上。最终逼得他不得不申请破产了事。尽管他之后东山再起，甚至比之前还要成功，他却再也没有给那所学校捐过一分钱。

我有幸生长在一个富足的家庭，我感谢家人带给我的养育之恩。然而，即使在这样的环境下成长，想要一帆风顺也是不太现实的。忌妒是人类的本性之一，我们都会忌妒别人有而自己没有的东西。这就常常会导致我们犯错。当我们小的时候，对是非的判断能力还很弱，因此很容易成为坏人的目标。我就是一个很好的例子。但是，父亲的话让我对这个世界更加了解。我意识到，人们常常会为达到自己的目的不择手段，甚至有时不惜牺牲他人的利益。

当我长大些之后，就一直用它作为我人生的信条。虽然我还是会把人往好处想，但也会同时做好最坏的打算，以免让自己过于失望。说起来有点残酷，但这是必需的。然而，它也教会了我父亲从小就向我灌输的一个理念："判断力源于经验。"

无论在工作中还是生活中，都会有好人和坏人，这是毋庸置疑的。所以你要学着相信自己，而不是别人。做到这一点，成功就不再是那么遥不可及的了。

25

克服对失败的恐惧

——罗伯特·清崎

  罗伯特·清崎生长在夏威夷，是第四代日裔美国人。他出生在夏威夷一个教师家庭，大学毕业后加入美国海军陆战队，作为军官和舰载武装直升机飞行员，被派往越南战场。1977年，罗伯特·清崎创建了一家生产尼龙钱包的公司，开始自己的商业生涯，并大获成功。后来，他经历了3次商海沉浮。1985年，第三次成为百万富翁后，他离开商界，与人共同创建了一家商业教育公司，向全球学员教授商业和投资课程。他长年主持理财和投资教育的课程，并通过有线广播电视网在全美播放。他还发明了一种教育玩具——"现金流"游戏，帮助人们学会原本只有富人才懂的金钱游戏。罗伯特·清崎是世界超级畅销理财书《富爸爸穷爸爸》的作者，被誉为"百万富翁的教父""金钱教练"。他的"富爸爸"系列图书畅销全球，长居《商业周刊》《纽约时报》《华尔街日报》《今日美国》等畅销书排行榜，目前已发行109个国家和地区，总销量超过4 000万册。

这些年来，我不停地在世界各地进行着关于创业和投资方面的演讲，我的目的是为了让人们提起对财务教育的重视，以及告诉人们财务教育对财务自由和财务安全有多重要。当人们问起我自己的投资时，我告诉他们："我是通过投资房地产获得的财务自由。"

无论我在哪里，美国、澳大利亚、南非、欧洲还是亚洲，也无论我的演讲对象是贫是富，我看到他们对于投资房地产都是同一个反应。下面就是几种典型的反馈：

"我不想修马桶。"

"我没有钱。"

"我没时间。"

"房地产风险太高了。"

"要是赔了该怎么办？"

"在这儿你的理论行不通。"

在我看来，这些都是借口，是用来掩饰那些深藏着的事实的借口。在我看来，大多数人之所以会找来这些借口，主要是因为：

第一，没有接受过房地产知识的教育。

第二，懒惰。

第三，对失败有恐惧心理。

第四，以上皆是。

我之所以这样说，主要是因为大多数的人都想获得财务自由。他们都想获得财务上的安全感，他们想坐在家里等着钱自己送上门。相信大多数的人都想不工作，用那些时间做自己想做的事情。

对我来说，房地产就代表着自由。房地产为我的生活和未来提供了保障。我根本不指望所谓的退休金计划，那些由别人管理着的投资于股票、债券的钱。我想要把握自己的命运。

这也就是为什么我听到"我没钱"或是"我不想修马桶"这类的话时，我知道这不过是借口而已。人们都只看过程，而没有去看结果。我有个朋友对这类的现象有两句名言：第一句是"每个人都想上天堂，但是没人想死"，第二句是"很多人都想等到全部绿灯亮起来的时候才开始出发"。

小贴士 不幸的是，很多人都让这些借口将他们自己挡在了成功的门外。

不幸的是，很多人都让这些借口将他们自己挡在了成功的门外。与其盯着房地产本身，不如设想自己成为房地产投资人之后生活会发生怎样的变化。很多人都被自己的借口蒙蔽了。他们只看到了自己害怕的东西，而没有看到自己对于生活的追求。恐惧和懒惰挡住了他们的双眼，让他们无法真正去追求自己想要的生活。

以下就是我对于这4条借口的个人意见了：

贫穷的借口

借口一：没人教

对于投资房地产来说，大多数人的智商都是够用的。房地产投资根本没多难。如果你买了房，或是正在租房，那你就是在进行房地产投资了。而通过投资房地产赚没赚到钱，则是另一回事了。如果想要通过房地产投资赚钱，还是真的需要学习的。

当我说到通过房地产投资赚钱的时候，我指的是现金流。现金流的意思是无论我劳动与否，每个月都会取得的收入。这跟资本利得不一样。当人们谈到自己的房子的增值，或是他们通过炒房赚钱的时候，他们都说的是资本利得。在我看来，资本利得比现金流更容易获得。想要获得持续的现金流，需要更高等级的房地产知识。不过，你也不用非得读四年的大学才能学会相应的知识。如果碰上好的研讨会，3天的时间就足够了。富爸爸就有房地产投资的初级和高级课程。

1997年的时候，《富爸爸穷爸爸》刚刚出版。我在书中提到过资产和负债的区别。我的富爸爸对此的定义非常简单：资产为你带来收益，负债造成财富流出。换句话说，大多数人的最大一笔房地产投资，他们的房子在不停地造成现金的流出。我因此在之后的很多年中不断地受到读者来信的批评和反驳。当次贷危机发生之后，许多人的房产被政府和银行收回，房价随之暴跌。这样一来，大量的人们才意识到房产也会成为一种负债。

对于大多数人来说，他们的房子是一项负债。即便贷款已经还清了，房子也不能带来任何收入，反倒要每月交纳保险、房产税、修理费和其他的费用。除非把自住的房子卖掉，要不你自住的房子永远都是一项负债。

小贴士 想要获得财务自由，你的房产必须为你持续地带来收益。如果你可以做到这一点，你就获得自由了。这也是为什么你需要学习房地产相关知识的原因了。

借口二：懒惰

懒惰就是个人的问题了。我知道自己很懒，所以我每天都会和我自己心里的懒虫进行斗争。比如说，我每天起床的时候都知道自己应该锻炼身体。但是，那个小懒虫会说："哦，你完全可以明天再锻炼，喝喝咖啡看看报纸不是很好么？"我们从两岁开始就已经学会如何寻找借口了。

每当我听到人们说起"我不想修马桶"或是"我钱不够"的时候，我知道这些都是懒人给自己找的借口，因为我也用过跟他们一样的借口。所以当我听到这些借口的时候，我都想说："你以为我想修马桶吗？""为什么别人有钱而你没有？"其实，我更想说的是："我投资房地产不是为了修马桶，而是为了赚钱。"

富爸爸曾经说过："很多懒人工作都非常卖力。"起初，我并不明白其中的含义。随着我逐渐长大，我开始越来越清楚地了解到这句话的意义。我发现人越成长越是容易被没什么意义的事情所纠缠，反倒忘记了什么是必需的。直到今天，我还是会找各式各样的借口，比如"我太忙了""我工作太多了"和"我要休息一下"等。我还是会碰到很多辛苦工作的人，整天只知道闷头工作。他们就是因为懒得发财，所以发明了各种各样的理由。

当我在读高中的时候，我的穷爸爸经常跟我说："我不能去看你的橄榄球比赛了。还有好多的事情没有做完。"他在我高中的3年当中从没有来看过我的一场比赛，他还不停地说要多赚钱，要实现财务自由的理想。他总是"忙"不离口。在我看来，他就是在用工作当做逃避生活的借口。他是一个好人，虽然工作卖力并且工资很高，但是终究贫困。

我的富爸爸之所以富有，是因为他不为钱工作。相反，他让钱替他工作。他的钱工作得越卖力，他赚的钱也就越多，他的空闲时间也就越多。他的空闲时间越多，赚来的钱也就越多。

这简直让我的穷爸爸无法理解。我的穷爸爸经常管我的富爸爸叫"傻大款"。我的穷爸爸只把钱存进银行，从不让他的钱去工作。穷爸爸觉得存款最安全。这种行为也让我的富爸爸无法理解，他会说："你父亲之所以需要不停地努力工作，就是因为他的钱都太懒了。你父亲的钱都放在银行里。我到银行把你父亲存的钱借走，买下一栋房子，然后用你父亲的钱为我工作。"

> **小贴士** 现在的职业教育都在教我们怎么为钱而工作，财务教育则是教我们怎样让钱为我们工作。所以问题就变成了："谁工作更卖力？你，还是你的钱？"

借口三：对失败的恐惧

恐惧通常是因为缺乏教育加上懒惰而造成的。因为恐惧，很多人只想着自己会失败。由于缺乏教育，他们看不到自己该如何成功。

当有人问起："我们该如何克服恐惧心理"的时候，我会简单地回答："找个人教你，然后抬起你的屁股亲自实践。"也就是提升你自己的眼光，看到别人无法看到的东西，看到大多数人出于恐惧而无法看到的机会，看到全部的过程及最终的目的地。

> **小贴士** 我之所以在投资的过程中会组建一支顾问团，是因为他们当中的每个人都有不同的视角。听过他们所有人的意见之后，我就能作出更准确的判断。

很多好的投资机会其实就在你面前，只是你看不到它们。之所以你无法察觉到那些投资机会的存在，是因为想要看见它们，不是用眼睛，而是用脑子的。几年之前，我想买一片牧场。我有一个梦想，就是能在遥远的森林里有一间小屋，而且还是白来的。仔细思考之后，我决定去试一试。经过几个月的寻找之后，我碰到了一块非常棒的地。它大概有80英亩大，其中还包括了一栋在19世纪80年代建造起来的石头房子。业主当时要价115 000美元。我同意了他的出价，但要求分期付款，首期付款10 000美元，剩余的款项在一年内付清。在对那座石头房子进行了整修之后，我把这片地一分为二，将含有那栋房子在内的其中30英亩地卖了出去，卖了大概215 000美元。这样一来，我不但没花一分钱拿到了50亩地，而且还通过这笔交易赚了不少钱。

在这笔交易过后，我碰见了一个住在几英里外的邻居。她看到我白白得到了50英亩的地，还赚了那么多的钱，感觉很懊恼。她说自己从几年之前就开始关注这片地了，但是却什么都没做。她的想法与我相仿，但正是由于害怕失败而与大好的机会失之交臂。"你难道就不怕失败吗？"她这样问我，"如果那片地没卖出去你该怎么办？"

"我的梦想还是实现了呀！"我回答道。"这工夫没有白费，我实现了自己的梦想。"

"但是，如果你失败了呢？"她还是不依不饶地问我。

我深吸了一口气，回答道："如果出售这块地的计划没有成功，那我就会想办法通过别的方式继续尝试。每失败一次，我的经验就会增长。我总会成功的。只有什么都不做，才会一无所得。"

她看着我，说道："我什么都没做，所以我失败了。"

我耸了耸肩，轻轻地说了一句："这就要看你怎么决定了。"

最要命的字

字典里最要命的字应该就是"试"了。当有人说他们会"试"着做某件事情的时候，多半都是假的。在这个世界上，"我会做×××"和"我会试着做×××"之间的区别可是非常大的。它们之间的区别就是"承诺"。

我这里有一个经典的问答，可以很好地解释"承诺"的意义：

问：熏猪肉和鸡蛋之间的区别是什么？

答：鸡蛋是鸡的身外之物，而熏猪肉是宰了猪后用猪肉做的（猪以自身为代价制成了熏猪肉）。

如果你想要实现财务自由的目标，不要学鸡。要做一个勇于承担的人。从现在开始，不要再用"试"这个字了。做就是做，不做就是不做。要避免这种似是而非的回答。

教育的力量

大概20年前，我参加了一个为期两天的创意融资学习班。我觉得自己当时花的350美元课程费是值得的。如果没有上那个课程班，我就不会发现这条实现财务自由的道路。上面提到的我的那位邻居，她就没有看到我所看到的东西，因此她只好面对失败。

你们大概都知道，我们现在生活在一个信息化时代。但因此出现了一个问题：信息太泛滥了。之所以教育会那么重要，是因为我们的脑容量是一定的。因此，我们必须选择性地学习有用的信息，并且将它转化为指导我们行动的力量。由于缺乏房地产的教育，我的邻居被那些消极的信息误导了，因而错过了投资的好机会。没有人教她该如何专心地处理信息，并将信息提炼出精华来。这也就是房地产教育的重要性所在了。

富人和懦夫

恐惧是人类最强大的情感之一。我们对待恐惧的方式方法决定了我们会成为富人还是懦夫。说到钱，恐惧能让很多人变成懦夫。

感到恐惧是正常的吗？虽然恐惧让很多人裹足不前，但也同时刺激着一些人行动了起来。因为我不想失败，也不想赔钱，所以我上了房地产教学的课程，阅读房地产相关的书籍。20年前上的课，现在依然受用着。这也就是为什么我动动脑筋、不花钱就可以白白得到一块地。而且，我投资的步伐一刻都没有停止过。当买下那块80英亩的地的时候，我也害怕。我害怕失败。只是我让恐惧刺激我向前看，更加聪明地进行交易。我知道，如果出现任何问题我都可以通过自己的智慧找到解决办法。然而，大多数人只是用恐惧作为自己逃避的理由而已。

> **小贴士** 恐惧让很多人裹足不前，但也同时刺激着一些人行动了起来。我也害怕。我害怕失败。只是我让恐惧刺激我向前看，更加聪明地进行交易。

有些人参加了房地产学习班，刻苦地学习，但却仍然无法摆脱恐惧的束缚。有一个原因就是他们因为学得太多而变得优柔寡断了。当真的要拿钱进行投资的时候，他们心中的胆小鬼就跳了出来，不停地找出可能失败的理由。就在签协议之前，"小小鸡"会跳到他们的头上，开始大叫："天要塌了！天要塌了！"

我不但要和自己心里的懒虫进行斗争，还得和心里的"小小鸡"打架。做房地产投资有一点好处：有时间思考。有很多次，我看中了某个房产，提出收购要约，然后开始我的调查工作，也就是尽职调查。通过短至一周长至半年的尽职调查，我的顾问团队可以帮我细致地了解房产的具体状况。当我最终拍板时，无论是购买还是退出，这决定其实是这支冷静、理性、有知识的及经验丰富的团队作出的。就像这本书，所有成员的贡献加起来成就了最终的胜利。

尽职调查并不能保证你一定成功。什么时候都有无法预知的问题。如果问题产生了，我还能让整个团队帮我渡过难关。这支团队的智慧在解决问题的过程中又可以得到增长，从而为下一笔投资奠定更好的基础。考虑到最差的状况，如果我真的赔了一些钱，那总比什么都不做要来得强。虽然我也害怕，但我依然坚持着进行投资。

借口四：以上皆是（缺乏教育、懒惰、恐惧）

我们都是普通人，我们都需要接受更多的教育，我们都有可能会犯懒，我们也都会害怕失败。而人与人之间的区别，就是由这些细节的不同而引起的。如何对待这些弱点和借口，就让我们彼此变得不同。

下面就是我自己对付这些借口时用的一些办法：

应对借口一：没有房地产知识的教育

我的财务教育是从"大富翁"这个游戏开始的。富爸爸经常和他儿子还有我3个人不停地玩这个游戏。当我问他为什么这么喜欢这个游戏时，他告诉我："因为你从中能发现致富的方法。"其实我们大多数人都知道其中的原理：4个绿房子就可以变成一座红色的酒店。当我9岁的时候，我就意识到只要按照这个方法去做，我就能像游戏一样在现实生活中取得成功。

富爸爸还因此带我们去看了他自己的绿房子。10年之后，当我19岁的时候，富爸爸在怀基基海滩买下了自己的红色酒店。我就这么看着棋盘上的游戏变成了现实。

当我从越南战场回到夏威夷的时候，曾经问过富爸爸我怎么才能开始自己的房地产生意。他的回答很简单："先学习。我已经把知道的都教给你了，接下来需要看你自己了。"一个月后，我从电视上看到了房地产课程的广告，决定去学一学。学费总共是385美元。这对于当时的我来说真的是一大笔钱，因为我当海军航空兵的时候每月才赚600美元。

上过那个课程班之后，我才开始真正地学习到了房地产知识。那位讲师教给我们的东西都派上了用场。他说："你会碰到的第一个问题就是房地产经纪人。大多数房地产经纪人只是销售人员，而不是投资者。他们不知道好的投资与坏的投资有什么区别。"这一条理论到现在仍然正确。最近几个月，我听到所有的房地产经纪人都在说："你不能那样做，那些交易根本不可行。"

那位讲师说的第二件事情是："找一位导师，一个真正投资过房地产的人。"富爸爸已经是我的导师了，所以我立马就去找了他。富爸爸这样对我说："你什么都还没做，我要怎么教你呢？"

小贴士　"你什么都还没做，我要怎么教你呢？"——富爸爸

在接下来的几个月当中，我用空闲的时间开着车四处走。我去看房子，

跟经纪人聊天，按照富爸爸的建议开始做一些实际的事情。当我最终看中了一座房子并且提出了收购要约之后，我立马跑回富爸爸那里向他炫耀自己的成果。你也可能已经猜到了，他把我的那张要约撕成了好几片。虽然意识到自己的无知是一件很痛苦的事情，但是这迈出第一步的经历却是无价的。

我拿给他看的这笔交易首付款很低。但问题在于，它不能为我带来正向的现金流，反而会让我在它上面贴钱。富爸爸问我："如果你每栋房子都要贴钱，那你能投资几栋房子？"

我的回答当然只能是："没几栋。"

他又问我："你为什么要花钱去赔钱呢？"

"因为房地产经纪人说房价会上涨，然后我就能赚钱了。"我如此回答道。

"房地产经纪人能给你保证么？"富爸爸问。

"我不知道。"我答道。"他只是告诉我说，再转手卖出去的话，我就能赚很多钱。"

"他能给你保证吗？"富爸爸又问。

"我不知道。"我又回答一遍。

接下来，他说："如果你投资的房产都能每月给你带来盈利而不是亏损，那你能做多少笔投资？"

想了一会儿，我迟疑地回答说："没有上限？"

富爸爸笑了，对我说："出去找那些能帮你赚钱的房子。别再做这种赔钱的买卖了。千万不要把宝都押在房价上涨上。"

就像富爸爸曾经告诉我的，如果我不做事情，他就没法教我。现在，我终于开始学到新东西了。

我的第二课就是学习如何面对挫折。随着时间的推移，我开始越来越气馁。我看的房子要么太贵，要么就是所需的维修费太高。我跑回富爸爸那里，想博取一些同情。但是，什么也没得到。

当我在抱怨自己钱不够的时候，富爸爸笑了起来。他教我说："如果你能找到赚钱的投资，钱自然就来了。"

一个月后，我在茂伊岛的一座公寓楼中相中了它的一居室。它位置很好，离著名的白色沙滩只有一个街区。我找到了这么好的投资目标，感觉很激动。我用信用卡加上卖方的借款买下了3间。每间房子每个月都能给我带来25美元的净收益。我从此开始赚钱，不再赔钱了。富爸爸是对的。当你找到了合适的投资目标时，钱就不是问题了。

小贴士 "当你找到了合适的投资目标时，钱就不是问题了。"——富爸爸

虽然25美元听起来并不是什么大数目，但它也是4类收入当中的一种。对于房地产而言，4种收入方式是：

1. **现金流**。在这个例子中，也就是我赚到的25美元。

2. **分期偿还**。每个月我都会还上贷款的一部分。如果我一直持有房产直到贷款期满，租客其实就替我还清了所有的贷款。

3. **折旧**。会计和税法允许我对自己的房产计提折旧。这意味着我可以用折旧额抵扣应税的所得。省下了税款不就相当于赚来了钱么？因此它也被称为隐性收入。

4. **增值**。这就是房价的上涨了。增值也就是资本利得。大多数人投资都是为了这个目的。在上次的房地产繁荣期时，很多炒房客通过买卖的差价获得了很多收益。这是为获取增值额而进行的投资。

这4种收入方式就组成了我们常说的内部收益率（IRR）。认识到这4种收入方式，从而让我更有信心。

我之前说过，我的投资目标不是为了增值，而是现金流。实际上，我之所以不喜欢频繁买卖房产的原因之一就是我对要购买的房产要求很高，最好同时符合上述4个条件。因此，我很舍不得卖掉自己精心选中的房产。

还有一个原因，就是我不用卖掉房产也能享受增值带来的好处。比如说，如果我花200 000美元买下了一栋房子，过了几年它升值到300 000美元了。与其卖掉它，我还不如拿它来进行再融资。这样一来，租客可以继续为我偿付按揭贷款，我也拿到了所需的资金。很明显，只要我收取的租金足够偿付每月的按揭贷款就好了。

我也不是没有尝试过炒房，但结果并不轻松。下面就是我的故事了：

可没修马桶那么简单

我真的希望在自己买下那3间一居室之后，就已经算是从房地产学校毕业了。我并不了解第二段的学习（物业管理）才刚刚开始。才买下那3间房子没几个月，整个公寓楼的排污系统就出了问题，污水还流进了我的一间房子当中。接下来要学的就是该如何跟开发商、业主协会及律师打交道，还有如何处理那个臭烘烘的房间了。

我碰到的第一个问题可比修马桶要严重多了。

把问题卖出去

好消息是，尽管因为这件事情租客搬了出去，害我损失了房租收入，但是茂伊岛的房地产市场开始上扬了。有一个房地产经纪人，也就是房地产课程提醒我们需要尤其当心的那类人，出价每间 48 000 美元要购买我的一居室。当初，我买它们的时候每间才花了 18 000 美元。如果卖给他，那我每间房子可以净赚 30 000 美元。出于对高额的盈利及麻烦的污水问题的考虑，我同意进行交易。

我刚拿到钱不到一个星期的时间，那位经纪人就把每间房子转手以 65 000 美元的高价卖了出去。我又长见识了。虽然我赚到了钱，但我也算是亏了一些。烦人的污水系统让我感情用事，而没有理性地思考。

对于房地产投资人来说，污水系统是促成交易的好帮手。我不自觉地成了一个想要逃避的人。这种人不想持有自己手中的房产，他们想尽快卖掉房产。他们很感性，缺乏理性思考。经历过 2007 年的次贷危机之后，市场上都是这种人。好的投资者最喜欢他们了。如果你想要变得富有，那就找这些急于卖出房产的人。他们的房产会比市价更加便宜。

更多的房产—更多的问题—更多的收益

我接下来学到的就是资本利得税了。卖掉这 3 个一居室让我赚了不少钱。我把钱花完之后，转年却发现自己要缴纳资本利得税。我赚到了钱，但是却遇到了税的问题。我发现政府的税务人员并不喜欢听我找借口。

每一处房产都会给你带来新的问题，让你学到新的东西。每一次我都得进一步学习，从而获得更多的人生经验。我也因此变得越来越聪明，越来越富有。我通过一次次的失败不断积累着财富。我发现，那些没有失败过的人不可能获得成功。

小贴士 我通过一次次的失败不断积累着财富。我发现，那些没有失败过的人不可能获得成功。

今天，我的妻子金和我已经拥有了大概 1.5 万间公寓楼房产，它们每个月给我们带来的收入甚至超过很多人几年的收入总和。然而我房地产知识和经验的积累是从未停止过的，它们也带给了我非常丰厚的回报。即使经历了次贷危机，我们的房产依然表现良好。无论经济状况如何恶化，人们还是需要房子来遮风避雨的。

说到导师，为本书贡献内容的这些房地产的专家都是我们的导师。无论我和金碰到什么问题，我们都会打电话给他们寻求帮助。正是因为我们面临的问题和挑战永无止境，我们才需要不停地进行学习。

那么，我们该如何克服对失败的恐惧心理呢？我的答案是——成长。因为失败是学习的一部分，就像小孩子学习走路一样。小孩子都是先学爬再学走，最后才会跑的。他们在学习的过程中会摔很多跟头，他们在自己还很矮小的时候开始学习并犯错其实很好。因为即使摔倒了也不会太严重。

我们的传统教育有两大缺陷。第一个是它会惩罚那些犯错的学生。如果你不犯错，那你的成绩一定是最好的。而如果你总是犯错，那么成绩肯定是不及格。这就是为什么那么多人在学校表现良好，而到了社会中却处处碰壁。第二个缺陷是，你在学校考试的时候只能靠自己。如果你想和自己的同学合作，就会被称为"作弊"。我之所以比很多优等生赚的钱更多，完全是因为我不但经常犯错，而且常常作弊——与人合作。这本书就是协助我"作弊"的伙伴们帮我一同完成的。

如何寻找好的顾问和导师

我经常问的一个问题是："我该如何寻找好的顾问和导师呢？"我的回答是："无论在童话里还是在真实生活中，你都会在亲到王子或公主之前亲到很多的青蛙。所以，不如现在就开始亲吧！"

我学到过重要的一课是"在每桩坏的生意当中我都能碰到好的人"。比如说，我就碰到过一个看起来自信满满的人——乔（化名）。他的学历也很棒，但当交易开始变差的时候，他的本性就显露出来了，他的阴暗面也随之出现。但可幸的是，我在这过程中认识了肯恩·麦克尔罗伊。现在乔这个人已经不知所终，但是我和肯恩已经成为了很好的朋友，一起合作过上百万美元的项目。

现如今，我已经不怕碰到坏的生意了。因为我知道即便如此，我也能碰到好的人。换句话说，当生意变坏的时候，人们的本性也就会显露出来。

如何克服对失败的恐惧？

有10件事情你现在就可以做：

1. **在开始之前上一些课，读一些书**。如果你没有钱，那就去图书馆。记住，你的头脑是最大的资产。首先要对它进行投资。

2. **不听失败者的建议**。要远离那些对事情持消极态度的人。还要当心那些房地产的销售人员，因为他们自己不投资，只是瞎给建议。

3. **寻找那些实现了你理想的人做你的导师**。

4. **在实际购买之前，最少看过100套房**。上下班的途中，你可以选择不同的道路走，看看不一样的环境。你还可以在新的社区附近慢跑或是骑自行车，看看附近有什么变化，人气是更旺了还是变差了。一旦你看到了自己感兴趣的区域，就要对周围5个街区的情况都进行调查。要对周围1平方英里的东西都了如指掌。当你找到了可以赚钱的投资目标时，钱自然会来。

5. **从小做起**。要明白，你总会犯错误的。我的富爸爸就经常说："如果你过分急于赚钱，那你一定会失败。"先从家附近的投资开始做起。

6. **保持谦虚**。当人们赚到钱的时候，经常会表现得骄傲。当他们骄傲之时，就会犯下愚蠢的错误。无论面对成功还是失败，你都要保持谦虚和幽默，要学会笑。换句话说，不要过于较真。当我房间的污水管破裂，屋子里污水流得到处都是的时候，我还是笑了出来。今天，我会更加提防那些不利的因素，因为我清楚地知道它们是什么。

7. **远大的目标**。我当初的第一笔投资和我现如今的投资没什么区别，我的梦想并不是房地产，我的梦想是财务自由。我的每一处房产，无论是好是坏，都在为我的梦想之路添砖加瓦。

8. **记住，这个世界上都是辛苦工作的穷人**。现在的很多人都是金钱的奴隶。现在，很多人需要为钱而工作。所以，每一天你都要提醒自己不要被他们同化了。要让你的钱为你卖力工作，你才能从繁杂的工作中抽出身来。

9. **世界上没有完美的投资**。每一笔投资都会有它的问题。每一笔投资都是对你的一次挑战。每笔投资都会教给你一些新的东西。如果你什么都不做，那你也就什么都学不到。如果你什么都学不到，也就当然一辈子贫穷。所以要记住：什么都不做才是最大的失败。

10. **我也不会修马桶**。如果我知道该如何修马桶，我就会自己亲手去做。所以我从来不学。相反，我知道该如何聘用专家来为我工作。房地产经纪人、通晓房地产税收制度的会计师、自己投资房地产的抵押银行家、了解房地产法律的律师、喜欢管理房产的物业经理、热衷于修建房地产的承包商，以及其他各方面的专家都可以为我所用。所以，虽然我不知道该怎么修马桶，也不懂做账和房地产法律，但我知道谁会做这些事情。

随着投资的不断进行，你和你的专家团会变得更加聪明。说到底，房地产不是你的资产。房地产本身并不能让任何人变得富有。投资房地产的过程让你变得更加聪明，它带给你各类的经验和教训，让你和你的团队成长。你的团队会最终像我本书的创作团队一样，成为你最大的一笔资产。

小贴士 如果你没有足够的资金进行投资，那你要提醒自己，如果这个问题解决不了，那么钱的问题会伴随你一生。我的富爸爸曾经说过："如果你能解决缺钱的问题，那么你这一生肯定会越来越富有。"亨利·福特也曾经说过："思考是最困难的一项工作，所以很少有人参与其中。"

真实的故事：为什么不从中吸取教训？

在最近的一次房地产泡沫诞生之际，我有个朋友买了一栋房子，转手卖掉赚了些钱。这得来全不费工夫的成功冲昏了他的头脑，仿佛觉得唐纳德·特朗普就是他的兄弟一样。当房地产的泡沫不断膨胀之时，他还在不停地买入房产，迈阿密、拉斯维加斯、旧金山、墨西哥、伦敦和菲尼克斯城都成了他置业的城市。现在，他已经因此破产了。房地产成为了他的负担。他的问题在于只知道在单边上涨的房产市场如何操作。现在，他尝到了房价下跌的苦头。直到现在，他还在责怪房地产市场，而没有从自己身上找问题。他根本没有从中吸取教训。他没有意识到在这下跌的过程中，真正的房地产投资人才开始出现。他们正在寻找投资机会，寻找那些愚蠢的投资者们被清场之后产生的投资机会。

小贴士 之所以穷人比富人多，是因为"我买不起"这句话比"我怎么才能买得起"更容易说出口。一旦你问了自己"我怎么才能买得起"这句话，你最大的一项资产——你的头脑就开始运转了。如果你总是用"买不起"来搪塞自己，那你的大脑就会躲去一边睡觉，而你则需要像奴隶一样不停地为钱而工作。

所以，千万不要让对失败的恐惧阻挡了你成功的道路。说到底，失败是成功之母。

小贴士　如果你什么都不做，那你就什么都学不到。如果你什么都学不到，那你就会一直贫穷。所以，只有不作为才是你失败的唯一理由。

提高财商的三个方法

方法一：阅读"富爸爸"系列书籍

财富观念篇
《富爸爸穷爸爸》
《富爸爸为什么富人越来越富》（《富爸爸穷爸爸》研究生版）
《富爸爸财务自由之路》
《富爸爸提高你的财商》
《富爸爸女人一定要有钱》
《富爸爸杠杆致富》
《富爸爸我和埃米的富足之路》
《富爸爸那些比钱更重要的事》
《富爸爸为什么富人越来越富》
《富爸爸为什么我们希望你成为有钱人》
《富爸爸第二次致富机会》
《富爸爸8条军规》

财富实践篇
《富爸爸投资指南》
《富爸爸房地产投资指南》
《富爸爸点石成金》
《富爸爸致富需要做的6件事》
《富爸爸穷爸爸实践篇》
《富爸爸商学院》
《富爸爸销售狗》
《富爸爸成功创业的10堂必修课》
《富爸爸给你的钱找一份工作》
《富爸爸股票投资从入门到精通》
《富爸爸为什么A等生为C等生工作》

财富趋势篇
《富爸爸21世纪的生意》
《富爸爸财富大趋势》
《富爸爸富人的阴谋》
《富爸爸不公平的优势》

财富亲子篇
《富爸爸穷爸爸（少儿财商启蒙书）》（适合3~6岁）
《富爸爸穷爸爸（漫画版）》（适合7岁以上）
《富爸爸穷爸爸（青少版）》（适合11岁以上）
《富爸爸发现你孩子的财富基因》
《富爸爸别让你的孩子长大为钱所困》

财富企业篇	《富爸爸如何创办自己的公司》
	《富爸爸如何经营自己的公司》
	《富爸爸胜利之师》
	《富爸爸社会企业家》

方法二：玩《富爸爸现金流》游戏

《富爸爸现金流》游戏浓缩了《富爸爸穷爸爸》一书的作者——罗伯特·清崎三十多年的商界经验，让我们在游戏中模仿和体验现实生活的同时，告诉游戏者应如何识别和把握投资理财机会；通过不断的游戏和训练及学习游戏中所蕴含的富人的投资思维，来提高游戏者的财务智商。

扫码购买《富爸爸现金流》游戏

方法三：关注读书人俱乐部微信公众号，在读书人移动财商学院学习财商知识

北京读书人俱乐部微信公众号由北京读书人文化艺术有限公司运营，为富爸爸读者提供既符合富爸爸理念又根据中国实际情况加以完善的财商相关课程，帮助读者系统地学习和掌握富爸爸财商的原理、方法和实操技巧，助力富爸爸读者的财务自由之路。

readers-club

扫码关注读书人俱乐部

开始学习

图书在版编目（CIP）数据

富爸爸房地产投资指南/（美）罗伯特·清崎著；宋宏宇译.— 成都：四川人民出版社，2017.10（2020.4重印）
ISBN 978-7-220-10366-7

Ⅰ.①富… Ⅱ.①罗…②宋… Ⅲ.①房地产投资-通俗读物 Ⅳ.① F293.35-49

中国版本图书馆 CIP 数据核字（2017）第 230242 号

The Real Book of Real Estate
Copyright © 2009 by Robert T. Kiyosaki
This edition published by arrangement with Rich Dad Operating Company, LLC.
版权合同登记号：图进 21-2017-517

FUBABA FANGDICHANTOUZIZHINAN
富爸爸房地产投资指南
〔美〕罗伯特·清崎 著　宋宏宇 译

责任编辑	唐 婧
特约编辑	张 芹
封面设计	朱 红
版式设计	乐阅文化
责任印制	聂 敏
出版发行	四川人民出版社（成都市槐树街2号）
网　　址	http://www.scpph.com
E-mail	scrmcbs@sina.com
新浪微博	@四川人民出版社
微信公众号	四川人民出版社
发行部业务电话	（028）86259624　86259453
防盗版举报电话	（028）86259624
照　　排	北京乐阅文化有限责任公司
印　　刷	三河市中晟雅豪印务有限公司
成品尺寸	168mm×234mm　1/16
印　　张	27.25
字　　数	494千
版　　次	2020年4月第2版
印　　次	2020年4月第1次印刷
书　　号	ISBN 978-7-220-10366-7-01
定　　价	98.00元

■版权所有·侵权必究

本书若出现印装质量问题，请与我社发行部联系调换
电话：（028）86259453